本书出版得到贵州民族大学"2022年支持高校科研、一流学科及研究生教育省级补助资金"资助，特此鸣谢！

光明社科文库
GUANGMING DAILY PRESS:
A SOCIAL SCIENCE SERIES

·文学与艺术书系·

《红楼梦》贾府家礼文化研究

——以1987版电视连续剧《红楼梦》为例

夏 爽 | 著

光明日报出版社

图书在版编目（CIP）数据

《红楼梦》贾府家礼文化研究：以 1987 版电视连续剧《红楼梦》为例 / 夏爽著 . -- 北京：光明日报出版社，2023.4

ISBN 978 - 7 - 5194 - 7027 - 2

Ⅰ.①红… Ⅱ.①夏… Ⅲ.①《红楼梦》—家礼—研究 Ⅳ.①K892.27 ②I207.411

中国版本图书馆 CIP 数据核字（2022）第 252359 号

《红楼梦》贾府家礼文化研究：以 1987 版电视连续剧《红楼梦》为例
《HONGLOUMENG》JIAFU JIALI WENHUA YANJIU：YI 1987 BAN DIANSHI LIANXUJU《HONGLOUMENG》WEILI

著　者：夏　爽

责任编辑：舒　心　曲建文　　　　责任校对：傅泉泽
封面设计：中联华文　　　　　　　责任印制：曹　净

出版发行：光明日报出版社

地　　址：北京市西城区永安路 106 号，100050

电　　话：010-63169890（咨询），010-63131930（邮购）

传　　真：010-63131930

网　　址：http：//book. gmw. cn

E - mail：gmrbcbs@ gmw. cn

法律顾问：北京市兰台律师事务所龚柳方律师

印　　刷：三河市华东印刷有限公司

装　　订：三河市华东印刷有限公司

本书如有破损、缺页、装订错误，请与本社联系调换，电话：010-63131930

开　　本：170mm×240mm

字　　数：355 千字　　　　　　　印　　张：20

版　　次：2023 年 4 月第 1 版　　　印　　次：2023 年 4 月第 1 次印刷

书　　号：ISBN 978-7-5194-7027-2

定　　价：98.00 元

自　序

　　文化凝聚着人类对世界和生命的历史认知和现实感受，是国家和民族赖以生存和发展的精神脊梁，沉淀着深层次的精神追求，承载着自我认同的核心价值。文化更是国家和民族繁荣发展的重要力量，国家和民族的强盛，需要文化的支撑，中华民族伟大复兴需要中华文化发展繁荣。

　　"礼"是中国传统文化的重要内容，不仅是民族文化的载体，还具有民族的心理认同和情感依托功能。就中国传统文化而言，礼是世代沿袭的主要形态，具有原初性的普遍意义。包括生活方式、伦理道德和社会制度等，是"规定社会行为法则、规范、仪式的总称"①，也可以视为"指特定民族、人群和国家基于客观历史传统而形成的，以确立、维护社会等级秩序为核心内容的价值观、道德规范以及与之相适应的典章制度、行为方式"②。可见，礼是用仪的形式表现出来的，而仪的本意，最初指人的容止和仪表，同时泛指仪式和礼节。

　　在历史发展进程中，礼对维护和安定社会秩序，起到了非常重要的作用。近代蜀中知名学者刘咸炘认为："夫礼本于人情，非从天降，非从地出。"③《尔雅释亲》云："礼本人情，必各遂之，其义始备。"④ 所谓礼本人情，乃"人心所安，即天心所祐，各遵礼而行，自求多福，斯神佑之矣。"⑤ 这是儒家思想对"礼"的阐释，两千多年前的西汉史学家司马迁，也持这种观点。他说："缘人情而制礼，依人性而作仪。"⑥

　　礼是中华民族智慧的结晶，也是中国历史有序传承的链条。作为中国封建社会的百科全书，小说《红楼梦》承载了中国传统文化丰富的伦理内涵，再现

---

① 郑孝胥．辞源［M］．北京：商务印书馆，1996：18.
② 周文柏．中国礼仪大辞典［M］．北京：中国人民大学出版社，1992：1.
③ 刘咸炘．推十书增补全本［M］．上海：上海科学技术出版社，2009：331.
④ 俞正燮．俞正燮全集：第1卷［M］．合肥：黄山书社，2005：118.
⑤ 傅以渐．清太宗实录：第10卷（影印本）［M］．沈阳：辽宁大学出版社，1978：37.
⑥ 张大可等．史记通解第3册［M］．北京：商务印书馆，2015：1071.

了 18 世纪中叶以贾府为代表的贵族家庭生活原貌，堪称中国封建社会末期的一幅礼俗画卷。2014 年，在英媒《每日电讯》评选的"史上十佳亚洲小说"排行榜上，《红楼梦》排在第一位。

笔者以为，《红楼梦》中贾府家礼是中国传统文化的重要组成部分，以正心诚意、修身齐家、治国平天下的大学之道，以及立人、达人、爱人、谅人的忠恕之道和父慈子孝、兄友弟恭、朋友有信的絜矩之道为圭臬。这些世代沿袭相承的家礼文化，既是维系家族道德力量的重要手段，也是维护统治秩序的思想武器，早已融入人们的思维习惯之中，不只为贾府家庭成员所遵循，同时也规范和维系着整个封建社会秩序。

在大众文化传播时代，文学名著已成为影视改编的重要叙事来源，提供的不仅是故事情节，更重要的是提供了与名著思想内涵和审美价值相一致的精神食粮。作为情感寄托的载体，小说以文字表意来塑造人物形象，通过故事情节的完整演绎和对典型环境的描绘来反映社会现实。其叙事空间是平面的，小说中不同人物的个性化语言，成为影视艺术塑造典型人物的重要手段。

法国著名影视理论家马塞尔·马尔丹（Marcel Gabriel）指出，影视是一门能够保证十分完整地控制空间的艺术。[①] 电视剧具有独立于名著的思想内涵、艺术魅力和美学特质，以较多的画面和较少的语言来传情达意和表现人物思想，比文字描绘更加生动逼真，场景更为恢宏博大，有身临其境之感，这是阅读纸质读物所无法感受到的。

当文学名著中的文字被转换成戏剧、说唱、影视等媒介时，通过特有的对话、唱腔、动作、场景、画面、音响等艺术加工，受众范围也因此扩大。就大多数中国人而言，对小说《红楼梦》故事情节和人物的了解，主要是通过这些易于接受的媒介改编获得的，为《红楼梦》在大众文化的普及和传播，起到了积极的推动作用。

加拿大著名学者马歇尔·麦克卢汉（Marshall McLuhan）首度从广义角度定义"媒介"，提出了"媒介即信息""媒介是人体的延伸"[②] 观点。在此基础上，美国社会学家戈夫曼（Goffman）提出了在特定场景中，媒介所扮演的角色会影响人的自我认同的见解。[③] 随着现代影像技术的不断发展，影视媒介不仅有效克服了文学名著在戏剧舞台上的局限，同时也增强了戏剧艺术的综合表现

---

① 马塞尔·马尔丹. 电影语言 [M]. 何振淦，译. 北京：中国电影出版社，2006：190.

② 尼克·史蒂文森. 认识媒介文化理论与大众传媒 [M]. 王文斌，译. 北京：商务印书馆，2001：184.

③ 冯契. 外国哲学大辞典 [M]. 上海：上海辞书出版社，2007：604.

力，使文学名著从单一的语言艺术中解脱出来，不但改变了大众的接受方式，同时也推动了文学意义的无限供给，形成了所谓的"媒介文学"。

中国电视家族剧，一直广受导演和观众的青睐。1987 版电视连续剧《红楼梦》（本书简称 1987 版），以表现封建社会贵族家庭日常生活琐细为看点，通过巧设剧情、构造冲突和设置悬念，表现了贾府不同阶层人物在不同场景中所呈现的一般举止礼仪以及当时社会上流行的积习相沿的规矩和习俗，让观众目睹了一幅鲜活的封建贵族家庭生活原貌。

《红楼梦》中的贾府，以宗亲血缘为基础，宗法与专制相结合，架起了宗法专制国家基础。在这个被扩大的父权统治的大观园里，导演王扶林秉承"家国同构"的伦理观念，通过对贾府大家庭中的奶奶、老爷、少爷、小姐、仆人等在日常生活细节方面的呈现，成功塑造了一群性别和身份各异的人物形象，最大限度地展示了世人皆说的世故人情，以无可辩驳的亲和力，再现了 18 世纪中叶以贾府为代表的贵族家庭的生活原貌。

学界对中国传统礼仪文化的研究，整体起步较晚。就国内而言，1992 年，语言学家顾曰国最早提出了独具中国特色的五大礼貌原则，即贬己尊人、称谓、文雅、求同和德言行准则。① 1993 年，著名学者徐盛桓在充分吸取英国语言学家利奇（Leech）的礼貌原则和布朗和莱文森（Brown & Levinson）"面子保全论"的基础上，从礼貌文化的特征入手，第一次提出了汉文化语境下的礼貌原则。他认为，关于第三方，在场的或不在场的而被提及的礼貌原，应规定为"不说影响他们的身份地位的话，如果有需要，可以说适合于他们身份地位的话"②。1995 年，何兆熊教授发表了英文文章 "Study of Politeness in Chinese and English Cultures"。该文从礼貌的基本内涵出发，着重分析了特定文化价值对礼貌的决定作用。③

就红学研究的重点而言，主要集中在两个方面：一是对文本的文学性鉴赏、评析和对不同版本的校勘和比较；二是对曹雪芹家族史的考证和对重大历史事件的索隐。从近 30 年出版的专著或发表的论文来看，对红楼礼仪文化研究，重点仍放在小说《红楼梦》背后社会环境和文化个性的考察上。如 2003 年黑龙江人民出版社出版的《绛珠还泪：〈红楼梦〉与民族文化》，从《红楼梦》丰富多彩的民族习俗入手，旨在对小说背后的社会环境进行探讨④；2005 年中国书店

---

① 赵毅等．言语交际学学习指导［M］．上海：上海三联书店，2004：246-255.
② 徐盛桓．会话含意理论的新发展［J］．现代外语，1993，（2）.
③ 何兆熊．Study of Politeness in Chinese and English Cultures［J］．外国语，1995，（5）.
④ 王齐洲，余兰兰，李晓晖．绛珠还泪［M］．哈尔滨：黑龙江人民出版社，2003.

出版社出版的《红楼梦与中国文化论稿》的"题记"部分在谈及研究目的时强调："要寻找曹雪芹与他的《红楼梦》自己的血脉、自己的土壤，从而寻找出《红楼梦》之所以能够在中国小说史上，乃至世界文学史上成为不朽名著的独特的文化个性"①；2011 年浙江大学出版社出版的《红楼梦与礼》，以中西方礼貌理论为依据，着重分析了中国传统文化相对于西方文化的不同面子观②；2013 年中国经济出版社出版的《红楼梦镜像下的清朝礼制文化》，重点考察了清代士大夫的居家礼仪、婚丧制度、宗教文化、满族习俗③；2018 年社会科学文献出版社出版的《家天下的家族世界——红楼梦建构的历史语境》，按作者的话说，这本书不属红学，亦非史学，借助原著中的语料，创造出一种开放性的历史语境，使历史得以想象和言说。④ 迄今为止，根据原著改编成其他艺术形式呈现的礼仪影像文化，作为《红楼梦》贾府家礼文化研究的载体，乏善可陈，至今国内外尚无一专家学者为之做过研讨。

　　笔者以为，1987 版贾府家礼是能够给人审美享受的礼仪影像文化产品，可以发挥还淳返朴的教育功能，具有契合心灵、涵化育人的作用。研究 1987 版贾府家礼，如同对待其他文化遗产一样，重要的是要把握好外在礼仪形式与影像后的精神内核，分清精华和糟粕。毋庸讳言，受民族文化和文化传统的双重影响和历史局限，在 1987 版贾府家礼中，那些过分强调尊卑贵贱的等级观念，比如，以礼服图案或色彩款式来区分官阶品位、标识等级和身份地位的腐朽糟粕，特别是在丧仪方面，灵柩有厚薄之别，丧服中衰绖冠屦，丧具中苴杖、铭旌、功布、尸床，敛尸用的掩帛、瞑目、衾、明衣，随葬用的珠贝、饭含等，以及婚姻中的"父母之命，媒妁之言"等陈规陋俗，则需要加以改造和剔除。

　　作为一种礼仪影像文化产品，1987 版贾府家礼，虽然与现代礼仪有很大差别，但剧中那些世代传承不辍，早已熔铸于中国人血液中的优良传统，诸如孝敬父母、忠于国家、备物养志、贬己尊人、谦恭达礼、为人宽容、劝善惩恶、轻财好施、以和为贵、睦邻乡党等文化精神和可循之俗，通过批判性继承，或加以创造性转换，是可以发挥其应有作用的。

　　在封建宗法制大家庭中，存在亲疏远近和尊卑有序的等级观念。1987 版贾府世家礼数，杂陈毕具，不胜枚举。如在日常交往中，根据施礼对象和不同身份，属表敬性质的举止礼仪，就有拱手礼、请安礼、打千礼、万福礼、跪拜礼、

① 胡文彬. 红楼梦与中国文化论稿［M］. 北京：中国书店，2005.
② 王国凤.《红楼梦》与"礼"［M］. 杭州：浙江大学出版社，2011.
③ 夏桂霞. 红楼梦镜像下的清朝礼制文化［M］. 北京：中国经济出版社，2013.
④ 雷戈. 家天下的家族世界［M］. 北京：社会科学文献出版社，2018：431.

合十礼。这些因顾及形象，或出于自我修养需要，或和睦人群的君子之风，分布在电视剧不同场景或不同的交际活动中。为避免落入以影像断意，或不求甚解的陷阱，有必要对剧中的一般性家居礼仪，进行归类组合，使之系统完整，让读者对其所蕴含的文化内涵有一个清晰的认识和理解。同时，通过参证文献，梳理其源流，大致勾勒出演变的梗概。

1987 版贾府家族阵容庞大，人物关系复杂，情感纠葛不断，尊卑伦常，家庭琐屑，闺阁闲情，扑朔迷离。在还原大量世俗生活原态的同时，还巧妙穿插了反映尊卑伦常，以显示"礼"秩序思想观念的强制性规矩，诸如迎客待客、亲友见面、座次、谦卑、避讳、回避、跪、惩罚等，以及扎根于群体认知中的认干妈、发赏钱、喝茶、名帖、斋戒、送鬼、放生、求子、邪术、诅咒、庆贺、祭祖、婚礼、丧礼等生活习俗。用伦理冲突构成戏剧主线，从而推动了故事情节的发展。

总体来看，剧中，贾府内部秩序的维护，主要是靠封建等级制度和宗法家长制对家族成员的思想钳制和言论约束来实现的。在贾府，夫为妻纲的男尊女卑的礼制原则，可谓深入人心，妻子对丈夫从一而终。家庭成员之间，各自恪守尊卑有序的礼仪秩序，如媳妇须孝敬公婆、晚辈须尊敬长辈等。竭力提倡父慈子孝、兄友弟恭、夫唱妇随、长幼有序和内外有别的伦理观念。这些打上封建等级烙印的君臣、父子、夫妇、婆媳、妻妾、嫡庶、主仆等关系，在书中用专章的形式，结合剧情呈现的不同场景，发表了自己的粗浅看法。以上部分，费时最多，篇幅最长。

孔子曰："君子博学于文，约之以礼，亦可以弗畔矣夫。"[1] 笔者以为：以礼塑人，贵在自信，重在引领。在实现中华民族伟大复兴的征程中，我们需要回顾历史，需要重新审视中国传统文化（包括根据古代文学作品改编成影视剧而形成的影像文化），只有批判性继承、创造性发展，从而将"文化自信"落到实处，为"人类命运共同体"的构建提供强有力的文化支持。

《红楼梦》是我国古代四大名著之一，著名红学家马瑞芳女士曾说："研究《红楼梦》没有科学界限，没有准入标准，只要喜欢，谁都可以研究。"[2] 研究1987 版贾府家礼，给笔者带来惊喜和快乐，切身领略到中国传统文化的巨大魅力。因孤陋寡闻，恐班门弄斧，如蒙赐教，不亦乐乎，权作引玉之砖。

---

[1] 冯国超. 论语 [M]. 北京：商务印书馆出版，2017：60.
[2] 马瑞芳. 趣话红楼梦 [M]. 上海：上海文艺出版社，2008：1.

目　录
CONTENTS

第一章

绪　论

第一节　礼仪的起源、形成和发展

一、礼仪的起源

研究礼仪的起源，首先涉及天地和人类的起源问题。在西方，根据《圣经》的说法，世界上万事万物，都是上帝创造的。在中国古老的神话中，传说女娲取黄河之泥，创造了人类先祖。《山海经》曰："女娲，古神女而帝者，人面蛇身。"①《太平御览》引卷七八《风俗通义》云："俗说天地开辟，未有人民，女娲抟黄土作人。剧务，力不暇供，乃引𦈌（绳）于泥中，举以为人。故富贵者黄土人，贫贱凡庸者引𦈌人也。"② 意思是女娲用黄土捏成富贵之人，用泥绳捏成贫贱平庸之人。

就世间万物而言，"有天地然后有万物，有万物然后有男女，有男女然后有夫妇，有夫妇然后有父子，有父子然后有君臣"③。早期先民认为，天是万物生成之源和等级秩序的基础，这是中国古代哲学家对人类生命和家庭起源最朴素的看法。其实，中国家庭的起源并非如神话描述的那么简单，而是从最初的原始杂婚，通过血缘婚、多偶婚和对偶婚，再到一夫一妻制的确立，经历了漫长的历史过程。从世界文明发展的路径来看，在阶级社会产生以前，人类大致遵循了从原始群居到氏族公社，再过渡到部落联盟的发展历程。

早期氏族对天神崇拜的反映，代表了图腾崇拜时期不同部落、胞族、婚姻

---

① 姜彬. 中国民间文学大辞典 [M]. 上海：上海文艺出版社，1992：236.
② 杨东晨. 轩辕故里清水县历史文化研究丛书 [M]. 西安：三秦出版社，2017：135.
③ 林胜华. 易经是管理国家之学说 [M]. 厦门：厦门大学出版社，2015：383.

级、家庭、个人、年龄群对原始氏族图腾崇拜的认识。苏联民俗学家 A. M. 佐洛塔廖夫（A. M. Zolotarev）认为：氏族图腾崇拜是图腾崇拜的主要形式，是"与氏族发展初期的社会结构相符合的意识形态"①。可见，图腾崇拜承担了维系社会组织和互相区别的职能作用。

在距今 5500 年至 4000 年前，母系氏族社会逐渐被父系氏族社会取代。在原始社会末期，由于手工业逐渐从农业中分离出来，有了剩余的劳动产品，男子在生产中的地位和作用越来越大，家庭婚姻关系也逐渐由"从妻居"改变为"从夫居"。② 氏族首领成为贵族后，其他氏族成员沦为奴隶，这是私有制确立和原始社会瓦解的重要标志。

随着人类对自然和社会认识的逐渐深入，以祭祀天地鬼神和祖先的礼仪，已不能满足日益发展的精神生活需要。于是，人们将敬神祈福的内容和形式，逐步扩展到社会生活的各个领域。20 世纪初，著名学者王国维从甲骨文"豊"字入手，考证出"豊"是祭祀神灵的行礼器皿。③ 有学者认为："豊"是"盛玉以奉神人之器，谓之曲，若豊，推之而奉神人之酒醴亦谓之醴，又推之而奉神人之事通谓之禮"④。可见，礼是用来给神灵看的，以此求得赐福。故有人认为，礼是"祈神致福"的祭祀行为。祭祀是有规矩的，需要用礼来指导。在氏族部落首领的操纵下，礼由最初祭祀的宗教仪式，反映全体氏族成员共同遵守的行为规范，逐渐发展为部落首领和为少数人谋利的特权。

中国古代社会的政治权力关系，最早是从原始亲权关系发展而来的，这早已为学界所公认。早期氏族部落首领的权力，是按血缘尊长来划分的，而国家组织的设置，则是以亲属尊卑为序，由天下、国、家三者构成。古代中国的政一教结构，最早可追溯到夏代之前的五帝时期。张紫晨先生指出："历史是从记述巫事开始的，以王事为中心的历史，形成于记巫事的历史。其开始阶段，王事亦即巫事，王事活动主要是巫事活动，即使是后来大量的军事、政治、外交活动，也都离不开祭祀、占卜等项。"⑤

颛顼是上古时的五帝之一，姓姬，系黄帝之孙、昌意之子。在位期间，曾创建了九州，使中国第一次有了版图和疆界。相传，颛顼有"绝地天通"的本

---

① A. M. 佐洛塔廖夫. 西伯利亚各民族的图腾崇拜残余 [M]. 列宁格勒，1934：3.

② 申欢欢等. 中国历史 1000 问 [M]. 北京：中国地图出版社，2012：3.

③ 左玉河. 王国维 [M]. 西安：陕西师范大学出版社，2017：63.

④ 黄爱梅. 观堂集林卷六 [M]. 杭州：浙江教育出版社，2013：156.

⑤ 紫晨. 中国巫术 [M]. 上海：三联书店，1996：301.

领。所谓"绝地天通",就是断绝与天地之间的往来,人神各居其位,互不沟通交流。① 可见,部落神灵庇护的宗教权利,已被氏族首领所有。那时人们特别重视对天象的观测和天文历法的制定,以及相应的祭祀礼仪事项。② 于是,由敬天祭神的朴素思想和"祈神致福"的宗教仪式,逐渐演化为人与人之间"分"和"别"的具体体现,最终发展成尊卑有序的礼仪。以后,"礼在中国传统社会达到了这样一种至高无上的位置。因此,中华文化传统之礼,究其根本,是一种广泛的礼,大而等于文化,小而不过是区区的礼节"③。

二、礼仪的形成和发展

私有制和阶级的出现,是国家产生的前提条件。④ 研究中国传统文化,国家的形成当属绕不过的话题。众所周知,国家的诞生,标志着人类社会进入文明阶段。对国家出现的时间,学界分歧较大,观点较为庞杂,有大汶口晚期、尧舜时期、夏代、商代、西周五种见解。大多数学者倾向于"中国第一个奴隶制国家是夏朝"的说法。⑤ 夏朝的建立,表明中国从此跨入了文明社会。

当人类向文明社会迈进的时候,礼对中华民族的进步做出了不可磨灭的贡献。公元前 1600 年,商朝建立。商朝是中国历史上的第二个王朝,也是中国历史上第一个有文字可考的朝代,前后经历了 12 个王朝和 26 个国王。在商代,祭祀先公、先王是第一要务。据冯天瑜先生考证,商代的甲骨卜辞,仅祭祀祖先的就多达 1100 条,祭祀开国君主成汤的有 800 多条,祭祀祖乙、武丁的,分别达 900 和 600 条之多。⑥ 据相关史料显示:殷周以后,礼把社会人群分为天子、诸侯、卿大夫、士和庶人,规定不同等级和不同身份的人,享有不同的权利。

进入奴隶社会后,中国开始了国家礼仪的建设工作。作为国家等级制度的礼制,简称国礼,体现在"吉、凶、军、宾、嘉"五个方面。这是夏、商、周时代,经过 1000 多年才逐渐形成的。⑦ "五礼之名,肇自《虞书》;五礼之目,著于《周官》。"⑧ 可以这样说,体现国礼的五种礼仪,明确了君王、诸侯、士

---

① 尹国兴 . 红山密码 [M]. 济南:齐鲁书社,2014:240-241.
② 尹荣方 . 洪水神话的文化阐释 [M]. 上海:上海人民出版社,2016:255-256.
③ 安泽 . 礼仪与礼记之社会学的研究 [M]. 上海:上海世纪集团,2005:3.
④ 马兰 . 世界历史一本全 [M]. 天津:天津人民出版社,2015:7.
⑤ 秦泉 . 中国历史之谜 [M]. 海口:南海出版公司,2015:357-358.
⑥ 冯天瑜 . 中国文化生成史下册 [M]. 武汉:武汉大学出版社,2013:499.
⑦ 滕森 . 史说中国大讲堂 [M]. 北京:中国华侨出版社,2018:27.
⑧ 郭沫若 . 十批判书选编 [M]. 北京:人民出版社,1954:20.

人和贵族阶层的等级差异，成为国家政治制度的重要组成部分。由此可见，从俗到礼，再由礼到法，确实经历了一个漫长的历史过程。郭沫若先生解释："礼，大言之，便是一朝一代的典章制度；小言之，是一族一姓的良风美俗。这是从时代积累所递传下来的人文进化的轨迹。"[①] 郭沫若先生生于理、源于俗的见解，将民间风俗习惯化、规范化和典章化，是人类理性认识的必然结果。

总之，最初起源于原始社会"祈神致福"的宗教仪式，经过不断完善和发展。在孔子之前，已逐渐扩展到社会生活的方方面面，形成了包括祭祀、宴享、朝聘、征伐、婚冠、丧葬等较为完整的礼仪，被视为经国家、定社稷、安民序的重要组成部分。君主专制、家长制、神人合一的等级制度，几乎成了中国封建礼制的代名词。

商末周初，许多礼仪已渐具雏形。西周时期，青铜礼器是代表个人身份的象征。周武王在殷礼的基础上，重新制定了礼乐。礼器的多寡，代表不同的社会地位，其形制大小，显示不同的权力等级。周公时代的周礼，包含典章制度和道德方面的内容，较之前更加完备，已发展到"郁郁乎文哉"的程度。

西周末年，王室衰微，诸侯各自为政，进入群雄并起的时代。到了东周初年，周天子名存实亡，出现了攻城略地、礼崩乐坏的局面。春秋战国时期，各种思想流派异彩纷呈，出现了百花齐放和百家争鸣的盛况。以孔子为代表的儒家学派，通过"承礼启仁"和"以仁释礼"的方式，第一次对礼仪的起源、本质和功能做了全面阐述。论证了划分社会等级秩序的重大意义，相继涌现五大圣人，即至圣孔子，亚圣孟子，宗圣曾子，复圣颜子，述圣孔伋。宋代著名理学家朱熹对孔子评价甚高。他说："天不生仲尼，万古如长夜。"[②] 可见，孔子对礼乐的创造性阐释，对华夏礼乐文明的形成，起到了积极的推动作用。以后，尊卑贵贱靠礼来辨明，是非曲直依礼来判断，风俗教化借礼来推行，治军治国用礼来整肃。毫不夸张地说，"礼""乐"不仅是治国安邦之策，更是中华民族追求的一种精神境界。

汉初，历史上流传下来的礼制汇编，仅剩下《仪礼》17篇。为突出礼的仪式感，博士叔孙通协助汉高祖刘邦制定了汉礼之仪。汉武帝时，董仲舒提出了"罢黜百家，独尊儒术"的建议，使儒家思想成为中国封建社会的统治思想。作为中国历史上著名的思想家和政治家，董仲舒以阴阳五行学说为基本骨架，论证了伦理纲常与封建统治秩序的天然合理性，强化了儒家思想的神圣性，"不仅

---

① 山右文化研究院. 山右丛书初编八［M］. 上海：上海古籍出版社，2014：262.
② 林成西，许蓉生. 语典［M］. 成都：四川人民出版社，2001：719.

巩固了汉朝政权，而且对整个中国历史的发展和传统文化的凝聚产生了极其深远的影响"①。较好地解决了思想文化、制度文化继承与变革的关系，为历代统治者所秉持并付诸实践。这是"坚持儒家伦理、礼乐教化的永恒性，无论遇到任何变局都不能改变"② 的结果。自此，被扼杀长达百年之久的儒家"礼""乐"文化开始复兴，礼仪一跃而成为封建国家政治制度和伦理道德的重要范畴，儒学从世俗走向政治。自董仲舒始，孔子这位旷古未有的万代之师，被历代封建统治者尊奉为圣人，礼仪也得到进一步推广。

东汉后期，纲常礼教不但对社会生活产生了深远影响，也将封建等级制度和政治秩序进一步神圣化。著名经学家马融在《论语注》中最早将"三纲""五常"并称为"三纲五常"。所谓"三纲"，指人伦中的君臣、父子、夫妇三种关系，即"君为臣纲，父为子纲，夫为妻纲"。要求为臣、为子、为妻的，必须服从君、父、夫；而君、父、夫必须为臣、子、妻做出表率。所谓"五常"，指"仁、义、礼、智、信"③。"仁"，指待人以善，有仁爱之心；"义"，指适宜的行为；"礼"，最初指祭祀的宗教仪式，后发展成表示与身份地位相适应的行为规范和仪式制度；"智"，指辨别是非的能力；"信"，指无欺诈行为。可见，"五常"在承认价值与尊严对等的同时，还特别关注人的社会地位和作用。这是中国传统伦理道德中最为核心的部分，后演变为一种"名教"观念。这里的"名"指名分，"教"指教化。

孟德斯鸠是18世纪法国启蒙运动的著名思想家，对中国传统文化和儒家学说推崇备至。他说："中国的礼教对于维持社会稳定是非常有意义的，一个民族倘若养成了良好的风俗习惯，法律就变得很简单。那些不以礼仪而以刑法来治国的君主，就是想要借刑法的力量来完成道德的事情。如果所有人都丧失了道德观念，刑法能够把道德再树立起来吗？"④ 董仲舒的"三纲五常"，对延续数千年的中国封建社会产生了重大影响，囊括了国家政治和家庭伦理的方方面面，与封建国家法律、政令互为补充，构成了中国传统文化的主体地位。

从秦汉到清末，作为意识形态的上层建筑，礼仪的基本理念，以尊重为本。其本质是为达到更好地治理封建国家，借以巩固统治阶级的地位，反映出尊君抑臣、尊夫抑妇、尊父抑子、尊神抑人的伦理观念。以后，在漫长的历史进程中，这种伦理观念，又成为妨碍人类个性发展和窒息思想自由的精神枷锁。

---

① 宛华．中国通史［M］．昆明：云南人民出版社，2013：88.
② 林聪舜．儒学与汉帝意识形态［M］．上海：上海人民出版社，2017：24-25.
③ 白君．国学公开课［M］．成都：天地出版社，2016：244.
④ 孟德斯鸠．论法的精神［M］．上海：译林出版社，2016：254.

第二节　家国同构的伦理本位

中国古代社会是宗法社会，家庭、家族与国家紧密结合。所谓"家国同构"，就是指"家庭、家族与国家，在组织结构方面的共同性"①。宗法制度与封闭的小农经济相适应，共同构成了封建君主专制统治的基础。

由于"家天下是中国传统社会的基本结构"②，决定了宗法必须立足于宗族，植根于乡缘、血缘。天子是汇合了无数小宗的大宗主，往往被视为一个家庭的延伸。可见，天下和国都是放大的家。从"国"繁体字来看："國"是一个邦，因口中含玉，而"口"可引申为国家领土，"玉"少一点就是王字，这个"王"，就是所谓的一国之君。③

我国传统意义上的家庭，是以一夫一妻制为纽带构成的最重要的社会基本单位，任何人都无法摆脱夫妇、父子等家庭关系的存在。《易·家人》释文曰："人所居称家。"《周礼》郑玄注："有夫有妇，然后有家。"家者，"夫也，妻谓夫曰家"，"女以男为家"。④ 就其类型而言，"家"有核心家庭、扩大家庭、联合家庭、不完全家庭和单亲家庭。这是由婚姻、血缘或收养关系决定的。就人口而言，古代的家，由二三人扩大到几百人不等，故"治国必先齐其家者，其家不可教，而能教人者，无之。故君子不出家，而成教于国"⑤。如果脱离了宗法关系，家和国将不复存在。于是，上下有异，贵贱有分，长幼有序，贫富有度的天地人伦，成为纲常之本和政体之源。这从一个侧面反映了"君君臣臣，父父子子"的人格依附和等级观念。对此，有学者指出：如果把国家看成一个个体的话，那么家庭就是个体的细胞。⑥ 在传统家庭关系中，夫妇为家庭人伦之始，有父为尊、子为卑，男为尊、女为卑的说法。在此基础上，才形成了父子之亲、君臣之分和上下有义的等级依附，由此延伸出一套尊卑有序的国家政治制度。

在家庭血缘关系中，"夫君者，民众父母也"。意思是父为一家之君，君为

---

① 冯天瑜等．中华文化史［M］．上海：上海人民出版社，2005：164.

② 李军．家的寓言——当代文艺的身份和性别［M］．北京：作家出版社，1996：19.

③ 殷雄．诸葛亮治政方略《便宜十六策》解读［M］．北京：新华出版社，2015：20.

④ 台湾中国文化学院．中文大辞典第 10 册［M］．台北：1968：69 "家"字条．

⑤ 陈戍国．礼记校注［M］．长沙：岳麓书社，2004：484.

⑥ 李存山．家风十章［M］．南宁：广西人民出版社，2016：4.

一国之父，君与父互为表里。对这种社会政治制度，马克思用了一个恰当的比喻："就像皇帝通常被尊为全国的君父一样，皇帝的每一个官吏也都在他所管辖的地区被看作这种父权的代表。"① 不言而喻，家和国是一体互通的。所谓家国情怀，指家在前、国在后，两者密不可分。就个人而言，家优先于国，这是最基本的人伦关系，否则，国就没有存在的基础。这与钱穆先生中国传统文化全部是从家族观念上筑起的观点，可谓不谋而合。

随着华夏民族长期的不断迁徙和融合，从"家"的内涵延伸出"家乡""家国"等观念，构成了中国社会复合体式家族。即从血缘伦理扩大到社会伦理，由孝悌之情扩大到对他人的"仁爱"之心。从这个意义上说，中国古代的宗法人伦特征，几乎成了家族的同义语。

第三节　古代家训述略

在历代官方所修正史中，对家礼文化的记载，反映出严重的先天不足。翻检二十四史，仅在《史记》《后汉书》《新唐书》《宋史》《明史》《清史稿》等文献里有所反映，但大都语焉不详。相反，在历代私家谱牒和明清时期的长篇小说中，却比比皆是。

古代私家谱牒的编修，源远流长。因其体例特殊，堪与国史和地方志媲美。就中国古代私家谱牒而言，有关家训方面的记载，包含了教子、婚娶、治家、勉学等内容，具有普遍的社会价值和意义。如果从周文王的家训《诏太子发》算起，我国成文家训的出现，至今已有3000余年的历史。②

东汉初，邓禹"有子十三人，各使守一艺，修整闺门，教养子孙，皆可以为后世效法"③。同一时期的家训著作，还有马援的《诫兄子严敦书》和班昭的《女诫》。东汉末年，有郑玄的《诫子书》及蔡邕的《女训》；三国时，有诸葛亮的《诫子书》和才女辛宪英的《诫子从军入蜀教》等。

西晋末年，北方出现了"百姓流亡，中原萧条，千里无烟，饥寒流陨，相继沟壑"④ 的悲惨景象。为躲避战乱，记录家族血缘关系的谱牒图书，开始在

---

① 马克思，恩格斯. 马克思恩格斯全集：第2卷［M］. 北京：人民出版社，1975：88.
② 赵志华等. 中华辞海第二册［M］. 北京：印刷工业出版社，2001：2342.
③ 李虎等. 文白对照后汉书［M］. 西安：三秦出版社，2004：266.
④ 刘毅. 晋书［M］. 北京：北京燕山出版社，2010：646.

社会上广为流行。六朝时，"产生了贾渊、王俭、王增孺等诸多谱牒学家"①。南北朝后，礼法为士族主宰的门第社会所看重，出现了编撰家训的热潮。南北朝时，颜之推的《颜氏家训》，被南宋藏书家陈振孙誉为"古今家训之祖"。该书共 8 卷 20 篇，主要涉及教子、兄弟、后娶、治家、风操、慕贤、勉学、文章、名实、涉务、省事、止足、诫兵、养心、归心、书证、音辞、杂艺、终制等方面内容，历经千余年不佚。

唐代专门研究谱牒的谱学，正逐渐消失，"一些世族人士，以重视儒家礼法相标榜，所谓'家礼''家仪'，也随着世族的沿袭而为某些士君子和旧世家所继承"②。从唐代流传下来的私家成文家训来看，乏善可陈，仅有无名氏的启蒙读物《太公家教》。

宋代汇聚家庭关系的有关准则，首推司马光 10 卷本《司马温公家范》。另外，司马光还著有《涑水家仪》《家范》《居家杂仪》。其中，《涑水家仪》是中国古代女子必读之书，以宣扬封建大家庭的烦琐礼节仪式，多重复《礼记·内则》中的内容；《家范》共 10 卷 19 篇，涉及治家、修身等方面的内容；《居家杂仪》有 21 则，规定了家庭成员的角色定位、行为准则和惩戒方式。此外，宋代有两部族谱，备受后世推崇：一是欧阳修编纂的《欧阳氏族谱》；二是苏洵编纂的《苏氏族谱》。这两部族谱，确立了宗族谱牒的编修范式，开新式宗族谱牒编撰之先河。同时，也标志着中国历史上写入私家成文谱牒的"家礼"，在融入传统儒家思想的同时，还兼容了道家和佛家思想，并注入"国礼"的新内容，使得封建社会的等级意识，在家族成员中得以广泛流传。从袁采的《袁氏家范》、范仲淹的《义庄规矩》、司马光的《涑水家仪》、叶梦得的《石林家训》、陆游的《放翁家训》以及朱熹的《朱子家训》来看，宋代成文家训，已俨然成为国家法律之外的有益补充。

元朝流传下来的家规族训不是太多，仅有《郑氏规范》，计 168 则。该书是浙江浦江县郑氏第八世嗣孙郑涛等人，在"一代文宗"宋濂的帮助下，根据家族留传下来的零散史料整理而成。郑氏自宋经元，一直到清，绵延 15 代达 330年。鼎盛时期，其家族成员多达 3300 多人，并同居一处。明洪武十八年（1835），浦江郑氏被明太祖朱元璋敕封为"江南第一家"，并御笔题赠"孝义家"三字。足见其在江南一带的名望，非一般家族可比。作为中国历史上家规族史的重要著述，《郑氏规范》具有两大特点：一是增加了许多惩戒性规条，二

---

① 桑楚. 趣味文化常识大全下 [M]. 北京：中国华侨出版社，2012：352.
② 吴丽娱. 唐礼摭遗——中古书仪研究 [M]. 北京：商务印书馆，2002：211.

是增设了家族经营规条。①

明代出现了编纂家训的热潮。除袁衷兄弟的《庭帏杂录》，还有官至福建巡抚、广东南海人庞尚鹏的《庞氏家训》，兵部武选司、河北容城人杨继盛的《杨忠愍公遗笔》，曾任新兴知县、浙江乌程人姚舜牧的《药言》，官至太常寺少卿、浙江海盐人吴麟微的《家诫要索》，徽州府推官、浙江乌程人温璜的《温氏母训》等。今广东东莞人袁衷兄弟五人编撰的《庭帏杂录》，是根据其父袁参坡和生母李氏生前以身立范的教诲整理而成。内容涉及为人处世、孝亲敬长、宽以待人、乐善好施、见贤思齐等。强调"伊周事业，孔孟文章，皆男子常事。位之得不得在天，德之修不修在我，毋弃其在我者，毋强其在天者"②。袁参坡夫妇还谆谆告诫后人，凡事不要"起非分之思，开无谓之口，行无益之事，不如其已；可爱之物，勿以求人；易犯之愆，勿以禁人；难行之事，勿以令人"③。

清代，各地成文家训如雨后春笋般地涌现，主要有理学家、河北保定人孙奇逢的《孝友堂家规》，江苏昆山人朱伯庐的《治家格言》，著名理学家和文学家、河北永年人申涵光的《荆园小语》，藏书家、浙江镇海人张寿荣的《成人篇》，书画家和诗人、江苏常熟人蒋伊的《蒋氏家训》，文华殿大学士兼礼部尚书、安徽桐城人张英的《恒产琐言》《聪训斋语》，"扬州八怪"之一、江苏兴化人郑板桥的《板桥家书》，有"绍兴祖师爷"之誉的安徽歙县人汪祖辉的《双节堂庸训》，广东按察使、贵州遵义人王青莲的《遵义新舟龙渊王氏族谱》，政治家、湖南湘乡人曾国藩的《曾国藩家书》等。这些家规族训，远超出一家一族范畴，已推及社会和政治经济领域，使得中国传统文化中的修齐治平、家国一体、仁礼智信、忠孝节义、清正廉洁、正身率下、勤劳俭朴、审择交游的文化价值观，得以广泛流传。

进入民国后，家训族规的约束力逐渐走向末路，宗法伦理的强制性和规范性繁华渐息、风光不再，特别是以宗祠或族长实施宗族教化的社会功能，已遭到严重削弱。据《中国丛书综录》载：古代流传下来的谱牒，可稽者达117种，明清两朝有89种，清代占了61种。④ 因年代久远，受兵刀水火之灾、蠹虫白蚁之患和家族变故等诸多因素影响，惜大多传焉未广。据赵振先生在《中国历代家训文献叙录》中统计，历代家训存目，宋代2种，元代1种，明代22种，清

---

① 张天清.中华好家风［M］.南昌：百花洲文艺出版社，2018：114.
② 张崇琛.中华家教宝库［M］.长春：吉林人民出版社，1993：516.
③ 丁晓山.中国人兴家的智慧［M］.北京：中国文史出版社，2013：208.
④ 陈节.古代家训中的教育思想探析［J］.福建学刊，1996（2）.

代 134 种。而亡佚家训专著，三国 2 种，两晋 2 种，南北朝 6 种。①

第四节　研究 1987 版电视剧《红楼梦》贾府家礼意义

一、学界对小说研究的观点

众所周知：小说源于生活。长期以来，小说的功用价值一直不被学界看好，甚至"在整个中国文学批评史上，也不曾有人以如此严肃而正确的眼光，从哲学或美学的观点来探讨过任何一部文学作品"②。在传统观念的支配下，一般学者往往用史家的眼光看待小说，认为小说不过是街头巷尾的谈资，不足为训，从根本上否定其推动社会进步的作用，进而否定其存在的价值。

明末清初，大多数文人往往视小说所立之"言"为小道，或将其视为六经国史之外的补充。小说《定情人》是明末清初才子佳人中的佳作，作为这类题材的重要刊行者，素政堂主人对这部小说这样评论："立言虽浅，而寓殊深。"虽寥寥数语，可从中一窥其对小说功用的态度，即仅承认小说"仍为小道、末技，所以君子弗为也"③。又如，明代崇祯年间的小说家齐东野人，在其所著的《隋炀帝艳史·凡例》中，就有"著书之言，无论大小，必有关乎人心世道者为贵"④ 的说法。

对小说文以载道、经世致用的功用观，近代学术大师梁启超独具慧眼，言人之所未言。他说：小说"有支配人道的四种力量，一曰熏、二曰浸、三曰刺、四曰提。此四力者，可以卢牟一世，亭毒群伦，教主之所以能立教门，政治家之所以组织政党，莫不赖是；文家得其一，则为文豪；能兼其四，则为文圣；有此四力而用之于善，则可以福亿兆人；有此四力而用之于恶，则可以毒万千载，而此四力所最易寄者惟小说。可爱哉小说！可畏哉小说"⑤！梁先生道他人未道之理，对小说艺术功用的认识有了质的飞跃，至今仍为大多数学者奉为圭臬。

---

① 赵振．中国历代家训文献叙录 [M]．济南：齐鲁书社，2014：491–505.
② 张琪．读尚红楼 [M]．成都：四川大学出版社，2016：173.
③ 南开文学研究编委会．南开文学研究（1988）[M]．天津：天津古籍出版社，1990：261.
④ 齐东野人．隋炀帝艳史 [M]．北京：中华书局，2000：339.
⑤ 藤浩．梁启超精典 [M]．北京：当代世界出版社，2016：181.

明清是中国小说的繁荣时期，相继涌现《金瓶梅》《红楼梦》《水浒传》《三国演义》等不朽长篇。其中，《金瓶梅》被誉为中国第一部描写世态人情的白话小说。该小说的书名，从虚构的主人公潘金莲、李瓶儿、庞春梅三人名字中各取一字而成。今存世版本较多，以清代著名小说家张竹坡（1670—1698）点评的《皋鹤堂批评第一奇书金瓶梅》最为流行。

《金瓶梅》是我国第一部长篇白话章回小说，共有一百回。该书借《水浒传》中武松杀嫂为引子，以西门庆一家的兴衰为主要线索，描写了武大、花子虚、乔大户、陈洪、吴大舅、张大户、王招宣、周守备、何千户、夏提刑等众多家庭。通过苗青害主、贿赂蔡京、结交蔡状元、迎请宋巡按、庭参太尉、朝见皇上等一系列故事，由西门庆一家写清河全县，揭露了明代中叶社会的黑暗和腐败。其中，第十回至第七十九回，主要描写西门庆从暴发到暴亡，以及与金、瓶为主的妻妾之争；最后二十一回，重点描写了众妻妾流散，极摹世态人情。据陈果安先生在《"东方丑学"：张竹坡审丑理论初探》一文统计，全书有关性描写的就多达 105 处，其"污目"文字触目皆是，赤裸裸者 36 处，一般描写 36 处，一笔带过者 33 处。该书自问世以来，被知识界斥为淫书。鲁迅先生从独特的审美视角出发，对《金瓶梅》和《红楼梦》的艺术魅力做了较为细致的考察，认为前者是世情小说，后者为人情小说。

《红楼梦》融古今世态于一部，凝二十四史于一书，以"假借""添缀"等艺术虚构手法和严肃认真的创作态度，塑造了众多栩栩如生的人物形象，上至皇亲国戚、文武官吏、公子小姐，下至后宫太监、宫女衙差、皇食庄头、城乡财主、城市贫民、农家妇女、义学学生、风水先生、悍妻恶仆、人间尤物、没落亲族、旁系侧枝以及外国人、医生、艺人、工匠、商贩、仆人、清客、泼皮、拐子、妓女、僧人、尼姑等，遍及封建社会各个阶层和角落，为后世留下一幅较为完整的中国传统文化活图像。

中国现代著名文学家、国学大师吴宓在《石头记评赞》中云："《石头记》为中国文明最真最美而最完备之表现，其书乃真正中国之文化、生活、社会，各部各类之整合的缩影，既美且富，既真且详。"《红楼梦》以描写人物取胜，但究竟写了多少人物，学界历来说法不一。

民国初年，有一本署名为兰上星白的《红楼梦人物谱》。该书收录有名有姓的人物达 721 人。其中，古代帝王 23 人、古人 115 人、后妃 18 人、列女 22 人、仙女 24 人、神佛 47 人和故事人物 13 人，共计 262 人。两项之合，共有 983

人。① 从中不难发现，女性人物占了全部人物的一半，堪称史志中的列女传。近代红学家徐恭时先生，闲收偶拾，先以庚辰本为底本，逐回记下书中人名。通过广览诸家表谱，相互印证，共统计出男性495人，女性480人，总计975人；有名姓称谓的732人，无姓名称谓的243人。② 在1987版电视连续剧《红楼梦》中，仅有名有姓的演员，就多达150余人，由此引申出来的复杂关系和矛盾冲突，令人眼花缭乱，较好地突出了贾府对于整个封建制度的典型意义。

虽然《金瓶梅》的成书时间比《红楼梦》早一个半世纪，然《红楼梦》更谙描写众生百态。按曹雪芹的话说，《红楼梦》"大旨谈情"，乃是一部"情经"。其深刻的思想内涵，比1789年法国大革命时期提出的"自由、平等、博爱"的政治口号要早。此外，《红楼梦》在表现传统礼俗方面，诸如"拜年贺节，庆寿理表，问卜延医，斗酒聚赌，失物见妖，遭火被盗以及家常琐粹"③等，从未有人写得如此淋漓尽致，也远比《金瓶梅》更接近封建社会的世俗人情。换句话说，如果不重视对《红楼梦》中这些繁文缛礼或豆芥之微的深入考察和探究，也就不可能真正揭示其礼俗背后所蕴含的文化意义，更不可能读懂这部经典。

所谓"红楼"，顾名思义，指华丽的楼宇。所谓"梦"，指富贵人家女子的爱情故事。《红楼梦》以宝黛爱情为线索，以大观园风月繁华为背景，通过对贾（假）、史（死）、王（亡）、薛（血）四大家族兴衰荣辱的描写，展示了一幅广阔的历史画卷。对这部用灵魂和生命写就的长篇小说，有学者指出："几千年中国文学史，假如我们只有一部《红楼梦》，它的光辉也足以照亮古今中外。"④最早把《红楼梦》翻译成日文的日本著名汉学家松枝茂夫认为："毫无疑问，《红楼梦》堪称中华民族的大杰作。"⑤

1915年兴起的新文化运动，在宣传西方人道主义理想和个人主义精神的同时，开始挖掘本土人文主义思想，掀起对小说的阅读和研究热潮。历来被传统士大夫视为"小道末流"的文学样式，其地位得到空前提高。胡适认定《红楼梦》为中国"文学正宗"，为"吾国第一流小说"。⑥ 该评价先后得到蔡元培、

① 老夫子.老夫子诠释红楼梦［M］.北京：中国电影出版社，2007：52.
② 郭豫适.《红楼梦》研究文选［M］.上海：华东师范大学出版社，1988：16.
③ 郭豫适.《红楼梦》研究文选［M］.上海：华东师范大学出版社，1988：109.
④ 陈薛俊怡.中国古代典籍［M］.北京：中国商业出版社，2015：134.
⑤ 迟公绪.松枝茂夫谈《红楼梦》［M］//红楼梦研究集刊编委会.红楼梦研究集刊第四辑.上海：上海古籍出版社，1980：104.
⑥ 陈昌友.凸思集艺海踏浪［M］.北京：北京大学出版社，2005：303.

陈独秀等人的肯定。尽管当时有不少学者加入对《红楼梦》的讨论，但直到1920年鲁迅先生应北京大学校长蔡元培之邀，在北大专门开设中国小说史课程，小说这才正式登上了大雅之堂。

二、《红楼梦》蕴含的中国传统文化重要内涵

中国传统文化具有多元和同质的特点。儒家提倡的是德治、仁政理念，佛教主张的是慈悲为怀、济世救民思想。自西汉中叶儒法合一后，儒家德治思想就是封建国家的意识形态，倡导的是与道释文化长期共存。道家追求的是人与自然的和谐统一，彼此相互渗透和吸收，在优胜劣汰中，扬长避短，形成了以儒、道、佛互补的架构模式。体现在文学作品中，就是"以文载道"。与此同时，道释文化，特别是道家文化的辩证关系，为芸芸众生在安身立命方面，提供了丰富的人生智慧。

在《红楼梦》第一回里，曹雪芹开宗明义，借石头之口，表达了自己的立言动机和文学主张："我想历来野史的朝代，无非假借汉唐的名色，莫如我石头所记，不借此套，只按自己的事体情理，反倒新鲜别致，况且那野史中，或讪谤君相，或贬人妻女，奸淫凶恶，不可胜数。"曹雪芹反对"开口文君，满篇子建"的才子佳人式的爱情小说，反对满纸"之乎者也"卖弄才学和内容空洞的庸俗小说，"只按自己的事体情理"描述，对"其间离合悲欢，兴衰际遇，俱是按迹寻踪，不敢稍加穿凿，至失其真。只愿世人当那醉余睡醒之时，或避世消愁之际，把此一玩"，创造性地把握了生活和艺术的真实。

《红楼梦》是曹雪芹"自叙其生平，有感而作的"①。脂砚斋在第八回强调《红楼梦》所写为作者亲身经历之事，"用淡三色烘染行云流水之法，写出贵公子家常不迹不离气致，经历过者，则喜其写真，未经者，恐不免嫌繁"。需要指出的是，《红楼梦》大部分素材，取自曹氏家族，几乎已成定论，无须再费考证工夫。

熟悉和了解清代历史的人都知道，在康乾两朝，由于统治阶级大兴文字狱，"文网之祸，层出不穷，不管有意，还是无心，只要一词一句有关碍，都要受到法律制裁，轻则流亡千里，重则砍头示众，甚至杀家灭族，株连乡里，尤以小说戏曲，视为异端"②。作为被朝廷革职抄家的官僚后裔，曹雪芹心有余悸，担心成书后，再度遭到迫害和不测，书中朝代纪年，均失落无考，就连大观园究

---

① 郭豫适.《红楼梦》研究文选［M］.上海：华东师范大学出版社，1988：249.
② 刘梦溪. 陈寅恪与红楼梦［M］.北京：中央编译出版社，2006：122.

竟是在长安，还是在苏州，抑或在南京、北京，也令人捉摸不透。此外，曹雪芹还广布疑阵，藏头去尾，巧设家庭，或托言儿女、故弄玄虚，或张冠李戴、颠三倒四，"用假语村言"的方式，"将真事隐去"，意欲强调本书与政治无涉，是书名姓、儿女风流、色空幻境、升沉显晦，一扫前人窠臼，体现了作者对当时政治状况的清醒认识。

　　著名红学家俞平伯先生著有《红楼梦辩》一书。该书条理缜密，环环相扣，对原著中时序颠倒和前后矛盾的情况，做了深入考察和探究。他认为：原著中的贾宝玉，最初年龄过大，后面一下就变小了；林黛玉十三四岁进贾府，又过了四五年，年龄反而变小；第十二回，林如海冬月底染疾，却在秋天去世；第二十六回，薛蟠说自己的生日是五月初三，但到了第二十七回，却说是四月二十六。这种时序颠倒的情况，显然是作者有意为之。在研读原著过程中，笔者也发现类似问题，如第十九回说贾宝玉的奶母李嬷嬷，脂批为"龙钟老母"，说明年纪较大，而在现实生活中，哪有这把年纪的奶妈？又如，第六回刘姥姥的女婿狗儿家，距贾府有"千里"之遥，然刘姥姥领着板儿，一上午就到了，显然有些夸张。再如，刘姥姥为凤姐的女儿贾巧姐取名，最初出现在第四十二回，可第二十七回就提到其名，情理上讲不通。书中类似情况还有不少，从一个侧面道出了曹雪芹为真事所隐的玄机。

　　《红楼梦》以其独特的艺术魅力，征服了万千读者，为众多学人所折服。在王立言等人编著的《小说通典》中，有近代小说理论家太平闲人，仿汉儒解《易》法来诠释《红楼梦》的记载。太平闲人者，张新之也，生卒年不详。他在《红楼梦读法》一书中，用符号学诠释了《红楼梦》纲目、结构及表现手法，认为"红楼梦"三个字，出自第五回金陵十二钗曲名，为"十二钗"梦之目；"情僧录"中的"情"字，为梦之纲。在此基础上，他把前十二回分成三大段落，认为第一段落为"石头记"，第二段落为"红楼梦"，第三段落为"风月宝鉴"。而"情僧录"的"纲"与"十二钗"的"目"，正好包含其中，充分显示了《红楼梦》本身具有的独特魅力。

　　文学作品是时代的产物，也是现实社会生活的反映。在封建社会，人们的衣食住行，乃至婚嫁丧葬，都受到严格的礼制约束，礼仪被视为有"通神明，立人伦，正情性，节万事"的作用。曹雪芹生活在中国封建社会末期，这一时期的社会具有高度礼制化特点。书中描绘的四大家族之首贾府，不仅是富贵簪缨之族，更是诗礼之家，无论是半主半奴，还是刁滑小厮，或佛僧道尼、戏子丫鬟和忠僮义仆，一言一行，一举一动，皆循规蹈矩，委婉得体。马瑞芳女士在《红楼梦风情谭·引言》中指出：曹雪芹"用花娇月媚文字，写文雅之人，述高雅之事，半瓣花上说人情，一滴水中照太阳"。从某种意义上说，中国传统文化的价值取向，对曹雪芹艺术创作心理产生了巨大影响。

《红楼梦》富于情趣，其艺术表现手法，"上自诗词文赋，琴理画趣，一脉贯通，下至医卜星相，弹棋唱曲，叶戏陆博诸杂技，言来悉中肯綮，想八斗之才，又被曹家独得"①。作者信手拈来，以情连心，不为框套所束，终因真人真事太多，为免遭迫害和世情干扰，不得不采用障眼法和玄幻法，同时，将"谶应"的表现手法，出色地熔铸于这部"闲书"之中。

在中国古代小说中，"谶应"的表现形式有歌谣、谚语、诗谶、谜谶、画谶等。谶语句子短小，是一种不押韵的隐语。② 通过相术、占卜、谶应等表现人物命运，在史家笔下，历来不乏先例。据《汉书·邓通传》载："上使善相人者相通，曰：'当贫饿死'"③，后果验。又据《史记·绛侯周勃世家》载，西汉名将周亚夫在任河内太守时，有人说他入相后，必当饿死，周亚夫笑而答曰："然既已贵如负言，又何说饿死？指示我。"曰："有纵理入口，此饿死法也。"④ 9 年后，周亚夫果然被监禁，饿死于狱中。

《红楼梦》中人物的诗作、制谜、抽签、行令，常辅以"谶语"，以暗藏和预示其各自命运。如第四十回中，薛姨妈所行之令"二郎游五岳""世人不及神仙乐"，就是贾宝玉弃家访名山、入空门的隐语；刘姥姥"大火烧了毛毛虫"中的"大火"，暗指遭遇突变。书中类似这样的描写，比比皆是，使得整部小说笼罩在云遮雾罩的鬼话、神话和人话中，指引着俗世间万物皆空的宿命。

《红楼梦》中主人公林黛玉带有谶语性质的诗有咏白海棠、菊花、柳絮、五美诸作和与史湘云的即景联句等。如第六十四回，黛玉写的《西施》《虞姬》《明妃》《绿珠》《红拂》五首诗，分别指历史上的五大美女，即西施、虞姬、明妃、绿珠和红拂。对这些诗作，贾宝玉赞不绝口，将其命名曰《五美吟》，宝钗为此写下热情洋溢的评语："今日林妹妹这五首诗，亦可谓命意新奇，别开生面了。"老实说，这些带有预言性的诗句，除符合林黛玉寡言罕语的性格外，还与其悲剧结局的人生命运相照应，仿佛是泪尽而逝的借用语。《咏菊》诗云："满纸自怜题素怨，片言谁解诉秋心。"这些细腻工隐的诗句，在透露诗人内心伤感的同时，也道出了曹雪芹"一把辛酸泪"的人生况味。

---

① 庄克华. 说"雅"——《红楼梦》艺术美刍谈［M］//红楼梦研究集刊编委会. 红楼梦研究集刊第十辑. 上海：上海古籍出版社，1983：227.
② 万晴川. 谶应与中国古代小说研究［M］. 北京：中国文联出版社，2000：132.
③ 戴扬本整理. 汉书详节［M］. 上海：上海古籍出版社，2007：588.
④ 张大可. 史记通解第 5 册［M］. 北京：商务印书馆，2015：2289.

在古代，以"玉"命名的美女很多，如吴王夫差之女小玉、秦穆公之女弄玉、杨玄琰之女玉环等。历代诗人的咏玉诗也是屡见不鲜。如王昌龄的"洛阳亲友如相问，一片冰心在玉壶"；李白的"兰陵美酒郁金香，玉碗盛来琥珀光"；李商隐的"沧海月明珠有泪，蓝田日暖玉生烟"；白居易的"玉容寂寞泪阑干，梨花一枝春带雨"等，可谓不一而足。"所谓玉女、玉人、玉体、玉色、玉面、玉容，皆美称也。古人以玉为至坚至洁至美之象征，以玉名至爱之人。"① 曹雪芹给袭人、平儿、紫鹃、晴雯、秦钟等人的命名，亦有隐喻其品性之意；从顽石、神瑛侍者、绛珠仙草、茫茫大士、渺渺真人、空空道人、警幻仙子等称谓来看，也蕴藏着中国传统文化中某种收因种果的哲学意味。

《红楼梦》是曹雪芹"披阅十载，增删五次"的产物，既包括内容上的创新，也包括形式上的创新。书中对各式人物的命名，自有作者处心积虑、拈断数茎的艰辛，摆脱了千部一腔、千人一面的公式化创作倾向。另外，《红楼梦》为后世留下了众多难解之谜，大多与人物的名字有关。

早在远古时期，中国人就有取单名和双名并行的惯例，《礼记·内则》中有专门规定。总体来看，《红楼梦》中的人物命名，顺依天然，不凭空捏造，情趣盎然，各尽其妙。初看实之所无，细思则理之必至，念起来朗朗上口，别致优雅，委婉清新。在满足艺术创作需要的同时，也遵循了约定成俗的命名习惯。如第二回演说荣国府的古董商冷子兴，其名"即俗语，所谓冷热中出，无中生有也"；贾雨村名化，而化的谐音为"话"，与姓氏连在一起，就有"假话"连篇之意。有的随文即出，一闪即过，如第七十七回被王夫人撵走的四儿等。此外，还有出自诗词名句的，如袭人姓花，出自陆游《村居书喜》的"花气袭人知骤暖"句。至于神仙和佛教徒的名字，前者为作者杜撰，后者法名以取双名居多，且无姓。而道士之名，除道号外，还有姓，这是根据佛道教义所做的不同安排。

大观园是曹雪芹为红楼儿女精心打造的理想世界，也是红楼人物活动的重要舞台。对红楼四春的命名，初看不知其玄机，直到细读脂砚斋批语，才恍然大悟，有"原应叹息"之意，可谓一语双关。事实上，红楼四春皆属"薄命司"人物，她们的悲剧命运，就是红楼女儿的命运。曹雪芹对四人的命名不以春字排序，而与各自的生日有关。

曹雪芹以红楼四春的命运，来确立全书的悲剧基调。贾元春生于正月初一，

---

① 陶文台.《红楼梦》与"扬州旧梦"［M］//红楼梦研究集刊编委会. 红楼梦研究集刊第四辑. 上海：上海古籍出版社，1980：420.

即一岁之首；贾迎春生于立春之日，故名；贾探春生于三月初三，即做踏青之戏；贾惜春生于芒种之日，故名。贾元春通过选妃，终归大梦；贾迎春沉湎于岁月静好，从不惹是生非，然命运多舛，终因遇人不淑，被中山狼活活折磨而死；贾探春美丽聪颖，诗才出众，情调高雅，气度开阔。虽生于末世，其言行辞止，不让须眉，令人心生感佩；后远嫁番国，竟落得"清明涕泣江边望，千里东风一梦遥"的悲惨结局。

四春中的贾惜春，敏而早慧，年纪最小，平时言语不多。在悟透红尘之后，皈依古寺，遁入空门。贾惜春最后出家何处？曹雪芹在书中虽然没有具体交代，但从书中透露出的信息分析，贾惜春在未出家之前，可能与两座寺庙结下不解之缘：一座是水月庵，另一座是栊翠庵。严中先生在《红楼梦与南京》一书中指出：贾惜春出家在栊翠庵，其如梦似幻的悲剧人生，与庄周虚无主义宿命观不谋而合。此外，对另外三春的命名，近代著名学者王瀣在《红楼梦批语汇录》中指出：三春之意实为三教，迎春是忘世，探春是治世，惜春是出世。其性格和命运归宿，分别暗合了儒、释、道的思想理念。

《红楼梦》不仅是一部小说，同时可视为一部诗集。书中不但穿插了大量的诗词曲赋和韵文，更重要的是体现了诗意盎然的结构氛围。众所周知，传统文化中的古典诗词是中华文化的瑰宝，唐代诗人杜甫云："宽心应是酒，遣心莫过诗。"在众多文学样式中，诗歌除蕴含了最为深厚的民族文化，还具有意境深邃、韵律和谐的特点。曹雪芹含英咀华，抽笔放胆，先后为红楼四春、李纨、薛宝钗、林黛玉、史湘云、薛宝琴、邢岫烟、李纹、香菱等十余位奇女子操刀捉笔，创作了五绝、七绝、七律、排律、歌行、骚体。或典雅含蓄，或言随意遣，无不与其身份、修养、性格吻合，毫无雕饰堆砌之感。如原著中的菊花诗，以菊花为宾，以人为主，一虚一实，分别拟成 12 个题目，赋境喻物的有《忆菊》《访菊》《种菊》《对菊》《供菊》《咏菊》《画菊》《问菊》《簪菊》《菊影》《菊梦》《残菊》12 首。显然，这是"力求用诗的语言，来正确描写事物的特征，唤起读者对有关表象的广泛联想，于是，就能使他们自己去产生形象之感"①。又如第七十回，诗社要求每人各拈一调，限时完成，宝玉即兴续完探春后半阕。宝钗嫌众人"过于丧败"，吟韵出"白玉堂前春解舞，东风卷得均匀。蜂团蝶阵乱纷纷。几曾随流水，岂必委芳尘。万缕千丝终不改，任他随聚随分。韶华休笑本无根，好风凭借力，送我上青云"的佳句。读之，悉有隐意，若哑

---

① 金开诚. 从《红楼梦》看曹雪芹的诗论［M］//红楼梦研究集刊编委会. 红楼梦研究集刊第四辑. 上海：上海古籍出版社，1980：202.

语然，优劣各随本心。

诚然，诗与小说各有区别，作为语言艺术，二者有异曲同工之妙。在林黛玉所咏白海棠诗中，有"偷来梨蕊三分白，借得梅花一缕魂"之句，可谓独领风骚，把海棠写得如此风流别致，当数林黛玉而别无他人；薛宝钗所咏"胭脂洗出秋阶影，冰雪招来露砌魂"之句，直抒胸臆，音韵天成，成就了一生经典绝唱。

作为大观园最富才情的女子，林黛玉大胆追求真爱，敢于反抗封建礼教，却因先天体质纤弱，加之其母较早过世，以及寄人篱下的情感缺失，从小养成了多愁善感的性格。面对"一年三百六十日，风刀霜剑严相逼"（第二十七回）的残酷现实，选择了以作诗填词的方式，来排遣心中的苦闷。贾宝玉与林黛玉相爱，集中表现在对精神共鸣的个性追求和觉醒的自主意识和叛逆精神方面，充分展示了封建社会女性的精神世界和文化品格，阐释了曹雪芹独特而进步的女权观。

自唐代传奇开始，小说一直追求文备众体的艺术特色，然真正水乳交融的作品却没有一部。在中国文学所有的文体中，《红楼梦》应有尽有，艺术与文学已成为贾府日常生活和人物语言的重要组成部分。曹雪芹以梦幻、神异、反常、象征、荒诞等魔幻现实主义手法，通过穿插大量歌、谣、赞、诔、偈语、联额、书启、灯谜、酒令、骈文、拟古文等，设下众多迷局，与小说主题、人物命运和故事情节相关合。这在其他古典小说中，是从未有过的。同时，也给研究工作带来了巨大障碍。

自小说《红楼梦》问世以来的200多年间，少数文人对其趋之若鹜，表现出较为浓厚的兴趣，对大多数读者而言，堪称一部难以读懂的"天书"。由于文字艰深晦涩，读者须得几番"入梦""出梦"，才可领略其几分真谛，故有学者指出："阅红楼梦者，既要通今，又要博古，既要贵心细，尤贵眼明。"①

近代著名经学家王伯沆曾手批原书二十余遍，对金陵十二钗广为考证，尝语人曰："此书经纬万端，情文并茂，非沉心静气，反复读之，不足以知其妙。"② 王氏之见解，堪称独到，足以为训。然而，当代年轻一代对《红楼梦》感兴趣和系统读过的不是太多，而真正理解者，确如凤毛麟角。平心而论，小说《红楼梦》受语境限制，仅读懂就十分困难，遑论深入研究。

---

① 郭豫适. 红楼梦研究文选［M］. 上海：华东师范大学出版社，1988：16.
② 喻血轮. 绮情楼杂记［M］. 西安：长安出版社，2011：48.

三、1987 版电视剧《红楼梦》贾府家礼特点

中国古代的家礼，没有国礼那么复杂。国礼是规定国家等级制度的礼仪，家礼是彰显家族门风的符号，包含家规、家仪、家训等。具体来说，家规又称家约，含孝悌、职业、修身、门户等，起着调节家庭或家族内部秩序的作用；家仪包括日常生活中的冠婚丧祭和节日习俗，以及服饰饮食等；家训是宗族内部道德教化的重要内容，属宗族意识形态范畴。贾府家礼合乎宗法礼教，注重教化，与封建国家政策和法令相一致。

从"礼"产生的背景、内在结构和价值取向来看，贾府家礼是约束贾府家庭成员的礼法，起着规范家族内部秩序的作用。在长达数千年的历史长河中，中国人历来推崇封建大家庭结构形式，强调宗族血缘关系的凝聚力，开创了儒家学说的实用伦理。作为血缘崇拜的载体，贾氏宗祠是其家族成员联系的精神纽带，具有至高无上的神圣性；宗族权力集中在族长手里。按宗法制度下的嫡长子继承制，宁国府的贾珍是贾府长房长孙，处于父系血统的宗主地位，在男性中的地位最高。

此外，封建礼法赋予父家长的权力，在贾府无处不在。如逢年过节、祭祀大典、府门接驾，贾珍虽贵为一家之长，实际权力却掌握在贾母手里。按费孝通先生的说法：中国家庭或家族成员之间的关系，是以亲属关系为主轴的网络关系，每个人都以自己为中心结成网络，就像一块石头丢在水面上所生发的一圈圈推出的波纹一样。① 贾府也不例外。在这个宛如同心圆的网络里，以"己"为中心，形成了众星拱月的格局。作为一品诰命夫人的贾母，是荣国公贾代善的遗孀，且年纪最长，无疑处在同心圆的核心地位。

1987 版电视剧《红楼梦》贾府家礼，包括了岁时节令的行礼如仪、门当户对的通言问名、除夕祭祖的敦宗睦族、酒馔延宾的陈设习礼、居家以闲的妇人之道、宅内嫡庶的安分守己、主仆之间的循规蹈矩，以及对父母的下气怡声、对长者的谦恭揖让、对气谊之交的和睦相尚等。同时，要求身居闺阁的女性，专习女红、手不离编，媳妇上孝翁姑、下睦妯娌、相夫教子、严守妇道。而男性从入学至成人，次序冠、昏、丧、祭、宾、礼、乐、射、御、书，数诸仪节，至详且备。这些以善相劝、有过相规、庆贺相通的处世之道，与封建礼教紧密结合，守望相助，对贾府家庭成员起到了执纪问责的作用。在日常生活中，对于那些超自然的力量，往往祈求神灵，体现了浓厚的宗教色彩。特别是在祭祀

---

① 费孝通. 乡土中国 [M]. 北京：北京大学出版社，1998：26—27.

中，对程序、位次、动作、衣着和祭品的选择，无不体现"礼"秩序思想。

贾府二世贾演、贾源都是靠军功发迹的，为后世留下了一门双国公佳话。到《红楼梦》开篇时，贾演、贾源和第三代的贾代化、贾代善都已作古。到第四五代时，面对坐吃山空的窘境，倘要延续"钟鸣鼎食之家"的辉煌，只有走科举入仕之路，而完备的科举制度，也催生了贾府家礼庭训的形成。

就剧中呈现的贾府家礼性质而言，有的是表敬或表谦的，有的是家族内部的强制性规定，有的是对祖先或神灵的敬畏，有的是对生存的自我保护，有的是沿袭了传统的本能使命。总之，通过自律，变成他律，对制约家庭成员行为，起到了认同、教化和规范的作用。

四、研究 1987 版电视剧《红楼梦》贾府家礼意义

在大众文化时代，电视剧的教化作用，已超过其他媒介形式，成为古典文学名著在当代传播的重要方式。法国著名导演达根（Dagen）说："影像的情绪感染力和说服力，首先在于视觉的力量。"① 作为一部经典家族电视连续剧，1987 版电视剧《红楼梦》以贾府日常生活为叙事主线，真实地呈现了封建社会的生活形态，反映了封建社会晚期广阔的社会现实。我国几代电视导演，总是在有意或无意中表达类似的主题思想。这既是接受主体与艺术文本求得认同的需要，也是引起共鸣效应的前提之一。

世界上不同的民族拥有不同的文化价值观，在全球化到来的今天，1987 版电视剧《红楼梦》对于大多数西方人来说，无疑打开了一扇了解中国传统文化的窗口。通过对本课题的深入研究，试图达到这一目标，即在跨文化交流中，正确看待中西文化价值观差异，避免不必要的误读与冲突。同时，为热爱小说《红楼梦》的海内外朋友，献上一把开启红学大门的金钥匙。

早在 1585 年，西班牙人胡安·冈萨雷斯·德·门多萨（1540—1617）用西班牙语出版了《大中华帝国史》一书，第一次向西方介绍了中国悠久历史和灿烂文化。甫一问世，反响强烈，"为欧洲知识界提供了有关中国及其制度的丰富知识"②。这种与欧洲社会完全不同的极具生命力的文化，引起了欧洲人对中国的向往。

法国哲学家米凯莱·戴·蒙泰湟在校阅《大中华帝国史》的法文版时写道："中国的历史告诉我们，世界该是多么辽阔而变化无穷，无论是我们的前人，还

---

① 林飞 . 中国艺术经典全书［M］. 长春：吉林摄影出版社，2003：153.
② 赫得逊 . 欧洲与中国［M］. 李由等，译 . 北京：中华书局，1995：148.

是我们自己，都没有彻底了解它。"① 自该书问世过去了400多年，一直困扰着人们的一个问题，那就是中国传统文化为何绵延数千年而生生不息，不似埃及、巴比伦和希腊文化那样，在发展过程中发生过中断或走向消亡。这缘于中华民族是一个具有强大凝聚力和向心力的民族，其内部有一套行之有效的传承机制，"包括国家训导系统、榜样示范系统、制度保障系统、日常教化系统、宗教警诫系统"②。此外，还有学者从史学的角度加以阐释，认为"历史是不能割断的，后一个王朝必然要对前一个王朝有承继、有沿袭"③。

事实上，中华传统文化能够绵延几千年而延续下来，与中国历史长期的连续性有关。自秦始皇统一六国、建立中国历史上第一个统一的多民族的封建国家，虽然其间也经历了王朝兴衰、朝代更替，但作为中华民族精神支柱的传统优秀文化从未间断。1840年鸦片战争后，尽管中华文明遭遇到前所未有的冲击，但仍然顽强地坚持了下来。

从世界范围来看，18世纪末、19世纪初，西洋文明实现了向近代化的转型，处于传统农业社会阶段的中华文明受到了西方的强烈冲击与严重挑战。清政府闭关锁国，企图在维新与守旧、文明与野蛮、中学与西学、立宪与共和、传统与现代的相互对立中寻找平衡。致使中华传统文明落后于时代而未能实现现代性转换，维持了两千多年的封建专制制度开始动摇，中国人固有的传统价值观念和价值取向正悄然发生变化。

自19世纪初期以降的百余年间，在积贫积弱的历史背景下，西方文化被误认为是优于中国传统文化的新文明，是中国走富国强兵之路的学习对象。以林则徐、魏源等为代表的仁人志士，欲步泰西之法，再造中华，主张"师夷长技以制夷"，在知识界掀起了一股翻译和引进西方文化的热潮。欲借外来文化养分，完善自身的文化进步，可万万没有料到，却"遭遇了'老师打学生'的困境"④。1840年爆发的第一次鸦片战争，中国竟惨败于一个远涉重洋的海岛小国。"英国本土面积不及中国的1/50，人口不到中国的1/25，到中国作战的部队，最多也就是两万人，相当于清军的1/40。"⑤

继两次鸦片战争后，中国门户洞开，祸乱叠起，相继发生了白莲教起义和太平天国运动。到了19世纪末的最后几年，瓜分豆剖与亡国灭种的惨祸纷至沓

① 金观涛等. 论中国封建社会的超稳定结构［M］. 长沙：湖南人民出版社，1984：1.
② 祝鸣华. 国学论谭［M］. 上海：上海文汇出版社，2015：235.
③ 丁艳丽. 论语的智慧［M］. 北京：北京工业大学出版社，2015：168.
④ 童世骏. 五四运动90周年的思考［M］. 北京：三联书店，2010：424.
⑤ 刘兴豪. 魏源与中国近代化的早期进展［M］. 北京：光明日报出版社，2017：83.

来。先是甲午之战,北洋水师毁于一役。接着,发生了戊戌变法,康有为、梁启超等意欲通过变法以图强。然推行不过百日,六君子慷慨赴死,维新人士亡命天涯。未几,酝酿已久的义和团运动席卷全国数省,最后是八国联军入侵,清廷最终大梦初醒,试图以"新政"挽救早已过时的专制统治,这不过是徒劳之举。事实证明,全盘否定中国传统文化的思想和行为,不可能完成救亡图存的历史使命。

1915 年开始的新文化运动,提倡民主和科学,反对封建专制,主张个性解放。以胡适、陈独秀、鲁迅等为代表的激进民主主义者,在接受近代西方文明的同时,把矛头指向儒家的纲常名教。继鲁迅的《狂人日记》问世后,吴虞写出了《吃人与礼教》等文,认为孔子提倡的是封建时代之道德、礼教、生活、政治,与建设西洋式之新国家的目标格格不入。在这种情况下,中国传统文化没有得到弘扬,"封建"一词,反倒成为专制、愚昧和落后的代名词。加之传统礼教流传既久,真意渐失,人们逐渐丧失了对传统文化的自信。当时的学人多以西方文化的视角出发审视中国传统文化,一些学者对中国传统文化的批判有些言过其实,甚至存在历史虚无主义倾向。

"作为万物之灵的人类,寻找精神的家园比寻找物质家园困难得多。"① 近代以来,长时间的西强东弱和中国持续上百年的战乱和动荡,造成数代中国人在认识上的断层和在意识上的隔膜。进入 21 世纪后,受现代传媒技术和多元文化的冲击,一些人信仰精神缺失,把西方文明奉为神明,把中华民族几千年来赖以安身立命的传统文化视为可有可无的点缀品。早在半个世纪前,以唐君毅为代表的学者,对此忧患元元,大声疾呼道:"中国现有近于全球四分之一的人口摆在眼前,占全人类四分之一的人口之生命与精神,何处寄托,如何安顿,实际上早已成为全人类共同良心所关切。"②

"中国文化全部都从家族观念上筑起,先有家族观念乃有人道观念,先有人道观念,乃有其他一切。"③ 这是中国传统文化有别于西方文明的重要特征。1987 版电视剧《红楼梦》贾府家礼并不是现代化的障碍,而是有益的文化补充。放眼世界,一个国家的现代化过程,在一定程度上可以说是面对外来文化的冲击与挑战,找回文化自信的过程。历史已经证明并将再次证明,舍弃民族文化的传统去接受外来文化,是不能实现现代化的,更不可能走到时代的前列。

---

① 刘志民 . 心灵漫步 [M]. 北京:九州出版社,2016:162.
② 侯敏 . 现代新儒家文论点评 [M]. 广州:暨南大学出版社,2016:14.
③ 钱穆 . 中国文化史导论 [M]. 北京:商务印书馆,1994:51.

作为修已安人和齐家守业的行为准则，1987版电视剧《红楼梦》贾府家礼仍具有强大的生命力。对于弘扬传统家礼文化，知古鉴今，都具有重要的现实意义。

第二章

曹雪芹身世与红学研究概述

第一节 曹雪芹身世探析

研究曹雪芹的身世，本属红学题中之义。因曹雪芹生前未曾谋过一官半职，死后也没有人为之树碑立传，故留下诸多难解之谜。孟子云："颂其诗，读其书，不知其人，可乎？"① 新红学在研究曹雪芹身世方面，取得了突破进展。同时，随着研究的不断深入，为解开曹雪芹身世之谜，带来了希望。

曹雪芹，名霑，字梦阮，号雪芹，又号芹溪。关于曹雪芹的籍贯，学界说法不一，有冯其庸的辽阳说和周汝昌的丰润说。关于曹雪芹是谁之子，有曹頫遗腹子说。关于曹雪芹出生时间，多数学者倾向 1715 年；关于曹雪芹卒年，胡适最初认定卒于 1765 年，甲戌本成书后，又认定卒于 1763 年。胡适这一说法，与周汝昌不谋而合。② 曹雪芹卒于 1763 年，享年 48 岁，几乎成了定论。

曹雪芹之高祖曹振彦，曾官拜转运盐使司盐法道。曹雪芹之曾祖父曹玺，年轻时笔剑双修，很有才干，是一位能征善战的大将军。在镇压山西叛乱中，因屡立战功，深得康熙皇帝的赏识和器重，曹家自此开始兴旺。曹玺之妻孙氏，是康熙皇帝的奶妈。据考：曹雪芹之祖父曹寅曾做过康熙儿时伴读和御前侍卫。曹寅长女曹佳氏，嫁平郡王纳尔苏；次女，嫁某王子。③ 曹寅"博学多才，擅书法，懂绘画，喜收藏，精鉴赏，还学佛理、道教之书，至于茶酒、卜筮、歌舞技艺，亦兼通"④，无所不精。在曹氏家族发展史上，曹寅是一位承前启后的

---

① 杨伯峻．孟子译著［M］．北京：中华书局，1981：251.
② 张琪．读尚红楼［M］．成都：四川大学出版社，2016：80.
③ 要力石．红楼梦阅读全攻略［M］．北京：新华出版社，2013：116.
④ 郑铁生．曹雪芹与红楼梦［M］．郑州：郑州古籍出版社，2006：11.

关键人物，毫不夸张地说，如果没有曹寅，也就没有曹氏家族文化。

曹寅之子名曹颙。曹寅死后不久，其子曹颙也去世，时曹颙妻子马氏已身怀六甲。对曹雪芹身世的考证，林语堂先生的贡献较大，考证出曹子猷为曹寅的孪生弟弟，名曹宣。① 曹颙去世，马氏遗腹子曹天浩尚未出生，曹寅之弟曹宣，命四子曹頫为曹寅继子，曹頫生曹雪芹。②

在康熙统治的 60 余年间，曹氏家族尽享荣华富贵。从康熙二年（1663）到雍正六年（1728），在长达 65 年的时间里，曹玺、曹寅、曹頫祖孙三代，除担任江宁织造外，还兼任苏州织造和两淮盐政。江宁织造是朝廷内务府的肥缺，其官员是皇帝身边近侍，为宫廷置办服饰和日常用品；同时充当皇帝耳目，负有监督江南一带地方官的特殊使命。虽然江宁织造官阶不高，但很有权势。据相关史料显示：康熙五次南巡，都以江宁织造署为行宫。

曹家是康熙皇帝忠实的"家生子"。康熙六十一年（1722）11 月 13 日，康熙病情恶化，速命诸子至御榻前，传位于雍正。同年 11 月 20 日，雍正继位。③ 雍正上台后，大力培植羽翼，深得康熙皇帝宠幸的曹氏家族在劫难逃。雍正六年（1728），曹頫因亏欠公款获罪，其在江苏的产业全部被查封。翌年，曹頫以戴罪之身，带着一家老小离开金陵，被押解回京。有学者认为："曹頫被革职抄家时，还有家人大小男女，共一百一十四口"④；"抄家的单子上，记载他家有田十九顷多，即一千九百亩，房屋有四百八十三间"⑤。据曹者瑜考证，曹雪芹此时才 14 岁⑥；张寿平认为，曹雪芹这年最多不过七八岁；按周汝昌的说法，曹雪芹仅三四岁。⑦ 关于曹雪芹离开金陵回北京的年龄问题，学界一直争论不休，至今说法不一。

据胡文彬先生考证：少年时代的曹雪芹，在江南度过了十二三年的快乐时光，家道衰落后，在北京经历了 35 年左右的生活磨难。⑧ 曹雪芹出生于书香世家，天赋极高，素性放达。"才识宏博，诗画琴棋，骈体词曲，制艺尺牍，灯谜

---

① 胡文彬，周雷. 台湾红学论文选［M］. 天津：百花文艺出版社，1981：543.
② 爱新觉罗裕瑞. 枣窗闲笔［M］. 上海：上海古籍出版社，1957：152.
③ 于采采. 康熙死因探秘［M］. 北京：中国广播电视出版社，2012：99.
④ 陈诏.《红楼梦》小考（一）［M］//红楼梦研究集刊编委会. 红楼梦研究集刊第一辑. 上海：上海古籍出版社，1979：380.
⑤ 周中明. 红楼梦的语言艺术 红楼梦的艺术创新［M］. 北京：北京联合出版社，2019：574
⑥ 曹者瑜. 证解《红楼梦》谜团［M］. 上海：学林出版社，2014：293.
⑦ 胡文彬. 红楼梦与中国文化论稿［M］. 北京：中国书局出版社，2005：8.
⑧ 郭豫适.《红楼梦》研究文选［M］. 上海：华东师范大学出版社，1988：54.

联额，酒令爱书，医卜参禅测字，无所不通"①，在金石、诗书、绘画、园林、中医、织补、工艺、饮食等方面，均有很深造诣。对曹雪芹生活在 18 世纪 20 至 60 年代的人生经历，学界几乎不持异议。

曹雪芹家道败落后，从一个织造公子沦为一个穷文人，尝尽了世间的酸甜苦辣。为养家糊口，他"先在内务府做过一段时间的堂主事，也就是整理文书档案的工作，后又到皇室子弟官学当了两年管理日常事务的差事。期间，结识了宗室子弟敦敏和敦诚两兄弟，成为他晚年最得意的知己"②。乾隆十五年（1750）前后，曹雪芹饔飧不继，生计潦倒，"传说他曾几次搬家，在旧刑部街住过，还在崇文门卧佛寺一带很偏僻的地方住过。后来，连立足之地也没有了，不得不离开城里，举家迁到西郊香山附近旗地。先住正白旗四王府和峒峪村，继迁香山脚下镶黄旗北上坡，最后定居白家疃，住的是斜向西南的四间茅屋。尽管此时的曹雪芹，清贫如洗，但他并没有被贫困所压倒。后接受好友敦诚劝慰，庐结北京西郊黄叶村，靠亲友接济或卖画为生，过起了著书立说的生活"③。

在经历了锦衣纨绔到茅椽蓬牖的大起大落后，曹雪芹在《红楼梦》第一回中谈到自己情断故人，留下了"风尘碌碌，一事无成"的遗憾："忽念及当日所有之女子"，乃心悲其遇，"觉其行止见识，皆出于我之上。我堂堂须眉，诚不若彼裙钗。我实愧则有余，悔又无益，大无可如何之日也！当此日，欲将已往所赖天恩祖德，锦衣纨绔之时，饫甘餍肥之日，背父母教育之恩，负师友规训之德，以致今日一技无成，半生潦倒之罪，编述一集，以告天下人"。足见其文字世界比他生活的现实世界，更加让人难以割舍。纵观全书，作者跳出以男性为中心的时代旋涡，将自己"半世亲见亲闻"，以及"离合悲欢，兴衰际遇，则又追踪蹑迹，"实录其事"，投射到小说《红楼梦》中。以绝无仅有之文字，为女性呐喊，表明心悲其遇，不忘世情。如果说"曹雪芹的《红楼梦》里充满了生活的真实，甚至是可怕的真实，都不算过分"④。

在贫困潦倒、一无所有的日子里，曹雪芹仍不改狷狂之态，放浪形骸，纵酒当歌："头发胡须长了也不剃，终年穿一件无领蓝布大褂，常用白布一袱包着稿纸，毛笔系在腰间，不论在茶馆酒楼，抑或其他什么地方，只要想起什么要

① 郑铁生．曹雪芹与红楼梦［M］．郑州：郑州古籍出版社，2006：11.
② 邓辉．北京［M］．北京：北京大学出版社，2010：203.
③ 王龙君．文学家的成长历程［M］．长春：吉林大学出版社，2011：71.
④ 王向峰．曹雪芹的乌托邦幻想［J］．红楼梦研究学刊，1979（1）：25.

写的，就解开包袱，摊开纸墨动笔即写……当时被人称为怪人疯子。"① 乾隆二十七年（1762），曹雪芹时年 48 岁。同年 9 月，脂批曰："索书甚迫。"前妻所生唯一爱子于中秋节患白喉病不幸夭亡。面对家破人亡的悲惨现实，每天必到其子坟上，独自伤感落泪，以此麻痹心中哀痛。他的另一位好友鄂比，一说是高鹗的义父，两人因性情相契，平时交往甚深，亦劝慰无效。在物质与精神的双重折磨下，由于过度伤感，不幸染上气喘疾病，竟卧床不起，病情每况愈下，于同年除夕在北京撒手人寰。②

敦诚是曹雪芹的好友，两人的君子之交，一直持续到曹雪芹生命的最后时刻。在伤痛之余，敦诚写下《挽曹雪芹》诗两首。今录其二，以证悲痛之情："开箧犹存冰雪文，故交零落散如云。三年下第曾怜我，一病无医竟负君。邺下才人应有恨，山阳残笛不堪闻。他时瘦马西州路，宿草寒烟对落曛。"③ 曹雪芹未及天命"泪尽而逝"，以其罕有的禀赋和才华，为后世留下了这部旷世经典，至今仍光芒四射，亘古永存。

第二节　《红楼梦》成书过程和版本探源

《红楼梦》为后学留下了诸多难解之谜：《红楼梦》成书于何年？底本最早为何人所抄？八十回后写了多少回？后四十回是否出自曹雪芹之手？若是曹雪芹所作，又为何没有流传下来？后四十回是否全部遗失？曹雪芹的父亲是谁？曹雪芹卒后葬于何地？曹雪芹的夫人是谁？曹雪芹生前交友情况如何？一百多年来，围绕这些话题，不少学人穷其毕生精力，至今悬而未绝，已成为"红学"研究的永恒话题。

笔者认为，《红楼梦》成书过程，大致分成三个阶段：一是创作阶段；二是抄本流传阶段；三是刊刻行世阶段。沈治钧先生在《红楼梦成书研究》中认为，历代学者对《红楼梦》成书过程的研究本末倒置，对曹雪芹在原著中说清楚的事，往往又持怀疑态度，以其所是，非其所非，如此反复，使得原本简单的问题，变得更加扑朔迷离，这是红学研究的最大症疾。

200 多年来，对《红楼梦》的成书过程，一直争论不休。有学者认为，该

---

① 爱新觉罗裕瑞. 枣窗闲笔 [M]. 上海：上海古籍出版社，1957：146.
② 曾保泉. 曹雪芹与北京 [M]. 北京：中国妇女出版社，1993：196–222.
③ 郭豫适. 红楼梦研究文选 [M]. 上海：华东师范大学出版社，1988：4.

书非一次性写完，而是分上下两部完成的。最初版本是"上三十回"，甲戌本是"上三十回"本的过录本。① 由于论者各有向背，于是，就出现了若干种不同说法：戴不凡的"巧手新裁"说、杜春耕的"二书合成"说、沈治钧的"披阅增删"说、张爱玲的"五次增删"说等。这些说法，无一例外涉及《红楼梦》的版本问题。由于没有足够的证据支撑，其成书过程，目前还停留在假说阶段。

就成书时间而言，有学者认为："大概为乾隆初年到乾隆三十年（1765），书未写完，曹雪芹就死了。"②《红楼梦》最初是以手抄本形式流传的，从曹雪芹生前的 1759 年算起，由脂砚斋点评的多种手抄本，就已经开始在社会上流传。其传播之快，简直出乎世人意料，"乃至布局未定，下笔每游移不定，就流传开来"。③ 而一些抄写者还将手抄本拿到庙市出售，"昂其值数十金"④，一时纸贵京都。凡喜欢者，无不四处争购。就抄本而言，不难想象，抄写越先，流传越寡。加之抄写者水平，参差不齐，或疏忽，或有意无意改动等诸多因素的客观存在，导致脱衍窜讹，已非原貌的情况，亦在所难免。由于手抄本只有来源之别，无赝正之分，这也是其真伪难辨的原因。对此，高鹗曾深有感触地说："坊间缮本及诸家所藏秘稿，繁简歧出，前后错见，此有彼无，题同文异，燕石莫辨。"⑤ 在冯其庸等人主编的《红楼梦大辞典》里，收录的《红楼梦》手抄本就多达 35 种之多⑥，可供学人专研。

由于《红楼梦》成书时间存在太多难解之谜，在这种情况下，有学者另辟蹊径，对《红楼梦》原稿进行了大胆推测：认为曹雪芹不仅写完初稿，而且还有定本，只是惧于文祸，不敢公之于世。另外有学者认为，原稿在曹雪芹去世后，其妻把一部分剪成纸钱，拿到坟上烧了。也有学者认为，是被曹雪芹的妻子借出去弄丢了。⑦ 令人费解的是，既然曹雪芹生前已写完全书，那为何脂评屡说回目迷失，而不可复得呢？笔者在此揣度，唯有一种可能，凡是有脂砚斋批语的手抄本，极有可能是曹雪芹的原稿。

---

① 张锦池等.中外学者论红楼——哈尔滨国际红楼梦研讨会论文选［M］.哈尔滨：北方文艺出版社，1989：524，541-545.

② 王国维，蔡元培，胡适.三大师谈《红楼梦》［M］.上海：上海三联书店，2007：188.

③ 林语堂.眼前春色梦中人［M］.西安：陕西师范大学，2007：36.

④ 曹雪芹.程甲本红楼梦［M］.沈阳：沈阳出版社，2006：1.

⑤ 曹雪芹.程甲本红楼梦［M］.沈阳：沈阳出版社，2006：1.

⑥ 冯其庸等.红楼梦大辞典［M］.北京：文化艺术出版社，1990：405.

⑦ 迟公绪.松枝茂夫谈《红楼梦》［M］//红楼梦研究集刊编委会.红楼梦研究集刊第四辑.上海：上海古籍出版社，1980：109.

　　《红楼梦》是一部旷世经典，"成书和流传过程的复杂性，出现时间早晚不同，造成各版本来源不一"①。赵齐平认为：曹雪芹为后世留下了定稿前八十回，八十回后已写就。他在世时，前八十回即以手抄本的形式流传。② 此种说法，正符本意。关于曹雪芹在世时的有关信息，世人知之甚少。自程高本问世以来，学界对后四十回究竟为何人所作，最后情节到底如何，是否为曹雪芹原稿，为何没有流传下来等诸多问题，进行了多方求证。终因众说纷纭，而莫衷一是。可以推断，对这些问题的讨论，还将持续下去。

　　最早的《红楼梦》书名，出现在清乾隆甲戌本凡例里，其名称为《石头记》《情僧录》《风月宝鉴》《金陵十二钗》《金玉缘》。③ 这是迄今为止最早的手抄本，足证曹雪芹于悼红之中，披阅十载，五次增删，纂成目录，又分出章回的过程。甲戌本《凡例》出自谁之手？一说是脂砚斋所写，也有说是后来书商拟作的。④

　　对《红楼梦》版本的研究，最早始于清代后期。其点评本为清乾隆甲戌（1754）《脂砚斋重评石头记》，该书现藏于美国康奈尔大学图书馆。对"脂砚斋"其人的考证，堪称红学研究中的哥德巴赫猜想，大致有以下观点：持点评者别号说的，认为其姓名不详；持作者本人说的，以胡适和俞平伯为代表；持堂兄弟说的，以赵冈为代表；持脂砚斋为曹雪芹堂兄曹玉峰说的，认为曹玉峰的年龄比曹雪芹稍大。此外，还有持曹颙之子说的，以胡适为代表。胡适的说法首先得到周汝昌的认可，但很快又被周氏推翻，改持女主角史湘云说；持叔父说的，以清人裕瑞为代表⑤；持非曹颙遗腹子说的，以刘广定为代表，认为脂砚斋是曹颙的弟弟⑥；持曹雪芹长辈说的，以吴世昌为代表⑦。

　　《红楼梦》伴随着许许多多的"迷"。关于脂砚斋在甲戌本中的评语，有学者认为，脂砚斋在曹雪芹去世前，就开始了对《红楼梦》的点评，直到曹雪芹去世 10 年后，这项工作已持续了 20 余年。这是《红楼梦》得以广为流传，不断被喜爱它的文人所传阅、抄录和收藏的原因。从点评者来看，除脂砚斋外，署名的就达 10 余人。学界公认的点评大家有两人：一是脂砚斋；二是畸笏叟。

----

① 刘丽文等. 传统文化与电视剧个案分析［M］. 北京：中国传媒大学出版社，2004：200.
② 刘梦溪. 红学三十年论文选编［M］. 天津：百花文艺出版社，1983：456.
③ 老夫子. 老夫子诠释红楼梦［M］. 北京：中国电影出版社，2007：2.
④ 张琪. 读尚红楼［M］. 成都：四川大学出版社，2016：80.
⑤ 陈伉. 诗说曹雪芹［M］. 呼和浩特：内蒙古人民出版社，2018：120.
⑥ 胡文彬，周雷. 台湾红学论文选［M］. 天津：百花文艺出版社，1981：596.
⑦ 马瑞芳. 从聊斋志异到红楼梦［M］. 济南：山东教育出版社，2004：223.

从目前查到的前八十回几种手抄本来看，其点评内容，不仅繁杂混乱，且回目、正文都有出入，有些地方差异较大。

由于《红楼梦》抄本多且杂，在高鹗续书尚未问世前，已在社会上广为流传。在众多抄本中，流传广且影响大的，非甲戌本莫属。于是，又出现两桩公案：一是版本系统问题；二是对后四十回的评价问题。为方便研究，学界将《红楼梦》版本划为两大系统：一是脂批系统和八十回脂评系统；二是程高印刷系统，即高鹗补缀完成的一百二十回印刷本系统。目前通行的人民文学出版社出版的一百二十回文本，皆注明前八十回为曹雪芹著，后四十回为高鹗续。

从曹雪芹创作《红楼梦》开始，到程高第二次排印成书，前后经历了半个多世纪。乾隆五十六年（1791），今江苏苏州人程伟元，"一日，偶于鼓担上得十余卷，遂重价购之，欣然繙阅，见其前后起伏，尚属接笋，然漶漫不可收拾，乃同友人细加厘剔，截长补短，抄成全部，复为镌板，以公同好"①。足证《红楼梦》后四十回原稿，是由程伟元搜购而得。

高鹗（1758—1814），字云士，号秋甫，别号兰墅、行一、红楼外史，辽宁人，乾隆五十三年（1788）举人，乾隆六十年（1795）进士。从中华书局出版的《明清档案史料丛编》第二辑所载 15 条史料来看，乾隆六十年（1795），高鹗得中进士，授内阁中书；嘉庆元年（1795），补授汉军中书；嘉庆六年（1801），任顺天武乡试武场同考官；嘉庆十五年（1810），任都察院江南道监察御史；嘉庆十七年（1812），代理给事中，掌江南道；嘉庆十八年（1813），再任都察院掌江南道监察御史。②

曹雪芹去世后，《红楼梦》的整理和点评工作，仍在进行，使得前八十回残缺的章回得以增补，甚至还出现了后四十回续书的情况，这可从高鹗在序言中的文字得到印证："予闻《红楼梦》脍炙人口者，几廿余，然无全璧，无定本，向曾从友人皆观，窃以染指尝鼎为憾。今年春，友人程子小泉过予，以其使购全书见示，且曰：'此仆数年铢积寸累之苦心，将付剞劂，公同好，子闲且惫矣，盍分任之？'予以是书虽稗官野史之流，然尚不谬于名教，欣然拜诺，正以波斯奴见宝为幸，遂襄其役。"③ 终补成一百二十回，合为完璧，于乾隆五十六年（1791）由萃文书屋出版，史称程甲本。封面题"绣像红楼梦"，扉页题"新镌全部绣像红楼梦，萃文书屋"；回首及中逢均题"红楼梦"，每面 10 行，

---

① 曹雪芹. 程甲本红楼梦［M］. 沈阳：沈阳出版社，2006：1.

② 陈毓罴. 曹雪芹、高鹗与曹纶［M］//红楼梦研究集刊编委会. 红楼梦研究集刊第四辑. 上海：上海古籍出版社，1980：332-333.

③ 曹雪芹. 程甲本红楼梦［M］. 沈阳：沈阳出版社，2006：1.

每行 24 字。书首有程伟元序，次为高鹗序。以后，《红楼梦》以刊印本取代了传抄本。

1792 年，程伟元、高鹗两人又"复聚各原本详加校阅"，对程甲本做了一些"补遗订讹"工作，交萃文书屋，以《新镌全部绣像红楼梦》书名出版，史称程乙本。除增加"引言"，还对程甲本做了必要的增删，包括前八十回的一些内容。以后，世上流行的刊印本，大都以"高续本"为祖本。经过两次刊印，使得一百二十回文本《红楼梦》，得以流布于世。

《红楼梦》定本一出，风行天下，许多书坊竞相刊刻。此时，距曹雪芹去世已有 28 年。就传播而言，在 1791 年至 1927 年的 130 余年间，广泛流传的是程甲本。在 1927 年至今的 90 余年间，则以程乙本为主。

长期以来，红学界存在一个有趣现象，一般学者往往把续书人程伟元视为书商，而否定其有学问。据台湾红学家潘重规考证：程伟元，字小泉，出身书香世家，善书画。乾隆末年，赴京会试。落第后，寓居京城。时盛京将军晋昌与之折节下交，聘为幕佐。晋昌乃清太宗皇太极之后、恭亲王常宁之五世孙。①暇时，与包括晋昌在内的诸诗友，吟诗作赋，潜心搜集佚稿，而乐此不疲。

关于后四十回主人公贾宝玉的故事结局，有三种观点：一是穷愁而死；二是出家；三是穷愁潦倒后出家。高鹗在续本里，将其归结于爱情婚姻失败。1921 年，俞平伯在与顾颉刚的一次通信中，指出贾宝玉是在贫困潦倒之后，才被迫出家的。俞氏的见解，对研究《红楼梦》后四十回的故事结局，以及后四十回是否为曹雪芹原稿，抑或出自高鹗之手，有一定的参考价值。

早在新文化运动时期，受清代考据学的影响，胡适根据张问陶《红楼梦》后四十回为"俱兰墅所补"这句话，推断后四十回为高鹗所作。张问陶（1764—1814），四川遂宁人，清乾隆五十五年（1790）进士，善画猿。曾任翰林院检讨、江南道监察御史、吏部郎中，后任山东莱州知府。辞官后，寓居苏州虎丘山塘，晚年遨游大江南北。②张问陶的见解，得到了胡适、俞平伯、鲁迅、谭正璧等学者的认同。就在学界众口铄金的情况下，林语堂对此不以为然，一直持怀疑态度。他在《平心论高鹗》一文中，通过对后四十回与前八十回在文字是否均称、情节是否吻合、人物性格是否连贯、写情写景是否符合曹雪芹游龙莫测的笔意等方面，进行了多方比较，得出"曹雪芹有时间可以续《红楼

---

① 潘重规. 红学史上一公案——程伟元伪书牟利的检讨［M］//胡文彬，周雷. 台湾红学论文选. 天津：百花文艺出版社，1981：769.

② 曾晓娟. 都江堰文献集成（文学卷）［M］. 成都：巴蜀书社，2017：177.

梦》全书、且必续完"和"高本后四十回系曹雪芹原作的遗稿而补订的，而非高鹗能作"① 的结论。

20 世纪 90 年代末，在美国举行的一次《红楼梦》国际学术研讨会上，陈炳藻教授介绍了一项最新研究成果。他把《红楼梦》常用句式、词语和搭配方法等作为样本输入计算机后，得到一个新的发现：前八十回和后四十回的联系程度居然高达 80%。据此推断，《红楼梦》前八十回和后四十回均为曹雪芹所写，开计算机研究红学之先河。

《红楼梦》是一个复杂的多面体，尤以程本与脂本差异较大。随着研究的不断深入，不少学者广罗异本，索逸探微，从抄本中的误字、异文、脱字、衍文着手，通过校勘考证，匡讹指谬，进而厘清哪些是曹雪芹原稿，哪些是传抄时造成的。从目前已知的十余种脂本来看，点评者与曹雪芹究竟是何关系，抄本中的批语与程高系统究竟存在怎样的联系，这些对《红楼梦》版本带有根本性的问题，至今仍未形成共识，使得对版本的研究，陷入停滞不前的状态。

第三节　红学研究概述

红学是以《红楼梦》为研究对象，分析其具体情况、解答其具体问题的一门特殊学问。② 红学成为专门学问，形成于晚清光绪年间。红学一词，最早见于清代李放《八旗画录》中的一段话：

> 光绪初，京朝士大夫尤读之，自相矜为红学。相传，松江县有个叫朱子美的文人，不攻《四书》《五经》，喜读小说。自言"平生所见说部有八百余种，而尤以《红楼梦》最为笃嗜"。一天，有个朋友来看他，一进门见他正在埋头读书，便笑着问："先生现治何经？"他答道："吾之经学，系少一横三曲者。"朋友不解，他说无他，吾所专攻者，盖红学也。③

"经"的繁体字为"經"，"經"去掉一横三曲，正是"红"字。以后，红学一词，才约定成俗，成为研究《红楼梦》专门学问的名称。

自乾隆五十六年（1791）程高本问世以来的 220 余年间，一代又一代学人

---

① 刘炎生 . 林语堂评传［M］. 南昌：百花洲文艺出版社，1994：194.
② 丁武光 .《红楼梦》与"红学"［M］. 贵阳：贵州教育出版社，2014：124.
③ 贾力石 . 红楼梦阅读全攻略［M］. 北京：新华出版社，2013：142.

对《红楼梦》探索热情不减，使得红学研究经久不衰。从研究领域来看，主要集中在版本续书、时代背景、家世生平、版本演变、主题本旨、作品综合、主题思想、人物形象、美学特点、艺术品鉴、红学比较、礼貌用语等方面。其中，对人物语言研讨，早在曹雪芹属稿时，就已经开始。

作为早期红学的探索者，脂砚斋、畸笏叟等人留下的评点文字，直接或间接涉及有关《红楼梦》语言的研究。自高鹗续补的一百二十回文本刊行后，有关《红楼梦》的批点、杂评虽层出不穷，从总体上看，仍停留在感悟式的零金碎玉上。

《红楼梦》构思精巧，规模宏大，"涉及 20 多种学问"①。红学研究大抵分为两派：一为叙他人之事；二为自述作者生平。从纵向看，分旧红学、新红学、当代红学三个时期；从横向看，分评论、考证、索隐、创作四大流派。一般来说，狭义的红学，包括曹学（研究曹雪芹身世）、探佚学（研究八十回后的情节推测）、版本学（研究《石头记》版本）、脂学（研究脂砚斋生平）。广义的红学，指狭义红学加"写作背景、艺术手法、人物关系"。晚清时期，红学在北京开始流行，后逐渐发展成一门具有现代学术意义的显学，同英国的"莎学"一样，具有独特的民族文化魅力，可与甲骨学、敦煌学媲美。

红学研究以"五四"为界，清代乾嘉至"五四"之前，称旧红学时期；"五四"至 1949 年新中国成立，是以实验主义考证为主的新红学时期；1949 年至"文革"前，进入新的历史阶段；21 世纪后，红学研究步入一个新阶段。从红学产生到迄今的 260 多年间，参与人数之众，出版论著之多，学术分歧之大，都是十分罕见的。不同时代的学者，都有不同的解读。"有人把它看作爱情小说来欢迎或攻击，有人把它看作政治小说来加以肯定或否定，有人把它看作纯粹是'作者的自叙传'来说明它的'平淡无奇'，有人把它视为鼓吹'解脱'或'出世'的作品，有人认为它是宣扬'色空'观念的小说。"② 从某种程度上说，红学研究仍带有较大的主观性。

在旧红学时期，索隐和脂评两派影响最大。前者从清代乾隆甲戌年（1754）脂砚斋始，到 1914 年王伯沆止，凡 160 年。该学派从小说情节和人物事件入手，强作解人，缪作知己，"不去搜求那些可以考定《红楼梦》的著者、时代、版本等的材料，却去收罗许多不相干的零碎史实，来附会《红楼梦》的情节"。又谓

---

① 老夫子. 老夫子诠释红楼梦［M］. 北京：中国电影出版社，2007：52.
② 刘世德，邓绍基.《红楼梦》的主题［M］//陈毓罴. 红楼梦论丛. 上海：上海古籍出版社，1979：2.

"我们只需根据可靠的版本与可靠的材料，考订这书的著者究竟是谁，著者的事迹家世，著书的年代，这书曾有何种不同的本子，这些本子的来历如何。这些问题，乃是《红楼梦》考证的正当范围"①。以此否定作者不是曹雪芹，并对小说背后所掩盖的许多重要史实及创作主旨，进行了牵强附会的猜测。

索隐派把《红楼梦》比附于朝廷大事，主要关注原著"假语村言""甄士隐"背后真相的猜测。据粗略统计，其观点有孙玉明的和珅家事说，陈康祺的纳兰性德说，周春的金陵张侯家事说，王梦阮的董小宛说，蔡元培的反满说，邓狂言的明清兴亡史说，舒敦、傅恒的家事说，张新之的演义说，寿鹏飞的雍正夺嫡说等。其代表作有王梦阮、沈瓶庵的《红楼梦索隐》，蔡元培的《石头记索引》，邓狂言的《红楼梦释真》等。②

进入 20 世纪 60 年代，索隐派寿终正寝，一时销声匿迹。20 世纪 70 年代后，首先在中国台湾复活。以台湾文化大学潘重规教授和台湾杜世杰为代表的学者，再度强调小说影射历史人物。如林黛玉与秦可卿分别影射朱由校和朱由检，贾元春影射朱由榔，贾探春影射朱以海，史湘云影射李自成，妙玉影射石涛，贾迎春影射朱由崧，贾惜春影射八大山人，王熙凤影射魏忠贤，贾巧姐影射朱慈焕，李纨影射吴三桂，冯紫英影射洪承畴。其宗旨为反清复明。③ 这种脱离文学作品本身，仅着眼于政治和历史揭秘的研究方法，了无新意，不能和声鸣盛，难以自圆其说。

早期的红学研究，以评点、眉批、旁批、夹批、正文下双行批注、回末总批与回后总评、笔记和题《红》诗词等形式出现，与小说正文一起流传，称脂评派。从存世的众多抄本来看，大都集中在前八十回本，而无一部是完整的。除脂砚斋三千多条批语外，还有畸笏叟、畸笏老人、老朽、吴玉峰、孔梅溪、棠村、松斋、杏斋、立松轩、鉴堂、绮园、立松轩、玉兰坡、左锦痴道人等也参与了点评。④ 脂评派在内容和形式上都很单一，影响不大。尽管如此，脂评派的出现，对于了解曹雪芹的身世和创作主旨，仍具有一定的学术参考价值。

脂评派是旧红学时期涌现出的重要学派，除前面提到的脂砚斋等外，还包括后来的王希廉、张新之、姚燮、涂瀛、陈其泰、诸联等人在内。王希廉是学界公认的巨擘，其研究成果为《新镌全部绣红楼梦》。⑤ 作为红学研究的一个重

① 胡适．胡适文存［M］．上海：亚东图书馆，1921：169.
② 郭豫适．红楼研究小史续稿［M］．上海：上海文艺出版社，1981：123.
③ 洪涛．红楼梦与诠释方法论［M］．北京：北京图书馆出版社，2008：55.
④ 郭豫适．红楼梦研究文选［M］．上海：华东师范大学出版社，1988：4.
⑤ 张兵．张兵小说论集［M］．北京：中国文史出版社，2005：585.

要阶段，脂评派的功过是非，已载入红学研究史册。

新红学分为两个时期：一是五四运动到 20 世纪 50 年代；二是从 20 世纪 50 年代至今。新红学的重要贡献在于对《红楼梦》版本的考证，明确了前八十回与后四十回的区别以及脂本与程本之间的差异，进而认定后四十回的作者为高鹗。同时，也指出了后四十回的不足，并依据脂批的扼要提示，以及前八十回留下的线索或埋下的伏笔，对后四十回的故事情节进行了大胆推测。

作为五四运动后"新红学"的重要人物，胡适及其弟子俞平伯，均反对事事索隐和望风捕影的研究方法，强调应把精力放在版本源流的考证和对曹雪芹家世及其经历的研究上，把红学研究向前推进了一大步，使其脱离了猜谜附会、索隐本事的旧红学轨道，为《红楼梦》版本研究提供了一条新的途径。

1915 年，蔡元培在《石头记索引》中，首次提出《红楼梦》是清康熙年间政治小说的见解。1921 年 11 月，胡适发表了《红楼梦考证》一文，通过对曹玺、曹寅、曹颙、曹頫等的人生经历和曹雪芹交游情况的考证，对蔡元培的观点进行了全面否定，提出了创作缘起的自传说，得出《红楼梦》所写为曹雪芹家事，以及前八十回为曹雪芹所写、后四十回为高鹗续作的结论。学界对此评价甚高，认为这"是二十世纪中国《红楼梦》研究划时代的里程碑，"标志着旧红学的结束和新红学的开始，支配了《红楼梦》研究长达半个世纪的时间，且余波至今不息。①

进入 20 世纪 30 年代，红学研究跳出了索隐和考证两大范畴，以悲剧理论来衡量《红楼梦》的美学意义，在许多领域取得了令人瞩目的成果。其中，影响较大的有王国维的现代批评说、俞平伯的色空说、周汝昌的曹雪芹生平家世说、何其芳的爱情主题说、吴调公的封建家族衰亡说、邓遂夫的悲金悼玉说和蒋和森的反封建说。据不完全统计，从 1921 年至 1949 年的 28 年间，仅公开发表的论文，就多达 523 篇。②

中华人民共和国成立后的红学研究，简称"新中国红学"时期，较之前的"新红学"有着本质区别。首先，"从思想方法来说，胡适是以唯心主义哲学思想为指导的，而'新中国红学'是以马克思主义的哲学唯物论辩证法为指导的"③。其次，作为"新红学"的领军人物，新中国成立后，胡适离开大陆，其弟子俞平伯继承前辈衣钵，成为"新红学"权威。1952 年，俞平伯将自己在

---

① 余英时. 红楼梦的两个世界［M］. 上海：上海社会科学出版社，2002：10.

② 顾平旦. 红楼梦研究论文资料索引［C］. 北京：文献出版社，1983：1-31.

③ 李广柏. 红学史：序言［M］. 广州：广东教育出版社，2010：507，5.

1949 年以前所写的《红楼梦辨》重新修订，更名为《红楼梦研究》出版。之后，又陆续撰写了《红楼梦简论》等 10 多篇论文，在学术和思想文化界反响很大。仅过了两年，1954 年 9 月和 10 月，李希凡、蓝翎两位青年学者，先后在《文史哲》和《光明日报》上，发表了《关于〈红楼梦简论〉及其他》《评〈红楼梦〉研究》两篇文章，对俞平伯研究红学的指导思想和方法论进行了猛烈批判，然反响不大。同年 10 月 16 日，毛泽东致信中共中央政治局，对李希凡、蓝翎的文章做了充分肯定，使得原本单纯的学术研讨，被政治因素所干扰。不久，在全国范围内，掀起了一场批判俞平伯和胡适反动学术思想的狂潮。① 在这场大批判中，发表的文章多达数百篇。1955 年出版的四集《〈红楼梦〉讨论集》收录论文 129 篇。同时，围绕胡适的哲学、政治和历史观等，也进行了充分讨论和批判，出版了《胡适思想批判论文汇编》，共 8 册，共收录批判文章达200 余篇。这种脱离学术成为政治斗争工具的红学研究，一直持续到 20 世纪 70年代末。

"文革"结束后，通过拨乱反正，红学研究进入超意识形态的"纯学术"研究时期。其研究范围比以前有了很大拓展，特别是在文学批评和资料考证方面，一时名家辈出，尤以周汝昌、冯其庸、霍国玲、启功等影响最大。出版的专著有周汝昌的《批点本石头记》、霍国玲的《脂砚斋全评石头记》、启功注释的 120 回《红楼梦》等。

进入 20 世纪下半叶后，随着红学系统研究全面起步和研究视角不断扩大，各种新观点、新方法层出不穷。就其数量而言，仅中国大陆每年发表的论文，就达两三百万字②，出现了红学研究热潮。从出版的颇具前瞻性的专著来看，有马瑞芳的《趣话红楼梦》，周岭的《红楼梦中人》，刘心武的《揭秘红楼梦》《画梁春尽落香尘——刘心武解读〈红楼梦〉》《红楼望月——从秦可卿解读〈红楼梦〉》，周汝昌的《红楼十二层》，陈维昭的《红学通史》，老夫子的《老夫子诠释红楼梦》等，均从不同角度对《红楼梦》进行了全新诠释。

20 世纪末至 21 世纪初，红学研究领域步入误区，主流红学研究遭遇瓶颈，品位大跌，出现了红学研究危机。受经济利益驱使，为迎合大众文化消费趣味，荒腔走板迭出，甚至有人还提出黛玉不是贾母的嫡亲外孙女，以及宝玉和贾府是黛玉的仇敌等荒谬观点，红学声誉受到严重影响。

---

① 中国作家协会上海分会辑 . 红楼梦研究资料集刊第 2 集［M］. 中国作家协会，1954：37，43.

② 张锦池等 . 中外学者论红楼——哈尔滨国际红楼梦研讨会论文选［M］. 哈尔滨：北方文艺出版社，2010：524.

第四节　《红楼梦》在海外的传播及研究

小说《红楼梦》自问世以来，一直深受海内外读者喜爱。1793 年，《红楼梦》首先传到日本，这是《红楼梦》走向世界的开始。最早的一百二十回全译本，当属 1884 年的韩译本。1958 年，由俄罗斯汉学翻译家帕纳秀克翻译的《红楼梦》俄文全译本，是第一部西方译本。① 以后，在全译本基础上，还出现了译文缩写本，如 1986 年杨宪益、戴乃选夫妇翻译的英文全译本（*A Dream of Red Mansions*），1988 年，赵振江根据杨宪益、戴乃选夫妇翻译的英文全译本改翻的西班牙文全译本（*Sueño en el Pabellón Rojo*），1991 年黄新渠翻译的英文缩写本（*A Dream in Red Mansions*）等，也相继问世。②

从翻译的语种来看，译本涉及英、法、日、韩、俄、德、西等 20 多种文字。英文、日文、韩文等译本拥有多种版本，日、韩版本的数量多达 10 余种。据不完全统计，迄今为止，世界上已有上百种不同版本的《红楼梦》译本③，当之无愧成为中国古典文学作品外译之冠。曹雪芹的名字，如同法国的巴尔扎克、英国的狄更斯、俄国的托尔斯泰一起，得到了世界各族人民的认同。

西方的红学研究包括《红楼梦》翻译、讲解和评介三个方面。从发表的论文来看，有百十篇用各种外文写就的与外国文学名著的比较研究。在海外红学研究领域，贡献最大者，非姜其煌先生莫属。他在《欧美红学》一书里指出：自 1842 年以来，英、美、俄、德、法等国红学研究者，无一例外地受到索隐派、自传体说和阶级斗争论的影响。姜氏利用自己精通西方多国语言的优势，相继翻译了 9 篇英、美、俄、德、法等国学者的论文，为国内学者提供了难得一见的西方学人的研究成果。④

---

① 黄勤. 基于语料库的红楼梦中的元话语及其英译对比研究［M］. 武汉：武汉大学出版社，2015：11.
② 陈琳. 四大古典名著章回标记语及章回体英译研究［M］. 北京：国防工业出版社，2016：53-54.
③ 贾力石. 红楼梦阅读全攻略［M］. 北京：新华出版社，2013：21.
④ 王国凤. 红楼梦与礼［M］. 杭州：浙江大学出版社，2011：5.

第三章

《红楼梦》改编的其他艺术媒介

小说《红楼梦》流传甚广，深受民众喜爱，从最初手抄本，经历了印刷品、戏曲、影像等媒介时代。在长达 200 多年的时间里，以其顽强的生命力，见证了从语言文字向视觉图像的转变。可以这样说，文字使小说的生命力得到无限延长，图像使小说中的故事情节更加引人入胜。

自《红楼梦》成为专门学问后，不同时代的剧作家和艺术家，都希望用当时最流行和最先进的媒介手段，还原曹雪芹生活时代的原貌。与之相关的戏曲、戏剧、京剧、电影和电视剧艺术媒介，也应运而生。其改编数量之多和影响之大，在世界文学名著改编史上，都是独一无二的，彰显了中国传统文化与不同艺术媒介结合的旺盛生命力。

第一节　清代红楼戏曲略述

戏曲一词，最早见于陶宗仪著的《南村辍耕录》。所谓戏曲，是宋元南戏、元明清杂剧、明清传奇以及京剧和所有地方戏在内的统称。① 中国戏曲是世界三大古老剧种之一，是融诗歌、音乐、舞蹈、美术、服饰、武术、杂技等为一体的说唱艺术，既有戏，又有曲，以曲为中心，在叙事中抒情喻理。其演出地点较为随意，有的在民间，有的在寺观神庙，有的在城市戏园，还有的在官僚地主家里。通过搭台唱戏，唱念打舞，在满足大众精神文化需求的同时，成为一道独特的文化风景。

红楼戏曲是戏曲舞台上久演不衰的题材，因受演出时间、地点、场景、舞

---

① 梦华. 图解国学知识［M］. 北京：中国华侨出版社，2016：610.

台等诸因素制约，剧情一般不宜太长，人物和场景变换不宜太多，仅集中在原著有限的几个段落上。对这种改编形式，有人曾提出批评，认为这是把一部《红楼梦》活生生变成可怜的"佳人才子和一见钟情式"的小玩意儿。①

据统计：清代红楼戏曲大约有 20 余种，主要为传奇、杂剧和折子戏。② 日本知名学者青木正二认为：清代水平最高、流传最广的红楼戏曲，主要有仲振奎的《红楼梦传奇》56 出、吴镐的《红楼梦散套》16 折、陈钟麟的《红楼梦传奇》80 出。刘衍青先生长期从事红楼戏曲研究，认为清代红楼戏曲，除青木正二所说的上述三种外，还有万恩荣的《潇湘怨》36 出、吴兰征的《绛蘅秋》24 出、朱凤森的《十二钗传奇》20 出、石韫玉的《红楼梦》10 出、周宜的《红楼佳话》6 出和褚龙祥的《红楼梦传奇》24 出。③ 这些风格各异的戏曲作品，虽不能与原著媲美，但一定程度上表达了对《红楼梦》旨意和人物爱憎褒贬的倾向。

仲振奎（1749—1811），字春龙，号云涧，别号红豆村樵、花史氏，江苏泰州人，一生谱曲甚多，堪称红楼戏曲改编第一人。④ 然命运多舛，科场不利，以监生终。中年亡女，晚境甚悲。清乾隆五十七年（1792）秋末，仲氏"卧病都门，得《红楼梦》于枕上读之，哀宝玉痴心，伤黛玉、晴雯之薄命，恶宝钗、袭人之阴险，应朋友之邀，特撰《葬花》一出⑤"。

嘉庆元年（1796），仲氏"客扬州司马李春舟先生幕中"，得览逍遥子《后红楼梦》，觉得"大可为黛玉、晴雯吐气，因有合两书度曲之意"，惜未能动笔。⑥ 次年秋，仲氏养病家中，文思泉涌，前后花了 40 天时间，一气写出《红楼梦传奇》四折戏，即《葬花》《扇笑》《听雨》《补裘》。⑦ 该戏无论从立意到构思，还是关目处理，皆别出新意。特别是不敷粉墨，用净角扮贾母，以架子花脸扮凤姐，以丑扮袭人的艺术构思，在当时的历史条件下，确属难得。1798 年，由仲振奎创作的 56 出《红楼梦传奇》杀青。次年，得友人相助，刻于京

---

① 刘雪莲.《红楼梦》对才子佳人小说"一见钟情"叙事模式的承袭与应用［J］. 红楼梦学刊，2011，（2）.

② 李根亮. 红楼梦的传播与接受［M］. 沈阳：黑龙江人民出版社，2007：103.

③ 刘衍青. 红楼梦戏剧研究［M］. 北京：中国社会科学出版社，2018：19-21.

④ 吴新雷. 中国昆剧大辞典［M］. 南京：南京大学出版社，2002：470.

⑤ 王永敬. 昆剧志下卷［M］. 上海：上海文化出版社，2015：865.

⑥ 王永健. 但闻风流蕴藉：明清章回小说中的性情［M］. 苏州：苏州大学出版社，2011：132.

⑦ 泰州市图书馆. 泰州图书馆七十年［M］. 泰州：泰州图书馆，1992：95.

师。① 这是一部完整取材于《红楼梦》的戏曲，堪称红楼戏曲史上的大本连台戏。

清代，当数吴兰征的《绛蘅秋》影响最大。吴兰征（？—1806），今浙江新安人，原名吴兰馨，字轶燕、香倩、梦湘，是桐城派代表人物姚鼐门人俞用济的妻子。② 平生雅善诗歌，妙解音律，博学多闻，是迄今为止唯一将《红楼梦》改编成戏曲的女作家。

《绛蘅秋》又名《零香集曲稿》，今存世的有清嘉庆刊本和《红楼梦戏曲集》排印本。除塑造了黛玉、宝钗、凤姐、袭人和晴雯外，还成功刻画了由第七十八回敷演的次要人物林四娘。全剧 28 出，写至第二十六出《寄吟》时，吴氏饮恨长眠。其丈夫俞用济"不忍是编之断凫续鹤，意欲照其目以成之，仅得《珠沉》《瑛吊》数出，哽咽不能成字，遂搁笔"③。俞用济的《珠沉》《瑛吊》两折，后被收录在《零香集》里。

《绛蘅秋》在艺术构思上别具一格，继承了《红楼梦》言情记恨的主旨，营造出一种飘忽绵邈的审美意境，被视为最接近原著思想内涵的上乘之作。历来大多数《红楼梦》戏曲，无不是先叙宝钗、黛玉进府。吴氏别出心裁，在第二出《望情》一折中，先让宝钗进府，到第五出才写宝黛初会，意在突出薛家母女欲用"金玉良缘"与贾府联姻，有耳目一新之感。此外，还融入了作者个人的情感经历，如"写宝玉、黛玉之怨、之愁、之言情，及宝钗之妩媚澹远，直夺其魂而追其魂"④。在《哭祠》《省亲》中，以"孝"入戏，在铺垫"孝"情的同时，表达了作者的世界观和价值观，提升了传统"孝"文化内涵，为《红楼梦》改编迈出了可喜一步。俞用济对妻子的《绛蘅秋》评价甚高，称"借他人之酒杯，浇自己之块垒"，"曲白相生，雅俗各致"，"洵可歌、可咏、可惊、可喜之佳作"⑤。这些见解，还是客观公允的。

① 阿英. 红楼梦戏曲集 ［M］. 北京：中华书局，1978：646.

② 齐森华等. 中国曲学大辞典 ［M］. 杭州：浙江教育出版社，1997：176.

③ 庄拂. 古典戏曲存目汇考下 ［M］. 上海：上海古籍出版社，1982：1401.

④ 王永健. 但闻风流蕴藉：明清章回小说中的性情 ［M］. 苏州：苏州大学出版社，2011：134.

⑤ 王永健. 但闻风流蕴藉：明清章回小说中的性情 ［M］. 苏州：苏州大学出版社，2011：134.

第二节 民国时期红楼京剧和电影

一、红楼京剧（1911—1949）

京剧，又称"皮黄戏"，以北京为中心，遍布全国各地。道光八年（1828），知名演员米应先、李六、王洪贵等先后携班进京，与徽班的二黄同台演出，形成了早期京剧的雏形。被誉为"三鼎甲"的卢胜奎、余三胜、张二奎对京剧的形成，起到重要的推动作用。[1] 京剧分生、旦、净、丑四大行当，细分为二十八工。如旦行中，有青衣、花旦、花衫、刀马、武旦、老旦。花旦之下，有小家碧玉、泼辣热情、正直不屈、正义勇敢等角色之别。这些行当，在表演中充当了指导演员的作用。

民国年间，京剧社逐渐分解成私人剧团，从剧本创作到艺术设计，从媒体宣传到剧团管理和组织观众，形成了一套较为完整的机制。当时不少名角，与一些文人雅士合作，催生了一批在思想和艺术上，均有突破的红楼京剧。以梅兰芳、郝寿臣、马连良、周信芳、盖叫天、程砚秋等为代表的京剧艺术家，构成了民国时期京剧的主流。据不完全统计，民国年间的红楼京剧剧目多达 22 种。其中，大部分是欧阳予倩、梅兰芳、荀慧生与他人合作改编的，标志着红楼京剧逐渐走向成熟。

欧阳予倩（1889—1962），湖南浏阳人，原名立袁，号南杰，艺名莲空、兰容，笔名春柳、桃花不疑庵主。从小酷爱戏曲，对京剧有浓厚兴趣。1904 年，从日本留学归来，在上海等地演出京剧和新剧。1928 年后，专门从事戏曲、话剧、电影编导等研究，堪称戏曲革新先驱。[2] 他主张推陈出新，反对抱残守缺和故步自封的观点，颇受梨园推崇。新中国成立后，曾任中央实验话剧院院长兼中国文联副主席等职。[3] 与他人合作改编的红楼京剧，主要以家庭伦理剧为主，代表作有《黛玉葬花》《馒头庵》《晴雯补裘》《黛玉焚稿》《宝蟾送酒》《王熙凤大闹宁国府》《摔玉请罪》《鸳鸯剪发》《鸳鸯剑》[4]，尤以《黛玉葬花》《宝蟾送酒》《馒头庵》三曲，最为观众喜爱。

---

① 李娟. 中国传统文化精义［M］. 西安：西安交通大学出版社，2017：208.
② 余从. 戏曲声腔剧种研究［M］. 北京：北京时代华文书局，2016：327.
③ 周川. 中国近现代高等教育人物辞典［M］. 福州：福建教育出版社，2018：403.
④ 刘衍青. 红楼梦戏剧研究［M］. 北京：中国社会科学出版社，2018：27-33.

　　《黛玉葬花》是欧阳予倩与张英、杨尘因合作编写的，1915 年在上海春柳剧场首演。剧中，欧阳予倩饰林黛玉，陈祥云扮贾宝玉。有学者指出，欧阳予倩的剧本都是事先写好，再通过演出而不断加以完善，借鉴了话剧艺术形式。在布景设计方面，采用分幕法，以求得场子的精练与紧凑①，体现了严肃认真的创作态度，有"南欧北梅"之誉。

　　梅兰芳（1894—1961），江苏泰州人，名澜，字畹华。出身梨园世家，从小喜欢唱戏，嗓音甜润。其祖父梅巧玲为一代京剧名宿，伯父梅雨田是一位小有名气的琴师。7 岁时，拜陈德霖先生为师，学习旦行。在晚清时期，陈德霖名气很大，唱功清婉悦耳，京白流利，被称为"青衣泰斗"。经过长期的舞台实践和刻苦钻研，梅氏综合了青衣、花旦、刀马旦等表演艺术，在旦角的唱腔、念白、舞蹈、音乐、服装、化妆等方面，造诣颇深，形成了贵、雅、大三气合一的艺术风格，世称"梅派"艺术。

　　日本著名戏剧评论家伊原青青园在观看了《黛玉葬花》后，深有感触地说道："如今看了梅兰芳的演出，愈加觉得为了了解中国社会和文化，实现这个计划迫在眉睫。"② 1927 年，在北京《顺天时报》举办的中国首届旦角名伶评选活动中，梅兰芳与程砚秋、尚小云、荀慧生并称京剧四大名旦，为京剧艺术的发展做出了贡献。新中国成立后，历任中央戏剧学院首任院长、中央京剧学院院长和中国文联副主席等职。作为德艺双馨的人民艺术家，去世后，获陈毅元帅"一代完人"的高度评价。21 世纪初，被列入中国五千年文化发展史上卓有贡献的 40 位历史文化名人之一。

　　梅兰芳与他人合作改编的京剧，以诗剧红楼戏为主。代表作有《黛玉葬花》《千金一笑》《寿怡红》《群芳宴集》。据载："梅兰芳于民国五年（1916）来沪，携其新编古装《黛玉葬花》一出相号召，每一贴演，座必为满。"③ 京剧《黛玉葬花》取材于原著第二十二回，同时吸收了第二十七回的内容，以葬花、伤春、焚稿为主要情节，较好地演绎了林黛玉的人生悲剧；由齐如山担纲，李释勘写唱词，这是梅兰芳第一次排演的古装戏。

　　1924 年，梅氏第二次访问日本，在东京剧场公演了《黛玉葬花》。④ 京剧评论家许姬传对梅兰芳扮演的林黛玉评价甚高。他说："我几十年来看到戏里的林黛玉，演员们只做到一个'冷'字，都缺乏梅兰芳表现的那种诗意"。与梅兰芳

　　① 余从 . 戏曲声腔剧种研究［M］. 北京：北京时代华文书局，2016：331.
　　② 李玲 . 艺藻集 · 中日传统戏剧思考［M］. 北京：北京时代华文书局，2018：271.
　　③ 肖迪，封杰 . 梅兰芳纪念集壹编［M］. 北京：商务印书馆，2013：182.
　　④ 李玲 . 艺藻集 · 中日传统戏剧思考［M］. 北京：北京时代华文书局，2018：284.

同台演出的青衣姚玉英说："梅兰芳演的林黛玉，让观众能看出黛玉心里有团火在燃烧，可是，火苗被压抑着冒不出来。"①

《黛玉葬花》共6场戏，剧情是茗烟为宝玉买来《西厢记》，令其爱不释手。黛玉见春去花残，不能自已，乃荷锄持帚至大观园，将院中残花堆成香冢。这位平时仅做些"荷包"之类小玩意儿的小姐，居然干起了粗活。时宝玉正在花下读《西厢记》，以书中词句表达心迹，结果惹怒黛玉，令宝玉后悔不迭，忙将花片葬入花冢。掩埋妥当后，袭人奉贾母之命来唤宝玉。夕阳西下，紫鹃忽然想起园中寒冷，忙带着衣服来园。黛玉神情忧郁，腮下挂满泪珠，命紫鹃荷锄先归，独自漫步园中。在途经梨香院时，忽闻院中唱曲之声，联想自己孤苦无依的身世，凄然离去。在深化贾宝玉叛逆性格的同时，将林黛玉鲜明个性上升到了一个全新的艺术高度。② 1916年年初，该剧在北京吉祥戏院首演，观众竞相追逐，座无虚席。同年冬，在上海天蟾舞台演出，前后共演出5场。③

荀慧生（1900—1968），原名荀秉超，字词，号留香，别号留香馆主，艺名白牡丹，河北阜城人，专攻旦行，为荀派艺术创始人。荀氏善于塑造天真活泼、热情开朗的红楼少女形象，还把河北梆子戏的唱腔、唱法，溶入京剧表演艺术中。④ 幼时，因家境贫寒，被其父卖到河北梆子班学戏。1908年，年仅8岁的荀慧生，以童龄梆子青衣第一次在天津登台演出。后随师父加入三乐班，开始学唱京剧。1918年后，专演京剧，一时名满京沪。

1937年，北京《顺天时报》首次举办京剧旦角名伶评选，荀慧生与梅兰芳、程砚秋、尚小云被评为四大名旦之一。⑤ 新中国成立后，历任中央戏曲家协会艺委会副主席、北京市戏曲研究所所长、河北省梆子剧院院长和省政协委员，"文革"中被折磨而死。⑥ 荀氏一生演出的剧目多达300出，有《荀慧生演剧散论》《荀慧生演出剧本选集》《荀慧生舞台艺术》著作存世。

荀氏与他人合作改编的红楼京剧，人物形象鲜明，融入了现代人的审美情趣。代表作有《红楼二尤》《晴雯》《平儿》《香菱》《鸳鸯》《黛玉伤春》《贾政训子》《芙蓉诔》《大观园》《梅花络》《潇湘探病》等，⑦ 表现了红楼女性的

① 赤飞. 红学补白［M］. 北京：新华出版社，2011：301.
② 梅葆琛等. 京剧艺术大师梅兰芳研究丛书［M］. 北京：文化艺术出版社，2015：238-262.
③ 马铁汉. 梅兰芳与《黛玉葬花》［J］. 红楼梦学刊，2002，4（9）：346.
④ 王禹翰. 中外名人全知道［M］. 沈阳：万卷出版公司，2013：103.
⑤ 王智. 燕赵百年1901-2000［M］. 石家庄：河北人民出版社，2001：545.
⑥ 中国人物年鉴社. 中国人物年鉴·2011［M］. 北京：中国人物年鉴社，2012：555.
⑦ 刘衍青. 红楼梦戏剧研究［M］. 北京：中国社会科学出版社，2018：29.

悲剧命运。今存世的有《馒头庵》《俊袭人》《黛玉葬花》《千金一笑》《贾政训子》《晴雯补裘》《晴雯撕扇》《红楼二尤》《芙蓉诔》《黛玉伤春》《黛玉焚稿》。① 这些作品，一直被观众所津津乐道。

作为荀派艺术的创始人，荀氏除胜任青衣，还胜任花旦、刀马旦、闺门旦等多类人物表演。为保持京剧的"板腔体"特点，他广采博收，反对唱腔呆板平直，主张大起大落，讲究轻重抑扬和虚实飞顿的节奏变化。同时结合表情动作，注重人物神态刻画和语气表达，一生编演了不少红楼戏，尤以《红楼二尤》最为著名。

《红楼二尤》别名《鸳鸯剑》，首演于 1932 年，是一部以爱情为主题的家庭伦理剧。荀氏前饰尤三姐，后饰尤二姐，创造了在同一剧目中，扮演两种不同性格人物的成功范例。该剧讲述尤氏姐妹与母亲尤老娘到贾府拜寿，住在宁国府。贾珍乘人之危，欲霸占尤氏姐妹。性格刚烈的尤三姐不为所动，却偏偏与出身卑微的戏子柳湘莲相爱，令贾珍大失所望。尤二姐水性杨花，天性软弱，贾珍怂恿贾琏将其纳为二房，令贾琏怦然心动，结果被贾珍所骗。

当尤三姐找到柳湘莲后，柳湘莲拿出家藏之物鸳鸯剑作为聘礼。尤三姐收下后，挂在绣房床上，每日与剑相伴，自恃有了依靠。不久，凤姐趁贾琏到平安州出差之际，将尤二姐骗回府中，对其百般凌辱。先害死了尤二姐腹中之子，后毒死了尤二姐。柳湘莲得知尤三姐进城后，忙赶来相见。贾珍命贾蓉沿途散布流言蜚语，说尤三姐已属自己。柳湘莲误听谣言，疑其不贞，提出悔婚，并索回定情之物。贾珍诽谤柳湘莲是杀人犯，将其逮捕，以尤三姐允从自己作为答应释放柳的交换条件，尤三姐被迫应允。尤三姐自知理想与爱情破灭，嘱柳马上离开，愤然自刎，令柳湘莲悲痛万分。该剧后半部分刻画了尤二姐被凤姐迫害致死的悲惨过程，突出了尤二姐的软弱和尤三姐的刚烈。剧中，尤三姐是一个悲剧式人物，却由花旦应工，而花旦行当略带喜剧色彩，通常由泼辣放荡的青年和中年女性扮演，达到了雅俗共享的艺术效果。该剧在人物关系设置，情节安排和人们心理刻画方面，突破了传统京剧中旧有行当的局限，开辟了程式化、生活化新境界。②

在民国年间的戏剧舞台上，除红楼京剧外，还有粤剧、闽剧、秦腔、越剧、评剧等红楼折子戏。其中，红楼粤剧数量最多③，尤以陈卓莹、杨子静编剧的

---

① 吴小如. 根据《红楼梦》故事编写的京剧 [J]. 红楼梦学刊，1980，2 (4)：277-278.
② 陈文兵等. 戏曲鉴赏 [M]. 沈阳：辽宁大学出版社，2015：171-172.
③ 刘衍青. 红楼梦戏剧研究 [M]. 北京：中国社会科学出版社，2018：35.

《红楼二尤》最为有名。明嘉靖年间，粤剧在广东佛山、番禺一带出现后，流行于端州，这是粤语系观众最喜欢的艺术形式之一。粤剧称"南戏"，或称"广东大戏"，是融唱念做打、乐师配乐、戏台服饰和抽象形体等为一体的表演艺术。

二、红楼电影（1905—1949）

电影是融戏剧、摄影、绘画、音乐、舞蹈等于一体的综合艺术，自诞生之日起，就与文学有着密切的关系。1880年，美国发明家托马斯·爱迪生完善了电影技术，标志着电影在美国正式诞生。① 1896年8月11日，法国电影首次在上海放映。② 1905年，我国摄制的第一部电影《定军山》，由京剧名伶谭鑫培主演。在此后的53年间，占据中国电影市场主导地位的一直是西方电影。其中，美国电影占了同期市场份额的90%，这种局面一直持续到1949年。③ 伴随着电影业的快速发展和技术的不断成熟，美国逐渐成为世界电影第一强国。

中国电影业起步于20世纪初，经历了从无声到有声，从黑白到彩色，从窄银幕到宽银幕，从普通影片到数码影片的发展历程。中国"早期电影，全部是无声电影。因此，在电影史上，这一阶段被称作默片时代，时间大略持续了30余年"④。以后，又经历了从黑白到彩色、从窄银幕到宽银幕的发展阶段。进入21世纪后，随着数字技术的不断发展，电影越来越多地把摄影机无法呈现的画面交给电脑来完成，创造了时空再现的奇迹。

自近代开埠以来，上海逐渐成为我国的商业中心，也是美国好莱坞电影输入中国大陆的第一个"码头"。中国文学名著的影视改编，首先从这里发轫，也迎来了《红楼梦》影像资料的产生。最早拍摄的《红楼梦》电影，是由1924年秋上海民新影片公司根据梅兰芳主演的五出《黛玉葬花》剪辑而成的。⑤

1927年，上海复旦影片公司拍摄了两集电影《红楼梦》，这是真正意义上的红楼影片。该片由徐碧波担任编剧，对原著进行了大刀阔斧的删削，突出了凤姐"三计害三命"主旨，完整地演绎了一百二十回的主要故事情节。这是

---

① 玛丽·贝丝·诺顿. 特别的人民，特别的国家·美国全史［M］. 黄少婷，译. 上海：上海社会科学院出版社，2018：597.

② 郑利平. 用辞典反映中国电影史［J］. 书城杂志，1996（5）：46-47.

③ 苏珊·海沃德. 电影研究关键词［M］. 邹赞等，译. 北京：北京大学出版社，2013：522.

④ 林少雄. 影视鉴赏［M］. 上海：上海人民美术出版社，2007：13.

⑤ 王珍珍. 中国影片大典——故事片·戏曲片1931年—1949年［M］. 北京：中国电影出版社，2005：169.

"一部极有文艺价值的用《红楼梦》来做的脚本"①。同年，上海孔雀影片公司拍摄了电影《红楼梦》。在拍摄之前，导演程树仁有意识地从学界吸收营养，在"研读了胡适有关《红楼梦》考证文章的基础上，决定以胡适的学术观点作为拍摄《红楼梦》的指导思想"②。

1937 年，全面抗战爆发，"八一三"炮火几乎摧毁了我国的电影产业。先是上海天一公司在战前迁往香港，接着，上海明星公司毁于战火，上海联华公司解体。尽管如此，作为中国近代商业中心，上海仍凭借其特殊的政治和经济地位，成为战时的"太平孤岛"，电影业很快得到复苏。当上海新华公司恢复拍片后，饱受创伤的华安、华艺、国华等电影公司，也相继恢复拍片。1939 年，被喻为中国电影的"古装年片"③。

1939 年，上海新华影片公司拍摄的电影《王熙凤大闹宁国府》，片中主角王熙凤由顾兰君主演。大致剧情是：贾敬一味好丹喜道，后服丹药而死。贾珍妻子尤氏，忙与凤姐商量后事。在铁槛寺停灵期间，因宁国府人手少，尤老娘把两个女儿叫来帮忙。贾琏见到尤二姐后，心神荡漾，魂不守舍，贾蓉趁机引诱贾琏与尤二姐幽会。贾珍、贾琏的不齿行为，令尤三姐十分愤慨。当凤姐打探到丈夫贾琏在外纳尤二姐为妾后，立刻赶到宁国府，对贾蓉等人大兴问罪之师，贾琏乘机溜走。老谋深算的凤姐先引诱小厮旺儿状告张华，然后亲自出面，把尤二姐骗回荣国府。因贾琏在平安州办事得力，其父将其身边丫头秋桐赏给了贾琏。凤姐装出一副亲善模样，背地里唆使秋桐对尤二姐百般折磨，尤二姐被迫吞金自尽。把原著中工于心计的王熙凤，刻画得鲜活生动。④ 该片上演后，风靡于整个上海滩。

1944 年，上海中华电影联合股份有限公司拍摄的电影《红楼梦》，演出阵容强大，集中了当时上海滩的一流演员；以宝黛爱情为主线，虽没有全景式展示原著的主要情节，但不失为一部成熟的影片，也是我国进入日本市场的第一部电影。

总之，《红楼梦》改编成电影后，以直观的视觉图像呈现在观众面前，使原著的阅读面得到拓宽，这在整个国民文化素质普遍不高的民国年间，无疑是普及文学名著最为有效的途径。

---

① 何卫国．试论《红楼梦》影视改编对红学研究之影响［J］．学术交流，2017，8（8）：147.

② 何卫国．红楼梦影视文化论稿［M］．北京：文化艺术出版社，2017：301.

③ 范建华．中国文化产业发展史［M］．昆明：云南人民出版社，2016：170.

④ 张子诚等．中国百年艺术影片［M］．石家庄：河北人民出版社，2005：522-550.

第三节　新中国成立后改编的红楼电影与电视剧

一、红楼电影（1949—1989）

新中国成立之初，全国有人口4.5亿，电影院仅有600多座，电影制片厂更是少得可怜，仅有3家。[①] 为恢复国民经济的发展，党和政府实行了为期三年的社会主义改造，由此拉开了电影业国有改造的序幕。到了1952年，全国所有的电影制片厂，基本上实现了国有化。

从新中国成立到"文革"爆发前的17年，由于受"左倾"意识形态的影响，当时发行的影片，以反映和表现重大历史题材和革命英雄主义居多，占同期总数的80%以上。[②] 1954年，以批判俞平伯红学研究的指导思想和方法论为开端，进入以阶级斗争统领的泛政治化时期。其间，有学者甚至还提出了"《红楼梦》是一部写阶级斗争的书"[③] 的极左观点。据初步统计：新中国成立后的前17年，拍摄的红楼电影有20部左右。其中，仅塑造大观园奴隶反抗代表晴雯的电影就多达7部。

1951年，上海国泰影片公司拍摄的电影《红楼二尤》，根据原著尤二姐、尤三姐的故事改编而成。由杨小仲编剧和执导。言慧珠饰尤三姐，林默予饰尤二姐，演员有金川、李保罗、周匋、路珊等。剧中，贾琏偷娶尤二姐后，尤二姐被凤姐骗回府内，折磨而死。贾珍威逼尤三姐不成，尤三姐爱上了柳湘莲，柳以鸳鸯剑相赠。因听信谗言，柳欲与尤三姐绝交，贾珍以杀人犯之名，将柳湘莲逮捕，尤三姐愤而自杀。通过对尤氏姐妹悲惨遭遇的成功刻画，有力地控诉了以男权为中心封建等级制度的罪恶。

1962年，上海海燕电影制片厂和香港金声影业公司联合拍摄的越剧电影《红楼梦》，由岑范执导，徐玉兰、王文娟、吕瑞英、唐月瑛、金采风等领衔主演。该片打破了舞台演出的空间局限，通过对一百二十回文本中"黛死钗嫁"的演绎，舍弃了后四十回中兰桂齐芳、宝玉留下遗腹子、别父出家等情节，改编为黛玉夭亡和宝玉出家。

---

① 章柏青等.中国当代电影发展史下［M］.北京：文化艺术出版社，2006：403.

② 秦良杰.大学电影课［M］.青岛：中国海洋出版社，2017：169.

③ 孙文光.坚持用阶级观点研究红楼梦［M］.成都：四川人民出版社，1973：44.

　　影片中，林黛玉幼失双亲，寄居贾府，与贾宝玉情投意合。不久，薛姨妈之女薛宝钗也入住贾府，令贾宝玉欣喜若狂。由于薛宝钗屡劝贾宝玉致力经济仕途，加之薛家家资丰盈，宝钗容貌丰美，举止娴雅，又博学多才。其佩戴的金锁，非常符合贾府众人对"金玉良缘"的期待。林黛玉伤怀自叹，久之成病。紫鹃为考验贾宝玉对林黛玉的爱情，谎称黛玉不久将回苏州老家。贾宝玉信以为真，竟卧床不起，差点断送了性命。贾母为宝玉成婚冲喜，众人恐林黛玉福薄命浅，凤姐设调包计，拆散了宝黛爱情。

　　该片共耗资 80 万元，是"文革"前投资最多的一部国产片。"文革"结束后，于 1978 年再度与观众见面。以浙江省为例，在"1978 年到 1982 年间，其票房收入高达 2 亿多元。而当时的票价仅 2 角人民币，观众超过 12 亿人次"①。这是迄今为止，我国放映次数最多、拷贝发行量最大的一部红楼戏曲电影。

　　1963 年，为纪念曹雪芹逝世 200 周年，由上海海燕电影制片厂拍摄的京剧电影《尤三姐》，从剧本创作、唱腔设计到演员阵容、影片摄制，可谓珠联璧合，为《红楼梦》改编成电影提供了宝贵经验，同时，也是舞台剧向电影转化的一次成功尝试。

　　该片突出了尤三姐出淤泥而不染、洁身自爱和泼辣高傲的性格，对其与柳湘莲的爱情故事，进行了适度的扩充和渲染。与此同时，北方昆曲剧院根据王昆仑父女改编的昆剧电影《晴雯》，也与观众正式见面。该片围绕阶级斗争这条主线，突出了以王夫人为代表的封建地主阶级和与晴雯为代表的奴隶阶级的对立，展现了袭人、秋桐等作为地主阶级帮凶的形象。由于人物过于脸谱化，打上了鲜明的时代烙印。②

　　十年"文革"期间，中国电影业处于停滞状态，红楼电影销声匿迹，全国只有 8 个样板戏和 10 部影片。"这些电影（都是革命样板戏）完全是教条和模式化的，都是用来打造无产阶级男女英雄完美神话的。"③ 20 世纪 80 年代后，中国电影成为世界认识和了解中国的一张"名片"。在这样的背景下，反映传统文化的古装电影被搬上电影屏幕。

　　1989 年，北京电影制片厂摄制的六部八集系列电影《红楼梦》，由谢铁骊、谢逢松任编剧，谢铁骊、赵元任导演。由夏钦饰贾宝玉、陶慧敏饰林黛玉、傅

---

　①　朱恒夫，聂圣哲. 中华艺术论丛第 16 辑——戏曲骨子戏研究专辑［M］. 上海：上海大学出版社，2016：232.

　②　刘衍青. 红楼梦戏剧研究［M］. 北京：中国社会科学出版社，2018：128.

　③　苏珊·海沃德. 电影研究关键词［M］. 邹赞等，译. 北京：北京大学出版社，2013：525.

艺伟饰薛宝钗、刘晓庆饰王熙凤、林默予饰贾母、赵丽蓉饰刘姥姥，放映时间达13小时。

该剧本忠实原著，以流行的八十回文本为素材，同时吸收了高鹗续作的后四十回内容，为红楼电影的全景式改编做了一次有益的探索。导演充分利用电影屏幕的优势，通过大量深镜头的运用和场景调度，使人物形象得到较完整的呈现。从屏幕效果来看，这种处理是成功的。如鸳鸯哭诉贾赦纳其为妾一场，贾母勃然大怒，因邢夫人不在屋内，便把怨气迁怒到王夫人身上。这时，前景是王夫人惴惴不安地站起来的镜头，薛姨妈正襟危坐；中景是探春屏息聆听，后景是贾宝玉与众姐妹在一旁劝慰鸳鸯。又如，秦可卿丧礼、元妃省亲、抄检贾府等几场大戏，只取一点因由，经过导演的巧妙点染，使媒介转换与原著达到统一，为影片增色不少。

片中第六部分上、下两集，除"宴海棠贾母赏花妖""锦衣军查抄宁国府""黛死钗嫁""宝玉出家"外，还增加了元春之死、凤姐之死、宝玉游地府、科举考试等情节。全剧以宝黛爱情悲剧为主线，以封建大家庭的衰败为副线，结合高鹗续本，以太虚幻境做开场和结尾。虽然集中了一批当时颇负盛名的演员，然观众并不接受，上座率不高，未达到预期效果。

二、红楼电视剧（1958—2010）

我国电视事业起步较晚，直到1958年5月，才诞生了中央电视台前身北京电视台。据统计：从1958年到1976年，在电视发展的起步阶段，全国共生产电视剧180余部。[1] 由于题材狭窄，加之"全国电视机拥有量仅有数百台，只有少数政府官员和知识分子可以看到电视节目，远比不上电影、广播和报纸"[2]。受经济和技术条件等诸多因素影响和限制，当时还不能驾驭像《红楼梦》这样的古典题材。

1978年以后，我国电视剧发展步入一个新的发展时期。由于改革开放以及电视媒体自身机制的不断变化，电视剧从记录生活，到反映社会现象，再到引领生活，无论是题材数量，还是拍摄质量，都取得了长足发展。具有两个特征：一是形式上的创新，即从单剧本向多本剧和连续剧转变，由直播向录像过渡，基本上脱离了舞台剧形式；二是内容丰富，既有哲理类，又有纪实类、历史类和文学名著改编类。"这10年间，中国电视剧取代电影成为中国最具大众性的

---

① 钟艺兵等. 中国电视艺术发展史 [M]. 杭州：浙江人民出版社，1994：45.

② 刘萍，李灵. 中国电视剧 [M]. 武汉：湖北美术出版社，2005：2.

视听叙事艺术，总产量比第一阶段的 20 年增长近 30 倍。"①

据统计，1980 年到 1990 年全国拍摄的《红楼梦》电视剧共有 17 部。其中，戏曲电视剧 10 部，成就最高、反响最大的非 1987 版莫属。20 世纪 90 年代后，由于电视技术的长足发展，使得"电视剧文本在影像品质上，较之 20 世纪 80 年代的粗粝影像有了明显的改观"②。与此同时，电视剧的生产和流通机制，也越来越受到市场规律的支配。制作方式多样化，电视剧步入市场化阶段，逐渐走上类型化和产品化的新路子。

20 世纪 90 年代后，中国社会处于由计划经济向市场经济转型时期，由文学名著改编的电视剧，备受观众青睐，成为大众文化消费的热点。1997 年，新纪元电影发展公司、北京元峰元科贸易集团联合摄制，根据作家刘心武的小说《秦可卿之死》改编的 20 集电视剧《秦可卿》，由马军骧编剧，姚守刚、于琦为导演，苗乙乙饰秦可卿、姬晨牧饰宝玉、博弘饰凤姐、张二丹饰惜春。剧中，老皇帝最宠爱的秦妃怀上了皇子唐王的孩子。秦妃生下女儿秦可卿后，自缢身亡，秦可卿被贾珍接进贾府。因秦可卿天生丽质，聪明过人，甚得贾母爱护，后嫁给贾蓉。唐王失势后，秦可卿以死明志。全剧对秦可卿之死，做了全新诠释和大胆猜测，堪称集索隐研究之大成。

进入 21 世纪后，以服从大众审美情趣的各类题材的电视剧竞相涌现，成为主流的大众视听传播形式，古装剧和家庭伦理剧出现热播和多产。2002 年，江苏无锡市广播电视集团摄制了 21 集电视剧《红楼丫头》。陆永兴编剧，黄健中、郭靖宇导演，北京舞蹈学院学生迟伽主演贾宝玉，是对红楼丫鬟人物的一次成功突破。通过对袭人、晴雯、鸳鸯、小红、金钏、玉钏、芳官悲惨命运的深入挖掘，生动展示了这群红楼丫鬟对自由的向往和对爱情的渴求，刚开播就成了"爆款"。

2003 年，由中国电视剧制作中心摄制、王家惠编剧、王静导演的 30 集电视连续剧《曹雪芹》，通过对原著故事情节的艺术加工，塑造了一个鲜活的曹雪芹形象。

2005 年，由上海电影集团公司、上海晋鑫影视发展有限公司和上海艺果有限公司联合摄制的 30 集电视连续剧《刘姥姥外传》，以贾府被查抄和刘姥姥仗义相助为开篇，虚构了原著中没有的故事情节。剧中凤姐将"通灵宝玉"和一

① 郝建．文化研究与类型研究［M］．北京：中国电影出版社，2008：78.
② 万小谈．中国内地电视剧的意义系统与审美呈现［M］．北京：中国广播影视出版社，2017：3.

本"族谱"交给刘姥姥，以女儿巧姐相托，刘姥姥与板儿踏上了寻找宝玉的漫漫征途。贾府沉冤昭雪后，刘姥姥归隐山林。在强化刘姥姥豪爽性格的同时，再现了其义薄云天的艺术形象，符合人物性格发展的必然逻辑，较为完整地演绎了原著中刘姥姥的主要故事情节，但偏离了原著宗旨。

2010 年，由法制日报社影视中心与恒娱星空文化传播有限公司联合摄制的 35 集电视连续剧《黛玉传》，由李平导演，演绎了原著中宝黛两小无猜的爱情故事，给观众以极大的审美享受。同年，中影集团、华录百纳与北京电视台联合摄制的 50 集电视连续剧《红楼梦》，由李少红导演，以中国艺术研究院红楼梦研究所校注的 120 回《红楼梦》为底本，对原著进行了全方位阐释。然播出后，褒贬不一。导演李少红的本意"就是要完成这四个字，亦真亦幻，让你感觉又真又假，又像梦境又像现实，在虚幻之间"①。此外，剧组还通过"红楼梦中人"大型选秀活动招募演员，使得《红楼梦》在开拍之前，就获得众多观众的关注。不可否认，2010 版"是娱乐资本运作的一个结果，烙上了艳俗、热闹的消费时代唯美主义审美特征"②。

三、红楼戏曲电视剧（1980—2008）

戏曲电视剧，是戏曲和电视两种不同艺术门类联姻的产物。它既不同于戏曲舞台艺术纪录片，也不同于戏曲实况转播或舞台录像，具有以下特点：一是舞台演出的录像，从 1958 年北京电视台试播开始，转播戏曲舞台演出，就成为电视文艺节目的一部分；二是戏曲艺术片，保留演员程式化表演，让演员在实景中演出；三是按电视的叙事方法来拍摄，通过保留戏曲中适合电视表演的唱腔等来改变人物造型，使之尽量电视化。③ 这种通过戏曲与电视剧杂交产生的戏曲电视剧，简称戏曲电视片，又称电视戏曲片。由于叫法过于宽泛，因此，又称某某戏曲剧种的电视剧，如越剧电视剧、沪剧电视剧、川剧电视剧等。直到 1985 年冬，在全国首届戏曲电视剧评奖后，才统称为戏曲电视剧。

由《红楼梦》改编的戏曲电视剧，有昆剧《晴雯》、越剧《红楼梦》、京剧《红楼十二官》、川剧《红楼外传之二》《红粉飘零》《王熙凤》以及评剧《刘姥姥》等。这些红楼戏曲电视剧，在突破剧场戏曲局限性的同时，也扩大了小说《红楼梦》的受众范围。

---

① 丁伟. 新版《红楼梦》就是富二代的故事："园主"冯仑对话导演李少红［J］. 中国企业家，2010（14）：121.

② 韩小龙. 新旧两版电视剧《红楼梦》美学风格之比较［J］. 兰州学刊，2011（4）：34.

③ 仲呈祥. 中国电视文艺发展史［M］. 北京：中国电影出版社，2014：249-250.

昆剧又称昆曲、昆腔，以昆山腔为主，兴起于明朝嘉隆年间。元末明初，成为南曲声腔的一个流派，产生于江苏昆山一带。① 1980 年，由上海电视台摄制、李莉、岳美缇导演的单集昆剧《晴雯》，反映了封建社会奴才与主子的斗争，歌颂了富有反抗精神的少女形象。通过穿插大量外景镜头，在灯光照明、先期录音等技术手段的作用下，使舞台效果更为逼真、清晰和连贯，剧情也更为紧凑。特别是人物的关键性表演，在特写镜头的作用下，显得尤为突出，艺术表现力也更为丰满。②

越剧，诞生于 1906 年，起源于浙江嵊州一带的落地唱书，吸收了昆曲、话剧、滩簧、京剧等唱腔和艺术表演形式，逐步形成了叙事和抒情的唱腔音乐，流行于浙江、上海、江苏一带。③ 1984 年，由上海电视台摄制、上海越剧院演出、徐进、薛允璜编剧、吴琛任总导演的两集越剧《红楼梦》，通过对宝玉出生、香菱被拐、贾雨村发迹、薛蟠夺女伤人、葫芦僧判葫芦案等故事情节的演绎，将戏曲的"虚"和电视的"实"有机结合起来，把舞台的程式化表演融入外景的拍摄中，给观众印象尤深。

2000 年，由绍兴电视台、杭州南广影视制作有限公司和浙江长城影视公司联合摄制的 30 集越剧《红楼梦》，由徐进任编剧，梁永璋任总导演。这是一部投资最多、集数和角色也最多的戏曲电视连续剧。导演通过精心设计唱腔，让演员"自报家门"，说出各自心声，唱出各自的悲情，较好地展示了原著中各色人物的爱情悲剧。

1985 年，由中央电视台摄制、上海戏曲学校教学实验剧团演出、王祖鸿编剧、莫宣导演的 5 集京剧《红楼十二官》，以原著中 12 个女伶为主要人物，从元妃省亲、贾府发赏钱始，到王夫人解散小戏班，以及芳官、蕊官、藕官出家水月庵。通过日常生活场景的呈现，较好地展现了小女伶姐妹间的真情实意以及与封建势力抗争的坎坷命运。④ 同年，由四川电视台摄制，成都市川剧团演出、徐棻编剧、倪绍忠任导演的单集川剧《王熙凤》，以元妃省亲前夕荣国府大兴土木为背景，虚构了王熙凤用花言巧语博得贾母宠信，得到美差的故事。剧中，贾珍对凤姐怀恨在心，与贾蓉策划，将尤二姐荐给贾琏为妾，凸显了尤二姐的悲惨遭遇，较好地把握了原著的精髓，让观众在故事情节中充分了解人物性格，使戏曲传统的写意手法得到较好呈现。

---

① 余从. 戏曲史志论集 [M]. 北京：文化艺术出版社，2014：206.

② 温全军. 王昆仑昆剧晴雯的改编特色 [J]. 名作欣赏，2016，(12)：151.

③ 苟琳. 溯源中国传统文化之旅 [M]. 上海：上海社科院出版社，2017：312.

④ 黄钧等. 京剧文化词典 [M]. 上海：世纪出版集团，2001：455.

1992 年，由上海电视台、北京电视戏曲艺术研究会联合录制，钟鸿、赵其昌等编剧，周宝鑫、沙如荣导演的 10 集京剧《曹雪芹》，以《红楼梦》为主线，推动故事情节发展，深刻地揭露了封建贵族家庭的道德堕落，反映了曹氏家族由盛到衰的过程。播出后，得到红学爱好者的广泛好评，1992 年在央视黄金时段曾连续播过两次。

川剧起源于四川，是流行于川、滇、黔等省的地方戏剧。声腔由昆曲、高腔、胡琴、弹戏和灯腔组成。除灯腔源于四川本土外，其余四种腔调均源自外省。这五种声腔加上其他伴奏乐器，形成了风格迥异的川剧音乐形式。① 1993年，由四川电视台摄制，谭慷、文先荣任编剧，徐正直导演的两集川剧《红楼外传之二》《红粉飘零》，与原著存在较大差异。播出后，不但未激起浪花，甚至还被研究者忽略。

2008 年，中国电视剧制作中心和四川电剧台制作中心与四川长富文化传播有限公司联合摄制的 17 集川剧《王熙凤》，徐菜编剧、刘雪松执导，李增林为戏曲导演。全剧共有七场，通过争专宠、弄权柄、诓尤娘、售奸计、嫁祸端、逞凶残，展现了凤姐贪婪和毒辣的性格。作为女人，凤姐有着"久无子息"的烦恼；作为妻子，有着丈夫背叛的痛苦；作为大权在握的独裁者，处处遭人妒恨。在她与贾琏的夫妻生活中，因尤二姐的插足，导致夫妻情感破裂。于是，在国公府邸上演了一出惊心动魄的妻妾大战。尤二姐最后败下阵来，成为权力博弈的牺牲品。

评剧，最初流行于华北、东北等地，原名平腔梆子戏，俗称唐山落子或"蹦蹦戏"。其唱腔是在莲花落、蹦蹦戏的基础上，充分吸收和借鉴了梆子和京剧唱法形成的。② 2005 年，河北省丰润评剧团根据同名评剧改编的两集评剧《刘姥姥》，由卫中、汉云编剧，刘三牛任导演。通过对刘姥姥三进荣国府的深入挖掘和对原著相关情节的改造，在视觉、心理等方面，对刘姥姥这一典型人物做了一次深入的再创作，较好地还原了原著中的人物形象。

为增加故事戏剧冲突、充实作品内涵，评剧《刘姥姥》还注入唐山特有的跑驴、皮影舞蹈、童谣等元素。剧中，刘姥姥三进荣国府，目的各不相同：一进荣国府，将王熙凤打发的二十两银子给了女婿一家做本钱，摆脱了贫困；二进荣国府，是为答谢王熙凤，意外受到贾母的盛情款待；三进荣国府，是在贾家被抄之后，知恩图报，出钱出力，把被卖到妓院的凤姐遗孤巧姐解救出来，

① 徐梦然 . 国学常识大讲堂 ［M］. 北京：中国华侨出版社，2017：254.
② 丁雯 . 中国文化全知道 ［M］. 北京：北京联合出版公司，2015：94.

收为义女。为了使刘姥姥的艺术语言与其身份相符，剧中还增加了不少原著中没有的俗语和歇后语，如"狼跑岔道狗跑弯""哑巴都想叫个好""笨鸭子上不了鹦鹉架"等，使剧情生动有趣。播出后，引发观众热捧，获河北省文艺振兴"作品奖"和第八届中国映山红民间戏剧节特别荣誉奖。

第四章

一部流芳百世的经典之作

第一节　1987 版电视剧《红楼梦》制作人与剧本格式

一、1987 版电视剧《红楼梦》制作人

1987 版电视连续剧《红楼梦》是由中央电视台和中国电视剧制作中心联合制作的。中央电视台的前身为北京电视台，于 1958 年 9 月 2 日开播。1978 年 5 月 1 日，正式更名为中国中央电视台，英文简称 CCTV，中文简称央视。① 央视是当今最具国际竞争力和传播力的主流媒体之一，是全国公众获取信息的主要渠道，也是中国了解世界和世界了解中国的重要窗口，每天约有 6 亿中国观众在收看中央电视台的节目。②

1996 年，央视旗下网络媒体建立，以视频和音频扩大自身影响。在 1999 年的春节联欢晚会上，央视利用因特网实时传播节目，其范围扩展到"亚洲一号"卫星所覆盖的区域，开始接近 Espn 和 NBA 等网站巨头水平。③ 2003 年 9 月，央视开办了音乐时尚、电视剧场、京剧经典、足球、城市体育五个付费频道，这是我国广电数字化在市场变革中迈出的重要一步。④ 同年，央视新闻频道开播。

随着新媒体和新技术的迅猛发展，在央视新闻频道开播 10 周年之际，《央

---

① 胡正荣等. 时代之印：中国媒介三十年（1978—2008）［M］. 西安：陕西人民出版社，2018：36.

② 人民网. 中央电视台社会责任报告（2016 年度）［R/OL］.（2017-05-27）［2018-11-14］. http：//media. people. com. cn/n1/2017/0527/c40606-29303364. html.

③ 夏寒松. 运动保健上网入门［M］. 北京：中国社会出版社，1999：60.

④ 王焰. 中央数字付费电视频道的发展与创新［J］. 电视研究，2007（1）：8-9.

视新闻》正式入驻拥有过亿用户的搜狐新闻客户端。这是《央视新闻》继微博、微信之后,在移动新媒体浪潮中的又一次飞跃,意味着其品牌已延伸到微博、微信和新闻客户端,丰富了人们接收信息的渠道。

2015 年,央视发布的视频素材,已被全球 92 个国家和地区的近 1700 家电视频道采用。2016 年,中国国际电视台(英文简称 CGTN)开播。据 2016 年 6 月 22 日《中国 500 强最具价值品牌》分析报告显示,CCTV 品牌价值达 2018.53 亿元;同年 12 月 26 日,第十三届《世界品牌 500 强》排行榜在美国纽约揭晓,央视榜上有名。① 2018 年 3 月,央视与中央人民广播电台和中国国际广播电台组建成中央广播电视总台,撤销了中央电视台建制。② 在 2018 年年度第十五届《世界品牌 500 强》排行榜上,我国有 38 家品牌入围,央视排名第 64 位。③

中国电视剧制作中心是国家级电视剧制作专业机构,隶属于中国中央电视台,成立于 1983 年 10 月 18 日。④ 该中心拥有一批专业素质较高的编、导、演人才和专业工作人员,有演剧团、资料馆等。⑤ 主要创作并拍摄各类题材和各种样式的电视剧,同时负责协调社会力量,组织电视剧艺术研究活动。自成立以来,共生产了 400 多部近 4000 集电视剧,每年都有若干部获国家级"五个一工程奖""飞天奖""金鹰奖"等奖项,达到了思想精深、艺术精湛和制作精良的高水准。⑥

2009 年 12 月 29 日,中国电视剧制作中心由央视出资 4.18 亿元,注册成立了中国电视剧制作中心有限责任公司,标志着由收支两条线的事业单位转变为自主经营、自负盈亏的公司企业。⑦

二、1987 版电视剧《红楼梦》剧本格式

电视剧本与文学文本的区别,主要在于构图、镜头排序、角色构建和故事线索方面。由周雷、刘耕路、周岭根据小说《红楼梦》改编的电视文学剧本《红楼梦》,属分场景式剧本,1987 年由中国电影出版社出版,约 40 余万字。在忠实原著的基础上,首次将一百二十回文本进行了单元化切分,并依据曹雪芹

① 佚名. 央视新闻赶搭"移动快车"[J]. 新闻前哨,2013(6):6.
② 欧阳宏生. 用改革标记 2018 [J]. 中国广播,2019(2):21.
③ 佚名. 66 家中国企业上榜 2018 全球品牌 500 强 [J]. 理财(经论版),2018(6)4.
④ 赵化勇. 中国中央电视台年鉴 [M]. 北京:中国广播电视出版社,2001:215.
⑤ 桑松森等. 中国国情与发展总览 [M]. 北京:时事出版社,1994:497.
⑥ 赵化勇. 中国中央电视台年鉴 [M]. 北京:中国广播影视出版社,2004:97.
⑦ 张子扬. 破茧而生——产业化趋势下转企电视剧制作机构竞争策略 [M]. 北京:北京燕山出版社,2013:31.

在前八十回中暗示或埋下的伏笔，构建了新的故事结局，形成了 27 集的叙事形态。其中，1 至 12 集由刘耕路编写，13 至 20 集由周雷编写，21 至 27 集由周岭编写，最后由周岭统一定稿。

为方便导演、演员及其他工作人员在拍摄时使用，剧本在每个场景的序号后面，都标明了故事发生的地点、时间、内外景致；对每集的标题、标题位置及文字大小，都做了统一规定。正文居中往下脱六行，为剧本集数和标题，用 3 号宋字表示；表示人物出场、说话、动作、声音、神态的文字，单独一行，用小 4 号宋字表示；人物对话单独一段，单倍行距，字体大小与正文一致；场景序号、标题、季节、时间和剧中出现的歌词、诗词等，用 5 号宋字表示；剧中人物未说完的话，或诗句、歌词、动作未结束等，一律用省略号表示。

剧中的场景次序，一律用阿拉伯数字表示；场景标题单独成行，后面括号里的文字，分别表示季节或时间；在每一集里，当第一个场景结束后，预示字幕将要出现的文字，一律不顶格，另起一行。在"字幕"两字的后面，用"叠"字加小括号，以 5 号宋字表示；将要出现似曾相识等场景，在正文顶格处，一律用"闪回"加小括号，以 5 号宋字表示；"闪回"结束后，另起一行顶格，用"闪回完"加小括号，以 5 号宋字表示。

凡发自剧中人物心声的场景，另起一行退四格，用"心声"加小括号，以 5 号宋字表示；凡声源不是来自剧情中的，一律在前面用"画外音"加小括号，以 5 号宋字表示；对描写人物主体和知觉感受的文字，另起一行退一格，用"幻觉"加小括号，以 5 号宋字表示；描写主体感受与知觉相似的声音，在前面用"幻觉声音"加小括号，以 5 号宋字表示；当幻觉场景结束后，另起一行顶格，用"幻觉完"加小括号，以 5 号宋字表示。

剧中的歌曲，在"歌声响起"后，用"无字的歌"加小括号，以 5 号宋字表示；正文出现的歌词，每句一行，单倍行距，用 5 号宋字表示；正文中出现的诗句，每两句为一行，两行为一段，退两行后为第二段，以此类推，用 5 号宋字表示；正文中出现的人物名字，一律用小 4 号宋字表示；人物之间的对话，一律用双引号；对音响和音乐效果以及场景布置、道具等舞台指导，剧本中没有具体注明。

第二节　小说《红楼梦》前八十回叙事形态与
1987 版电视剧《红楼梦》剧本解析

一、小说《红楼梦》前八十回叙事形态解析

小说《红楼梦》开篇于女娲补天神话，以"木石前盟"为引子，构成了宗教传奇的叙事结构。在神话世界里，顽石自怨自艾，无补天之才，一心想干一番事业，幸得空空道人和癞头和尚携入红尘。这块顽石，被幻化为赤霞宫神瑛侍者后，以天上之水，滋养了绛珠仙草上万年。神瑛侍者常在西方灵河岸上行走，眼见河岸上有一株绛珠仙草，十分可爱，便以甘露滋养，使其脱去草木之胎，幻化为人形。受雨露之惠，绛珠仙草无以为报，终日以泪相送。由此，开启了在虚幻神话世界里，悲金悼玉的爱情故事。

在前八十回，曹雪芹为红楼人物的活动，设计了两个重要活动舞台：一是尔虞我诈的贾府；二是不染纤尘的大观园。作者将两者有机地结合起来，用浪漫主义的表现手法，通过人物行动和事件因果的设置，将其置于虚幻的神话情境中，形成了三个独具特色的叙事中心。

第一回至第十八回，介绍了宁荣二府大家庭成员及其主要社会关系。通过对林黛玉、贾宝玉、薛宝钗、王熙凤、秦可卿等日常生活细节的描写，次第引出梦幻识灵通、贾敏去世、冷子兴演说荣国府、贾雨村官复原职、林黛玉进贾府、刘姥姥一进荣国府、铁槛寺弄权、修建大观园、秦可卿之死、元妃省亲等重大事件。第十九回至第三十八回，主要描写了宝黛二人对爱情的探索和宝玉与封建正统思想的斗争，塑造了薛宝钗、史湘云、袭人、金钏儿、妙玉和刘姥姥等人物形象。与之关联的事件有西厢共读、晴雯撕扇、史湘云规劝宝玉、金钏儿跳井、贾宝玉挨打、袭人进言、成立诗社等。第三十九回至第八十回，通过对贾探春、薛宝琴、刑岫烟、尤二姐、鸳鸯、香菱等人的描写，反映贾府衰败之兆，与之关联的事件有刘姥姥二进荣国府、贾母两宴大观园、栊翠庵品茶、凤姐过生、祭奠金钏儿、钗黛吐心语、鸳鸯抗婚、讹诈石呆子、芦雪庵联诗、袭人探母、晴雯补裘、除夕祭祖、元宵开夜宴、探春理家、紫鹃情试宝玉、藕官烧纸、贾环被辱、平儿断案、尤三姐自刎、凤姐大闹宁国府、尤二姐之死、西府婆子被捆、绣春囊事件、抄检大观园、兆发悲音、元妃染恙、优伶被撵、晴雯之死、探春远嫁、作践香菱等。反映了贾府由钟鸣鼎食之家，逐渐走上一条盛极必衰的不归路。作为宗教传奇的叙事模式，以上三个叙事中心，自成体

系，互为表里，产生了不同的艺术效果。

从前八十回描写的时令来看，西厢共读、嗔莺吒燕、重建桃花社、群芳放风筝等反映的是春季之事；芒种饯花、晴雯撕扇、清虚观打醮、仲夏梦兆等，反映的是夏季之事；海棠结社、凤姐过生、祭奠水仙、秋窗风雨等，反映的是秋季之事；芦雪红梅、晴雯补裘、坠儿母女被撵、乌进孝交租、除夕祭祖等，反映的是冬季之事。据王元红统计：在前八十回中，秋季已成贾府多事之秋，约有 44 回，占全书回目总数的 36.7%；其余为春季之事，约有 35 回，占全部回目的 29.2%；其他故事情节，大多发生在冬季和夏季。①

曹雪芹以春、夏、秋、冬四季为序，宕开文意，虚实结合，用生动形象的语言来安排人物活动及事件，反映了以贾府为代表的四大家族的衰败以及宝黛爱情的缘起和缘灭。从第五十八回起，曹雪芹用余下不到三分之一的篇幅，描写了在大观园发生的大小风波，反映了封建贵族家庭日暮途穷的衰败景象。

从人情层面来看，在前十八回里，主要通过对秦可卿丧礼和元妃省亲两个场面浓墨重彩的烘托，表现了贾府"烈火烹油，鲜花着锦之盛"的繁华景象。同时，通过刘姥姥一进荣国府的所见所闻，来强化贾府的奢华，并借助佛家思想，驰骋想象，以贾宝玉梦游太虚幻境、秦可卿临终托梦、焦大醉骂以及凤姐铁槛寺弄权等一系列事件的描写，暗示了贾府由盛到衰的必然趋势。

第十九回至第三十八回，以宝钗爱情故事发展为主线，通过对"收养黛玉""初试云雨""贾琏戏凤姐"等家庭琐事的描写，将大观园的儿女痴情和闺阁闲情，巧妙融入贾府的现实世界中，展示了一部封建贵族家族的衰亡史。第三十回至第三十六回，通过攒金庆寿、元宵夜宴、探春理家、联诗悲寂寞、报屈夭风流、误嫁中山狼、屈受贪夫棒等事件，表现了一股肃杀之气。第三十九回至第八十回，通过刘姥姥二进荣国府、贾琏偷情、赖大升官、鸳鸯抗婚、讹诈石呆子、老太妃薨、叔嫂逢五鬼、藕官祭药、玫瑰露风波、倚霸成亲、查抄大观园、晴雯被逐等事件，表明贾府乱象横生，内部矛盾已达到无法调和的程度，初步奠定了贾府由盛到衰的基本格局。

《红楼梦》叙事形态是一个完整的整体，在某些板块又具有相对的独立性。如第八回至第十四回描写秦可卿，第五十五回至第五十六回描写李纨、探春、宝钗"三架马车"管理大观园，第七十三回至第七十七回描写王夫人等抄检大观园，第六十三回至第六十九回描写的红楼二尤。从叙事角度而言，如果把这些故事从原著中整体剥离出来，基本不会影响以后故事情节的发展，但整体艺

---

① 王元红.红楼梦中的季节［J］.少儿科技，2017（9）.

术价值肯定会降低。从另一个角度来说，这些注入了大量戏剧元素的叙事板块，为《红楼梦》片段式改编，提供了可拆可解的剧情素材。

二、1987 版电视剧《红楼梦》剧本：一部文学经典的影像化

文学名著改编成电视剧本成功与否的标志，是看剧本是否忠实原著，是否领悟了作者的创作意图，既不能忽视或歪曲原著中的思想和艺术价值，又必须克服其历史局限性。用当代人的眼光审视《红楼梦》，用当代人的情感去演绎《红楼梦》，这是 1987 版电视剧《红楼梦》剧本的最大特点。

由于小说《红楼梦》成书和流传过程相当复杂，加之版本不一，残存回数有别，文字歧异甚多，为改编增加了不少难度。从内容来看，既有仙界难分难舍的亦真亦幻，又有冥府之门的虚无缥缈；既有家长里短的儿女私情，又有万丈红尘中的人间凡事。这些故事情节，非常符合家庭电视剧创作的取材倾向。

1987 版电视剧《红楼梦》剧本是原著的一次系统和完整的改编，打破了原著叙事顺序结构。剧本共 27 集，前 20 集以《红楼梦》前八十回为蓝本，沿袭了 20 世纪 70 年代美国著名电影理论家杰·瓦格纳的改编理论和原则，用移植法删除了原著中大量主仆名字，让其变成无名无姓之人，对次要人物进行了适当的裁剪和合并。20 世纪 80 年代初，由于我国电视剧制作水平不高，包括特效、置景、化妆、道具等，还没有形成自己的艺术风格，几乎照搬西方影视理论。不难想象，如果把《红楼梦》中所有人物和故事情节全部表现出来，电视剧就根本无法拍摄。后 7 集，跳出了高鹗后四十回续作的藩篱，舍弃了通行的一百二十回文本，对后四十回进行了创造性发挥，重新构造了新的故事结局。"至今仍是影视改编作品里，诠释《红楼梦》最出色的一种。"① 周汝昌先生认为：这是"第一次努力地表现曹雪芹原著的那种特别繁富、错综、回互的大整体"②，无论是人物语言，还是场景设置，都忠实原著，"像是发生在真实世界里的事一样，这样的扎实，就是历史本来的样子"③。

《红楼梦》表面上讲的是贾家故事，暗地里讲的是曹家事情，把"现实生活里面的曹家，转化到小说里面就是贾家"④。为还原历史现场，除借鉴红学成果，还吸收了周汝昌、吴世昌、冯其庸、胡文彬等人在"曹学"研究方面所取得的成果。徐宁先生积 30 余年之功力，对《红楼梦》影射之事，有深入研究。

---

① 李芷萱. 影响世界 100 个重要流派 [M]. 武汉：武汉出版社，2009：61.
② 周汝昌. 红楼艺术 [M]. 北京：人民文学出版社，1995：245.
③ 何天平. 藏在中国电视里的 40 年 [M]. 杭州：浙江工商大学出版社，2018：18.
④ 刘心武. 刘心武揭秘红楼梦 [M]. 上海：东方出版社，2005：233.

他在《南京历代名著》一书中，考证出《红楼梦》所描写的许多人和事，都与江宁织造曹家有关。认为原著中荣禧堂原型，为康熙御赐曹雪芹曾祖父曹玺"敬慎"额和祖母孙氏的"萱瑞堂"额；贾府的三座家庙铁槛寺、水月庵和栊翠庵的原型，为曹家三座家庙，即香林寺、水月庵和万寿寺；"葫芦僧乱判葫芦案"发生地的原型，为明代应天府衙和清代江宁府街。这些研究成果，在剧本中都得到采纳和吸收。

《红楼梦》后四十回到底为何人所写，一直没有定论。民国才女张爱玲对曹雪芹的写作构思，有独到体悟。她说：人生有三大恨事：一恨鲥鱼多刺，二恨海棠无香，三恨红楼未完。表现出一种心中之憾，亦可看出对高鹗续书的不满。然俞平伯的见解正好与张爱玲意见相左，认为《红楼梦》后四十回中的 20 件事情，都可在前八十回中找到依据。而其他几件事情，也可以通过前八十回考证出线索。对高鹗在后四十回续书中留下的个别缺憾，俞平伯认为，续书质量的好坏与是否为高鹗续作，两者不能混为一谈，毕竟一百二十回通行本，已流行了近 200 年，在社会上产生了广泛影响。① 为此，著名红学家邓云香在《秋水湖中》，对周雷、刘耕路、周岭编写的剧本没有按高鹗续作的后四十回改编深感惋惜，并期待完整的一百二十回通行本电视剧早日问世。

根据当时国家广播电视总局的规定，每集电视剧播放时间不得超过 45 分钟。在不改变剧本主旨的前提下，编导将前 20 集调整为 29 集，后 7 集不变，共36 集。而每一单元，"基本上完成了原著所要传达的伟大悲剧美，达到了那个时代所能达到的高度，成为无数人心中永恒的经典"②。

何天平博士指出："每一个时代，对电视剧的创作，都需要在原著中找到足以启动现代观众情感共鸣与思想共振的内涵，寻求为现代观众所接受的叙事方法，才能给观众带来真正的审美感。"③ 从调整后的前 29 集剧情来看，第一集出自第三回。空空道人在途经大荒山时，借顽石坠落之地，追述姑苏城里乡宦甄士隐受神灵旨意，梦中与幻化为玉的僧道相遇，进而验证巨石在投胎之前，与众不同的身份，确立了以悲剧为基调的创作主线。

英国埃克塞特大学教授 Susan Hayward 指出："相对于小说，电视剧改编带有欣赏性和经济上的考量，名著改编可能会删除小说中那些被认为是非电视的

---

① 纪健生. 相麓景萝稿 [M]. 合肥：黄山书社，2013：262.

② 陈学忠等. 大学语文 [M]. 武汉：华中师范大学出版社，2008：147.

③ 何天平. 藏在中国电视里的 40 年 [M]. 杭州：浙江工商大学出版社，2018：125.

或者观众不甚感兴趣的段落，使其在当下语境中'可以被理解'。"① 为增强小说的戏剧性，剧本把第三回作为第一集，把第一回和第二回合并为第二集。这样的次序调整，使得贾宝玉的前世更加具象化，也符合曹雪芹自然灵性与俗世因缘合二为一的创作主旨。

前八十回的主要故事情节，全部集中在 1 至 29 集里。通过多元素的电视技巧调度，在保证主题思想不变的前提下，删繁就简，除压缩原著中庞杂的叙事头绪外，还对一些次要情节做了必要的合并。为腾出更多篇幅来突出中心事件和主要人物，第二集删去了第一回和第二回较为分散的故事情节，将第四回薛蟠放纵家奴打死冯渊一案纳入。第三集出自第六回，受当时技术条件和传播手段的局限，将第五回宝玉神游太虚和警幻仙梦境等情节删除。第四集出自第八回和第九回，并入第七回宝玉在秦可卿房中午睡，梦入太虚幻境，在警幻仙子的指引下，得觇红楼众女儿名册等内容。第五集出自第十一回和第十二回，将第九回宝玉上学情节并入，删掉了第十回顽童大闹学堂、秦钟被众人殴伤以及第十一回王夫人、邢夫人为贾敬贺寿等内容。第六集出自第十三回，吸收了第十四回和第十五回的部分情节。第七集出自第十七回，删掉了第十四回林如海去世后，林黛玉回苏州老家长住等内容，以及第十六回秦钟之死等情节。第八集出自第十七回和第十八回。第九集出自第十九回，将第二十一回部分内容并入。第十集出自第二十二回，并入第二十回和第二十一回的部分内容，删掉了第二十回宝玉得知乳母李嬷嬷在自己房内谩骂袭人，引起晴雯埋怨等情节，同时还删掉了第二十一回袭人对宝玉不满以及宝钗赏识袭人等内容。第十一集出自第二十五回，并入第二十三回和第二十四回的部分情节，删掉了第二十三回元妃口谕宝玉等人入住大观园，以及第二十四回凤姐把管理家庙的差事，交给贾芹管理等内容。第十二集出自第二十七回，并入第二十五回和第二十六回部分内容。第十三集出自第二十八回，并入第二十九回部分内容。第十四集出自第三十二回，并入第三十回至第三十三回部分内容。第十五集出自第三十三回。第十六集出自第三十九回，合并了第三十四回至第三十八回部分情节。第十七集出自第四十四回，合并了第四十回至第四十二回部分内容。第十八集出自第四十六回，合并了第四十五回和第四十七回部分内容。第十九集出自第四十九回，合并了第四十七回至第四十八回和第五十回部分内容。第二十集出自第五十二回，合并了第五十回至第五十一回和第五十三回部分内容，删掉了宝玉入

---

①　苏珊·海沃德. 电影研究关键词［M］. 邹赞等，译. 北京：北京大学出版社，2013：26.

住大观园与黛玉相见，以及宝玉陪探春远嫁，途中贾政命宝玉随北静王出巡历练等情节。第二十一集出自第五十三回和第五十八回。第二十二集出自第五十八回和第六十一回，合并了第五十四回至第六十回有关情节。第二十三集出自第五十七回，与第二十二集次序颠倒。第二十四集出自第六十三回，将第六十二回部分内容并入，删掉了黛玉之死等情节。第二十五集出自第六十五回和第六十六回，删掉了第六十四回妙玉在大雪天乘船远去等情节。第二十六集出自第六十八回和第六十九回部分内容，删掉了第六十七回贾芸探望贾宝玉，贾芸千里求助北静王等情节。第二十七集出自第七十回至第七十三回部分内容。第二十八集出自第七十五回及第七十七回、第七十八回部分内容。第二十九集出自第七十九回和第八十回部分内容。

从剧本的谋篇布局来看：第一集至第二十一集，从甄士隐一家的不幸开始，到刘姥姥一进荣国府，透露出贾府的悲凉气息。通过秦可卿出殡、兴建大观园、元妃省亲、除夕祭祖、元宵夜宴等一系列场景的烘托，渲染了贾府摇摇欲坠的衰败景象，这是全剧的华彩篇章。第二十二集至第二十九集，通过乌进孝交租、探春理家、抄检大观园、晴雯被逐等一系列事件，集中刻画了贾府由盛到衰的过程，寓意"大地真干净、一片白茫茫"的故事结局，使原著的主旨得到进一步升华。第二十八集在全剧中分量最重，司棋、入画相继被逐出贾府。以后，惜春与尤氏的决裂，薛宝钗搬出大观园，原本充满诗意的大观园人去楼空、芰荷影散，到处是满目肃杀的景象。尤氏回到家中，发现重孝之下的贾珍等在供奉祖先的祠堂里淫乱取乐，祠堂发出的悲音和凄婉至极的音乐，由近及远，预示了贾府"树倒猢狲散"的悲剧命运已不可避免。

剧本最后7集，具有三个特点：一是突出了原著中金桂撩汉、司棋之死、海棠花开、黛玉焚稿、宝钗出闺、惜春出家、获罪抄家、宝玉出家等故事情节，吸收了高鹗后四十回中部分内容；二是抛弃了贾兰中举、兰桂齐芳、家道复兴等小团圆结局。编剧不为贾府"外面的架子"所迷惑，深入"内囊"去探究中国封建社会的本质，借助红学探佚成果，对原著中香菱之死、探春远嫁、贾母之死、巧姐获救等故事情节，进行了合理改编，重新构造了狱神庙探监、凤姐死于狱中、湘云流落风尘、贾府家亡人散、众鸟归林等结局。在丰富剧情的同时，与曹雪芹在前八十回埋下的伏笔和线索相吻合。可以这样说，1987版剧本用悲剧的形式，奏响了一个时代的悲欢。

剧本最后一集，贾政由死罪改为流刑，王夫人死于流放路上，贾宝玉沦为乞丐，靠打更看街为生。宝玉出家后，袭人嫁给了戏子蒋玉菡。剧本中的结尾歌词，采用了原著尾曲"飞鸟投林"。电视剧采用的是第一回甄士隐注释的《好了歌》，道出了世人对功名、富贵、妻妾、儿孙的痴心追求，表现世事无常、浮生若梦的虚无，诚如太虚幻境中的那副对联所言："假作真时真亦假，无为有处有还无。"

《红楼梦》是一部现实主义文学作品，前八十回 30 多个梦境，虚幻诡异，然剧本中仅呈现了传达甄士隐抽象情感的"通灵之梦"。对贾宝玉神游太虚、凤姐预警之梦、尤二姐痴人之梦和香菱诗词之梦等，统统删除。这些被赋予儒道释思想的梦境，绝非毫无意义的娱乐符号，由于被删除，使得红楼无"梦"，而无"梦"的红楼梦，是不能称为《红楼梦》的。[1]

1987 版电视剧剧本改动最大的地方，当属把原著中"秦可卿死封龙禁尉"改为"秦可卿淫丧天香楼"。第十三回至第十五回，涵盖了秦可卿的全部故事。由于作者对秦可卿的死因没有交代清楚，学界一直存疑。秦可卿究竟得了什么病？是病死还是自尽？为何自尽？围绕这些问题，刘心武在《秦可卿之死》一书中，考证出死于"淫丧"，剧本也采用了这一说法。有学者对此提出质疑，认为"如果把男女关系方面的问题，连细节都直书出来，是不能成为伟大的文学作品，只能是庸俗的、低级的、淫秽的作品"[2]，对刘心武的结论大加鞭伐。同时，认为这样的改编，有违曹雪芹创作初衷，进而质疑秦学不是研究，而是"臼研"；对红学研究来说不是建构，而是"解构"；对曹雪芹而言，不是"补台"，而是"拆台"。[3] 当然，这仅是一家之言。

在结尾的处理上，剧本也留下一些遗憾，如忽略了原著中部分人物的结局。由于对前八十回只删不改，使得剧情较为拘谨，意未全周。原著中的李纨、紫鹃、平儿等，在剧本中了无踪影，从审美的视角来看，确有一种疏离之感。

第三节　1987 版电视剧《红楼梦》拍摄的时代背景

1978 年 12 月，党的中共十一届三中全会召开，停止使用"以阶级斗争为纲"的政治口号，做出了把全党工作重心转移到社会主义现代化建设上来和实行改革开放的战略决策，从而"拉开了中国电视剧的大幕，而且还为电视剧的

---

① 周靖波. 中国广播电视文艺大系 1977—2000 年理论批评卷下 [M]. 北京：中国广播影视出版社，2008：531.

② 朱善. 微言续集 [M]. 上海：上海古籍出版社，1996：155.

③ 纪健生. 相麓景萝稿 [M]. 合肥：黄山书社，2013：263.

创作注入了许多新鲜的元素"①。与此同时，一些西方的文化思潮不断涌入，萨特、尼采和海德格尔等人的名字，逐渐为国人所耳熟能详。而精神分析学、结构主义、解构主义、女权运动、存在主义、后殖民主义、后现代主义、超现实主义等新术语和新概念，也刷新了国人的思想观念。如此等等，为多元文化的思想复兴，提供了较为宽松的舆论环境，也引起人们对中国传统文化的再度反思。

近代以来，在如何处理中西文化关系问题上，曾发生过多次论战。其实，随着新中国的建立，历次争论中的许多课题，已在实践中得到解决。伴随着历史的不断向前发展，一度沉寂的东西方文化讨论又开始活跃起来。

20 世纪 80 年代，相对宽松的舆论环境使得各种思潮此起彼伏。"在人文价值方面，整个社会张扬人文精神、生命意识、个体苦难的体验和反思，强调理想和建构的新知识分子形象，知识分子成为社会的良知、社会的尺度和社会未来的发展动力。"② 当时，有些人认为绵延数千年的传统文化一文不值，中国要实现现代化必须依靠蔚蓝色的海洋文明。他们竭力鼓吹"学习西方的科学、技术、文化、政治经济、意识形态、道德等所有全部的东西"③。这种对西方文化盲目崇拜和割裂中国传统文化血脉的做法，引起许多有识之士的忧虑。在此背景下，作为社会道德和伦理守护的电视艺术，成为人们表达思想和"兼济天下"的重要舞台。

有学者指出，20 世纪 80 年代是中国最后一个理想主义时代，而文以载道的传统观念，"旨在表达知识分子的审美趣味和价值判断，承担以天下为己任的社会教化功能"④。就电视艺术而言，在追求艺术效果的同时，重要的是对观众思想意识的正确引导，在政治性与艺术性之间如何寻求一种新的平衡，已逐渐成为中国特色电视传播理念的重要组成部分。不难看出，导演王扶林之所以选择《红楼梦》作为电视剧的改编对象，不仅是单纯以追求盈利为目的的商业行为，而是一种自觉的文化行动。

从电视剧的发展历程来看，这一时期中国电视剧创作迎来了第一次高峰。由于生产规模和资金投入的日渐扩大，题材不断丰富，剧种不断增加，具有中国特色的电视文化形态已初具雏形。

从 1980 年起，由最初拍摄的数十部电视剧起步，到 1986 年以后，全国每年

---

① 任呈祥．中国电视剧艺术发展史［M］．北京：中国电影出版社，2014：224.

② 王岳川．中国镜像：90 年代文化研究［M］．北京：中央编译出版社，2001：28.

③ 云南社科院．坚持四项基本原则论文集［M］．昆明：云南人民出版社，1991：147.

④ 彭利芝．新旧版四大名著改编电视剧的文化走势［J］．现代传播，2017（9）．

拍摄的电视剧都在 2000 部左右，电视剧产业渐入佳境，仅中央电视台播出的就多达 1000 部以上。① 截至 1982 年年底，全国拥有 47 家电视台，电视人口覆盖率达 57.3%，拥有电视机的数量，从 1979 年的 485 万台猛增到 1983 年的 3611 万台。②

用电视剧普及文学名著，传播传统文化，王扶林很早就有了这种想法。1979 年，他随中国广播电视代表团访问英国，"在 BBC 广播电视公司发行部，看到了该台把英国乃至世界各国的名著搬上电视荧屏"，"由此想到，曹雪芹的《红楼梦》是我国文学殿堂中的稀世瑰宝，如果能搬上屏幕，让全国观众都能从荧屏上了解、熟悉全部《红楼梦》，让世界各国人民充分了解我国的这部古典名著，那将是功德无量的大好事"。③ 随着古装剧拍摄条件的日益成熟，也坚定了王扶林把《红楼梦》搬上电视荧屏的信心。

1982 年 2 月，中央电视台播出了由山东电视台根据长篇小说《水浒传》改编的 8 集电视剧《武松》，拉开了文学名著改编的序幕，为同类电视剧的制作提供了难得的摹本。随着电视机的不断普及，奠定了庞大的观众基础。1985 年，中央电视台正式实现了电视节目数据的卫星转发，大大提高了电视节目的覆盖率。与此同时，由于电视数字摄像机、摇背机和摇背升降机的出现，使得电视制作水平得到普遍提升，电视已成为我国当之无愧的第一媒介。电视艺术自成体系，逐渐摆脱了纯粹为政治服务的标签。而电视剧的主题、题材、艺术风格和品种，也逐步向多样化方向发展。从长度上划分，有小品剧、短剧、单本剧、系列剧、连续剧等。就电视题材而言，有现实生活剧、历史剧、少年儿童剧、少数民族剧、农村剧等。从艺术风格来看，有戏曲剧、哑剧、喜剧、报道剧、评书剧、科幻剧等。在这种情况下，《红楼梦》电视连续剧的拍摄，也终于提上议事日程。

1984 年 9 月 10 日，由王扶林任导演的电视连续剧《红楼梦》在黄山开机。从录下第一组镜头到杀青，历时两年零一个月，拍摄人员走遍了全国 10 个省市的 41 个地区，取景 219 个，共拍摄 9600 个镜头，总投资高达人民币 680 万元。④ 剧中那些经典场景，如元妃省亲、王熙凤协理宁国府、晴雯撕扇、黛玉葬花、鸳鸯拒婚、刘姥姥二进荣国府等，至今仍脍炙人口。该剧获 1987 年 "飞

① 陆文杰. 理论系列电视剧评论十人集 [M]. 北京：中国戏剧出版社，1991：3.
② 王卫平. 中国电视剧六十年大系（人物卷）[M]. 北京：中国广播影视出版社，2018：137.
③ 辛述威. 电视剧的实践之路 [M]. 北京：中国工人出版社，2012：349.
④ 赵迎新. 国家记忆共和国难忘瞬间 [M]. 北京：中国摄影出版社，2016：237.

天特别奖"，王扶林也因此获得"新时期中国十佳影视导演"称号。

第四节 王扶林艺术成就综述

王扶林，男，生于 1931 年 3 月，江苏镇江人。6 岁时随家人逃难到上海，1940 年入上海振粹小学。1945 年起，先后就读于上海民智中学、沪新中学、位育中学和苏州粹英中学。[①] 19 岁时，考入上海戏剧专科学校表演专业，师从熊佛西、陈白尘、李健吾、黄佐临诸先生。1952 年毕业，分配到中央人民广播电台文艺部工作。

电视英语单词 television，源自希腊文 tele 和拉丁文 vision，意为远距离传输画面，由英国人贝尔德发明。1925 年，首次在伦敦实验。1936 年，正式用于节目传送，[②] 后发展成一种以电波和电缆传输的视听媒介。作为 20 世纪科技最伟大的发明之一，新中国电视事业是在一穷二白的基础上发展起来的，与世界发达国家相差近 30 年。在 20 世纪 50 年代初期，电视对于大部分中国人而言还是稀罕之物，直到 1958 年 6 月 15 日，北京电视台用直播方式播出了第一部电视剧《一口菜饼子》[③]，才正式揭开了国产电视剧的序幕。

1958 年至 1966 年的 8 年间，作为中国电视剧发展的起步阶段，所有电视剧均采用黑白图像的直播方式，广大电视工作者坚持"文艺为人民服务，首先为工农兵服务"的方向，以服务"阶级斗争为纲"为宗旨，形成了制播合一、自制自播的服务模式。毋庸讳言，在计划经济年代，我国的电视生产能力和发展规模，完全依赖于国家财政投资。受设备和技术条件的限制，当时电视剧大多采用声画同步、多机拍摄方法，进行现场直播，题材以新闻、小说、戏曲、话剧、舞台剧和电影等改编为主，"直播、黑白、模仿和单本剧"成为初创阶段特有的标签。受当时政治挂帅和无偿供给的影响，全国播出的电视剧仅有 87 部。其中，由王扶林执导的就有 21 部。[④] 而《党救活了他》，是王扶林导演的第一部电视剧。[⑤]

---

① 北京语言学院编委会. 中国艺术家辞典现代：第五分册［M］. 长沙：湖南人民出版社，1985：140.

② 朱立元. 艺术美学辞典［M］. 上海：上海辞书出版社，2012：300.

③ 文英光. 中国第一部电视剧《一口菜饼子诞生记》［J］. 电视研究，1997（5）：49.

④ 吴素玲. 王扶林电视导演艺术论［M］. 北京：北京广播学院出版社，1996：6.

⑤ 李思德. 中外艺术辞典［M］. 济南：山东文艺出版社，1997：440.

1958 年 9 月 3 日，上海钢铁厂工人邱财康为保护国家财产，不顾个人安危，被大火烧成重伤，得到医护人员的精心救治。作家巴金在《人民文学》上，率先进行了报道。时任中央电视台文艺部负责人的胡旭与王扶林一起，对邱财康的英勇事迹通过报道剧的形式播出，为拍摄反映先进人物事迹和塑造革命英雄主义形象的电视剧积累了初步经验，也激发了王扶林对电视剧的创作热情。

在 1959 年这一年里，王扶林先后导演了 7 部电视剧，4 月播出的《辛大夫与陈医生》，6 月播出的《真假医生》，8 月播出的《合家欢》，9 月播出的《新的一代》《生活的赞歌》《娶了个好姑娘》，12 月播出的《老会计》①，均获观众好评，王扶林在业界小有名气。从内容上看，侧重于政治思想教育。这些讴歌先进人物和进行革命传统教育与赞美社会主义新中国为题材的电视剧，反映了新中国成立 10 年来，在党和政府领导下所取得的巨大成就和人民群众在思想观念上发生的新变化，不同程度地配合了党和政府的中心工作。

王扶林初任导演的电视剧，题材内容单一，政治属性较强，有"一条主线，两三个场景，四五个人物，七八场戏，60 分钟，200 个镜头"② 的形象说法。由于过分强调"政治挂帅""革命传统""主题至上"，限制了电视剧的进一步发展，其艺术魅力也因此大打折扣。

从 20 世纪 60 年代初至"文革"爆发前的五六年间，王扶林先后导演了 13 部电视剧。1960 年导演的《幸福岭》《孩子们的礼物》《青春曲》（在大型演播室播出的第一部电视剧），1961 年导演的《红缨枪》（室内戏拍成 16mm 胶片作为和日本交换的电视节目）、《球迷》，1962 年导演的《绿竹林》《海誓》（电视诗剧），1963 年导演的《火种》，讲述了黑人与种族歧视抗争的故事。1964 年导演的《自豪》《战斗在顶天岭上》，1965 年导演的《南方汽笛》，播出时间长达两小时 15 分钟，这在当时是最长的电视剧。此外，还导演了《像他那样生活》《焦裕禄》两部电视剧。其中，电视剧《焦裕禄》是"文革"之前，王扶林导演的最后一部电视剧。③ 这些主题鲜明，打上时代印记的电视片，对教育和鼓舞人民在党的领导下，为建设社会主义新中国发挥了积极作用。

受技术手段的局限和政治因素的干扰，早期王扶林导演的电视剧，场景转换较少，艺术表现手法单一，全部采用声画同步、多机拍摄的方式进行现场直播，构成了那个时代的集体记忆。1966 年爆发的"文化大革命"，使原本落后

---

① 吴素玲. 王扶林电视导演艺术论［M］. 北京：北京广播学院出版社，1996：6.

② 卢少华. 山东影视艺术史论［M］. 北京：中国戏剧出版社，2008：5.

③ 吴素玲. 王扶林电视导演艺术论［M］. 北京：北京广播学院出版社，1996：6.

的中国电视事业，与欧美发达国家的差距进一步拉大。"文革"期间，王扶林没有导演过一部电视剧。

"文革"结束后，被压抑达10年之久的艺术家，创作激情终于得到释放。从1978年开始，中国电视艺术步入一个全新时期。同年5月，中央电视台播出了"文革"后的第一部彩色电视剧《三亲家》，标志着中国电视剧在经历了10余年的全面停顿后，开始恢复生产。① 电视剧《何日彩云归》是王扶林在"文革"结束后，导演的第一部电视剧。

从1979年起到20世纪90年代中期，王扶林导演的电视剧，题材不断扩大，导演技术更趋成熟。除《何日彩云归》2集外，还导演了《敌营十八年》40集（1980）、《赤橙黄绿青蓝紫》3集（1982年获第一届中国电视金鹰奖、优秀电视剧奖）、《红楼梦》36集（1984—1987）、《庄妃轶事》12集（1988—1989年，获首届全国录像片优秀导演奖）、《澳门轶事》6集（1989）、《人间芙蓉色》8集（1989）、《三国演义》84集（1990—1994年，拍摄时间最长，投资达1.7亿元），② 而一举成名。

作为新中国的第一代电视导演，王扶林导演的电视剧题材，可分为两大类型：一是反映社会现实生活；二是文学名著改编。其范围几乎涉及中国电视剧创作的全部领域。王扶林所取得的艺术成就，"较好地达到了社会功能与审美价值的和谐统一"③，从一个侧面反映了中国电视艺术从幼稚走向成熟的过程，王扶林当之无愧为中国电视剧的开山鼻祖。

第五节　1987版电视剧《红楼梦》拍摄阵容与得失

拍摄1987版电视连续剧《红楼梦》，是中共中央宣传部下达给中央电视台的一项任务。1983年2月，筹备组成立，同时组建了顾问委员会。由王昆仑任主任，王朝闻任副主任，聘请王蒙、曹禺、沈从文、邓云乡、周汝昌、朱家溍、成荫、林辰夫、阮若琳、启功、吴世昌、吴冷西、吴祖光、周扬、杨乃济、杨宪益、赵寻、钟惦棐、蒋和森、戴临风、史延芹等专家担任委员。这些德高望重的专家，"既有红学大师，也有戏曲、文学、历史、民俗等领域的"④，从讨

① 王卫平. 中国电视剧60年大系［M］. 北京：广播影视出版社，2018：37.
② 吴素玲. 王扶林电视导演艺术论［M］. 北京：北京广播学院出版社，1996：10.
③ 高鑫. 高鑫电视艺术文集四［M］. 北京：九州出版社，2009：165.
④ 赵迎新. 国家记忆共和国难忘瞬间［M］. 北京：中国摄影出版社，2016：237.

论剧本到审看脚本，从选定演员到讲课培训，从服化道的考证到定型，以及部分成品的审看等，专家们有请必到。

剧组接受任务后，首先面向全国挑选演员。用了一年多时间，挑选了 153 名演员。为提升演员个人素养，1984 年春夏两季，剧组先后在北京圆明园举办了两期培训班，让演员学习琴棋书画。此外，有关部门还投巨资，在北京西城区修建了大观园；还在河北省正定县隆兴寺以北，按小说《红楼梦》的描绘建造了宁国府、荣国府和一条 100 米长的宁荣大街。

在拍摄过程中，导演王扶林克服了诸多困难。如经费方面，仅服装道具及布景等，就需要花费巨额资金。尽管拍摄条件简陋，资金有限，经过剧组上下的不懈努力，最终成就了一部经典，"打破了自 1924 年以来梅兰芳《黛玉葬花》等戏曲和影片改编部分情节的局限，第一次将全本《红楼梦》展现在观众面前，基本传达了原著的思想内涵"①。播出后，创下了万人空巷的收视奇观，在全国再度掀起了一股红学热。

从前 30 集的剧情来看，有的是以事件为中心，如宝玉挨打、金钏投井、茯苓霜盗窃案、抄检大观园；有的是通过人物来串联，如黛玉进贾府、宝玉过生、贾琏偷情；有的是靠气氛来烘托，如秦可卿出殡、元妃省亲、宝黛成婚、探春远嫁等；有的是用哲理来统摄，如宝玉参禅、太虚梦境等。在表现原著主题方面，全剧舍弃了单一的宝黛爱情悲剧主题的改编旧路，采取多主题、多线索方式进行拍摄，再现了原著的悲剧主旨和厚重感。

剧中有 13 首歌曲，歌词全部源自原著，由著名作曲家、中国音乐家协会第五届副主席王立平作曲。这些各传其韵、格调不凡的曲调，或凄清哀婉，或空灵缥缈，与剧中场景交相辉映，对剧情的发展起到了重要的推动作用。《序曲》是全剧音乐的开篇之作，以琴声带出两声长叹和一个"啊"音的女声哼唱，通过变调和弦乐齐奏，令人如痴如醉，起到了统领全剧的作用。最后，全剧在《枉凝眉》中落下帷幕。在突出宝黛爱情无疾而终的同时，也深化了"木石联盟"的悲剧色彩。

近年来，国内古装剧、宫廷剧，备受年轻观众追捧，复古彩妆争相上市，但内容和质量差强人意，收视率一度下滑。究其原因，一是文化含金量不高，二是没有良好的历史文化背景铺垫。不可否认，1987 版电视剧《红楼梦》也不可避免地留下了这样或那样的缺憾。纪健生先生认为："电视剧是一种对原著的

---

①　中国文艺年鉴社. 中国文艺年鉴［M］. 北京：文化艺术出版社，1988：223.

深层阅读与创造，不是角色朗诵剧或者再加上点布景动作的录像片。"① 客观来看，由于 1987 版过分拘泥原著，一味追求"首尾全龙"的故事情节，致使各集平均着墨，内容庞杂分散，使得镜头和画面不得不忙于应对故事叙述，难以腾出更多篇幅对中心事件和重要人物进行刻画。另外，原著中的许多精彩片段，如宝黛初会荣庆堂、探宝钗黛玉半含酸、王熙凤毒设相思局、刘姥姥畅游大观园、牡丹亭艳曲警芳心等，在剧中也没有得到很好呈现。

从前五集来看，演员的角色形似多于神似。林黛玉、贾宝玉、薛宝钗等人的戏份，也显得不够，"观众印象深的只有几个主要人物"②，从而影响了对人物思想的纵深挖掘。笔者认为：未来《红楼梦》电视剧的改编，应尽量拓宽原著所反映的深刻内涵，重视多点透视和单点挖掘，不必拘泥于原著中的一字一句。

第六节 别具匠心的服饰造型

服饰造型"产生于一种认识，这种认识受到现实主义、表演、性别、地位和权力观念相关的复杂作用的牵制"③。在宗法文化背景下，虽然服饰在一定程度上超越了实用功能与审美功能，但终究未能摆脱"礼义"和"天人相和"等传统观念影响。在 1987 版电视剧《红楼梦》中，人物服饰造型与人物身份地位一致，体现了贵贱有等、服饰有别的冠服礼仪。

对文学作品的改编，英国埃克塞特大学教授 Susan Hayward 有一段精彩的论述："一部文学作品的改编，会创造出一个新的故事。它和最初的故事不同，但都大多发出新的生命，原著中的人物也是如此。"④ 由于曹雪芹担心成书后遭到迫害，所以书中尽量抹去皇帝、京城、年号的印记，对官制、习俗和称谓，在叙述中混合使用。虽然书中对各式人物的服饰有详细描绘，却难以分清其所处朝代，"既没有让其有清代的明显特征，也没有让其抹去明代服饰的明显特

---

① 纪健生. 但愿真红不枯稿［J］. 红楼学刊，2006（6）：71.
② 吴素玲. 王扶林电视剧导演艺术论［M］. 北京：北京广播学院出版社，1996：125.
③ 苏珊·海沃德. 电影研究关键词［M］. 邹赞等，译. 北京：北京大学出版社，2013：24.
④ 苏珊·海沃德. 电影研究关键词［M］. 邹赞等，译. 北京：北京大学出版社，2013：45.

征"①，给拍摄工作增加了不小难度。

在拍摄过程中，导演王扶林采纳了服装设计师史延芹女士的建议，确定把宋、明两朝服饰作为人物造型的基础，大胆加入了清代服饰元素，设计出独属于红楼的服饰意蕴。这些戏服，除了纱、棉、绸、缎、皮、刺绣，还有用于家居、会客、喜庆、丧事穿的，以及主子穿的、奴才穿的……可谓名目繁多。② 剧中，导演为演员准备的戏服就多达 2700 多套，但凡有汉、唐、明等特征的款式和花纹，一律回避，只要体现古代美即可。③

作为电视剧不可或缺的重要元素，服饰除了满足人物日常生活的需要外，还有美化人物外表、整饰容貌和丰富影像语言的作用。剧中男性戏服多为直身长袍，女性外衣以宋代直身褙子为主。其长裙，式样，有百褶式、围裙式和直筒式。而男女戏服，都注重对面料的选择。通过地位、身份、年龄巧妙地与季节和环境搭配，营造出人衣合一的境界。这些雍容典雅、充满个性的服饰和色彩，体现了深邃的美学意蕴。

剧中女性人物服饰，包含两大系统：一是薛宝钗系统，二是林黛玉系统。前者属偏理智型，后者属浪漫型。通过两种不同系统服饰的造型，形成了对人物认知的内在逻辑线索。剧中男女主子服饰的配置，基本代表了那个时代最为奢华的水准。

由邓婕主演的王熙凤，面相精明、伶牙俐齿。原著中的王熙凤，人称凤姐，被贾母戏称为"凤辣子"，是荣国府实权派人物。其独断专横的行事风格，又使她背负骂名。剧中的凤姐，泼辣阴险，唯利是图。曾挪用月例放贷，收受贿赂，包揽词讼；设相思局害死了贾瑞，逼死了金哥和守备之子，是瓦解"木石联盟"的罪魁祸首。为突出凤姐两面三刀的性格特点，为演员邓捷准备的服装道具，每集至少在两套以上，不同季节的服饰就多达 74 套，令人叹为观止。

剧中，凤姐服饰色彩的变化，根据剧情的需要而有所不同。先从通身气派的品红、橘红、桃红逐渐过渡到深蓝、碧绿、翠绿，再过渡到深褐、墨黑、银灰色，精准诠释了其精于权术、心口不一的性格特点，也符合贾府由盛到衰的主题思想。第一集，凤姐身着珠宝佩饰的华丽衣物出场，给人一种声势逼人的感觉，呈现了鹤立鸡群般的贵族少妇在精神层面"俗气"的审美定位。

---

① 王齐洲等 . 绛珠还泪 [M] . 哈尔滨：黑龙江人民出版社，2003：3.

② 王一 . 有敬畏之心才有经典之作——专访著名导演王扶林 [N] . 解放日报，2017-6-16（9）.

③ 赵化勇 . 盛世中华脊梁风采 [M] . 北京：中国广播电视出版社，2010：87.

　　原著中的贾母和刘姥姥，都是年逾古稀的老人，不同之处在于：一个是贾府兴衰的局内人，一个是贾府兴衰的见证人。通过对两个不同阶层人物形象的对比，突出了贾府的奢侈豪华与下层人物的悲苦屈辱。刘姥姥深谙人情世故，虽朴实憨厚，却有着庄稼人的纯朴和干练。第三集，刘姥姥一进荣国府穿的是一件深蓝色间石青色粗布棉袄，头上系一条棕色抹额。屋内，凤姐端坐炕上，一边拨着炉内的灰，一边慢条斯理地说："怎么还不进来呀？"刘姥姥叫板儿赶快给凤姐磕头，凤姐端足一副贵妇架势。在刘姥姥的曲意奉承下，临别时，凤姐打发了20两银子，还送了一吊钱雇车，刘姥姥乐得眉开眼笑，满载而归。第15集，刘姥姥二进荣国府，身着一件石青色布袍，头系一条镶蓝色石头的抹额。作为回报，刘姥姥带来了自家菜园采摘的新鲜瓜果蔬菜，受到贾母的盛情款待。成功塑造了一个乐观积极、滑稽幽默的乡村老妇形象，这与第三集卑微求助的老妪形成了鲜明对比。

　　贾母是荣国府第二代贾代善的遗孀，有姓无名，人称史太君、老太太、老祖宗。从"阿房宫三百里，住不下金陵一个史"的史家，嫁到"白玉为堂金做马"的贾家，在《红楼梦》开篇之前，其丈夫早就作古。作为宁荣两府的家长，她位高权重，堪称贾氏家族的精神领袖。

　　清代学者晶三芦草舍居士，曾这样评价贾母："固非倚老卖老之诸老妇、老风流、老东西，所不可同日而语也。"① 贾母自小到老，吃的是山珍海味，穿的是绫罗绸缎，用的是金银玉器，坐的是八抬大轿，身边的丫鬟、婆子、小厮等，不计其数。平时身着的夹身领口上，绣着大气美观的蟒纹，霞帔上的凤凰也是刺绣的；白色的羊皮褂子，取自未出生的胎羊毛皮，绵软而舒适。剧中，这位银发和极具亲和力的老人，在享乐方面比其他主子毫不逊色，只因年龄和性别差异，在形式上不同罢了，从一个侧面印证了封建统治阶级"及时行乐，遑问此后何如"② 的本质特征。

　　贾母性格豁达，于世道人心极有体验，在举手投足间尽显大家风范。剧中，对贾母艺术形象的塑造，主要是通过其日常生活场景展开的，仅戏服就达20多套。在第七集开头和第十九集里，贾母身着的毛披风和衣袖上，绣着精美团花；在第十八集鸳鸯抗婚中，穿的是件领口上绣有缎面团花的对襟披风。饰演贾母的演员李婷，剧中手里捏着一张丝绸小手绢，一双睿智的明眸，总是处于半睁

---

① 晶三芦月草舍居士. 红楼梦偶说［M］//郭豫适. 红楼梦研究文集. 上海：华东师范大学出版社，1988：48.

② 焦循. 剧说［M］. 浙江：古典文学出版社，1957：39.

半闭状态，既慈祥又威严，让人倍感亲切。

苏联电影理论家波高热娃指出："改编，这必须是一种创作的过程，它所要求的并不仅仅是简单地照搬原著的情节，而是要从艺术上来解释原著。"① 贾宝玉是曹雪芹笔下的一个神话形象，贾府上下都附和着他，将其视为继承人。对贾府而言，"贾宝玉本来只是无用的顽石，而他的地位和天赋，却又使他在贾母、宝钗、袭人等人的心目中被看作'宝玉'。所以，那块通灵宝玉在现实生活里出现和被提到的时候，大抵不是宝玉、黛玉不愉快的时候，就是宝钗、袭人得意的时候"②。对这块"通灵宝玉"的描写，小说中曾数度出现：第一次在第三回，第二次在第八回，第三次在第十四回秦可卿出殡途中，第四次在第十九回与茗烟偷偷跑到袭人家，第五次在第二十五回凤姐命悬一线之际。以后，出现在第二十八回至第二十九回、第三十二回、第三十四回、第三十六回与黛玉的吵架中。曹雪芹笔下的贾宝玉，憎恶男尊女卑的封建等级制度，厌恶封建仕途，同情奴婢和其他下层人物，与黛玉志趣相投。

剧中，贾宝玉风度翩翩，温润如玉，在容貌、着装、爱好和生活习性方面，有明显的女性化特征。身着的戏服，既有正式的，也有休闲的；从颜色来看，以暖色为主，凸显了外柔内刚的性格特征。第一集，贾宝玉首次出场，头戴一束发嵌宝紫金冠，穿一件大红箭袖；第二集，身着一件银红撒花半旧大袄，红丝结束，出门穿的是一双小朝靴。所谓小朝靴，"最初是指官员上朝穿的靴子，不过后来只要是较为正式的场合穿着的靴子，都统称为朝靴"③。史延芹女士为贾宝玉设计的服饰，非常符合封建贵族纨绔子弟的形象。

作为原著高度个性化的人物形象，既要表现贾宝玉在女儿堆里的脂粉气，但又要表现不放纵淫荡。同时，还要表现其性格乖张，时而呆傻、时而又不糊涂的一面。剧中，设计师给贾宝玉服饰装束定位，既非典型的传统女性装束，也非贵族公子的装扮，而是偏向于女性化。这种独特的审美造型，在彰显其不凡身世的同时，也契合了原著中对红楼女儿的珍惜和爱护的性格。如果装束过于女性化，反而会把贾宝玉湮没于大观园秉性各异的群钗中。剧中，贾宝玉的饰演者欧阳奋强，较好地把握了原著中的艺术特质，获得了观众的普遍认可。

林黛玉是原著中主要角色之一。剧中，林黛玉的服饰，无论颜色、质料和花纹搭配，都与原著中的人物性格和心性吻合。林黛玉出身书香门第，业经五

---

① 电影艺术译丛编辑部．电影艺术译丛第 3 辑 [M]．北京：中国电影出版社，1962：1.

② 舒芜．说梦录 [M] //红楼梦研究集刊编委会．红楼梦研究集刊第四辑．上海：上海古籍出版社，1980：160.

③ 陈成国．礼记校注 [M]．长沙：岳麓书社，2004：192.

世，其父林如海系前科探花、巡盐御史。祖上袭列侯爵，因家庭变故，才寄居于规矩森严的外祖母家。

原著对林黛玉的衣饰描述极少，虽偶有提及，也只是蜻蜓点水。剧中，林黛玉服饰颜色搭配，以淡紫、淡蓝、白色和雪青为主，与其高贵身份和纤柔体质相吻合，彰显了含嗔带怨和"喜散不喜聚"的忧郁气质。从花纹来看，以梅花、兰花为主，与居住的潇湘馆意境相谐，非常贴合其冰清玉洁的品质。从面料来看，以纱、绢、丝、绡等贵重面料为主，符合其高贵的身份。通过饰演者陈晓旭惟妙惟肖的表演，使原著的人物形象，更加深入人心。

剧中，林黛玉很少穿大红大绿的艳丽服装，但有一次例外。第十九集，一场大雪后，大观园生机盎然，黛玉头顶雪帽，穿一双红香羊皮小靴，披一件大红羽纱面白狐狸外套，系一条青金闪绿双环四合如意绦。在色彩运用上，导演特意为其选择大红色，与洁白的雪形成强烈反差，以衬托红的明艳。通过青金闪绿与大红色的巧妙搭配，在太阳光的映衬下，显得格外耀眼，表现了林黛玉对生活的热爱。同一场景中，薛宝钗身着一件鹤外套，极尽奢华，这与其富贵中不失沉稳，自信中不事张扬的性格相契合。

薛宝钗出身皇商之家，是荣国府王夫人的外甥女、薛姨妈的女儿。自幼丧父，因胞兄薛蟠犯下命案，随家人避祸进京，还有一说是参加"选女秀"。贾府在这个钩心斗角的地方，她八面玲珑，显得世故圆滑，"不关己事不开口，一问摇头三不知"，自我保护意识很强。剧中，薛宝钗沉默寡语，自云守拙，安分随时，然狡黠如凤姐、聪慧如黛玉、豪爽如湘云。其机心伏于常情中，令人捉摸不透。在婚姻问题上，从不敢追求真正的爱情，自觉遵从"父母之命、媒妁之言"的封建规箴，后遵从母命与贾宝玉成亲。

毫无疑问，薛宝钗是封建礼教的殉道者。她性格沉稳，唯恐有非礼之念，或有越轨之行，故极力压抑自己"非分"的欲望，宁愿以对贾宝玉没有任何欲望这种虚构来欺骗自己，以求得内心平衡。① 作为林黛玉的情敌，其服饰造型与林黛玉截然相反：常穿一件鹅黄与金黄暖基调搭配的家居旧服，设计师没有过多为其添色，也没有刻意追求朴素，而是采用清水出芙蓉、天然去雕饰的中性色彩，赋予一个封建正统思想调教出来的冷美人形象。

服饰除了能凸显人物身份和地位，还有衬托人物心理活动的作用。第四集，在梨香院正房内，薛宝钗坐在炕上做针线活，一头乌黑的头发，挽着葵花瓣发

---

① 滕云.《红楼梦》人物形象的客观性［M］//红楼梦研究集刊编委会.红楼梦研究集刊第五辑.上海：上海古籍出版社，1980：77–78.

鬟。身着一件蜜合色棉袄、玫瑰紫金银鼠比肩褂和一条葱黄绫棉裙，都是半新半旧的，显得朴素自然，体现了其含蓄内敛的性格特征。

史湘云是原著中仅次于钗黛的重要人物，也是金陵十二钗正册中一分子，人称"史姑娘"或"云姑娘"。金陵十二钗分正册、副册、又副册。每册有 12 个，共有 36 人。她自幼父母双亡，由叔父抚养成人，被贾母接到贾府，而成为大观园常客。

剧中，史湘云喜着男装，娇憨活泼，谈笑风生，颇为自信。其服饰颜色，有大红、鹅黄金黑、秋香色、黑灰色等，意在突出其超然豁达的性格和侯门闺秀的高贵气质。她爱说爱笑，身处黛钗之列，却独树一帜。其佩戴的金麒麟，与宝玉的"通灵宝玉"刚好配成一对，让人不免联想到"金玉良缘"的可能性。在第二十一回、第三十一回、第四十九回和第六十二回，曹雪芹用了四个回目的篇幅，塑造了这位娇憨活泼和无忧无虑的少女形象。

在 1987 版电视连续剧《红楼梦》中，不止女主子穿戴华贵，就连管家、佣人和奴仆，也是粉面油头、非绸即缎，大观园流光溢彩，宛若神妃仙子。这些层见叠出的画面，充分彰显了封建贵族大家庭的颜面。第三集，在凤姐的屋子里，刘姥姥见到遍身绫罗、花容月貌、穿金戴银的丫鬟平儿，差一点误作凤姐，后来才知道是凤姐屋里的通房大丫头。平儿的装束，非常符合管家主子的丫头身份，漂亮中不失尖俏，大方中又不随意。

袭人是原著中贾宝玉的首席大丫鬟，心思缜密，工于心计，早被王夫人推到准姨娘地位。剧中，袭人的服饰有别于其他丫鬟，平时身着一件银红袄，一件青缎背心和一条白绫细褶裙，香气馥郁，显得艳俗放荡。所谓银红，指面料为银红色。而青缎背心，俗称黑缎子马甲。① 据《闲情偶寄·衣衫》介绍，这种细褶裙，"裙制之精粗，唯视折纹之多寡，折多则行走自如，无缠身碍足之患"。可见，袭人穿的细褶裙是一种精制的裙子。

第二十集，袭人回家探亲，看望病中的母亲，头上插着几支华丽的金钗珠钏，身着一件桃红百子缂丝银鼠袄子，下穿一条葱绿盘金彩绣绵裙，外罩一件青缎灰鼠褂，一副衣锦还乡的派头。袭人收拾妥当后，周瑞家的、李嬷嬷和两个丫头拿着手炉和衣包等，从屋里跟着出来。袭人体面回家，虽说是王夫人的意思，但在母亲病危之际，还打扮得如此华丽，不但超出了仆人所允许的范围，也是一个孝顺女儿不该有的行为。

鸳鸯是贾母的首席大丫鬟，由郑铮饰。原著第四十六回，说她蜂腰削背，

---

① 郭若愚.《红楼梦》中人物的服饰研究（下）［M］//红楼梦研究集刊编委会. 红楼梦研究集刊第十一辑. 上海：上海古籍出版社，1983：37.

鸭蛋脸面，乌油头发，高高鼻梁，腮上有雀斑。剧中鸳鸯的戏份，主要是通过其服饰、动作以及细微表情呈现的。第十集，鸳鸯到怡红院给老太太传话，穿一件水红绫子袄和一件青缎子背心，腰上系着一条白绉绸汗巾，显得淳朴端庄。所谓水红绫子袄，指水红细薄丝绸袍袄；白绉绸汗巾，指白色腰巾；花领子，指绣花领子。

第八集，贾赦想纳鸳鸯为妾，让邢夫人充当保媒，遭到鸳鸯的拒绝。此时，鸳鸯上穿一件半新半旧藕荷色绫袄和一件青缎掐牙背心，下穿一条水绿裙子，头上没有饰物，显得稳重自持，坦荡无羁。邢夫人的服饰，则以灰紫藕荷色配以青绿色，给人一种冰冷的感觉。导演通过戏服不同颜色的对比，无形中拉开了两人的距离，突出了鸳鸯拒绝俗世诱惑的节烈人格，不但令贾赦和邢夫人之流大失所望，同时，也让贪图富贵的鸳鸯哥嫂难以理解。

芳官是贾宝玉身边另一位较为重要的丫鬟。她出身低微，原本是元妃省亲时，贾蔷从江南买来的12个女伶之一，扮演正旦，在梨香院演习戏文。老太妃薨后，贾府解散了小戏班，被分配到怡红院当差，甚得宝玉宠爱。受封建思想束缚较少，加之生就任性，其身上有一种天生的反抗精神。

剧中，芳官的服饰几乎没有正色，主要以水红、柳绿、玉色、灰色等搭配。原著对芳官的描写，集中在第五十八回、第六十回、第六十三回和第七十七回。第二十四集，在红香圃群芳夜宴上，芳官身着一件水田小夹袄，系一条柳绿汗巾，下穿一条水红撒花夹裤，属典型的戏台风格。特别是那条比腿还长的裤子，更显得不拘礼俗，颇有为人物命运定调的意味，后被王夫人逐出大观园为尼。

作为"礼"的重要组成部分，红楼女子个个花枝招展，装束打扮已成为日常生活中不可或缺的一部分。然剧中的李纨，却是一个与众不同的另类。原著对李纨的装束没有提及，剧中李纨的服饰，面料颜色深浅不同，以石青色为主。第一集出场的李纨，年龄与凤姐相若，比薛宝钗和林黛玉大，平时装束像尼姑似的，"这与她年轻守寡，清心寡欲的生活处境和生活态度相一致"①。

剧中人物服饰，体现了秩序分明的审美理念。薛宝琴是第四十九回出场的，虽不算主要人物，但她的出场让人始料未及，原来曹雪芹笔下最漂亮的女孩，既不是林黛玉，也不是薛宝钗，而是薛宝琴。芦雪庵是大观园众姊妹锦心绣口的去处，也是史湘云吃烤鹿肉以及众姐妹赏梅的地方。第十九集，在芦雪庵外屋，远处青松翠竹，众姊妹身着清一色大红猩猩毡，披着羽毛缎斗篷，唯独李纨、邢岫烟两人的装扮与众不同。前者身着一件青呢对襟褂子，内心显得孤寂

---

① 王齐洲等. 绛珠还泪 [M]. 哈尔滨：黑龙江人民出版社，2003：58.

和沉郁；后者身着御寒家常旧衣，也没有避雨之衣，显得拱肩缩背。只因家道清贫，邢岫烟才与家人前来投奔贾府，然邢夫人对侄女并非真心疼爱，不过是敷衍脸面之情，从其寒碜的装束，就可略知一二。

薛宝琴与邢岫烟、李纹、李绮同一天进入贾府，却成了当天的主角。原著中的薛宝琴才华出众，模样可人，甚得贾母喜爱。剧中，常着的凫靥裘，就是贾母送的。据郭若愚先生考证：凫靥裘属羽纱和羽缎类，产自荷兰暹罗诸国。①此外，剧中还呈现了薛宝琴和贾宝玉到栊翠庵乞讨红梅的画面：薛宝琴站在山坡上，身后一丫鬟抱着一瓶红梅，贾母高兴得合不拢嘴，将其喻为仇十洲画的"双艳图"，直夸薛宝琴长得比画上的还要好看。因宝琴的模样和性格，颇合贾母心意，曾一度打算将其许配给贾宝玉。

1987 版电视剧《红楼梦》以别具匠心的服饰造型，真实地展现了贾府贵族家庭生活的原貌，堪称 18 世纪中叶中国封建社会的一面镜子，为电视剧的改编留下了浓墨重彩的一页。

---

①　郭若愚.《红楼梦》中人物的服饰研究（下）［M］//红楼梦研究集刊编委会. 红楼梦研究集刊第十一辑. 上海：上海古籍出版社，1983：333.

第五章

红楼人物活动的两个重要舞台

第一节　巍巍宁荣国公府

小说《红楼梦》对贾府轮廓的描绘，是通过第二回冷子兴演说荣国府表现出来的。《红楼梦》中的宁荣二府，简称贾府。宁国府是宁国公贾演的府第，称宁国府，位于东侧，又称东府；荣国府是荣国公贾源的府第，称荣国府，与东府比邻，位于西侧，称西府。贾府严格按封建礼制建造，外观有殿宇的气派，屋宇院落轩敞，居室装修考究，体现了国公府第的气派。

贾太公有两个儿子，长子贾演，次子贾源。其后裔都是贾府家族成员，有共同的祠堂、族田、祭田和族谱。"书中所着力描写的荣国府，像一面透镜似的凝聚着当时社会的缩影。"① 贾太公去世后，贾府四代同堂，贾母是宁荣二府的共同家长。府内，实行按需分配，子孙守诗书礼乐之教。凡事皆遵礼法，诸妇唯事女工，以事奉公婆为孝，事丈夫以礼，待娣姒以和。

剧中，贾府在一条东西大街上，坐北朝南，其具体位置是通过林黛玉从轿子里的小窗口观察到的。第一集，当林黛玉的船抵岸后，贾母派人来接。在宁荣街上，轿子由西向东行进。在经过宁国府大门前，林黛玉从轿中小窗口望去，被这座轩昂壮丽的宏伟建筑震撼：街北蹲坐一对大石狮，三间兽头大门，正门紧闭，上方悬挂着一块金光闪闪的"敕造宁国府"五个大字，门口肃立着十多个衣着华丽的小厮。小轿在街上徐徐行进，往西不远处，又出现三间大门，上方高悬着"敕造荣国府"大匾，门前有一对气势恢宏的大石狮。剧中呈现的场

---

① 蒋和森．一部对时代生活感到痛绝的书——论《红楼梦》的思想内容及其社会意义
[M] //红楼梦研究集刊编委会．红楼梦研究集刊第五辑．上海：上海古籍出版社，
1980：2.

景，与原著相吻合，为以后众多人物出场，创造了具体活动空间。

戴不凡先生通过认真研读原著，绘制出"贾府院宇示意图"。① 不可否认，该图难免有些疏漏，但在大节目上，应该说没有太大问题。为方便拍摄，有关部门根据戴不凡先生的提示，还在河北正定县隆兴寺建造了宁荣二府。从这张示意图可知，宁国公后代住东院；荣国公后代住西院，其规模和制式，与东府相仿。据卞孝萱先生考证，宁国府由两部分组成：一是府邸；二是花园。花园指会芳园，"与荣府的东大院相连，中有小巷，系贾家的私地。在二府之间，还有一处不为人所注意的祠堂，祠堂的大门在府内，不在街上"②。作为贾氏家族的族长，贾珍住在宁国府的正中央，与荣国府贾母院遥遥相望。虽然原著对宁国府的描写较为简略，但建筑布局与荣国府应该是大同小异。

在第七回和第五十三回中，曾数次提到宁国府的两处独立院落，即贾珍（尤氏）院和贾蓉（秦可卿）院，以及描写尤氏上房的文字，对东西厢房未做详尽描写，可推测是一座典型的四合院。剧中，还出现了不少与会芳园有关的名称，如第六集的"凝曦轩""天香楼""登仙阁""逗蜂轩"等。其中，"凝曦轩"为宁国府宴请宾客之所，"天香楼"为秦可卿与贾珍淫乱之地，"登仙阁"为秦可卿停灵之处，"逗蜂轩"是贾珍求戴权捐官的地方。

贾氏宗祠是贾氏族人祭祀列祖列宗的地方，位于宁国府西南角。因宁国府是长房，贾氏宗祠就建在这里。贾氏宗祠的建筑布局，从南到北依次是黑油漆栅栏五间大门、前院、白石甬道、五间正殿（带抱厦，前有月台）。按清代庙制，三品以上官员的宗祠才能建五开间厅堂。以当年宁国公的爵位来看，远在三品之上，故符合礼制。剧中，贾氏宗祠是第二十集通过薛宝琴的视角打量出来的。丛绿堂位于贾氏宗祠附近，会芳园位于贾珍院以北。

荣国府是原著着墨最多的地方，有三个院落，住有贾母、邢夫人、王夫人、贾宝玉、凤姐、三春、李纨、薛宝钗、林黛玉以及管家和仆人。对荣国府的描绘，主要集中在第三回、第六回和第七回。其建筑布局分左、中、右三路：中路为主体建筑，采用轴对称形式，中间依次是大门、外仪门、向南大厅、内仪门、荣禧堂；左路为垂花门、穿堂、花厅、贾母上房、侧厅、凤姐院；右路黑油漆大门是贾母长子贾赦的庭院。

贾母住荣国府西院以北，以南是李、赵、张、王四个奶妈的用房，中间部

① 戴不凡.曹雪芹"拆迁改建"大观园［J］.红楼梦学刊，1979，1：171.
② 卞孝萱.曹寅·《红楼梦》·阮元［M］//红楼梦研究集刊编委会.红楼梦研究集刊第四辑.上海：上海古籍出版社，1980：408.

分是贾宝玉的外书房绮霞斋。贾赦居所,单独开有一门。这扇"黑油大门"与荣国府正宅的"三间兽头大门"相比,显得有些寒碜。从外面进到荣国府,非经此门不可。贾母次子贾政一家,生活在皇帝赐名的"荣禧堂"内,里面有贾政的内书房梦坡斋和王夫人院以及赵姨娘、周姨娘院落;贾赦之子贾琏,住贾母院以北;"绛芸轩"位于贾母院中,曾是贾宝玉幼年生活的地方。

梨香院位于荣国府后廊下以东,东花园西北部紧邻后街,是薛姨妈一家寄居之地,因院中种有梨花而得名。据庸安意先生在《跟曹雪芹学园林建筑》中介绍:梨香院有十余间房舍,小巧玲珑,前厅后舍俱全。西南有一角门,一夹道通贾政院,另一门通后街,薛蟠一家从这里出入,出了夹道就是王夫人正房东院。梨香院最初是荣国公暮年静养之地,后为薛姨妈一家寄居处,再后来是戏班演出之地。尤二姐死后,灵柩就停在这里。

第二节 五彩诗意的大观园

大观园是曹雪芹精心打造的世外桃源,是红楼儿女平时活动的重要舞台,也是《红楼梦》艺术构思中不可或缺的部分。在原著中,居住在这里的,有贾宝玉、林黛玉、薛宝钗、史湘云、李纨、三春、妙玉及其他丫鬟婆子,如袭人、晴雯、紫鹃、小红、香菱、司棋、芳官、柳家的等。此外,贾母、凤姐、王夫人、元妃、刘姥姥、鸳鸯、平儿,及至贾政、贾芸等不少园外之人,也是借助这个舞台来充分亮相。在前八十回中,几乎有一半的回目,都是围绕大观园来展开的。

第十六回作者借贾蓉之口,道出了大观园的建筑规模:"老爷们已经议定了,从东边一带,借着东府里花园起,转至北边,一共丈量了三里半地宽大,可以盖造省亲别院了。"第十七回大观园建成后,通过贾政等人"游园",为各景点题咏以及贾宝玉与其父在游园中的矛盾冲突,大致勾勒了这座园林的轮廓。从原著中相关回目来看,第二回对大观园的描写,仅局限于前园、正殿和潇湘馆、稻香村、蘅芜苑、怡红院等院落。在后面的回目中,作者又做了相应的补充和完善。

怡红院最先出现在第二十五回,后又在第二十六回、第三十一回、第四十一回、第四十四回、第五十二回、第六十三回和第七十七回出现过;栊翠庵在第四十回出现后,还在第五十回、第七十六回出现过;稻香村在第二十七回出现后,又在第四十二回、第四十四回、第四十九回、第七十回和第七十五回出现过；潇湘馆在第十七回出现后，又在第二十七回、第三十五回、第三十七回、第四十回、第四十五回、第六十四回和第六十七回出现过；暖香坞在前八十回中出现较晚，第一次是在第四十九回，到了第五十回后，就再也没有出现了。

曹雪芹笔下的大观园，堪称名副其实的女儿王国。这里滋生的爱情故事，不仅有两小无猜的宝黛之恋，还有龄官与贾蔷、司棋与潘又安、小红与贾芸等的彼此倾慕。这些痴男怨女，重在心灵契合，在"欲"和"情"的漩涡中，得到了净化与提升。此外，作者笔下的大观园，除下凡历劫的红楼儿女，还有因各种机缘进出园内的园外之人，比如，管家、教养公子、小姐的嬷嬷以及承担闺房之役的小厮，在剧中都得到较好的呈现。

作为红楼人物活动的重要舞台，学界对大观园的研究，主要集中在三个方面：一是索隐、推测和考证遗址；二是探讨其在《红楼梦》中的地位和作用；三是考察其建园风格。而讨论最多的，还是园内的布置。早在20世纪70年代末，徐恭时先生在反复研读原著的基础上，通过精心考证，绘成《红楼梦大观园平面示意新图》①，将其分为三大景区，即"五院三庵三馆"。所谓五院，指大观楼、潇湘馆、稻香村、蘅芜苑和怡红院；所谓三庵，指芦雪庵、荻芦庵、曲水庵；三馆，指凸碧堂、凹晶馆、拢翠庵。

按徐恭时先生所绘的"大观园示意图"，从大观园大门左边沿顺时针方向，依次是议事厅、滴翠亭、柳叶渚、潇湘馆、荇叶渚、秋爽斋、稻香村、芦雪亭、暖香坞、牡丹亭、芭蕉坞、红香圃、榆荫堂、角门、紫菱洲、后角门、折带朱栏板桥、衡芜院、含芳阁、大观楼、缀锦阁、省亲别墅坊、后门、厨房、佛寺、嘉荫堂、沁芳闸桥、凸碧堂、凹晶馆、栊翠庵、角门、怡红院、班房；正对大门的是沁芳亭。省亲别院的正门右边是怡红院，左边是潇湘馆，秋爽斋在潇湘馆西北部，稻香村在分畦列亩以西，暖香坞在蓼风轩以西，缀锦楼在芭蕉坞以南，紫菱洲西邻缀锦楼，衡芜院在大主山以南，与仪门遥遥相望，栊翠庵北面与达摩庵为邻。园内美轮美奂的景致，在第八集、第十六集和第二十七集，都有特定的画面安排。

第八集元妃游幸大观园，游览顺序依次为潇湘馆、怡红院、稻香村、蘅芜院，然后回到正殿；第十六集贾母陪刘姥姥等畅游大观园，先游潇湘馆，在荇叶渚划船，过秋爽斋后，在缀锦阁吃饭，再到栊翠庵喝茶，最后在稻香村休息。在省亲别院牌坊，刘姥姥还闹了笑话，将其误认为一座寺庙，后因腹泻而误闯

① 徐恭时．芳园应赐大观名——《红楼梦》大观园新语［M］//红楼梦研究集刊编委会．红楼梦研究集刊第三辑．上海：上海古籍出版社，1980：428．

"怡红院"。第二十七集，凤姐率众人抄检大观园，从怡红院到潇湘馆，从蘅芜苑（因薛宝钗是贾府亲戚而放弃抄检）到秋爽斋、暖香坞和紫菱洲。抄检路线，与徐恭时先生复原的平面图基本相符。

大观园正殿匾额为元妃省亲所题。园内，由院墙围出一座独立的院落，错落有致，美不胜收，仿佛是一幅色彩斑斓的图画。每所院馆，几乎都是按其主子身世、性格量身打造的。如林黛玉和史湘云在中秋联吟的环境，唯有在皓月映清池的凹晶溪馆方才妥帖，而不能移到他处。故有学者指出，大观园之所以描写得如此美丽和交代得这样清楚，曹雪芹在创作之前，极有可能画有样稿，惜今天已无从知晓。

第二十三回提到众姐妹是在二月二十一日搬进大观园的。自贾宝玉等入驻后，大观园内柳拂香风，已不再冷清寂寥。作为红楼儿女表达喜怒哀乐的重要场所，这里不但是贾宝玉和众姐妹吟诗作画、弹琴下棋、簪花对酒、描鸾刺凤和游戏玩乐的去处，也是丫鬟们磨牙斗嘴、生闷气、传小话、播是非、使心计的地方。原著中发生的诸多事件，都与大观园有关。

怡红院是大观园的主景之一，是贾宝玉居住的地方。这里花团锦簇，玲珑剔透，其奢华程度，远超其他姐妹居所。怡红院者，"怡红快绿"之谓也。这是根据贾政试贾宝玉才情所拟的"红香绿玉"修改而成的。

潇湘馆位于怡红院以西，是林黛玉居住的地方，也是元妃省亲时第一巡幸之地。馆内竹影参差，苔痕淡淡，屋内阴阴翠润，几簟生凉，散发出淡淡的人文气息。在第十七回和第三十五回，作者通过对潇湘馆竹子的描写，烘托了这位寄人篱下的"潇湘妃子"泪洒竹枝的悲凉。

蘅芜院是薛宝钗住所，玲珑而富有幽趣，北倚大主山，南与翠樾埭为邻，为清一色水磨砖墙院落。院中土润苔青，没有一根树木，种有各种香草、仙藤，与薛宝钗品性端方、不事张扬的性格特征相符。

稻香村是李纨住所，位于大观园北隅。原著中稻香村地势宽敞，佳蔬菜花，一望无际。院内红蓼花深，泥墙茅屋，墙外几百株绽放的杏花，如绯云朝霞一般，令人赏心悦目。这"富贵气象、一洗皆尽"的景色，与园内建筑风格及周围环境，形成了强烈反差，表现了李纨守寡抚孤的悲苦人生。

栊翠庵是妙玉住所，位于大观园东北角，有山门、东禅堂、耳房布置适宜，错落有致，构成了一道独特的风景，反映了其冰清玉洁和不染纤尘的性格特征。

紫菱洲是贾迎春住所，又名缀锦阁，位于大观园西北部，与缀锦楼为邻，这是贾迎春婚前住过之地，第二十三回、第三十七回、第七十九回和第八十回，有详尽描绘。岸上蓼花苇叶，池内翠荇香菱，摇摇落落，与这位性格孤僻的

"冷美人"相得益彰。另外，在第十七回、第十八回以及第四十回中，也曾提及过。

　　秋爽斋是贾探春住所，位于大观园以西，与滴翠亭和荇叶渚比邻，独门独院。院内有芭蕉和梧桐，三间房子不曾隔断；室内陈设典雅，小巧精致，华丽中透着大方。正中有一张花梨大理石案桌，放着数方宝砚以及各式笔筒和名人法帖，以及一座大鼎等物。在贾氏姊妹中，贾探春聪明伶俐，擅长书法，墙上挂着一幅米襄阳的水墨《烟雨图》，体现了其与众不同的审美情趣。

　　暖香坞是贾惜春住所，从紫菱洲过石桥，便是庭院尽头，游廊直贯南北。从廊内南拐，便是暖香坞。冬季，这里非常温暖，院内红蓼花深，清波风寒。外室是一间画室，红木大画桌上，放着文房四宝和一个铜香炉；卧室里，北面有一张木榻，东窗下有一张桌子，放着青灯和古佛。在南面临窗边有一张棋桌，与其孤僻冷漠的性格相一致，预示其"独卧青灯古佛旁"的人生结局。

第六章

影像后的贾府家庭结构与门第规矩

第一节　贾府家庭结构呈现

对小说《红楼梦》中的贾府家庭结构和人物关系，鲁迅先生曾撰《贾氏谱大要》一文，载于《中国小说史略》一书，为一般读者阅读和理解《红楼梦》提供了方便。剧中，贾府主子总计 28 人。其中，宁国府有贾演、贾代化、贾敬、贾珍、尤氏、贾惜春、贾蓉、秦可卿，共 8 人。荣国府除贾源、贾代善、贾母外，长房有贾赦、邢夫人、贾琏、王熙凤、贾迎春、贾巧姐，次房有贾政、王夫人、贾珠、李纨、贾宝玉、贾探春、贾环、贾兰；贾敏、林如海、林黛玉，共 20 人。

从《红楼梦》描写的人物关系来看，贾府旁支别叶甚多，如贾代儒、贾蔷、贾芸、贾瑞等。这些人的地位比正经主子低，可参加一年一度的年终祭祖活动，一般不会在贾府充当厮役，正经主子有时还给予一定的救济或补助。第二十集，腊月二十三日，宁国府黑山村庄头乌进孝顶着风雪，连夜赶路给宁国府送年货。在这些年货中，一部分除用来祭祖，大部分由宁国府食用，小部分分给族中困难子弟。贾芹是贾府的远房族人，负责管理荣国府家庙，其手下有四五十个和尚、道士，因常聚众赌博，也出现在领年货的人群中，令贾珍非常不悦："我这些东西，原是给你那些闲着无事的无进益的小叔叔兄弟们的……你的心也太贪了。"

贾府是中国封建社会的一个贵族家庭，除正经主子之外，还有"旁主人"。在正经主子面前，这些人往往低三下四，卑躬屈膝。如荣国府的旁支贾芸就属此列。除远支宗族外，凡与贾府有姻亲关系的，也属"旁主人"之列。如邢夫人的哥哥邢大舅，凤姐的哥哥王仁等，也不时得到贾府的关照。第十一集，贾芸因父亲去世较早，家里很穷，希望在荣国府谋个差事糊口，得到贾琏和王熙凤的关照。

贾府的男女主子平时有专门的仆人侍候，"主奴比例超过一比十"①。其中，正经主子不超过 40 人，绝大部分是下人、仆役、家奴、陪房、丫鬟、小厮。为体现封建贵族家庭的尊严和脸面，贾府平时用度浩繁，每月仅支付仆人的费用，就是一笔不小的数目。在没有任何工业、手工业和其他商业收入的情况下，仅依赖有限的地租收入和皇家的赏银，这对于维系庞大开销的贾府来说，可谓杯水车薪。第二十一集，贾探春代理家政期间，为开源节流，将大观园修竹、植树、栽花、种地、养鹿和打鱼等事务，承包给了一众婆子。这些婆子，也是贾府的仆人。

贾府规矩甚多，等级森严，尊卑分明，构成了封建贵族家礼的重要内容。这些规矩和习俗，有效地化解了家庭代际之间、同辈之间、妯娌之间、妻妾之间、仆人之间的各种矛盾。贾府的女性多于男性，仆人必须接受主子的支配。第六集，秦可卿去世后，凤姐协理宁国府，在每天派差的仆人中，几乎为清一色的女性。大观园的主子，除贾宝玉外，还有薛宝钗、林黛玉、贾迎春、贾探春、贾惜春、李纨。她们除有各自的奶娘、丫鬟外，还分别配有两个老嬷嬷和 4 个丫头。此外，大观园的每个馆院，至少有 10 多个女仆，加上打扫园子、厨房、巡夜、打更、看门的，其数量之多，令人咋舌。

第一集，林黛玉到荣国府时，从家里带来一个奶娘王嬷嬷和一个小丫头雪雁。贾母见这一老一小不堪役使，便把身边的二等丫头鹦哥赏给了外孙女使唤。作为荣国府的实权派人物，凤姐平时有很多丫鬟伺候。第三集，在凤姐房间，刘姥姥在等候凤姐时，隐约听见另一间屋子里，有一二十个妇人的说笑声。此外，还看见几个仆妇各自捧着大漆饭盒，站在一旁等候，听到那边说了声"摆饭"，这才渐渐散去。由此推断，长辈邢夫人、王夫人房里的仆妇，肯定比凤姐的还要多。

第二节　贾府门第规矩展现

"门"是一个象形字，指建筑物的出入口。《说文解字》解释："门，闻

---

① 雷戈. 家天下的家族世界［M］. 北京：社会科学文献出版社，2018：183.

也。"① 在古人看来，"一扇曰户，两扇曰门"。可见，户和门都需要打开或关上。如果用"门"来泛指家庭，就有"豪门""寒门"的说法。原著中描写贾府门的称谓甚多，有大门、二门、三门、角门、正门、后门、垂花门、仪门、院门、后房门、房门、便门、东门、西门、园门、小门、篱门、西角门、过街门、穿堂门、屋门、庵门、城门等。

在贾府，平时哪些门能进，哪些门不能进，都有严格规定。第二十四集，大观园曾发生多起盗窃事件。薛宝钗一进角门，便命婆子把门锁好，还让婆子把钥匙拿在手上。贾宝玉："这一道门何必关，又没别人走，姨娘、姐姐、妹妹都在里头，倘回家去取什么，岂不费事？"薛宝钗："哼，宝兄弟，小心着没错。你看你们那边，这几天七事八事，我们这边就没事，可见这门关的有功了吧。以后叨登不出来，是大家的造化，乐得丢开手，一旦叨登出来，又不知里头连累多少人。"

对仆人而言，在哪道门当差，其实是一种身份和地位的象征。第二十六集，小厮旺儿是凤姐的心腹，专门替凤姐收债放账。剧中凤姐问旺儿，可否知道琏二爷在外面娶了二房。旺儿："奴才天天在二门上听差，怎么能知道二爷外面的事呢？"第二十二集，林之孝家的怀疑柳五儿偷了王夫人房里的玫瑰露，将其扣押，交给凤姐发落。平儿从屋里出来，对林之孝家的道："奶奶才进了药歇下，叫我传她的话，将她娘打四十板子，撵出去，永不许进二门。"作为贾府的老仆妇，柳家媳妇虽被留在大门当差，但已被贬到二门的小厮之下，变相成了三等奴才。

在贾府，女眷一般不得走出二门。所谓二门，即"较大的院落里面的一道总门"②。第十六集，贾宝玉被父亲贾政暴打后，贾母特意交代袭人，贾宝玉星宿不利，祭了星，所以不许走出二门，过了八月，才许出去。第二十集，大观园的何婆子因不懂内帏规矩，当着主子的面，把折柳条的春燕一直追打到怡红院，麝月说："今儿务必打发她出去，快叫她家人来带她出去。嫂子，你怎么不知道我们里头的规矩呀？"可见，贾府的二门、三门，是男女活动的分界线，三门以外的婆子，是没有资格进入主子屋内的。

贾府的大门，只有大事才开，平时进出走东西角门。前八十回对荣国府大门的描写多达 7 次，剧中呈现的场景有：第六集，秦可卿去世后，宁国府正门大开；贾珍为其父贾敬庆贺生日时，也是敞开大门的。第二十集，除夕之夜，

① 许慎 . 说文解字全鉴［M］. 北京：中国纺织出版社，2017：79.
② 戴其晓 . 古今中外天文地理歇后语大全［M］. 上海：上海大学出版社，2008：152.

宁国府正门大开。第二十一集，元宵之夜，荣国府正门大开。第三十二集，南安王太妃到荣国府议婚，轿子缓缓向荣国府正门走去。到了晚上，一对对映着"南安郡王府"字样的灯笼，从荣国府大门内举着出来，轿子缓缓出大门。第三十五集，贾母去世后，从荣国府大门起一直到内宅，所有门神上，全部被白纸遮盖着。

在贾府，"走正门，还是角门，得依客人的身份而定"①。所谓角门，指小门或旁门。第一集，林黛玉初进贾府，轿子不走正门。画外音："请林姑娘进西角门。"林黛玉是贾母的外孙女，按理是贵客，只因母亲去世，家道中落，加之又是女眷，所以不能从正门进贾府。另从荣国府的整个布局来看，大门朝南，西为左，右为东。可见，西角门属于便门。

薛姨妈是贾府的外戚，又是寡妇，剧中先从小门进入荣国府，与贾母等人见面后，又从这里离开。第二集，为迎接薛姨妈一家，贾母、王夫人、邢夫人、李纨、凤姐等女眷及丫头、婆子在院里站着。薛姨妈见过贾母后，王夫人忙扶着贾母走在前面，凤姐与宝钗紧随其后，向小门走去。

仆人从外面回来，先入西角门，才能进到荣国府内。第七集，在荣国府大门外，管家赖大与三四个男仆飞身下马，急忙向西角门走去。第二十八集，芳官、藕官、蕊官出家为尼，从荣府仪门出来，在两个老尼姑的监护下，乘一辆骡车离开。

在传统礼仪中，有"行不中道，立不中门"②的说法。意思是不能走在道路中间，应靠边行走；站立时，不能站在门的中间，这是一种表敬的礼节。《蒙童须知》曰："凡道路遇长者，必正立拱手，疾趋而揖。"③在贾府，晚辈与长辈相遇，应站到一边，让长辈先行。反之，被视为"不知长幼"。第四集，在去梨香院路上，贾宝玉遇到几个管事，因宝玉是主子，一行人忙闪到路边侍立。虽然他们的年龄都比贾宝玉大，又是其父贾政的座上宾，因是奴才，所以只能侍立一旁，让主子先行。第七集，贾政率清客相公慢慢向省亲别院大门走去。恰在此时，贾宝玉与几个小厮和奶娘从大门内跑出来，与贾政等不期而遇。因躲闪不及，马上止步，恭恭敬敬地到一旁站立，让父亲等先行。在这里，规矩的核心是身份，因宝玉是贾政之子，晚辈给长辈让路，符合尊卑有序的礼仪传统。

---

① 夏桂霞. 红楼梦镜像下的清朝礼制文化 ［M］. 北京：中国经济出版社，2013：8.

② 齐豫生. 温公家训袁氏世范 ［M］. 长春：北方妇女儿童出版社，2006：18.

③ 朱熹等. 弟子规·朱熹童蒙须知·教经 ［M］. 合肥：黄山书社，2003：64.

　　所谓"趋礼"，即快步走，低头弯腰，向尊者、贵者、前辈、宾客以示恭敬。作为一种礼仪，"趋"在吉、凶、嘉、宾、军"五礼"中，有不少记载。《论语·乡党》载：一次，孔子应鲁国国君之召，去接待外宾。他神色庄重，不但拱手弯腰，且"趋进，翼如也"①。意思是快步前行，这是迎宾礼中的"趋"。在古代，"趋礼"是用来明尊卑、别贵贱、序长幼、分宾主的礼节。在贾府，凡晚辈、管家、奴才，须严格遵从。

　　主子召唤仆人，仆人须行趋礼，并侍立在主子面前，听候吩咐。第十三集，时值盛夏，贾母以打醮之名，让平时难得走出门槛的小姐们，到清虚观纳凉避暑。作为贾氏宗族的族长，贾珍是这次郊游的后勤保障总指挥。在清虚观山门外，贾珍站在台阶上，高声喊着管家林之孝的名字。紧接着，一群小厮也齐声吆喝道："叫管家！"林之孝听到喊声后，边跑边整理衣帽，来到贾珍面前，听候训示。贾珍："你可知道，今儿太太小姐们都出来了，你使唤的人，都打发到你那院子里去，使唤不着的，都让他们到外边去。另外，多叫几个小幺，在二道门外及两边角门上伺候着，要东西传话，一个闲人也不许到这里来，明白了吗？"林之孝："是，明白了。"

　　在贾府，晚辈与长辈同行，须在前面引路。第七集，在省亲别院翠嶂前，贾珍在前面引路，贾政走在众人前面，贾宝玉与詹光、单聘仁等几位清客相公，尾随其后。因贾政地位最高，贾宝玉和贾珍虽为同辈，但年龄最小，清客地位最低，所以只能跟在主子后面。

　　贾府门第规矩之多，对一般人家而言，可谓望尘莫及。第二十六集，贾琏在小花枝巷偷娶尤二姐，凤姐将其骗回府内，凤姐对尤二姐道："我们家的规矩大，你这儿的小丫头，不懂里头规矩，留下看堆儿吧。"

　　贾母人生阅历丰富，对"大家子的规矩"，自有一番独到见解。第二十一集，元宵节晚上，全家老小吃酒看戏，热闹异常。一时停了戏，贾母与众人谈起新书《凤求鸾》的故事来，大骂作者乱编才子佳人故事。贾母："编这样书的人呐，有一等妒人家富贵，或有求不遂心的，所以编出来污秽人家；再一等啊！他自己看了这书着魔了，他也想一个佳人，所以编了出来寻乐，何尝他知道那仕宦读书家的道理。别说是那些仕宦书礼大家，眼下真的，别说是那些大家子，这全是诌掉下巴的话，所以我们从不许说这样的书，丫头们也不懂这些话。"足见贾母对书中那些才子佳人的男欢女爱不以为然，认为那些私订终身的公子小姐，都配不上"才子佳人"的美称。

---

①　陈山.《论语》编注［M］. 北京：中国文联出版社，2016：105.

在贾府，规矩无处不在，无论是管家、仆妇、小厮、丫鬟，凡恭候、站、坐都得讲规矩，毋得轻率；仆人与主人说话，要低细出声，毋得荒诞，更不能随便接嘴。第三十一集，贾宝玉把"祖母绿"弄丢了，因贾环之前来过，凤姐怀疑是贾环偷的。面对儿子无端受辱，赵姨娘心里很不是滋味，对凤姐道："你没来，你干净，别人就都是贼吗？"凤姐："你也太张狂些了。"邢夫人因平时向着贾环，也上来帮腔，赵姨娘乘机挑拨道："奶奶怎么敢指着太太说呢？本来……"凤姐："主子们说话呢，你插什么嘴，这是什么规矩！"可见，"礼的价值，比礼貌高得多"①。这些日常规矩，既体现了贾府家礼的强制性，又体现了场面的仪式感。

邹昌林先生指出："礼是为人的起点和终点，不知礼或礼仪，就不能称其为人。"② 在贾府，奴才对主子说话，态度要诚恳，不歪身、不斜靠、不摇身、不跷脚。主子提问，须诚实回答，体现了一种教养。第三集，在凤姐西屋内，凤姐与刘姥姥正在说话，一丫头走进来，垂手站在凤姐面前，说东府小大爷来了。凤姐："小蓉大爷在哪儿？"示意刘姥姥不要说话。因贾蓉与凤姐同属主子之列，刘姥姥与凤姐身份不对等，凤姐不让刘姥姥说话，意在维护自己主子的颜面。

按《礼记·内则》规定，小辈在长辈面前，"有命之，应唯，敬对，进退周旋慎齐，升降出入揖游"③，不得有非礼之举。如婆婆说话，儿媳不能接嘴。第三十集，薛姨妈对儿媳夏金桂道："这是谁家的规矩，婆婆在这儿说话，儿媳妇隔着窗子拌嘴，亏你还是个大户人家的女儿，满嘴里大呼小叫的，说的是些什么，罢了，别让人听见笑话。"薛蟠急得跺脚，叫夏金桂不要再说了。在等级森严的贾府，规矩无处不在，这些"规矩"，其实就是"礼"。

所谓垂手礼，指双手下垂，有立正站好之意。《女儿经》云："坐立行走须庄重"，"身歪脚斜伤体面"④。第六集，（夜晚）在众仆妇簇拥下，凤姐缓缓步入会芳园登仙阁，来到秦可卿灵前，执事诸人，忙垂手侍立。第十一集，清晨，在凤姐院门前，贾芸站在门口，捧着锦盒，向院内东张西望，几个小厮正在清扫院子。这时，周瑞家的从屋里走出来，对小厮们道："先别扫，奶奶出来了。"小厮们忙放下手中工具，垂手侍立，等候凤姐出来。第二十集，贾宝玉骑在马上，有的在前面引导，有的紧贴在身边。当一干人路过贾政的书房时，贾宝玉欲下来给父亲行礼，赖大忙上来抱住其腿，贾宝玉便在镫上站起来。接着，又

①　孟德斯鸠. 论法的精神（上册）［M］. 张雁深，译. 北京：商务印书馆，1978：313.

②　邹昌林. 中国礼文化与儒学研究［M］. 北京：社会科学文献出版社，2018：304.

③　戴圣. 礼记［M］. 北京：金盾出版社，2010：273

④　程乃珊. 女儿经［M］. 西安：三秦出版社，2009.

见二三十个小厮，拿着扫帚、簸箕进来，见到贾宝玉后，都挨着墙垂手侍立。第二十七集，在凤姐堂屋内，周瑞家的、吴兴家的等五家陪房，分别站在王夫人和凤姐面前，垂手侍立，听候王夫人的吩咐。第三十一集，在荣国府议事厅外，平儿见邢夫人进来，忙与旺儿媳妇躲到一边，垂手而立。第三十二集，在荣国府廊下，凤姐、周瑞家的搀着王夫人刚走出房门，林之孝家的忙垂手侍立，对凤姐道："回二奶奶，孙家的人送二姑娘回来省亲，已经到了。"凤姐："现打发孙家的人回去，安顿二姑娘在西小院歇着，这会子正忙，下半日再见吧。"这些循规蹈矩的场景，体现了贾府仆人对主子的顺从形象。

第三十三集，自贾宝玉随北静王护送贾探春和亲之后，就一直没有贾宝玉的任何消息，王夫人终日愁眉不展。剧中有两个场景：一场风雪，一树桃花，暗示时间已过了一年。王夫人匆匆浏览了周瑞带回的贾政家书，喃喃自语，周瑞微弓着身子道："老爷说，大凡侯门公府，一代不如一代，总是安富尊荣的缘故。咱们是武荫之家，祖宗故事，子孙多有不如啊！如今良机难得，正好去领略一下汉关烽火之地，海域悲笳之声，所以……"王夫人一听宝玉到了西海沿子，眼泪顿时簌簌地流了出来，拍着炕桌说："老爷真是老糊涂了，要是有个闪失，还让我活不活呀！"周瑞一时不知所措，只好规规矩矩地站在原地，一句话都不敢说。

在贾府，奴才不能拷问主子。第三十一集，贾宝玉把"祖母绿"弄丢了，平儿拷问贾环。因邢夫人平时偏向贾环，便对赵姨娘说："谁把环儿找去拷问的？"赵姨娘说是平儿。邢夫人："不可能吧？哪有奴才拷问主子的道理。"

在贾府，年纪大的仆人，可以教训年纪小的主子。第二十四集，在贾宝玉屋里，林之孝家的当着袭人的面，对贾宝玉说："这些时，我听宝二爷嘴里都换了新字眼儿，敢情管这几位大姑娘都叫起名字来了。虽然在这屋里，到底是老太太、太太的人，还该嘴里尊敬些才是，一时半刻偶然叫一声也使得，惹人笑话，说这一家子人眼里没个长辈。若是只管叫起来，怕以后兄弟侄儿也这样。"晴雯忙把门关上，笑着说："哼，这老太太，不定在哪儿喝够了酒，唠三叨四的，又排场了我们一顿。"

第三节　贾府人物称谓呈现

在 1987 版中，晚辈对长辈的称谓有：凤姐称赖嬷嬷为大娘，贾宝玉称林之孝家的为妈妈，小厮称柳家媳妇为婶子等；身份低的对身份尊贵的用敬称，即名词/代词/短语+表尊敬的称谓名词。其中，爷类称谓，有太爷、大爷、珍大爷、周大爷、蓉大爷、薛大爷、琏二爷、蔷二爷、我们爷、我们二爷、我们宝二爷、这秦小爷等；太太类称谓，有太太、老太太、大太太、姨太太、姑太太、二位太太等；奶奶类称谓，有奶奶、大奶奶、珍大奶奶、二奶奶、琏二奶奶、赵姨奶奶、姑奶奶、璜大奶奶、老奶奶、老姨奶奶、众奶奶等；夫人类称谓，有夫人、史老夫人、太夫人等；公子类称谓，有公子、王公子、冯公子、薛公子等；小姐类称谓，有小姐、大小姐、二小姐、四小姐、咱们家大小姐等；"老"字称谓，有老祖宗、老太太、老世翁、老人家、老亲家、老寿星、老大人、老世伯、老先生、老神仙等；把"老"字加在中间的称谓，有他老人家、敬老爹、赦老爹、政老前辈、史老太君等；不用"老"表敬的称谓，有大人、世翁等；用"爷"表敬的称谓，有宝二爷、二爷、二位爷、你爷、我们爷、我们小爷等。

剧中，表示地位平等的称谓，有老亲家、老神仙等；令字称谓，有令尊、令舅、令郎、令甥、令亲大人、令伯母等；以兄类相称的称谓，有尊兄、雨村兄、世兄、大师兄等；主人对下人的称谓，有奶奶、妈妈、大娘、嫂子、姐姐、哥哥等；用地位低下的称谓表自谦的，有愚、弟、臣、妾、奴、奴才、奴才们、奴家、弟子、兄弟、学生、晚生、荫生辈、在下、臣子、下官等；前面加小字，表谦的称谓，有小弟、小侄、小道、小道们、小王等；表谦亲的称谓，有家父、家母、家父母、家姐、家祖母、家姑母、家岳母、舍亲、舍表妹、犬妇、弟妇等。

剧中的雅称，多用于别号。如贾宝玉称怡红公子、林黛玉称潇湘妃子、薛宝钗称蘅芜君、贾迎春称菱州、贾探春称秋爽居士、贾惜春称藕榭、史湘云称枕霞旧友、李纨称稻香老农等。

在贾府，凡有人提及长辈的名讳，晚辈都要站起来回答。第二十集，麝月进屋对贾宝玉说："太太打发人来告诉二爷，明儿一早往舅舅那里去，就说太太身上不大好，不得亲自来。"宝玉忙站起来道"是"，表达对父母的尊敬。反之，被视为不敬或无礼，这源于传统文化中长幼尊卑的观念。

说书先生在说书时，不能直接说出主子名讳。第二十一集，在元宵节晚宴上，两位女先生正在说残唐五代的《凤求鸾》。故事讲的是唐末时一位乡绅，金陵人氏，名叫王忠，曾做过两朝宰辅。如今告老还乡，膝下有一公子，名叫王熙凤。一媳妇道："这可重了我们凤丫头的名字啊！"另一媳妇也提醒说书人："这是我们二奶奶的名字。"女先生忙笑着站起来道："哎呀！我们该死了，不知道是奶奶的名讳。"

　　在贾府，同为仆人，其称谓也不相同。一般地位较高主子的女仆，称丫鬟，或大丫鬟；没有固定主子且年纪较小的女仆，称小丫鬟；对年纪较大的女仆，称嬷嬷或婆子。贾府的女仆人，有三六九等之分。除老一辈夫人的陪房外，还有下一代的陪房，如柳家媳妇、旺儿媳妇、吴贵媳妇、金文翔媳妇等。这些人没有名字，出嫁后随夫姓，仅在丈夫名字的后面，缀以"媳妇"或"家的"，如周瑞家的、旺儿家的、林之孝家的、赖大家的、王善保家的、来旺家的、吴贵家的等。她们的年龄都比宝玉大，平时称宝玉为"二爷"或"宝二爷"。大主子的丫鬟，小主子以长辈或平辈相称。如贾宝玉称周瑞家的为"周大娘"，称平儿为"平姑娘"，因平儿是凤姐的贴身丫鬟；对其他小丫头，一般直呼其名，不喜欢时，称"小蹄子"；对年纪大的男仆，一般直呼其名；对年纪小的，一律称小厮或小幺儿。

第四节　贾府内帏规矩呈现

　　所谓内帏，指"女子的居住处"①。在贾府，主子房内丫鬟的母亲属三等仆妇，是不能管教女儿的。贾府戏班子解散后，贾蔷从江南采买的 12 个小优伶，大都被分配到怡红院侍候主子，大观园一时认干娘成风。春燕的母亲何婆子，也随芳官分配到大观园。以后，芳官认何婆子为干娘。春燕本是宝玉房内的二等丫头，也认夏婆子为干娘。

　　第二十二集，夏婆子在大观园柳叶渚，见藕官、蕊官等人在园子里摘了不少嫩柳条给莺儿编花篮用，蛮心疼的，举起拐杖向春燕打去，并对何婆子道："春燕不服管教。"何婆子火冒三丈，边追边打，一直把春燕追到怡红院。春燕边跑边喊，何婆子叫众人别管闲事。像这样敢在怡红院吆喝打人的事，之前从未发生过。春燕一头扑进袭人怀里，袭人威而不怒，只淡淡说了句："三日两头儿，打了干的打亲的，这是卖弄你的女儿多，还是认真不知王法？"何婆子赶到后，理直气壮地对袭人道："没见娘管女儿，大家管着娘的。"何婆子因进园时间不长，不知道平儿的厉害，真可谓无知者无畏，直到平儿传出话，要将其打四十板子撵走后，何婆子才如梦初醒，深感问题严重，但为时已晚。

　　在日常生活中，大丫鬟可随意打骂小丫头，不是亲侍主子的仆人，不能叫主子的名讳。第二十集，晴雯生病后，因没有得到小丫头的认真照料，先骂靛

---

　　① 刘心贞. 红楼梦方言及难解词词典［M］. 北京：东方出版社，2010：37.

儿，后骂坠儿，而坠儿站在门外，一动不动。晴雯："……今儿务必打发她出去……快叫她家人来带她出去。"坠儿的母亲说："姑娘们怎么了，你侄女儿不好，你们教导她，怎么撵出去。到底也该给我们留个脸儿啊！"晴雯："你这话只等宝玉回来问问他去，与我们无干。"坠儿母亲："我有胆子问他，他哪一件事儿不是听姑娘们调停，比如方才，直叫他的名字就使得，在我们就成了野人了。"晴雯越发急红了脸："嫂子，你只管带人出去，有话再说，这个地方岂有你叫喊讲理的，便是叫名字是老太太吩咐过的，为的是好养活，嫂子，你怎么不知道我们里头的规矩呀！"坠儿之母竟无言以对。

在贾府，主子身边的丫头，可以使唤其他小丫头。剧中的琥珀，是贾母身边的丫头，决定了其在众多丫头中高高在上的地位，被尊称为"姑娘"或"姐姐"。像小红、坠儿、蕙香等丫头，常被她呼来唤去。

贾府内帏中的三等仆妇，不能教训干女儿。第二十二集，芳官是宝玉房里的小丫头，何婆子是芳官的干娘。在何婆子看来，"一天叫娘，终身是母"。一次洗头时，何婆子让女儿鸠儿先洗，然后才叫芳官洗。芳官觉得自己的月钱都给了干娘掌管，沾不到光也就算了，干娘还这样偏心，便与何婆子顶起嘴来。何婆子骂芳官不识抬举，袭人冷言冷语道："一个巴掌拍不响，老的太不公，小的也太可恶。"贾宝玉也上来替芳官打抱不平："赚了她的钱，又作践她，如何怪得？"让袭人把芳官的月钱收回来管。袭人起身进屋，取了些洗头用品，让一婆子给芳官送去，叫她另外找水洗。何婆子竟当着众人的面，打了芳官几下，急得贾宝玉要跟何婆子理论，却被袭人劝了回去。何婆子被晴雯教训后，心里很不服气，麝月站出来，以一吓二压三威胁的老招数，反问何婆子："你别嚷嚷，别说是你的干女儿，就是你的亲生女儿，既分了房，自有主子打得骂得，谁又许老子娘半在中间管闲事了。宝二爷在这儿，连我们都不敢大声说话，你反打得狼嚎鬼叫的，越老越没规矩了。"何婆子被麝月驳得哑口无言，后被撵出贾府。

因不懂内帏规矩，何婆子在大观园还闹了不少笑话。第二十三集，贾宝玉因受到惊吓，加之外感风寒，遂致成疾，卧床不起。宝玉久病初愈，晴雯服侍喝汤，宝玉猛喝一口，感觉很烫，袭人忙对着碗轻轻吹了一下，顺手递给旁边的芳官，让她也学一学，并叮嘱吹轻点，不要把唾沫吹到碗里。在门外伺候的何婆子因平时喜欢逞能，急忙跑了进来，还说了一通别把碗打坏之类的废话，接过就吹。其鲁莽之举，不但遭到晴雯的责骂，还受到其他小丫头的嘲笑。

第七章

影像后的贾府礼规习俗

第一节　剧中举止礼呈现和礼俗来源

一、作揖礼

（一）礼仪形式

作揖行礼时，双手自然抱拳，左手握空拳，右手抱左手，拱手高举，弯成月牙状，双手于腹前合抱，上身略向前倾，自上而下低头。行重礼时，作揖后鞠躬；若初次见面，只行一个；如遇致谢、祝贺、道歉及托人办事，或身份高的回身份低的，也常用此礼。

（二）作揖礼来源

作揖是古代的一种礼节，从周代一直流行到近代。《仪礼·乡饮酒义》曰："主人揖，先入。宾厌介，入门，左；介厌众宾。"① 郑玄《说文·手部》曰："揖，攘也。"② 贾谊《容经》曰："平肩正背，臂如抱鼓。"③ 抱鼓，指用于装饰大门门框下的抱鼓石，又称坐门墩。此外，在一些古典小说中，也有作揖礼节的描写，如《京本通俗小说·错斩崔宁》云："那后生放下搭膊，向前深深作揖。"④

① 陈军. 仪礼［M］. 合肥：黄山书社，2015：37.

② 许慎. 说文解字［M］. 杭州：浙江古籍出版社，2016：【扌部】.

③ 贾谊等. 贾谊新书扬子法言［M］. 上海：上海古籍出版社，1989：45.

④ 傅立民等. 中国商业文化大辞典［M］. 北京：中国发展出版社，1994：965.

（三）剧中呈现

1. 晚辈给长辈

第四集，贾宝玉和秦钟相约上学，来到父亲书房，作揖辞行。

2. 哥哥给弟媳

第六集，（白天）在宁国府上房，秦可卿去世后，贾珍非常悲痛，拄着拐杖给邢夫人请安，欲挣扎着跪下去。邢夫人忙叫贾宝玉将其搀住，命人把椅子挪过来，贾珍不肯就座，勉强赔笑道："婶子自然知道，如今孙子媳妇没了，侄儿媳妇偏又病倒，我看里头着实不成体统，想烦请大妹妹一个月，帮助我料理，我就放心了。"王夫人开始还不同意，担心凤姐没有经验，恐料理不清，惹人笑话。凤姐："大哥哥说地这么恳切，太太就依了吧！"王夫人见凤姐说得有理，也就不好再坚持了。对此，贾珍十分感激，忙给凤姐作揖。

3. 表哥给表弟

第十二集，薛蟠生日这天，他以姨父贾政的口气，让茗烟把贾宝玉骗出来喝酒，宝玉忙换衣出园。薛蟠："哈哈，要不是说姨父叫你，你哪能出来得那么快呀！好兄弟，我原想叫你快些出来，就忘了忌讳了。"叫宝玉不要责怪茗烟，拱手致歉："改明儿你也哄我父亲就罢了！"

4. 主子给丫鬟

第十七集，贾琏趁凤姐过生日之机，从家里偷出两锭银子、两根簪子和两匹缎子，把鲍二家的老婆悄悄接到家里。因担心风声走漏，让善姐在门口望风。后凤姐醉酒提前离席，刚走到窗外，就听到鲍二家的在屋子里诅咒自己，让贾琏把平儿扶正。凤姐一气之下，把平儿打了一巴掌，随即冲进屋子，贾琏也踢了平儿一脚。次日，在贾母房中，贾琏给平儿作揖道歉。第二十七集，贾宝玉生日这天，平儿给宝玉拜生，贾宝玉忙作揖不迭。

5. 戏子给主子

第十二集，冯紫英是神武将军冯唐的公子。薛蟠生日当晚，冯紫英与薛蟠、蒋玉菡、贾宝玉和锦香院妓女云儿等一起喝酒。喝酒前，贾宝玉提议以"悲、愁、喜、乐"四字行酒令，要求令中四字须带"女儿"两字，并说明缘由，唱一首新曲，让大家高兴。当蒋玉菡拿起席上的一枝桂花，念道"花气袭人知昼暖"时，薛蟠跳起来嚷道："你怎么说起宝贝来了！"冯紫英和蒋玉菡相视无语，不解其故，云儿向冯紫英悄悄道："袭人就是……"冯紫英笑着向蒋玉菡耳语一番，蒋玉菡感到自己说话欠妥，忙起身给贾宝玉作揖："二爷恕罪。"

6. 给同辈道歉

第十二集，（晚上）在潇湘馆院内，贾宝玉因惹林黛玉生气，忙将其拦住，又是鞠躬，又是作揖。

7. 侄儿讨好婶婶

第十一集，贾芸想在荣国府谋到一份差事糊口，凤姐却把管理家庙的肥缺给了贾芹。为博得凤姐的好感，贾芸以办端阳节礼为名，先在倪二那里借了些银子，带着在舅舅卜世仁香铺赊的上好冰片、麝香等礼物，来到荣国府后门凤姐必经之地静候。当凤姐从屋里走出来，贾芸便面带笑容迎了上去，作揖请安，谁知凤姐连正眼都没瞧他一下。

二、拱手礼

（一）礼仪形式

拱手礼，是古人见面打招呼的一种礼节。所谓拱，指两手合于胸前，以示敬意。施礼时，双腿站直，上身保持直立，或稍微俯身，左手在前，右手握拳在后，合抱于胸前。古人认为：右手是拿刀杀人的，杀气较重。因此，行拱手礼时，一般右手在内，左手在外。

（二）拱手礼来源

拱手高举，自上而下，称"长揖"。揖，有拱手之意。拱手礼最早出自《论语》"子路拱而立"① 句。《汉书·高帝纪上》云："郦生不拜，长揖。"② 《汉书·周勃传》云：天子"至中营，将军亚夫揖，曰：'介胄之士不拜，请以军礼见。'"③ 可见，揖和拜是有区别的，拜比揖的礼节重。

拱手礼有凶吉之分。古人认为：吉为阳，凶为阴；男为阳，女为阴；男尚左，女尚右。④ 在吉利场合，男人左手在外，女人则相反；若遇凶丧之事，男人左手在内，女人左手在外。今一些重大节日或亲朋好友见面，也常用此礼，如在婚礼、庆功等喜庆场合。双方分手时，或表达致歉，也用此礼。可见，拱手礼不但是最能体现中华民族人文精神的见面礼，同时也是最具中国特色的问候礼。

---

① 国学经典丛书编委会．论语节选［M］．银川：宁夏人民出版社，2013：53.
② 杨殿奎等．古代文化常识［M］．济南：山东教育出版社，1983：204.
③ 吕薇芬．全元曲典故辞典［M］．武汉：湖北辞书出版社，2001：502.
④ 诸葛文．五千年中华民俗［M］．北京：中国法制出版社，2014：44.

（三）剧中呈现

1. 叔侄之间

贾珍与贾芸：第六集，秦可卿死后，贾珍对儿媳的丧事，甚至比儿子贾蓉还要上心，忙打发贾芸去请钦天监阴阳司，为其择灵选期。交代完毕后，两人拱手告辞。

2. 官员之间

（1）贾珍与戴权：第六集，在宁国府会芳园逗蜂轩，贾珍嫌儿子贾蓉的国子监太学生头衔太低，写在秦可卿灵幡上有失体面，托前来祭奠的戴权为儿子买了个五品龙禁尉。戴权让贾珍次日来兑现银子，笑嘻嘻起身，拱手告辞。

（2）贾政与长史官：第十四集，在荣国府大厅内，长史官听说蒋雨菡被贾宝玉藏在城东郊二十里的紫檀堡，还买了田地，便起身对贾政道："下官去找，若有便罢，若没还要来请教。"说着就往外走，贾政忙拱手相送。

（3）贾赦、贾政与众官员：第三十四集，贾政被贬回京，家人在荣禧堂为之接风洗尘。在仪门外，贾赦、贾政身着便服，迎候宾客。众宾客向其拱手道："赦老、政老。"贾赦、贾政还揖不迭道："请，请。"当贾赦、贾政步入堂内，众宾客起立，贾赦、贾政拱手还礼。堂内，贾琏忙前忙后，贾赦、贾政向四周拱手道："各位请，各位请。"当贾赦、贾政落座后，众宾客方才坐落。

3. 众人之间

牢头与倪二、贾芸，人贩子、轿夫与倪二，人贩子与倪二，众人与芸二爷：第三十五集，倪二把贾芸带到马贩子王短腿家，求人贩子瘦子、牢头老三帮忙寻找小红。当贾芸、倪二一进门，牢头老三便拱手道："二哥，怎么现在才来？"人贩子瘦子和两个轿夫也向倪二拱了拱手打招呼。瘦子"嘿"了一声，对倪二拱手道："二哥，我手头有件生意，你来得正好，给我估算一下，看能赚多少钱！"倪二摆了摆手，示意不谈此事，让瘦子先认识平时常说起的芸二爷。这时，马贩子王短腿、牢头老三、人称鬼难拿的人牙子等，忙向贾芸抱拳，贾芸拱手道："幸会！"王短腿请贾芸入上坐，众人才依次坐落。

4. 官员与戏子

赖尚荣与柳湘莲：第十八集，赖嬷嬷的孙子赖尚荣升任州官，家人为之庆贺，还请来柳湘莲串戏。在赖家花园，厅北搭有约一尺高的戏台，正在上演《西厢记》里的《游殿》。由柳湘莲扮演的张琪，丰神俊逸，潇洒倜傥。宴席上，赖大和儿子赖尚荣陪着贾珍、贾琏、贾蓉、薛蟠及现任官员和世家子弟饮酒看戏，自寻其乐。

当柳湘莲演出结束回到座席上，众宾客纷纷过来敬酒，早已喝得醉醺醺的薛蟠手里提着一把酒壶，挤眉弄眼，紧挨着柳湘莲坐下。柳湘莲面带愠色，担心薛蟠酒后失德，把酒杯一撂离席。赖尚荣随即跟了出来，一把拉住柳湘莲："柳二哥，等一等，柳二哥，今天是我们家的好日子，咱们素来相好，特意请来相陪，酒宴未散，怎好独自先走呢？"柳湘莲无不歉意地说："尚荣兄，你的盛情美意我心领了。刚才的情景你也看见了，还是让我先走了吧。"说完，拱手告辞。

5. 免职官员与绅士

贾雨村与甄士隐：第一集，在仁清巷一家当铺旁，书生模样的贾雨村慢慢走来，绅士甄士隐忙迎上前去，向贾雨村微笑拱手。

贾雨村是原著中的纲领性人物之一，曹雪芹笔下许多重要事件，都是经他串联的。他是贾府的远房本家，中进士后，上任不到一年革职。幸得贾政举荐，平步青云，成为炙手可热的人物。贾府被抄家之时，忘恩负义，向忠顺王告密，说贾府私藏甄、史两家被抄财物。虽受恩于甄士隐，但对其女儿英莲的悲惨遭遇，却袖手旁观。

甄士隐，姓甄名费，字士隐，姑苏城间门外十里街仁清巷葫芦庙旁的乡宦，家中虽不富贵，在当地亦属望族，嫡妻封氏。

6. 百姓与官员

第一集，林如海从邸报上获悉，朝廷将启用革职官员，便把这一消息告诉了教授女儿的贾雨村。不久，林黛玉之母贾敏去世。贾母派人来接林黛玉，林如海委托贾雨村护送女儿进京，并附上一封亲笔信，让贾雨村面交林黛玉二舅贾政。林如海在信中，请内兄为贾雨村复出提供帮助。临别时，贾雨村向林如海打拱告辞。

原著中的林海，字如海，家住扬州，系前科探花，贾母之女婿。先任兰台寺大夫，后被皇上钦点为巡盐御史。年届五十，命中无子。与贾敏育有一女一子，儿子3岁时夭亡，女儿乳名黛玉。一年后，贾敏病亡。某年冬月，林如海也不幸染疾，贾琏护送林黛玉回扬州探望。次年九月初三，林如海病故，葬苏州祖茔。

7. 医生与病人家属

王太医与贾府主子：第十七集，贾母陪刘姥姥畅游大观园后，毕竟年事已高，身体出现不适。贾珍等闻讯后，为老太太延医诊治，病情才得以好转。在荣国府仪门外，一轿子刚一落地，贾珍、贾琏、贾蓉便迎上前去，王太医从轿里出来，拱手示意，贾珍等也笑着拱手。这是电视剧本中的情节，剧中已删除。

8. 朋友之间

张如圭与冷子兴：第一集，在一座庙宇山门外，京城古董商冷子兴对贾雨村道："怎么？认不出我了。"贾雨村想了好一会儿，才恍然大悟，原来是当年在京城相识的老熟人，忙拱手道："哎呀！原来是老兄！"两人来到一家酒馆。当年与贾雨村一起共事的张如圭恰好也在这里，贾雨村忙站起来给冷子兴介绍，冷、张二人，相互拱手致意。

原著中的张如圭，扬州人，系贾雨村昔日同僚，因贾雨村一案牵连，被同时革职。闲居在家的张如圭得知朝廷将起用旧员，四处托人找关系，恰好与贾雨村相遇，遂将此事相告。剧中的冷子兴是王夫人陪房周瑞家的女婿，在京城经营古董生意。

9. 见面打招呼

贾琏与薛蟠和柳湘莲：第二十五集，薛蟠等人到南方贩卖货物，途经平安州青松寨时遇劫。幸得柳湘莲拔刀相助，赶跑贼人，才夺回货物。于是，薛蟠与柳湘莲尽释前嫌，结伴进京。在平安州道上，贾琏和仆人隆儿等十余人，因到平安州出差，与薛蟠、柳湘莲等不期而遇。贾琏见薛蟠与柳湘莲在一起，心里感到纳闷，主动迎上前去，拱手道："薛大哥、柳贤弟，久违了。"

原著第六十六回中的平安州是作者杜撰的地名，意思是平安州并不平安，谁要是被其美名迷惑，那么，随时会出现谋财害命的危险。

10. 与朋友告辞

贾琏与柳湘莲：第二十五集，贾珍父子的私生活糜烂不堪。作为贾氏家族族长，贾珍在有一妻二妾的情况下，还与自己的两个妻妹有染。剧中，贾琏在平安酒店与薛蟠、柳湘莲分手时，顺便把尤三姐介绍给了柳湘莲。碍于朋友情面，柳湘莲草率应承。柳湘莲虽是一个行踪不定的浪子，有着怜香惜玉的柔情，立志娶一个绝色女子。贾琏担心口说无凭，让其留下定情之物，柳湘莲即把身上的鸳鸯剑解下来，顺手递给贾琏，上马拱手离去。

11. 给朋友道喜

（1）贾宝玉给柳湘莲：第二十五集，柳湘莲向贾宝玉打听贾琏偷娶二房的事，顺便聊起自己与尤三姐定亲的事来。贾宝玉向柳湘莲拱手道喜，夸赞尤三姐是个标致女人，古今绝色，配得上柳的人品。柳湘莲一听尤三姐是一个绝色尤物，觉得事有蹊跷，开始困惑起来："既是这样，她那里少不了人物，如何只想到我？况且我又素日不甚和她厚，也关切不至此，路上工夫忙忙的就那样再三来定，难道女家反赶着男家不成？"后从宝玉口中，得知尤三姐曾在宁国府住过，越想越不对劲，遂对三姐产生反感。认为三姐虽有绝色，但必无品行，断然索回"鸳鸯剑"。

在古代，男方若下聘礼给女方，表示婚姻关系确立；若男方要回聘礼，就相当于"休妻"。不料尤三姐是个贞洁烈女，见柳湘莲悔婚，视自己为淫奔无耻之流，乃泪如雨下，拔剑自刎。为此，柳湘莲追悔莫及，大哭一场。后剃发出家，与一疯道长飘然而去，不知所踪。

柳湘莲与尤三姐的爱情悲剧，在原著第六十五回至第六十六回中，有详尽描绘。曹雪芹笔下的尤三姐，貌美、泼辣、放荡，引得贾府众多男人觊觎。而尤三姐与柳湘莲的孽缘，缘于五年前的一次客串演出。尤氏与两个异父异母的妹妹给尤老娘拜寿，住在尤老娘家。尤三姐对前来客串的小生柳湘莲顿生好感。两人仅有一面之缘，但尤三姐对柳湘莲念念不忘。剧中呈现的场景，与原著基本吻合。

（2）倪二给贾宝玉：第三十六集，羁侯所门外，排成人字形的大雁从天空飞过。监所大门缓缓打开，贾宝玉脸色苍白，从监室出来时，有人大声同他打招呼，贾宝玉回头一来，原来是侠义朋友倪二。倪二拱手道："宝二爷，恭喜恭喜！"

原著中的倪二，与贾芸为邻，是个泼皮无赖，平时爱喝酒打架，以放高利贷和赌博为生。

三、请安礼

（一）礼仪形式

请安是下对上、幼对长的礼节。行请安礼时，须垂手站立，鞠躬唱喏："请某某安。"这里的请安，有"定省"之意，又称晨昏定省，即晚辈每天固定对长辈"请早安""请晚安"。在古代，小辈对长辈，有"三天一请安、五天一打拱"之说。

男子行请安礼，身子要端正，左腿向前迈，左手扶膝，右手下垂，右腿半跪，略微停顿，眼睛平视前方，不能低头、扬头和歪头，双肩保持平衡，不许弯腰，两腿间距不宜太大，左腿保持向前迈的自然距离，不可后蹬。女子行请安礼，大致与男子相同，只是两腿间距稍近，动作幅度较小，双手扶左膝，右手不下垂。

（二）请安礼来源

请安，有安坐之意。《仪礼·乡饮酒礼》云："主人曰：'请安于宾'。"①

---

① 贾公彦.仪礼［M］.彭林，注译.长沙：岳麓书社，2001：57.

胡培翚正义:"请安,蔡氏德晋云:'留宾安坐也。'"① 此外,请安还有自请安息之意。《左传》云:"公如齐。齐侯请飨之,子常子曰:'朝夕立于其朝,又何飨焉? 其饮酒也。'乃饮酒,使宰献,而请安。"② 西晋学者杜预注:"齐侯请自安,不在坐也。"③ 可见,请安还有轻慢之意。

请安之俗,由来已久。清初,百官晋见王公贝勒,皆为跪安,虽大学士不能免。官员休假回京,或考官试毕终,须向皇帝恭呈请安折请安。④ 以后,在八旗子弟或部分汉族官宦之家,晚辈拜见长辈,平辈中幼见长,仆见主,乃至亲友相见,都行此礼。所以,屈一膝,也叫请安。不过,在衙门或公共场所,不论旗人、汉人,都行拱手礼,而不能请安。

(三)剧中呈现

1. 晚辈给长辈

(1)贾宝玉给父亲贾政:第四集,贾政在书房与一帮清客相公正在谈天说地,贾宝玉走进屋给父亲请安。剧中场景,与原著第九回基本相符。

(2)李纨母子给贾母:第三十三集,自贾宝玉随北静王护送贾探春远嫁番国后,过了一年,仍没有任何消息,令王夫人寝食难安。原著中北静王名水溶,性情谦和,未及弱冠。其祖上与贾府有世交之谊,贾宝玉对其十分喜爱。在王夫人房内,李纨携幼子贾兰给贾母请安。贾兰是贾珠之子、贾政之孙,长得文雅俊秀。幼年丧父,5 岁发蒙,读书习字,遵从母训,刻苦攻读,在原著第一百一十九回中,得中 130 名举人。

2. 奴才给主子

平儿给王夫人:第三十四集,在正房内间(冬天),凤姐强打精神,斜躺在炕头靠背上,正在听仆妇们说话。这时,门外来报:"太太来了!"玉钏儿扶着王夫人走进房间,凤姐忙挣扎起来,与王夫人打招呼,平儿上前请安。

3. 远房亲戚给丫鬟

刘姥姥给平儿:第三集,在凤姐东屋内,周瑞家的领着刘姥姥和板儿拜见凤姐。刘姥姥把穿金戴银的平儿误作凤姐,忙拉着板儿上前赔笑着请安。周瑞家的是王夫人的陪房,因王夫人深得贾母偏爱,掌管着荣国府家政。后王夫人把家政大权交了内侄女凤姐,但实际权力仍掌握在王夫人手里,后周瑞家的

---

① 洪湛侯. 徽派朴学 [M]. 合肥:安徽人民出版社,2005:170.
② 丁艳丽. 左传史记资治通鉴经典故事 [M]. 北京:北京工大出版社,2016:40.
③ 杜预. 中国史学要籍丛刊·左传下 [M]. 上海:上海古籍出版社,2015:900.
④ 霍松林. 中国风俗大辞典 [M]. 北京:中国和平出版社,1991:480.

成为荣国府炙手可热的女管家。

4. 讨好长辈

贾芸给凤姐：第十一集，为了在大观园谋到差事，贾芸想方设法巴结凤姐。当凤姐与几个丫头从屋内向院子正门走来，忙抢上前去，给凤姐请安。

四、打千礼

(一) 礼仪形式

打千是旧时请安、问好的一种礼俗，也是卑幼见尊长的问候礼。行礼时，左腿稍向前迈，右臂向身前下垂，头微低。其礼仪形式，男女有别。男人见到长辈，先哈腰，左腿前伸并弯曲，右腿曳后，左手扶膝，右手下垂，唱喏"请某某安"；女子行礼时，双手扶膝下蹲。此外，行打千礼，双手应直立抚大腿根处缓缓下蹲，然后起来，做到上身不动，目光平视。较胖或上年纪者，如行礼有困难，可双手向前放到膝盖上，同时下蹲，保持平视，并唱喏"请某某安"。在古代，小辈对长辈有"三天一请安，五天一打千"之说，请安礼被视为小礼，打千礼为大礼。

(二) 打千礼来源

打千礼始于辽代，历经金、元、明三代，盛行于清代。在清代，不仅满、蒙、汉军八旗等皆行此礼，汉人也深受其影响，曾流行于清初都城兴京和后期陪都沈阳一带。[①]

打千礼的跪安，俗名双腿安，比一般请安礼更加正式。行跪安时，先跪右腿，然后两手扶左膝，左腿半跪，听鞋底"嚓"一声，随即起来。接安者，稍微弯腰，用手接安。按亲疏远近，有双手或单手之别。安毕，腰一直，礼成。此礼仅限于有爵位的，如王、公、贝勒、贝子和近支宗室，一般满族以外的只请单跪安。

在大典、喜庆、寿日和三节时，可请跪安。满族子女向阿玛（父亲）、额娘（母亲）请安，须行打千礼。行礼时，先称呼一声，然后再请跪安，父母只需微视一下即可。侄辈给伯父母、叔父、婶母请安，先叫一声，再请跪安。外甥、内侄、表侄、族侄给老爷、姥姥、舅父、舅母、姑丈、姑母、姨丈、姨母及本家长辈请安，可单手接安，或点头示意。若遇远亲、远族子弟请安，应双手接安。单手接安多为直立，双手接安，须稍微弯腰。[②] 这种礼节，虽然已不再沿

---

① 吕亿环.农家民俗知识读本 [M].沈阳：沈阳出版社，2012：236.

② 完颜佐贤.康乾遗俗轶事饰物考 [M].呼和浩特：内蒙古大学出版社，1990：57-58.

用，但在一些影视作品中，仍不时出现。

（三）剧中呈现

1. 晚辈给长辈

（1）贾蓉给凤姐：第三集，宁国府因有贵客到访，贾蓉奉父之命，到荣国府找凤姐借玻璃炕屏摆件。画外音："东府的小蓉大爷来了。"凤姐示刘姥姥不要说话。贾蓉进屋后，给凤姐行打千礼，直到凤姐说是她侄儿时，刘姥姥才扭扭捏捏地侧着身子，在炕沿边坐下。

（2）贾芸给贾宝玉：第十一集，在荣国府仪门外，贾芸下马后，忙给骑在马上的宝二爷行打千礼。

2. 仆人给主子

（1）丫头宝珠给尤氏：第五集，在宁国府上房，尤氏坐在临窗大炕边，丫头宝珠进来请跪安，尤氏示意退下。

（2）小厮给贾母：第七集，在荣国府大门外，为迎接元妃省亲，贾母站在阖族女眷最前面，不时东张向西。忽然，一小厮来到贾母跟前，行打千礼，说贵妃娘娘就要到了。在荣禧堂廊下，一小厮跑来给贾母、邢夫人、尤氏和凤姐等人行打千礼，说门吏报告，六宫都太监夏老爷来传旨。

（3）小厮给贾赦和贾政：第八集，在荣国府小院内，贾政、贾赦等正襟危坐。忽然，一小厮进来行打千礼，说贵妃娘娘已到老太太那边去了，贾赦、贾政等忙向贾母房中走去。在红香绿玉院内，一小厮进来给贾赦、贾政行打千礼，说娘娘那边的宴席结束，已开始唱戏了。

五、万福礼

（一）礼仪形式

道万福，为古代妇女见面礼，有祝愿多福之意。行礼时，两手相扣，将手放至左腰侧，弯腿屈身，以示敬意。后演变为微屈膝和低头，口中念"某某万福"。

万福礼，有大礼和常用礼之别。行大礼时，女子双腿呈直立站姿，上身或直或微前俯，十指相扣于左胸前，右腿稍往后屈膝，保持低头姿势，常用于年节贺岁或祝寿等场合。道万福，也是未婚女子的见面礼，行礼时，右手压左手，左手按在左胯上，略躬身，上下略摇，双腿并拢再屈膝，微低头。未婚女子行万福礼，与男子"以左示人"不同，女子以右手覆左手，是为吉礼，反之为丧礼；男子以左示敬，女子以弯腿屈身为敬。

（二）万福礼来源

万福礼是汉族女性的见面礼，史书早有记载。从唐宋时期到 20 世纪初，在长达一千多年的时间里，女子只行万福礼。① 唐代武则天时，将女子的拜姿改为正身直立，两手放在胸前，微俯首，微动手，微屈膝，称"女人拜"，口道"万福"，后称"万福礼"。②

（三）剧中呈现

1. 平辈之间

（1）林黛玉给贾宝玉：第二集，贾敏病故后，贾母派人接外孙女林黛玉到身边照料。在贾府，林黛玉与贾宝玉初次相见，因两人同辈，贾宝玉给林黛玉行的是作揖礼，林黛玉给贾宝玉行的是万福礼。

（2）贾瑞给凤姐：第五集，贾敬生日这天，凤姐从会芳园经过，贾瑞冷不防从假石山后窜出来，给凤姐请安。

2. 外戚之间

薛姨妈给贾母：第二集，"酷爱男风、最厌女色"的冯渊，对英莲一见倾心。后英莲被薛蟠看中，双方发生争抢，薛蟠放纵家奴将冯渊打死，抢走了英莲，将其改名为香菱。后薛蟠与母亲及为选妃进京的妹妹一同北迁。从此，寄居贾府。在荣国府院中，王夫人与凤姐上前迎客，薛姨妈与贾母打招呼，行万福礼。

3. 穷亲戚给管家

刘姥姥给周瑞家的：第三集，刘姥姥女婿狗儿的爷爷当年在京城做官时，曾与金陵王家连过宗。凭着这层关系，刘姥姥带着外孙板儿到贾府打秋风。周瑞家的从门内走出来，刘姥姥迎上去行万福礼。原著第六回写周瑞家的丈夫因争买田地一事，曾得狗儿的帮助，故刘姥姥到荣国府求助，首先就想到了周瑞家的。

六、跪拜礼

（一）礼仪形式

行跪拜礼时，双膝跪在地上，手往下拱至地，头低至手即起，称空首礼，一般限长者或尊者；双手拱合到地，头触手稍做停留，称稽首礼，这是跪拜礼中最重之礼；以额头触地，称稽颡，父母去世行此礼。以后，跪拜礼逐渐演变

---

① 梁启超 . 受益一生的学问［M］. 北京：中国华侨出版社，2014：54.

② 白竹 . 中华文化知识精华一本全［M］. 北京：中国华侨出版社，2012：339.

成"三跪九叩",即跪拜三次,每次顿首三次,也是臣下拜见皇帝的必行之礼。

（二）跪拜礼来源

跪拜礼最初是人们相互致意的一种姿势,后逐渐演变成臣服礼。辛亥革命后取消,至今仍未绝迹。东汉之前,由于没有椅凳,大都席地而坐。为方便起身或臀部不受寒气侵袭,人们习惯两膝着地,臀部坐在两腿和脚跟上。表示感谢时,由跪坐而起身,即上半身直立,变成小腿着地的跪姿,俯身曲背,双手撑地,以示恭敬。①

古人的坐姿,与今天的"坐"不一样。古人的"坐",实际上是现在的跪。汉代以后,随着凳椅的出现,人们不再"席地而坐",原来的"跪坐",逐渐演变成等级差别的标志。如臣子叩拜皇帝、小官拜见大官、奴才拜见主子等。

古代的跪拜礼,因行礼姿势不同,或行礼次数的差异,统称为"拜"。古代的"九拜",是表示最崇敬的礼节。《周礼》谓"九拜",一曰稽首,二曰顿首,三曰空首,四曰振动,五曰吉拜,六曰凶拜,七曰奇拜,八曰褒拜,九曰肃拜。这是不同等级或不同身份的人,在不同场合使用的礼仪。②

古人行礼,多用一拜,有时也用两拜。《礼记·杂记下》载:孔子任鲁国大司寇,配有马匹和车辆,家里建有马厩,称"国厩"。"国厩焚,子退朝而之火所。"一天,马厩失火,孔子退朝回家,到着火的地方查看,邻居前来慰问。孔子答拜,以示感谢。"拜之士一,大夫再",指孔子对士大夫阶层的人只拜一次,但比士高一级的则拜两次。③

清代学者孙诒让在《周礼正义》中云:"凡经典男子行礼单言拜者,皆即空首,详言之则曰拜手,略言之则曰拜。"④ 先跪而拱手,再低头至手上与心平,头低到手叫拜手;头不到地叫空首。"拜"是一次空首礼,以示更加尊敬。而行两次空首礼,称"再拜"。《仪礼·大射礼》云:"公降一等,小臣正辞,宾升再拜稽首,公答再拜。"⑤ 这里的"公答再拜",指答拜两次空首礼。因此,"再拜"是两次跪拜礼的泛称,同时也是两次空首礼的特称。

（三）剧中呈现

1. 晚辈给长辈

（1）贾宝玉给贾母:第二集,贾宝玉进入贾母房中,给祖母行跪拜礼。

---

① 谭春虹. 中华文化常识全典第 2 版 [M]. 北京:中国纺织出版社,2016:44.

② 孙凯. 何谓九拜 [J]. 语文月刊,2016 (7):73.

③ 陈戍国. 礼记校注 [M]. 长沙:岳麓书社,2004:308.

④ 孙诒让. 周礼正义（补校木刻卷四十九）[M]. 篷湖精舍以楚学社,1931:116.

⑤ 贾公彦. 仪礼 [M]. 杨天宇,译注. 上海:上海古籍出版社,2016:192.

（2）贾宝玉给母亲：第三十集，贾兰与贾宝玉赴京应秋试。临行前，贾宝玉给母亲行跪拜礼，与薛宝钗话别。

（3）薛宝钗给贾母：第二集，薛姨妈带着一双儿女投奔贾府。在贾母院内，薛姨妈对女儿宝钗道："给老太太请安。"仆人将垫子铺好后，薛宝钗跪在上面，给贾母行跪拜礼。

2. 仆人给贾母

第一集，一婆子和两个丫鬟引着林黛玉拜见贾母。林黛玉先给外祖母请安，再行跪拜礼。礼成，两丫鬟向后退几步，给贾母行了跪拜礼，才退出房中。

3. 祭奠已逝的仆人

第十七集，贾母提议让众人凑分给凤姐过生日，这天正好是投井自尽的丫鬟金钏儿的生日，但已没有人记得了，只有宝玉还记得。清早起来，贾宝玉一身素装，从角门出来，一言不发地跨上马，茗烟骑上马，尾随其后。

贾宝玉和茗烟一口气跑了几里路，来到水仙庵。贾宝玉命茗烟把香炉放到院中。茗烟："那井台上如何？"茗烟把香炉供到井台后，贾宝玉站在炉前，掏出香焚上，含泪施了半礼，却一言不发。突然，茗烟"扑通"一声，咚咚地磕了几个响头，才直起身子道："我跟二爷这几年，二爷的心事没有我不知道的。今儿受祭的阴魂是谁，二爷也没有告诉我，我也不敢问，二爷的心事不能出口，让我代祝：若芳魂有感，香魂有情，虽然阴阳间隔，既是知己之间，望常来看望二爷。你在阴间保佑二爷，来生也要变个女孩儿，和你们一起相处，再不可托生这须眉浊物了。"说完，磕了几个响头。茗烟的代祭词，全说到贾宝玉的心坎上。剧中的场景，与原著第四十三回的故事情节相吻合。

茗烟是原著中一个微不足道的人物，原名焙烟。其名字来历，在原著中没有过多交代，仅在第二十四回至第三十四回将茗烟叫作焙烟，直到第四十三回后，才叫作茗烟的。

4. 穷亲戚给仆人

第三集，在荣国府正门前的石狮子旁，刘姥姥掸了掸衣服，慢慢绕道角门前，向守大门的众小厮打听周瑞家的住处。众小厮对刘姥姥上下打量一番后，全然不予理会。其中，一小厮对刘姥姥说："你远远地在墙角那儿等着，一会儿他们家就有人出来了。他们家就住在后面，你绕到后街上问就是了。"刘姥姥行跪拜礼致谢。

5. 穷亲戚给主子

（1）刘姥姥给凤姐：第三集，刘姥姥带着外孙板儿，给凤姐行跪拜礼。凤姐："周姐姐快搀起来，别拜了。"丫鬟上茶时，凤姐只顾埋头拨弄手炉，态度相当冷淡。凤姐抬头要茶时，才发现地上站着一老一幼，忙起身问好，还假惺惺地怪周瑞家的没有早说。其实，刘姥姥和板儿早给凤姐行了拜礼。

（2）板儿给众人：第十六集，刘姥姥二进荣国府，临别时，贾母、贾宝玉、平儿、鸳鸯等人，分别给刘姥姥送了礼物，刘姥姥被感动得热泪盈眶，让板儿给众人行跪拜礼。

6. 妾给正妻

尤二姐给凤姐：第二十六集，当凤姐得知丈夫在外安了新家后，便带着几个亲信，突袭小花枝巷。在尤二姐的新房内，凤姐端坐上位，尤二姐赔着笑脸，说着，给凤姐跪了下去。

7. 庄头给主子

乌进孝给贾珍、贾蓉父子：第二十集，腊月二十三日，承租宁国府田庄的黑山村庄头乌进孝顶着风雪，赶着几十辆车队来交年租。在宁国府正厅外，贾珍拖着鞋子，身披一件猞猁狲大裘，坐在门口石头上晒太阳。其子贾蓉坐在一旁，不时翻阅账本。老态龙钟的乌进孝从台阶下来，给贾珍父子磕头请安："珍大爷、蓉哥儿万福。"贾珍示意身边的小厮将其扶起，笑道："你还硬朗？"乌进孝："托爷的福，还能走得动。"

8. 给官员

贾宝玉拜见北静王：第六集，在秦可卿送葬途中，在马背上的贾宝玉不时东张西望。这时，贾政带着三四个男仆匆匆赶来。贾政："宝玉呀，快脱了孝服跟我来，王爷要见你！"贾宝玉忙下马，随父亲来到北静王跟前，行跪拜礼。

七、合十礼

（一）礼仪形式

行合十礼时，十指并拢向上，双掌合于胸前，指尖与鼻尖持平，手掌向外倾斜，头略低，神情安详严肃。

（二）合十礼来源

合十礼，原为佛教礼节，双手合一于胸前，意为手上没有任何武器，且目光向下，头低垂，表示不构成威胁。这是佛教徒的致敬礼，流行于印度和东南亚一带以及信奉佛教的国家或地区，如老挝、柬埔寨、尼泊尔、泰国以及中国傣族等少数民族聚居区。我国的佛教信徒也常用此礼。

（三）剧中呈现

1. 道姑迎客

第十六集，在栊翠庵院内（白天），贾母、刘姥姥、薛姨妈、王夫人、薛宝钗、林黛玉、贾宝玉进入院中，妙玉双手合十相迎，并道："老太太请进。"

第十九集，在水仙庵，贾宝玉祭奠跳井自杀的丫鬟金钏儿，两个道姑迎上来，合十施礼："想不到是二爷光临。"贾宝玉微笑点头。

2. 道姑辞客

第十九集，李纨酷爱栊翠庵红梅，叫贾宝玉折一枝来欣赏，让邢岫烟、李纹、宝琴三人，分别以"红、梅、花"为韵，各吟诗一首，由此完成了"寻梅、赏梅、吟梅"系列风雅之事。在栊翠庵山门外，贾宝玉捧梅作揖，妙玉稽首合十送别众人。

原著对妙玉的描写，在前八十回中，仅有 5000 余字，集中在第十七回、第十八回、第四十一回、第五十回、第六十三回、第六十七回。其中，在第十七回至第十八回里，借林之孝家的口，对妙玉进行了侧面描写；第四十一回贾母带刘姥姥等到栊翠庵品茶，对其秉性做了侧面描写；第五十回大观园诸群芳在卢雪庵赏雪联诗，贾宝玉与薛宝琴、林黛玉到栊翠庵乞讨红梅；第六十三回贾宝玉生日，妙玉给贾宝玉送贺帖；第六十七回林黛玉与史湘云在凹晶馆联诗，妙玉对两人的诗作做了简评。

第二节　剧中主要规矩呈现和礼俗来源

一、迎客

（一）规矩形式

在贾府，凡有红白喜事，都要敞开大门迎客。主人站在大门右边，即东面，客人从西面进入。客人进门后，主人将其引进室内，走到拐角处，还要说"请"，客人答"请"，以示谦让。如主人与客人的地位、尊卑相同，主人还要到大门外迎接；如主人身份尊于客人，只在大门内相迎。

（二）迎客规矩来源

所谓迎客，指主人到宅前大门迎接。《礼记·曲礼上》云："凡与客入者，每门让于客。客至于寝门，则主人请入为席，然后出迎客。客固辞，主人肃客而入。主人入门而右，客入门而左。主人就东阶，客就西阶，客若降等，则就主人之阶。主人固辞，然后客复就西阶。主人与客让登，主人先登，客从之，拾级聚足，连步以上。上于东阶，则先右足，上于西阶，则先左足。"①

在古代礼制中，天子有五门，诸侯有三门，大夫有二门的规定。② 每入一门，需礼让，客推让，主人俯首以揖，请客先登，这是迎客的常礼。《仪礼》有"三揖""三让""三辞"之说，即"宾三揖三让，登，再拜授币"。郑玄注曰："三揖者，相去九十步揖之使前也。至而三让，让入门也。""主人与宾三揖，至于阶，三让。"③ 意思是主客见面时，先作三次揖为礼。然后，主人让客人先入，客谦让推辞，三让三辞后，方才进门。此外，在古代迎宾礼仪中，主宾相见，还有"趋而进之"的礼节。所谓趋，即小步快走。凡地位或辈分低者，见到地位高或尊长时，须趋前施礼。

（三）剧中呈现

丫鬟为客人掀门帘：在贾府，客人来访，一般由仆人引荐，客人跟在仆人后面。第三集，刘姥姥一进荣国府，周大娘引着祖孙俩拜见凤姐，刚走到门口，一丫头忙上前掀门帘。

二、问候

（一）规矩形式

中国传统文化重要的社会根基，是以血缘关系为纽带的宗法制度，形成了亲疏有别的人伦之序。反映在亲属称谓上，如辈分不同，不但称谓不一样，其礼数也不一样，折射出中国伦理文化的等级观念。

（二）问候礼俗来源

在古代文献中，《尔雅·释亲》是我国最早研究亲属称谓的一部学术专著，记录了上古时期亲属之间的称谓关系，并对宗族做了定义，即"父之党为宗族，母与妻之党为兄弟……妇之党为婚兄弟，婿之党为姻兄弟"④。可见，宗族为"父之党"⑤。这种体现人伦关系的特定身份称谓，反映在一定社会文化或特定语言环境中，就有了不同的尊卑礼数。

（三）剧中呈现

辈分不同，礼数各异。林黛玉问候贾母、邢夫人、王夫人、三春、李纨、凤姐、贾宝玉：第一集，林黛玉的轿子刚一停稳，两边就有仆妇上来。话外音：

① 南怀瑾．儿童中国文化导读［M］．北京：中国档案出版社，2002：56-57.
② 左丘明．左传·昭公二十七年：［M］．长沙：长沙岳麓书社，2006：305.
③ 王福存等．婚礼文化讲座［M］．太原：山西科学技术出版社，2016：149.
④ 梁绍辉．论炎帝与黄帝的兄弟关系［J］．炎黄文化研究，2007，5：46.
⑤ 胡湘闽．中国宗族史研究入门［M］．上海：复旦大学出版社，2009：24.

"林姑娘到了。"在贾母正房大院，李纨和鸳鸯一左一右搀扶着贾母，林黛玉叫了声"外祖母"。贾母："来，坐吧，坐吧。我这些儿女里最疼的就是你母亲了，她一旦舍我而去，没能见上一面。"林黛玉："外祖母，如今见到你，怎能让我不伤心。"贾母将其搂入怀中，林黛玉突然号啕大哭起来。

从剧中林黛玉问候长辈的次序来看，给贾母补行跪拜礼后，依次给大舅母邢夫人和二舅母王夫人行万福礼。因李纨是林黛玉的表嫂，三春的年龄比林黛玉小，属同辈，所以林黛玉给四人行的是额首礼。最后出场的凤姐，是贾敏大哥贾赦的儿媳，林黛玉称表嫂，行的是万福礼。

三、待客

（一）规矩形式

礼貌待客的具体做法：如来客是尊长，主人应提前到门口迎接；如来客是平辈，主人站在门内迎接；主宾相互请对方先进，如主人先进，有为客人引路之意；待客人入座后，主人为客人上茶或上水果；赶上吃饭，须邀客人一同就餐；客人为长辈，晚辈不能随意插话；客人离开，要送出门外。

（二）待客规矩来源

待客，包括迎接、招待和送别。登门拜访，有许多礼数讲究。在古代，最初待客规矩，反映在邦国之间的礼遇方面，或诸侯朝见天子，或诸侯间会见，或使臣间往来。《周礼·春官·大宗伯》曰："以宾礼亲邦国，春见曰朝，夏见曰宗，秋见曰觐，冬见曰遇，时见曰会，殷见曰同，时聘曰问，殷颊曰视。"[1] 句中"时见"，指诸侯不在规定时间朝见天子；"殷见"，指诸侯于一年四季分批朝见天子；"时聘"，指天子有事时，诸侯派使臣来聘问；"殷桃"，指远祖的庙。可见在周代时，迎客的烦琐礼节就已经形成。

孔子曰："有朋自远方来，不亦乐乎?"[2] 中国传统的待客之道，不仅体现在"乐"上，更重要的体现在"礼数"上。《论语·微子》曰："止子路宿，杀鸡为黍而食之。""君招使摈，色勃如也，足躩如也。揖所与立，左右手，衣前后，襜如也。趋进，翼如也。宾退，必复命曰：宾不顾矣。"从中可一窥孔子严谨的待客态度。

---

① 陈戍圆点校. 周礼·仪礼礼记 [M]. 长沙：岳麓书社，2006：44.

② 李晓林等. 论语精读 [M]. 杭州：浙江大学出版社，2017：312. 本章节有关论语的引用，均源自该书。

（三）剧中呈现

1. 待客坐姿

第三集，在凤姐房间，平儿与到访的刘姥姥闲聊。为表达对客人的敬意，平儿用脚支撑着半坐，刘姥姥自知身份低微，坐得比平儿还浅，仅坐了一小半。

2. 先见客人，再脱外衣

第二集，在贾母房中，贾宝玉一听林黛玉来了，竟顾不上换衣服，满脸堆笑着向贾母请安，贾母笑道："外客没见，就脱了衣裳，还不见过你妹妹！"贾宝玉忙给林黛玉作揖。

3. 用水果待客

第三集，在凤姐西屋，一丫鬟捧着一盘果子，送到板儿跟前。板儿抓起就吃，被刘姥姥狠狠瞪了一眼，咬了一口，迅速放回盘中，看了看刘姥姥，才慢慢送到嘴边。

第九集，袭人姓花。早年因家里生计困难，就卖给了贾府。元宵节这天，贾宝玉与茗烟悄悄跑到花家，袭人把贾宝玉引进屋子。这时，屋里的几个女孩全部低着头，显得十分害羞。袭人的母亲和哥哥花自芳担心冻着贾宝玉，就让他坐到炕上，袭人的哥哥忙着摆放水果。袭人笑着叫哥哥不用瞎忙，还告诫宝玉不要乱吃东西。袭人把褥垫放到炕上，放下脚炉，然后把手炉放进贾宝玉怀里，还用自己的茶杯给贾宝玉斟茶。袭人瞅了瞅满桌果品，见没有一样是贾宝玉平时爱吃的，就对贾宝玉说："既然来了，好歹也尝一点，也没有白来一趟。"说着，就拈了几颗松子仁，先吹去细皮，用手帕托着，以显示自己与贾宝玉非同寻常的关系。

4. 让座、上茶

第二十五集，在小花枝巷西院正室，贾琏与柳湘莲刚走到门口，贾琏向屋内大声嚷着，尤老娘在屋里，忙应声答道："快请坐，看茶，我这就出来。"

5. 敬酒用双手

第十六集，贾母在缀锦阁宴请刘姥姥。席上，鸳鸯刚行完酒令，刘姥姥直夸说得好。凤姐："姥姥，按我们家的规矩，说得好的要吃这么一套才行。"刘姥姥忙摆手道："饶了我吧。"凤姐命人斟满一杯，双手递到刘姥姥嘴边。

6. 留客人吃饭

第三集，在凤姐西屋内，凤姐对周瑞家的道："不知道这姥姥用了早饭没有？"刘姥姥："一大早就往这儿赶，哪有吃饭的工夫。"于是，凤姐命人传饭。东屋饭菜摆好后，周瑞家的忙带着刘姥姥和板儿去吃。

7. 客人离开，要送出大门

第九集，在袭人家里，贾宝玉刚坐一会儿，就要准备离开。尽管袭人和母亲一再挽留，但贾宝玉仍坚持要走，袭人的哥哥花自芳把贾宝玉送出大门。

第二十八集，中秋节的头一天，因晴雯被王夫人撵出，贾宝玉在床上呜呜痛哭。这时，尤氏前来探望贾宝玉，丫头银蝶对尤氏道："刚才一位妈妈来传爷的话，今晚全家到会芳园丛绿堂吃酒赏月，请奶奶回府去照料照料。"尤氏起身笑道："瞧我倒忘了，明天是中秋节，我们府里有重孝，今晚随便过个节，我走了。"贾宝玉和袭人将尤氏送出大门。尤氏与贾宝玉虽为同辈，但此时其身份是客人。所谓出迎三步，送客七步，这不仅是礼仪的需要，更是一种待客之道。

四、出门和进屋

（一）规矩形式

在贾府，无论主仆，进出都有规矩。否则，有失国公府颜面。其一言一行，都要经得起审视。凡出门之前，需换衣裳，晚辈要给长辈辞行；进屋后，要对家人打招呼，把外面穿的衣服换成家居服。

（二）出门和进屋规矩来源

我国是一个多民族的国家。瑶族很早就有进屋不穿草鞋的习俗。① 《袁氏世范》云："为人者，出必告，反必面。"② 《童蒙须知》云："凡外出，及归，必于长上作揖。虽暂出，亦然。"③ 在古代，凡上司传见，下级由边门而入，在上司或长官面前，言必称"卑职给大人请安"，然后行半跪礼。

（三）剧中呈现

1. 出门要换衣裳

第九集，袭人的母亲接袭人回家吃年茶，晚上才能回府。于是，贾宝玉与众丫头玩起了掷骰子。正玩到兴头上，鸳鸯进来道，东府珍大爷请宝玉看戏、放花灯，贾宝玉顿时来了精神，嗖的一下站起来："快！快给我找衣服！"麝月、秋纹、碧痕忙为其脱掉家常服，换成出门穿的"礼服"。剧中，贾宝玉穿的"礼服"很有仪式感，家常服式样相对简洁一些。在显示贾府富贵的同时，也反映了贾宝玉在贾府的特殊地位。

①　郑德宏等 . 湖南瑶族风情 ［M］. 长沙：岳麓书社，2009：99.

②　夏家善 . 袁氏世范 ［M］. 天津：天津古籍出版社，2016：14.

③　朱熹等 . 弟子规朱熹童蒙须知・教经 ［M］. 郑州：中州古籍出版社，2015：63.

2. 出门前，晚辈要给长辈辞行

（1）凤姐给贾母：第三集，（晨）凤姐来给贾母请安，贾母对其上下打量了一番道："这是要出门儿？"凤姐："昨儿东府珍大嫂子来，请我过去逛逛。今儿倒没什么事，昨儿晚上已经回了太太，这会子来辞老祖宗。"贾母笑道："那就过去散淡散淡吧。"

（2）贾宝玉给父亲贾政辞行：第四集，在贾府私塾就读的秦钟来约贾宝玉上学。在贾母院内，贾宝玉对婆子道："让他先等我一会子，我去见了老爷就来。"说完，直奔父亲书房。按贾府规矩，贾宝玉不论上学或外出，在出门之前，都必须禀告父母，体现了贾府家长的绝对权威。

秦钟，字京卿，系营缮郎秦邦业之子，乃秦可卿之弟，与贾宝玉为同窗好友。秦钟生性腼腆，兼有女性和纨绔子弟气，后与馒头庵尼姑智能儿相恋。在秦可卿治丧期间，私下与智能儿幽会，就此落下病根。后智能儿悄悄前去探望，被秦钟之父发现逐出，秦邦业被活活气死，秦钟悔恨交加，不久夭亡。

3. 仆人进屋，先要脱掉外衣，再穿居家服

第九集，袭人从娘家回府，一进屋，先脱掉外衣，再换上居家服。关于袭人名字的由来，在原著第三回中，贾宝玉只知姓花，因旧时诗里有"花气袭人"之句，遂回明贾母，将其更名为袭人。

4. 主人进屋，须脱外衣和靴子

第十一集，贾宝玉从外面喝酒回来，众丫鬟先为其取下额上饰物。然后脱掉外衣和靴子。贾宝玉顺适其意，一头滚进母亲怀里。所谓服饰，是服和饰的统称。服，指上衣下裳、头帽、鞋袜；饰，指头饰和佩戴之物。

五、让座

（一）规矩形式

古代的住宅多为堂室结构，堂与室相连，前为堂，后为室，入室必先登堂。在厅堂之上，以南向为尊。如室内东西长、南北窄，室内最尊者坐西面东。其次是坐北面南。再次是坐南面北，最卑者坐东面西。

在等级森严的封建社会，特别讲究座次尊卑。让座，是主宾入室后的第一个礼节。若在室内会客，以面东座位为尊；若在堂中会客，以面南座位为尊。这些规矩，上至君王大臣，下至庶民百姓，都必须遵循。

（二）让座规矩来源

让座，是表敬的一种礼仪。《礼记·祭义》曰："古之道，五十不为甸徒，

颁禽隆诸长者。"① 古代六十四井为甸。按：甸为军赋、田役征发的徒卒，称甸徒，指 50 岁以上的人，不必亲往打猎，但在分配猎物时优厚。《荀子·君子篇》有"长幼有序"② 的说法。《孟子·万章篇上》云："孝子之至，莫大乎尊亲。"③ 意思是孝子行孝的极点，莫过于尊奉双亲。

古代文学作品中有让座礼节的描述。《九尾龟》第十六回云："客人已经进来，穿着一件银灰绉纱夹衫，玄色外国缎马褂，跨进房来，对着秋谷就是深深一揖，秋谷忙还礼让座，家人送上茶来。"④《二十年目睹之怪现状》第八回云："只见继之见了雷溪，先说失迎的话，然后让座。"⑤

（三）剧中呈现

1. 主子给管家

第三集，薛宝钗与丫头莺儿依样描摹。周瑞家的悄悄走到两人身旁，薛宝钗突然抬头，放下画笔，满脸堆笑地让座。周瑞家的忙赔笑在炕沿边坐下。在贾府，除了"正经"主子，就算体面的管家也是奴才。从薛宝钗给仆人周瑞家的让座来看，反映了贾府主奴关系具有一定的亲情性。

2. 同辈之间

第六集，尤氏躺在床上，捂着胸口，痛苦地呻吟着。尤二姐、尤三姐分别坐在床边的椅子上。贾宝玉抹着泪进来打招呼，尤氏姐妹忙起来让座。

第九集，贾宝玉在东府看戏，甚觉无聊，从袭人家逛了一趟回来，气定神闲地迈着方步，来到梨香院薛宝钗的房间。薛宝钗一见是贾宝玉，便急忙让座。

3. 王夫人给邢夫人

第三十四集，（晨）天空乌云密布，一辆翠绿色帐幕车在荣国府凤姐院门前停下。邢夫人从车里走出来，林之孝家的和两个小丫鬟忙上来搀扶。因王夫人是邢夫人的弟媳，王夫人与几个丫鬟婆子忙起身给邢夫人让座。

4. 丫鬟之间

第七集，贾宝玉躺在床上歪着身子看书。麝月："咱们大小姐当了娘娘了！老太太和太太们都进宫谢恩去了。"麝月的话，贾宝玉好像没有听见似的，照例埋头看书。平儿和袭人笑吟吟进屋，麝月、晴雯忙给两人让座。

① 陈戍国. 四书五经校注本（1）[M]. 长沙：岳麓书社，2006：672.

② 孙聚友. 荀子与《荀子》[M]. 济南：山东文艺出版社，2004：43.

③ 贤才文化. 诸子家训 [M]. 长沙：湖南人民出版社，2010：184.

④ 张春帆. 九尾龟（1）[M]. 济南：齐鲁书社，2001：136.

⑤ 张茂华等. 中华传统文化粹典 [M]. 济南：山东人民出版社，1996：21.

六、座次

(一)规矩形式

在贾府，家庭聚会与公开聚会的座次略有不同。比如小范围聚会，或晚辈陪长辈用餐，座次是按长辈居主位、晚辈以围坐的礼数来安排的，不但体现了传统孝道，同时又维系了亲情。而主宾座位，则按东西分坐原则，即主人坐东面，客人坐西面，体现了"名位不同，礼亦异数"的原则。此外，古人设筵布席，以"礼"分宾主，以"礼"明尊卑，以"礼"定席次。而位次尊卑依设筵场所和布席的类别而定。如设筵于堂上，以坐北朝南为尊；设筵于室中，以坐西向东为尊。古人席地而坐，依"礼"定法，以法坐为礼坐。所谓礼坐之法，为两膝着席，臀部坐在两脚的后跟上。

剧中，宴饮座席，尊者坐上，卑者坐末。从室内座次来看，以东向为尊，贵客坐西席，主人一般坐在东席作陪，年长者坐北席。陪酒的晚辈，一般坐南席。饮食时，身体尽量靠近食案，非饮食时，身体尽量靠后。

中国的餐桌文化源远流长，作为一种庄重礼仪，宴会上的座位次序都有严格规定，座次的确定依客人的身份而定。一般来说，客人坐在最尊的位置上，即左首第一位。宴席场所区位的确定，同样因客人的身份而有所不同，地位高的，一般坐在厅内，即建筑群的主轴线上。

(二)座次规矩来源

古代建筑一般为堂室结构，皇帝聚会群臣，座位为坐北朝南，越靠近皇帝，官位越大，地位越尊。《鸿门宴》云："项王、项伯东向坐，亚父南向坐……沛公北向坐，张良西向侍。"[1] 可见，项王座次最尊，张良座次最卑。1987 版电视剧《红楼梦》中不同场合的座次，体现了家国同构的伦理观念。

(三)剧中呈现

1. 拜见长辈

第一集，林黛玉刚到外祖母家，按礼数，须按辈分分别问候、拜见长辈。林黛玉随大舅母邢夫人先拜见大舅贾赦，因其身体欠佳，派人传来一句不失长辈身份的话："老爷说了，连日身上不好，见了姑娘倒伤心，暂且不忍相见，劝姑娘不要伤心想家。"接着，林黛玉提出拜见二舅贾政。在原著中，贾赦是在第二十四回才正式出场的，剧中场景，与原著描写的故事情节存在较大差异。

在贾府，受长幼尊卑礼数的约束，坐起言行，不能超越自己的身份。在二

---

① 司马迁. 史记［M］. 北京：中国文联出版社，2014：48.

舅贾政家里，林黛玉一边品茶，一边仔细打量着客厅：炕上有一张小桌，桌上摆着各种书籍和茶具；东壁的西面，有一个半旧青缎靠背引枕，王夫人坐在西边首位上。因林黛玉是客人，王夫人和婆子丫头往东移动，给林黛玉让出位子。林黛玉暗自忖度：东边可能是二舅平时坐的地方，西边应是二舅母的位置，不敢僭越，便选择了距东边稍远一点的地方坐下来。王夫人再三招呼，丫头们也纷纷让座，林黛玉这才坐到炕上，紧挨着二舅母。

2. 同辈聚会

在贾府，主子间辈分相同、年龄相若，座次安排较为随意。第十九集，在大观园芦雪庵地炕屋内，桌上杯盘果菜，俱已上齐，李纨正在安排座次："李纹、李绮挨着我坐，岫烟与迎春做伴。"说着，就把李纹、李绮拉到自己身边，让迎春与邢岫烟一排并坐。因李纹、李绮是李纨的娘家人，又与李纨同辈，按左尊右卑的礼仪，李纹居长，就坐到了李纨的左边。

原著中的李纹、李绮姐妹，因家境困难，与母亲一同进京，住进了大观园稻香村。原著对李纹、李绮着墨不多，也没有相关批语，主要是衬托李纨。邢岫烟是邢忠的女儿、荣国府邢夫人的侄女，同样是因家境窘困，随父母来京投靠邢夫人的。剧中的邢岫烟，知书达礼，性情温和，举止端庄，后被薛姨妈聘给薛蝌为妻。

3. 看戏

第十三集，贾母率荣国府众女眷，到清虚观拜山朝佛。因天气好，不但王夫人、凤姐以及小姐们都去了，就连其身边的大丫头和一些管事的仆妇也去了。在戏楼看戏时，贾母、薛姨妈和贾宝玉、薛宝钗、林黛玉、三春等坐在正楼上，身后都有丫鬟侍候。在贾府，有未出阁姑娘的地位比媳妇高的规矩。李纨、凤姐等人分坐在东西两楼。按左尊右卑的礼仪，李纨是凤姐的嫂子，坐东楼，凤姐坐西楼。

4. 家庭聚会

第九集，在王夫人屋子的里间炕上，贾政夫妇隔桌而坐。炕下摆着一排椅子，三春、贾环四人分坐在各自的位置上。贾惜春是宁国府贾敬之女，迎春为贾赦正室所出，探春、贾环为贾政侍妾赵姨娘所生。赵姨娘见贾宝玉进来，忙掀开门帘，贾探春、贾环也站起来让座。贾政先看了贾宝玉一眼，然后看了看贾环，最后看着王夫人，用手捻了捻胡须，沉思片刻，慢条斯理地对贾宝玉道："娘娘听说你天天在外面，东游西荡，很是生气，叫严加管教，让你和姐妹在园子里读书写字，你可好生用心学习，再不守分安常，你可仔细着！"话刚说完，王夫人就把贾宝玉拉到身边。贾探春、贾环见贾宝玉坐下后，才慢慢坐下，反映了贾府嫡庶子女的不同地位。剧中场景，与原著第二十三回部分情节吻合。

第十七集，贾母与众人商量，决定出份子钱给凤姐过生日。在贾母房间，贾母和薛姨妈对坐，邢夫人和王夫人坐在椅子上，贾宝玉坐在贾母身边，薛宝钗等五六人全部坐在炕上。赖嬷嬷等几个年高体面的奶妈，分坐在一条小板凳上，地上站着不少人。

第二十五集，为达到长期霸占尤三姐的目的，贾珍竭力怂恿贾琏偷娶尤二姐。在小花枝巷尤二姐新房西院正室一张八仙炕桌上，摆满了各种美味。贾珍坐北面，尤老娘坐西面，尤三姐坐东面，尤二姐坐南面。四人各坐一方，边喝酒边谈笑着。

5. 家宴

贾府家宴座次，是按长辈居主位，晚辈以围坐的形式来安排的。第一集，林黛玉初进贾府，贾母举办了一场小型家宴。在古代，左右相对，左为尊，右为卑。进膳前，贾母独自坐在正面榻上，右侧第一个座位坐的是贾迎春，以下是贾探春。左侧第一个座位是林黛玉的，以下才是惜春的。因林黛玉的身份是内宾，所以坐在左边第一个位置上。显然，作为客人的林黛玉，座次仅次于贾母、迎春等人。当林黛玉落座后，贾母让王夫人入座，右边依次为三春。林黛玉见王夫人和李纨在场，不敢入座。贾母对林黛玉道："你舅母和嫂子她们不在这屋里吃饭，你是远客，理应该坐这儿。"

在贾府，凡是有内宾出席的晚宴，已婚孙媳妇是不能参加的。剧中，进膳前，李纨捧饭，凤姐拿筷子，王夫人还给每人舀了一碗羹。进膳开始，吃饭的只有贾母、林黛玉和三春。饭后，凤姐、李纨一左一右在旁边侍立着，由丫头们收拾碗筷。虽然凤姐和李纨的地位比三春高，按规定，也不能入座。

第四集，（冬，阴天）贾宝玉到梨香院看望生病的表姐薛宝钗，恰好林黛玉也在。正房内，薛姨妈、薛宝钗、贾宝玉、林黛玉坐在炕桌上。从座次来看，薛姨妈坐的是正中，林黛玉和贾宝玉为客人，分坐在薛姨妈的右边和左边，薛宝钗则坐在薛姨妈的下位。

第十集，贾母在上房摆了几桌酒席，给薛宝钗庆祝生日。贾母身旁依次为薛宝钗、薛姨妈、林黛玉和贾宝玉。其余女眷，分坐各席。大家边吃酒，边津津有味地看戏。在座的人，除贾母辈分最高外，就要数薛姨妈了。按左尊右卑礼仪，薛姨妈坐在贾母左面，右面是当天过生日的主角薛宝钗。林黛玉和贾宝玉两人，一个是贾母的外孙女，一个是贾母的家孙，与贾母关系最亲，所以这五个人依次围坐一起。

6. 游乐宴

第十六集，贾母在缀锦阁宴请刘姥姥，参加游乐宴的长辈，除贾母外，还有薛姨妈。当席面摆放整齐后，贾母率众人入席。从座次来看，北面是贾母和薛姨妈，右侧一排依次是刘姥姥、王夫人、贾宝玉、李纨、凤姐；左侧一排依次是史湘云、薛宝钗、林黛玉、贾迎春、贾探春、贾惜春。北面为尊，其次东面，再次西面。左边比右边尊贵，北面比南面尊贵。从身份来看，婆婆比媳妇尊贵，客人比主人尊贵，长辈比晚辈尊贵，年长者比年幼者尊贵，未出嫁的姑娘比媳妇尊贵。刘姥姥是贾母的客人，因身份和地位悬殊，不能与贾母平起平坐。

参加宴会的人，由于身份不同，座位前的陈设也有差异。贾母和薛姨妈面前各有一张小桌子，其式样也不相同：贾母面前是一张海棠式的，薛姨妈面前是一张梅花式的。左侧一排，每人面前除了一张小桌，还各有一把椅子，式样有方的和圆的不等，桌上各放着一把乌银洋錾自斟壶和一个十锦珐琅杯；右侧一排，每人面前仅有一椅一几，式样为荷叶式的和葵花式的。

7. 元宵宴

第二十一集，元宵之夜，阖家团圆。贾母大花厅内，挂满了各式各样的花灯，把花厅照得如同白昼。花厅里，摆了十余桌酒席，每桌旁边有一张小茶几。茶几上，分别放着香炉、香盒、装香铲用的瓶子和造型各异的小盆景以及十几个形状不同的香炉，御赐的百合宫香从香炉里溢出，芳香四溢。

贾母靠在东边矮榻上，榻的旁边放着一张精致的小高桌，桌上有酒杯和餐具。与贾母同席的有宝琴、湘云、黛玉、宝玉四人；东面两桌，分别坐着李纨和薛姨妈，下方坐着邢夫人和王夫人，再下方坐着尤氏、李纨、凤姐、贾蓉之妻；西面依次是宝钗、李纹、李绮、邢岫烟、迎春、探春、惜春。廊上几桌，坐的是贾珍、贾琏、贾环、贾琮、贾蓉、贾芹、贾芸、贾菱、贾菖等。座次安排，遵循了辈分和血缘亲疏原则。宝琴、湘云、黛玉、宝玉四人是贾母喜爱的晚辈，被邀为同席。贾母年高体弱，不仅为其单独设了短榻，还把席位放在榻边。受喜庆氛围影响，出现了长辈宠爱晚辈、晚辈还被邀到主桌上的现象。

在古代，正月为"元月"，夜为"宵"。正月十五晚，是一年中第一个月圆之夜，称元宵节。原著对元宵节的描写，共有三次：第一次写甄士隐的女儿英莲在元宵节丢失，使得《红楼梦》一开篇，就笼罩在一层悲凉的氛围中；第二次写元妃省亲庆元宵，借元妃省亲，反映了贾府烈火烹油之盛；第三次从第五十三回至第五十四回，贾母率宁荣二府部分成员举行家宴，在快乐热闹的背后，隐约透露出贾府的衰败。剧中贾琮、贾芹、贾菱、贾菖无字幕，又未道出姓名。

8. 玩乐宴

第二十八集，中秋节的头天晚上，在宁国府会芳园丛绿堂内，一群穿着大红大绿的丫鬟、媳妇围坐在一起，作乐赏月。贾珍、尤氏和姬妾佩凤、偕鸳、文花坐在中央，与众人猜拳行令。大厅里，不时爆发出热烈的欢笑声，姬妾们笑着向贾珍敬酒，贾珍接过一饮而尽。

9. 生日宴

（1）贾母生日：第二十七集，贾母八旬大寿，从七月二十八日开始，先宴请皇亲国戚，座次按王、侯、主、仆次序。作为皇室代表的王妃位居上席，诰命陪坐左边，席位高于贾母。虽然贾母是宴会的主角，按照"国礼"大于"家礼"的礼仪原则，只能位居右下席。居上席的王妃代表皇室，美味佳肴必先上供，其次才上贾母等人的，反映了皇权至上的等级观念。邢夫人和王夫人与尤氏、凤姐和族中媳妇，分别侍立在贾母身后。管家林之孝和赖大家的率众仆妇在竹帘外上菜、倒酒；周瑞家的带领几个丫鬟在围屏后待命。花厅里，薛姨妈坐的是上席，遵循了"宾客上座"的礼仪原则。

（2）贾宝玉生日：第二十四集，贾宝玉的生日，恰好与薛宝琴、邢岫烟、平儿三人为同一天。生日这天，红香圃正厅内，摆了四桌酒席，可谓红飞翠舞，玉动珠摇。因贾母、王夫人不在家，园中无人管束，众人任意取乐，或呼三喝四，或喊七叫八。第一桌北面坐的是宝琴、岫烟，平儿面西而坐，贾宝玉面东而坐，贾探春、鸳鸯在南面相陪；西边第二桌是薛宝钗、林黛玉、史湘云、贾迎春、贾惜春，香菱和玉钏儿陪在末座；第三桌是尤氏和李纨，袭人和彩云坐在末座；第四桌围坐的是紫鹃、莺儿、晴雯、小螺、司棋等。因宝琴、邢岫烟是客人，所以排在尊位，体现了以客为尊的传统礼俗。作为当天的主角，贾宝玉只能坐在次尊的位置上，主桌上的贾探春、鸳鸯，分别代表贾政夫妇和贾母，符合一家之主的惯例。

10. 国宴

第八集，在元妃省亲宴会上，贾母虽是贾元春的祖母，因贾元春是皇帝的妃子，其地位高于贾母，宴会座次以元妃为主，体现了君臣有别的礼仪原则。其余按辈分高低，分桌而坐，李纨、尤氏、凤姐是荣国府的媳妇，均未入席。

七、谦卑

（一）规矩形式

按现代汉语拆分法，"谦卑"有"谦虚"和"卑微"之意。谦卑，指别人赞扬自己时，自贬一番。在人际交往中，谦卑的人，往往能得到别人尊重；谦虚，指虚心，不夸大自己的能力或价值，主动向他人请教或征求意见；卑微，指低微和渺小。

（二）谦卑规矩来源

谦卑有"不自高自大"之意。《易经》谦卦说：谦卑指虚心，能被对方接纳。孔子曰："三人行，必有我师焉。"意思是与几个人中，必定有人可以作为我的老师。《尹文子》曰："齐有黄公者，好谦卑。"① 北宋思想家、教育家李觏在《回廖解元所业》里留下了"众恶吾虽察，谦卑孰敢逾"② 的诗句。可见，谦卑是一种修养，也是一种美德。

据《桐城县志》载：清代康熙年间，文华殿大学士兼礼部尚书张英家人，与邻居叶家争一块宅基地，互不相让。由于事涉尚书大人，官府也不敢轻断，家人将此事告诉了张英。接信后，张英释然一笑，写了一首诗劝诫："千里修书只为墙，让他三尺又何妨？万里长城今犹在，不见当年秦始皇。"③ 后张英家人将围墙往后退了三尺，叶家人深受感动，因此仿效，便在今安徽桐城形成了六尺宽的一条巷道，成为中华民族谦让美德的见证。

（三）剧中呈现

1. 言词谦卑

第一集，林如海称妻子贾敏为"贱荆"。荆指落叶灌木；贱，与"贵"相对。贾雨村在林如海面前自称"愚侄"，称贾政为"大人"。这里愚有愚笨、傻之意。在贾政书房，贾政说，林如海在信中称赞贾雨村学识渊博，前程无量。贾雨村："承大人谬奖！""谬奖"，有屈尊之意。因贾雨村是一个被革职官员，而林如海、贾政都是在职官员。

在贾赦家里，邢夫人一再挽留林黛玉吃了晚饭再走，林黛玉笑道："舅母爱惜赐饭，原不应辞，只是还要过去拜见二舅舅，望舅母原谅！"不难想象，如果等到贾政发话才去，显然是失礼之举。林黛玉口中的"赐饭"，既是对大舅母邢夫人的尊敬，也是为离开大舅家而找的得体借口，邢夫人也就不好再挽留了。

第六集，在秦可卿出殡途中，北静王当着贾政的面，夸奖贾宝玉："令郎真乃龙驹凤雏，不是小王在世翁面前唐突，将来'雏凤清于老凤声'，前程未可限量。"贾政笑道："犬子岂敢谬承金奖。""令郎""小王""世翁""犬子"全是谦辞。这些用语，起到了卑己达人的作用。

---

① 曹海东. 历代寓言小品［M］. 武汉：湖北辞书出版社，2016：2.
② 雅瑟. 道德经大全集［M］. 广州：新世界出版社，2012：318.
③ 韩寿山等. 诗文绝唱镜鉴［M］. 上海：东方出版社，2017：84.

第十四集，在荣国府大厅，贾政对长史官道："大人既奉王命而来，不知有何见谕，望大人宣明，学生好遵谕承办。"因长史官是朝廷命官，又是奉王爷之命，寻找其心爱之人，贾政不敢怠慢，故称长史官为"大人"，自称"学生"，以示谦卑。

2. 以站起来回答为卑

第七集，贾琏从江南回来，兴冲冲地走进凤姐房中，恰好赵嬷嬷也在，贾琏道："赵嬷嬷来了！一到家就忙，还没来得及去看你老人家，两位奶哥哥都好吗？"赵嬷嬷扶着炕沿，准备站起来回答，凤姐忙过来将其搀扶着，笑嘻嘻道："快别站起来吧！自己奶大的儿子，哪用得着这些个礼数！"虽然贾府有年高服侍过父母的人比年轻的主子还要体面的习俗，但对主子的问话，赵嬷嬷也必须站起来回答。拍摄时，删除了剧本中这一情节，改编为贾琏与凤姐正在吃饭，赵嬷嬷坐下方。

原著中的赵嬷嬷是贾琏的乳母，有两个儿子：长子赵天栋，次子赵天梁。赵嬷嬷经历过贾府在江南接驾的盛典，目睹了当年贾府的奢华景象。剧中，当赵嬷嬷得知元春封为贤德妃，即将回府省亲的消息后，忙向贾琏、凤姐讨情，希望为自己的两个儿子谋一份差事。

3. 身份不同，言辞有异

（1）贾母、贾政、王夫人、贾宝玉与元妃：在贾府，规矩的核心是礼仪，与身份有关。如果身份变了，礼数也发生改变。第八集，贾元春是贾政的女儿、贾母的孙女，如今贵为贵妃娘娘。父女相见时，贾政对女儿说话，用的是"启"字。而元春对众人说话，用的是"命"和"谕"字；元妃给贾母、王夫人、宝玉等人送的礼物，说的是"赐"字。这里的"启"，本义是开启的意思，指下对上的陈述；"命"有告诉之意，"谕"有吩咐之意。对贾母和贾政而言，贾元春虽然是晚辈，但此时的身份是皇帝妃子，贾府的规矩再大，也比不上皇家的规矩。

（2）平儿与王熙凤：在贾府，主尊奴贱，仆人也有三六九等之分。平儿是贾琏和凤姐的贴身丫头，堪称凤姐的得力助手，即便如此，说话做事，也得恪守规矩。这可从剧中平儿尊称凤姐为奶奶，而不能用"你"，就可以看出。第十七集，在凤姐房中，平儿与凤姐聊得十分投机，竟脱口而出："你太把人看糊涂了！"话音刚落，遭到凤姐的嘲弄："这不是你又急了，满嘴里'你'呀'我'的起来了！"

（3）平儿与玉住儿的：第二十一集，玉住儿的是迎春乳母儿子的媳妇，地位比平儿低。剧中，玉住儿的对迎春无礼，平儿正色道："姑娘这里说话，也有你混插嘴的理!"平儿训斥玉住儿的,意在表明自己在代表凤姐行使权力。平儿既是凤姐使唤的丫头,也是贾琏的通房丫头,其双重身份,决定了在贾府的特殊地位。

八、避讳

(一)规矩形式

避讳,指言语交际中的一种禁忌现象,刻意回避一些词语或话题。《礼记·曲礼下》曰:"入境而问禁,入国而问俗,入门而问讳。"① 讳的本意是"诚而不言"。因为有顾忌,才有意不说,后引申为国讳、宪讳、圣讳、家讳。"唐代最先将避讳著之于律法,完成了避讳由习俗至礼法再至律法的转变。清代,避讳则以其触讳惩罚之酷而彰显。"②

所谓国讳,指对皇帝之名或姓避讳,这是人名避讳中最神圣的一种。如贺姓出自姜姓,是为避讳帝王之名讳而改的姓氏。春秋时,齐桓公有一个名叫庆封的曾孙,因内乱逃到吴国。东汉时,其后世为避汉安帝之父刘庆的名讳,将"庆"姓改成同义的"贺"字,这便是贺姓的由来。③

所谓宪讳,指下属避长官名讳,这是封建权势的产物。清代小说家吴趼人在《新笑史·避讳》云:"晚近官场恶习,讳及上官,卑谄之俗,令人可笑。"据马平安先生在《帝国的经验和教训》一书中介绍:有人曾献云南宣威火腿给盛宣怀,礼单上写有"宣腿若干"等字样。幕友将礼单送给盛宣怀时,发现上面有"宣"字,遂马上改口道:"有人给您送腿来了。"此外,还有地名避讳的情况。在王新华所著的《避讳研究》一书中,有"吴三桂帝滇,讳襄为厢,讳三为参,讳桂为贵,遂改桂林为建林府,桂阳为南平州,桂东为义昌县,又遥改襄阳为汉南府"的记载,因吴三桂的父亲名襄。

所谓圣讳,指避圣贤之名讳,最早始于宋代。孔子名丘,北宋时,凡书中有"丘"字的,一律读成"某"字,并用红笔画个圈。到了清代,已达到登峰造极的程度。举凡天下姓"丘"的,一律加耳旁,改姓"邱",读"七"的音。于是,丘姓就改称邱(音"七")姓了。直到五四运动后,在打倒孔家店的呼声中,部分邱姓才复还本姓。

所谓家讳,指避父母和祖父母名讳。第二回:贾敏去世后,黛玉每当遇到

① 陈戍国.礼记校注 [M].长沙:岳麓书社,2004:17.
② 王新华.避讳研究 [M].济南:齐鲁出版社,2007:317.
③ 童丹编.百家姓 [M].武汉:湖北美术出版社,2012:77.

母亲的名字"敏"字时，一律读成"米"或"密"的音；第二十四回，荣国府管家林之孝的女儿原名红玉，因冒犯了主子贾宝玉名字中的"玉"字，遂改名为小红；第八十回，薛蟠的老婆夏金桂，从不许别人把她名字中的"金桂"念出来。一日，香菱不小心忘了，遭到丫鬟宝蟾的指责："你可要死！你怎么叫起姑娘的名字来？"

家讳是国讳的延伸。在贾府，凡避讳某人或某事时，都要找一个意思相同或相近的字来代替，或借助委婉语表达。如对死者的亲属，不能当面说"死"字，只能用"老了""走了""辞世了"等敬辞代替。"如果说出死者的名字，死者的鬼魂就会回来，他们并不希望这样。因此，就禁忌不提死者的名字。"①

（二）避讳规矩来源

避讳一词，最早出自《淮南子·齐俗训》："入其国者从其俗，入其家者避其讳。"② 可见，避讳之俗，由来已久。据考，避讳"起于周，成于秦，盛于唐宋，其历史垂二千年"③。宋代后，国讳作为国家法律，变得越来越严厉，一方面朝廷规定的避讳字越来越多，另一方面封建帝王常对犯国讳者施以重刑，及至清代，已达到登峰造极的程度。此外，避讳在历代文人著述中，亦多有反映。如宋代文人庄绰在《鸡肋编》里云："京师僧讳和尚，称曰大师；尼讳师姑，呼为女和尚。"④ 近代小说家蔡东藩在《清史演义》第一回中云："塾师教小子道：'书中有数字，须要晓得避讳！'"⑤ 郭沫若在《蒲剑集·屈原考》中云："始皇名政，别人一定要避讳。"⑥ 这些记载，无疑为研究避讳习俗，提供了难得的资料。

（三）剧中呈现

1. 取名

名字是代表一个人的符号，也是其父系血缘的佐证，寄托了长辈对晚辈的期望。作为百年望族的贾府，其子女取名，遵从了表明同宗亲属、家族世系、血系秩序的命名原则，体现了"国讳"和"家讳"的伦理观念。

贾府第二代取的是双名，第二字为三点水旁，如贾演、贾源；第三代为"代"字辈，取的是三个字，"代"字在中间，如贾代化、贾代善；第四代为文

---

① 陈爱平. 孝说［M］. 重庆：重庆大学出版社，2007：170.

② 刘安. 淮南子（卷十一）［M］. 长沙：岳麓书社，2015：96.

③ 陈垣. 史讳举例［M］. 西宁：青海人民出版社，1985.

④ 郑恢. 事物异名分类词典［M］. 沈阳：黑龙江人民出版社，2002：473.

⑤ 蔡东藩. 清史演义［M］. 北京：中国书店出版社，2014：1.

⑥ 郭沫若. 郭沫若全集文学编（第 19 卷）［M］. 北京：人民文学出版社，1992：20.

字辈，取的是双名，如贾敬、贾赦、贾政、贾敏（女），第二个字都是反文旁；第五代男性为玉字辈，如贾珍、贾琏、贾珠、贾环等，女性取的是单名，如贾元春、贾迎春、贾探春、贾惜春，最后一字都是"春"字；第六代为草字辈，名字有草字头，如贾蓉、贾芸。

按汉字的偏旁命名，就可知道其人在贾府家族中的辈分。这种命名方式，使得后世子孙与祖先之间，存在着某种天然连带性。据红学家陈诏先生考证：荣国公次子贾代善，与清初礼烈亲王代善同名；贾琏的"琏"字，犯了乾隆太子永琏的讳。按理，需要避讳，从一个侧面反映了作者对皇权的蔑视。

北京大学教授李零先生对贾府几代人物的命名颇有研究，得出了贾府男丁由盛而衰的结论：即从"代"为"戈"的英武挺拔到敬、赦、政的易"戈"从"文"，少了几许阳刚之气；从珍、珠、琏挥金弄玉的纨绔到最后蓉、蔷、芹、芸草字头辈，一代不如一代。

2. 忌讳说"死"字

忌讳是委婉语产生的心理基础。所谓委婉语，即不说出本意，用相似的语言，加以曲折表达，让听者明白其意。中国传统文化历来对"死亡"讳莫如深，一般人也不愿意谈论这个话题。古人认为，宇宙万物都是有"灵"的，这种万物有灵观，成为古代先民信仰和崇拜的思想根源。

宗教作为人类精神生活的一部分，具有重要的心理慰藉和社会凝聚功能。一般来说，崇拜物指天神、自然物、动植物等神灵。于是，便产生了与之相关的各种禁忌。在趋吉避凶心理的驱使下，为适应风俗习惯和满足交际主体的需要，被一种文雅柔和而不直言本意的说法所替代。随着时代的进步和社会文明程度的不断提高，人们对事物的恐惧而产生的禁忌，逐渐演变为一种对语言得体的要求。

在我国古典文献中，对死亡称谓有着严格的规定。"天子曰崩，诸侯曰薨，大夫曰卒，士曰不禄，庶人曰死。"① 原著中的女性人物，大多为薄命之人。剧中，女性死亡比例高于男性。从死因来看，有药死、暴死、撞死、投井、上吊、自尽、吞金、殉情、殉主等。剧中对丫鬟的死，用的是"丧命、咽气、殉主、送了命"等称谓；对金钏儿等世代为奴的丫鬟之死，用的是"轻生、没了、夭折"等称谓；对秦钟的死，用的是"夭亡、薄命、闭了眼"等称谓；对有爵位的或贵族主子的死，用的是"薨、薨逝、长逝、捐馆、圆寂、仙逝、魂归、羽化、得道、登仙界、登太虚、成了仙、上五台山、萧然长逝"等称谓。这些对

---

① 陈诏. 略论《红楼梦》里对皇权的态度［J］. 红楼梦学刊, 1979（1）: 22.

不同阶层人物的死亡称谓语，超出原始先民所奉行的约定俗成的避讳而成为"礼"的工具，体现了"君君臣臣，父父子子"的等级观念和人格依附。

　　第一集，自贾敏去世后，拉开了红楼儿女的死亡之旅。第二集，冯渊从拐子手上买下英莲，又偷偷将其卖给薛蟠。后薛蟠放纵家奴，把冯渊打死。第五集，贾瑞死于凤姐的"相思局"，结束了其陷于疯狂欲念而不能自拔的一生。同一集，秦可卿之死，是通过几个巡夜婆子口中说出的："东府的蓉大奶奶殁了。""殁"，表示死，来源于"没"。古人用沉没比喻死亡，"没"是死的委婉语。第六集，作为宁国府的当家少奶奶秦可卿之死，用的是"伸腿去了"。这里的"伸腿"，原意指从坐着站起来伸直腿，此有诙谐之意。在这一集里，林黛玉之父林如海在扬州城病逝，用的是"捐馆"。所谓"捐馆"，指放弃之意；"馆"，意为官邸。第七集，秦钟死，称"夭逝"，指短命早死，有死不当寿之意。第十四集，王夫人的丫头金钏儿跳井自杀，用的是"不见了"，指不曾见面。金钏儿是被王夫人逼死的，像贾府这样的贵族家庭，逼死一个丫鬟，虽说是件微不足道的事，但毕竟没有面子，用"不见了"代替死亡，意在表明其模糊态度。

　　剧中的死亡场景比比皆是，令人触目惊心。第十七集，鲍二家的死，被说成"上吊自杀"；妙玉师傅之死，用的是佛教语中"圆寂"，谓功德圆满、诸恶寂灭。第二十集，袭人之母死了，称作"停床"。第二十一集，赵姨娘的兄弟赵国基之死，说成"腿伸了"。第二十三集，皇宫老太妃之死，用的是"薨了"。这里的"薨"，为象声词"轰"。古人把天子之死看得很重，妃子也不例外。"薨"的称谓，只有后妃、王侯才有资格使用。老太妃系前朝皇帝的贵妃，用"薨"委婉表达，反映了对封建皇权的尊崇。第二十六集，贾敬之死，称作"升仙"，有潜心得道、摆脱苦海和脱皮去囊之意。第三十五集，北静王府总管对贾政道："主上甚是悯恤，并念及贵妃溘逝未久，不忍加罪。"这里的"溘逝"，谓忽然逝去，代指元春之死。第三十集，迎春之死，用的是"返真元"。在出家人看来，人死是因为灵魂复归自然的离体而去，所以称"返真"。第三十三集，当林黛玉走到生命的尽头，李纨不无悲痛地说："这样小小的年纪，就做了北邙乡女。"北邙即北邙山，在今河南洛阳以北。因山势雄伟，水深土厚，伊、洛之水，自西向东穿城而过，立墓于此，可圆古人崇尚的"枕山蹬河"之说。

　　在 1987 版电视剧《红楼梦》中，不管是哪一类死亡称谓，都是出于避忌讳、免冒犯、表谦敬的需要，以达到避凶求吉、避俗求雅和礼貌悦人的目的。

　　3. 成年人刚死，小孩不能奔丧

　　第五集，秦可卿死后，贾宝玉不顾天色已晚，闹着要去宁国府奔丧，隐隐点出贾宝玉与秦氏的情分，同时，也昭示了秦氏的某种特殊魅力。贾母："不能去，刚咽气的人，那里头不干净。"

古人认为，成年人刚死，因小孩的天灵盖未闭合，灵光尚存，可看到成年人见不到的东西。加之小孩阳气不旺，很容易被阴气侵扰得病。这一习俗，不仅在古代中国有，就连毗邻的日本也有一种"刚死的人不干净，一年之后，才能去掉秽气成神"① 的说法。

4. 停灵枢的地方，不能住人

第六集，在金陵十二钗中，秦可卿是最先死去的红楼女子。铁槛寺是贾府的家庙，秦可卿死后，灵枢停厝于此。族中守夜之人，大多在此下榻。凤姐："铁槛寺又是停灵，又是住人，乱糟糟的。"于是，打发人叫馒头庵的道姑净虚腾出两间空屋，让她和贾宝玉下榻。

5. 家人穿的新衣，不能用来裹尸

第十四集，金钏儿是王夫人的丫鬟，侍候主子多年，与贾宝玉说了几句暧昧的话，就被王夫人撵出贾府，后投井自尽。为开脱罪责，王夫人在自赎之余，尽了所谓的主仆之情，赏给金钏儿之母 50 两银子，以显示宽厚仁慈的菩萨心肠。剧中，王夫人准备用林黛玉的两件新衣为金钏儿裹尸，薛宝钗主动提出用她的。王夫人："难道你不忌讳？"宝钗是薛姨妈的女儿，与王夫人有血缘关系；林黛玉是丈夫贾政胞妹的女儿，与王夫人没有血缘关系。为避免亲侄女沾上晦气，王夫人不同意用薛宝钗的衣服裹尸。

6. 仆人回家，不能用家中铺盖

第二十集，袭人回家探望病重的母亲，临走之前，凤姐特别交代："你妈的病若好了就回来，若不中用了，只管住下，打发人回来，我好给你送铺盖去。"凤姐叫袭人不用娘家的铺盖，意在表明，袭人是王夫人为贾宝玉内定的准妾，虽没有名分，但在贾府已不是秘密。受"嫁出去的姑娘泼出去的水"观念支配，女儿嫁出后就是夫家的人，不管贫穷富贵，与娘家都没有任何关系。

在原著前八十回中，对袭人回娘家的描写有多次，最浓墨重彩的有两次：第一次发生在第十九回，袭人之母接袭人回娘家吃年茶，这是距"偷试云雨情"不久的事；第二次发生在第五十一回，因袭人母亲病危，被哥哥花自芳接回家，王夫人命凤姐酌量办理。一个丫头回娘家，为何惊动荣国府大总管，就连穿什么衣服，拿什么包袱，凤姐都要亲自过问？在凤姐看来，袭人已经是宝玉的准姨娘，不能像往常那样随便，贾府的面子丢不起。

---

① 俞天任. 麦克阿瑟如何改造日本 [M]. 上海：东方出版社，2013：131.

7. 主子不能用仆人的东西

第九集，在潇湘馆，贾宝玉无所事事，百无聊赖，见黛玉躺在床上休息，便想上床去说话。因床上没有多余的枕头，宝玉说："咱们俩枕一个枕头。"黛玉认为不妥，让宝玉把外面的拿来。宝玉走到门边看了看，对黛玉道："那个我不要，也不知是哪个脏婆子的。"林黛玉只好将自己的递给他。

8. 主子病重，不吉利的话不能说

第十一集，贾政的侍妾赵姨娘因不满凤姐的欺压和刁难，成天盘算着如何为儿子夺取继承权。在马道婆的怂恿下，赵姨娘决定用"叔嫂逢五鬼"魇魔法，把贾宝玉和凤姐除掉，并答应给马道婆报酬。马道婆对赵姨娘说："你把他们两个人的年庚八字，写在两个纸人儿上，一并五鬼，掖在他们各自的床上就是，我只在家里作法，自有效验。"赵姨娘依计行事，凤姐果然病倒，还差点要了贾宝玉的小命。

在怡红院，贾母、王夫人哭成一团，贾政、贾赦、贾珍、贾芸等进进出出，贾蓉带着仆人去请医生。赵姨娘暗自好笑，还假惺惺地劝慰贾母："哥儿不中用了，还是赶紧为他穿好衣上路，也免受些痛苦。如果大家舍不得他，这口气不断，到阴间也受罪，不得安生。"赵姨娘的话，无疑是拿着刀子割贾母的心，贾母往赵姨娘脸上吐了一口唾沫，骂道："烂了舌头的混账老婆！怎么见得不中用了？你愿意他死，有什么好处？你别做梦！"贾政见状，忙呵斥赵姨娘退下，才避免了事态的进一步恶化。

原著中的马道婆是贾宝玉的寄名干娘，她见钱眼开，平时装神弄鬼，常出没于贾府。剧中，贾宝玉的脸被贾环烫伤后，马道婆以点灯免灾为由，除让贾母每日施舍五斤香油，还让赵姨娘买几件衣服，并骗得"五百两欠契"。

9. 喜庆日子，不能弄坏东西

第八集，为迎接元妃省亲（白天），凤姐传执事点灯。在荣国府一小院内，慌忙中，一小厮把灯笼上"荣"字的笔画弄掉了，凤姐大骂道："这么大喜的日子弄坏东西，该死的杂种！"两小厮跪在地上，吓得浑身发抖，互打嘴巴。凤姐："把这两个混账东西给我捆起来，送到马棚里去，等我明儿发落！"凤姐口中的"弄坏"，有弄碎之意。"碎"与"岁"谐音，意为来年不顺，有行霉运之意，这与中国人重"和"求"圆"的文化心理有关。

10. 清早起来，不能发毒誓

第十三集，在沁芳桥畔，林黛玉与贾宝玉因一点小事，闹起了别扭。贾宝玉说林黛玉越来越不把他放在眼里，倒把薛宝钗、凤姐放在心上。说着，眼泪就掉了下来。林黛玉对贾宝玉道："昨天晚上我去了，你为什么不叫丫头开门。"

贾宝玉："哪有这样的事，我要是那样，立即就去死！"林黛玉："大清早的就死呀活呀的，也不忌讳。"

在佛教教义中，有三业之说。所谓三业，指身业、口业、意业。而"身业"，指身体行为所做之业；"口业"，指语言行为之业；"意业"，指身、口所造之业。从佛家的哲学观点来看，念善则造善业，念恶则造恶业。因此，人若发恶愿毒誓，妖魔鬼怪都能听到，会想办法成全你。对发誓不相信有结果的人，认为是一种巧合，对发誓相信结果的人，则认为是一种报应。

11. 在众人面前，不能说别人的隐私

第七集，凤姐是贾蓉的叔婶，然两人的关系，有些暧昧不清。元妃省亲前夕，贾蔷奉贾赦之命，到江南聘请教习和采买优伶。临行前，在凤姐房中，贾蓉悄悄对凤姐道："婶子要什么东西，开了账，让蔷兄弟给置办回来。"一句不经意间的话，暴露了两人的私情，令凤姐深感不悦。贾蔷属"草字辈"，作为晚辈，不应该在众人面前说这样的话。凤姐之所以骂贾蓉，是为了自证清白。

贾蔷是宁国府正派玄孙，原著中提到宁国公贾演有四个儿子：一个是贾珍的爷爷贾代化，其他三子，有两子无嗣。第九回出场的贾蔷，是贾氏家族的另一支重孙，名字谐"假墙"之音。其父母早亡，从小随贾珍一家生活。长得风流俊俏，与贾蓉共起居。兄弟俩每日以上学为名，行斗鸡走狗、赏花阅柳之实。后被贾珍勒令搬出宁府，自立门户。在总理梨香院期间，与优伶龄官相好。剧中，有龄官痴痴地在蔷薇花架下写"蔷"字的镜头。第十七集，贾蔷为哄龄官开心，特意买了一只会串戏的雀儿，遭到龄官的冷嘲热讽，遂将雀儿放生。贾府败落后，贾琏委托贾蔷料理府外之事，成天只知酗酒聚赌，把荣国府搞得乌烟瘴气。

12. 失火要说"走了水"

第十五集，在贾母房中，贾母、凤姐、鸳鸯等与刘姥姥相谈甚欢。忽然，院中传来一阵嘈杂声，贾母随众人走了出来。一丫鬟说："回老太太，南院马棚走了水，不相干，已经救下去了。"贾母摇着头继续往外走，边走边说："真是的，走水了。"刘姥姥问道："失火了？"贾母："我们忌讳说'失火'，就说'走水了'"。在外廊下，贾母手遮凉棚，眯着眼睛焦急地望着南边。只见南院上空浓烟滚滚，火光闪闪，吓得寒毛直竖，口里不停地念着："阿弥陀佛！阿弥陀佛！"刘姥姥也跟着念了起来。贾母转身命婆子："快去火神跟前上香！"南院上空的火光渐渐熄灭，贾母仍惊魂未定，不停地摇着头道："我就怕这些火呀水呀的……"

在古代，人们对火十分敬畏，认为这是一种超自然的力量。失火时，嘴里还火啊火啊地说个不停，这是不吉利的。按道家的五行学说，水能克火，用水来压制火，比较有口彩。所谓走水，就是使水"走"到失火的地方。久之，约定俗成，失火被说成走水，反映了中国人避祸趋福的心理。

13. 出水痘要说成"出喜"

第十集，在蘅芜苑内（冬天），一丫头匆匆走过来对平儿道："平姐姐，二奶奶叫你，说小大姐出喜了！"这里的"出喜"，指凤姐的女儿巧姐患了一种传染性极强的水痘。

14. 吃荤者，不能进寺庙

第十六集，大观园的宴饮刚结束，贾母率众人到栊翠庵喝茶。妙玉笑道："老太太请进。"贾母是一个虔诚的佛教徒，就对妙玉道："我们才都吃了酒肉，你这里头有菩萨，冲了罪过，我们就在这里坐坐吧，把你的好茶拿来，我们吃一杯就去。"众人坐在院中石凳上。按照佛教戒条，教徒须遵五戒：戒杀生、偷盗、邪淫、妄语、饮酒。在饮食方面，除不能吃荤腥，更不能饮酒。

15. 吃荤者坐过的地方，要用水清洗

第十六集，贾母率刘姥姥、薛姨妈、王夫人、薛宝钗、林黛玉、贾宝玉等到栊翠庵，被妙玉迎至院中。贾宝玉指着刘姥姥刚才坐过的石凳，对妙玉道："待会儿我叫几个小厮，把那老太太坐过的地方，用几桶水好好地洗一下啊！"妙玉笑道："好，只是你叫他们把水放在山门外的墙根底下，别进来。"贾宝玉忙点头答应。剧中妙玉不苟言笑，神情冷峻，反映了对贾母等权贵的傲视和鄙夷。

栊翠庵原为贾府内宅唯一的一座家庙，是修建大观园时建造的，也是妙玉带发修行之所，贾惜春后来也在此修行。原著第十七回、第十八回、第四十一回、第四十九回、第五十回对栊翠庵均有描绘。庵内青烟缭绕，绿意氤氲，数枝红梅在白雪的映衬下，有一股出世绝尘的意境。庸安意先生在《跟着曹雪芹学园林建筑》中介绍：栊翠庵有山门、院墙、正佛堂、东西禅堂及耳房。其中，正堂用于礼佛斋戒，禅房用于静修诵经，耳房用于起居。

16. 吵架说成"闹气"

第三十集，在怡红院贾宝玉卧室，袭人端着药碗，擦去贾宝玉嘴上的药汁，叫他吃药。贾宝玉叹道："早晚都要死的。"接过药碗后，贾宝玉又道："我生病，林妹妹她们都来看过我，宝姐姐怎么不来？"袭人："想是忙得没有空闲，先是薛大爷娶亲，不几天又是家里闹气。"袭人口中的"闹气"，指夏金桂与丈夫薛蟠吵架一事。

17. 家中有喜事，不能说扫兴的话

第三十一集，贾政被朝廷优先外放的消息传来，贾母在"荣喜堂"为之设宴庆贺。邢夫人、王夫人、李纨、贾探春、贾惜春、赵姨娘、贾政、贾赦、贾琏、贾环、贾兰以及一二十个丫鬟、婆子说笑着走来。院内，一株刚修剪过的枯树"女儿棠"，十一月开出二月花，众人七嘴八舌，大为不解。贾母凭着丰富的人生智慧，力排众议，慢慢走到枯树边，用手轻轻扒开花瓣，自言自语道："怎么这个节气还能开花？"贾赦也甚觉奇怪，认为不是好兆头，说干脆砍掉算了。贾母："谁在那儿胡说呢？什么怪不怪的！要是有好事儿，你们享去；要是不好的事，我一个人担着。"唯邢夫人皱着眉头不说话，贾赦自讨没趣，退了回去。

为消除"妖花"对众人造成的心理恐惧，贾母说："你们知道什么？这花应该在三月里开的，如今虽说是十一月，因为节气推迟，趁十月小阳春的天气，这花儿开，是因为气温暖和！"王夫人忙笑着附和，老太太见多识广，说得对，不足为怪。邢夫人："听说这棵海棠死了快一年了，怎么这会开了？这里头必有缘故，不知道应在什么事儿上。"还是李纨说得好："依我看，必是有喜事临门，这花儿先来报个信儿。"众人便笑了起来。

18. 至亲刚去世，不能过节

第二十八集，在尤氏房中，贾珍侍妾佩凤对尤氏道："回奶奶，过节的月饼、西瓜都全了，爷请你分派送去。"尤氏一听，气不打一处来，顶了一句："每年怎么送，今年还怎么送。"佩凤："爷还说，老爷刚刚去世，咱们戴着重孝，明儿过不得节，今儿晚上大家应个景儿，吃些瓜饼酒。"因贾珍的父亲贾敬刚去世，受礼制约束，贾珍、贾蓉父子要守孝三年，不能像往常那样过节了。

贾珍的侍妾佩凤，是一个年轻娇憨的女子在原著中，第一次是在第六十三回出现的，自七十五回出场之后，就再也没有出现过。

九、回避

（一）规矩形式

所谓回避，指在某种场合暂时避开之意，表现形式有躲避、顾忌、避让等。在男女有别、社交有等的封建社会，有"男女不杂坐"的规定，特别是公公与儿媳、伯父与弟媳之间，有"授受不亲"的说法。此外，民间还有民避官的习俗。如第六集，在秦可卿出殡途中，送葬人回避前来路祭的北静王。总体来看，剧中的回避形式，主要有眼神、语言、心理和行为等。

（二）回避规矩来源

在古代，媳妇不得与公公、大伯子、小叔子独处或开玩笑，也不能与丈夫以外的其他男性接触。《孟子·离娄上》："淳于髡曰：'男女授受不亲，神情民？'孟子曰：'礼也。'"① 前面的"授"字，有给予之意；后面"受"字，有接受之意。《礼记·内则》曰："男不言内，女不言外。非祭非丧，不相授器。其相授，则嫒以筐，其无筐则皆坐奠之而后取之。外内不共井，不共湢浴，不通寝席，不通乞假，男女不通衣裳。内言不出，外言不入。"② 《礼记·曲礼》中，有"男女不杂坐，不同椸枷，不同巾栉，不亲授。嫂叔不通问……姑姊妹女子子，已嫁而反，兄弟弗与同席而坐，弗与同器而食"③ 的规定。枷，指旧时套在罪犯脖子上的刑具，用木板制成；巾栉，指巾和梳篦，引申为盥洗工具。《汉书·赵广汉传》云："见事风生，无所回避。"④ 《旧唐书·薛登传》云："谦光将加弹奏，或请寝之。谦光曰：'宪台理冤滞，何所回避，朝弹暮黜，亦可矣。'"⑤ 这里冤滞，指滞留未申的冤狱；黜，有降职、罢免、废除之意。类似记载，在古代文献里还有很多。

此外，在礼制上，还有"叔嫂之防"，以及叔嫂死无服的规定。《仪礼·丧服第十一》曰："推而远之，远乎淫乱，故无服也。"⑥ 《礼记·杂记下》曰："嫂不抚叔，叔不抚嫂。"⑦ 意思是叔嫂之间，死后，不能抚摸尸体。另外，按叔嫂禁忌规定，叔不能看嫂喂奶，更不能坐在嫂子的床上。

宋司马光《涑水家仪》云："凡为宫室，必辨内外，深宫固门，内外不共井，不共浴室，不共厕。男治外事，女治内事。男子昼无故，不处私室，妇人无故，不窥中门。男子夜行以烛，妇人有故出中门，必拥蔽其面。男仆非有缮修，及有大故，不入中门。入中门，妇人必避之，不可避，亦必以袖遮其面。女仆无故，不出中门，有故出中门，亦必拥蔽其面。铃下苍头但主通内外宫，传至内外之物。"⑧ 可见，"叔嫂之防"受制于封建礼法的桎梏。

流行于明清两代的《女儿经》，有"莫与男人同席坐，莫与外来女人行。兄弟叔伯皆避忌，唯有亲娘步步从"句。明代戏曲家沈采在《千金记》第十一出

①　孟子.孟子［M］.长春：吉林大学出版社，2015：117.

②　陈戍国.礼记校注［M］.长沙：岳麓书社，2004：192.

③　陈戍国.礼记校注［M］.长沙：岳麓书社，2004：15.

④　班固.汉书［M］.施丁选，注.北京：中国少年儿童出版社，2004：398.

⑤　马松源.二十五史精华（第2卷）［M］.北京：线装书局，2011：799.

⑥　王辉.仪礼注疏·上卷第二十八［M］.上海：上海古籍出版社，2008：859.

⑦　陈戍国.礼记校注［M］.长沙：岳麓书社，2004：308.

⑧　张懿奕.风土人情中的国学［M］.北京：中国广播电视出版社，2013：57.

中云："多谢客官。自古道：'男女授受不亲'，待奴家放在地上，客官自取。"①
明代理学家刘元卿在《贤奕编·方正》中云："魏文靖公骥，直道自持，正统初
任吏部侍郎，时王振怙宠，每出，虽部堂尊官亦敛兴回避。"②

按清制，职官、庶民丧葬，规定三个月入葬。凡有居丧之家，需修斋设醮。
若男女混杂饮酒、食肉者，家长杖八十，僧道同罪，令其还俗。③ 中国封建社
会以家族宗法制为基础，有重人情、讲关系的社会风气。科举考试中的回避制
度，避免了人情取士的倾向。晚清著名学者陈康祺在《郎潜纪闻》卷七中，有
考官回避的记载："道光丁未会试，山东孔庆瑚为同考官，孔氏宗族应回避者数
十人。"④

（三）剧中呈现

1. 给女性看病，大夫不能抬头

第十七集，贾母和众人陪刘姥姥畅游大观园后，身体不适，食欲大减。贾
珍、贾琏、贾蓉等人闻讯后，急忙请太医院的王太医来调理。在贾母房内，贾
母端坐榻上，两婆子正准备悬挂一块遮挡物，贾母："不要挂了，我也老了，还
怕他不成！"在贾母榻前，放了一张小桌，桌上放着一个小枕头，四个小丫头分
别拿着蝇帚、漱盂等物，站在贾母两侧，六个老仆妇依次站在小丫头的身边。
受"男女授受不亲"的封建礼教影响，王太医坐在一根矮凳子上，把腿一弯，
头也不抬，很快换了只手，微倾着身子，低着头，后退后两步，施礼而出。王
夫人和李纨、凤姐、宝钗姐妹则躲在橱柜后面，见太医出门后，才从橱柜后面
走出来。

2. 给女性看病，大夫要用帘布遮挡其身体

第二十集，在怡红院暖阁（早上），胡大夫正在给晴雯看病。晴雯从帷幕里
伸出手，胡大夫正襟危坐，目不斜视。一老仆妇忙过来，用手帕将晴雯的手盖
上。在国公府，无论是晴雯这样的丫头，还是其他金枝玉叶，其"金面"不是
一般普通大夫随便看的。胡大夫清完脉后，来到外间对李嬷嬷说，小姐得的
是轻伤寒，不过是气血原弱，偶然染疾，吃两副中药疏散疏散就好了，便开了
一剂虎狼药。李嬷嬷担心宝玉有话要问胡大夫，急忙道："胡大夫，你老不忙
去，我们小爷啰唆。"胡大夫暗自忖度："方才不是小姐，是位爷不成？"胡大夫

① 石头与水. 千金记上［M］. 哈尔滨：北方文艺出版社，2014：215.
② 钱明. 刘元卿集下［M］. 上海：上海古籍出版社，2014：1216.
③ 李鹏年等. 清代六部成语词典［M］. 天津：天津人民出版社，1990：388.
④ 陈康祺. 郎潜纪闻四笔［M］. 北京：中华书局，1990：106.

误将晴雯当成男性病人，而开错了药方。剧中场景，出自原著第五十一回。

第二十六集，胡太医给尤二姐清脉象时，尤二姐的帷幕是关着的，仅伸出一只手。胡太医让尤二姐露出脸，站在一旁的贾琏犹豫了好一会儿，才命丫鬟掀开一条小缝。贾琏陪着胡太医来到西屋，贾琏问："怎么样？"胡太医颇为自信道："不是胎气，只是淤血凝结，如今只以下淤血通经脉要紧。"边说话边开方子。尤二姐服了药后，不但没有好转，病情反倒加重，肚子特别难受，捂着倒在炕上。贾琏闻讯赶来，尤二姐断断续续地说："吃了胡大夫的药后，肚子就开始痛起来。"贾琏耷着脑袋骂道："该死的胡庸医！我说要保胎气，他偏说要下淤血。这下可好，一服药下去，把一个已成形的男胎，活活给打了下来。"这是根据原著第六十九回的故事情节改编的。剧中，胡太医医术平庸，之前也给晴雯看过病，幸得贾宝玉把关，然尤二姐就没有这样的运气了。

在清代，清规戒律尤甚，一般男医生给女性看病，"目不辨病者之色，耳不审病者之声，止凭方寸之脉，分阴阳，决生死，而庸医乃敢自信，可怪也"[1]。由于只顾切脉，从不察言观色，更不会检查病人的身体，以至盲目用药、致人死亡的悲剧时有发生。

3. 男医生到贾府看病，女眷要回避

在古代，一般富贵人家的闺女都有自己的闺房，平时不允许与陌生男子见面。第十一集，贾宝玉忽然喊头痛，令贾母和王夫人十分着急。贾政、贾赦、贾珍、贾芸等闻讯后，纷纷赶来探望。贾宝玉仰卧炕上，双目紧闭，人事不省。一丫鬟忽然道："医院的大夫来了！"此时，屋子里的女眷们，纷纷往门外回避。

第二十三集，在沁芳亭后的桃花树下，紫鹃试探贾宝玉对黛玉是否真爱，就编了句假话，说林黛玉要回苏州了。贾宝玉信以为真，两眼突然发直，当即傻了，竟卧床不起。在怡红院贾宝玉卧室里，贾母、王夫人、邢夫人、薛姨妈、尤氏、李纨、贾探春、薛宝钗、史湘云等围在床边哭泣。贾母让紫鹃哄贾宝玉，贾宝玉误将紫鹃认作林黛玉，将其拉住不放，大声嚷着："要去连我也带去！"贾母、王夫人、邢夫人、薛姨妈等不解其故，纷纷把目光投向紫鹃。紫鹃打着哆嗦道："才刚我说了几句玩话，他就认真了。"正说着，麝月进来道："王太医来了。"贾府的姑娘小姐、夫人、太太们从小身处闺房，受《女儿经》"抛头露面坏声名"的礼教影响，急忙走向里间回避。

4. 男人不能直视女人

第一集，在甄士隐外书房，忽然传来呼唤"娇杏"的声音。贾雨村向窗外

---

① 朱彝尊. 曝书亭集（卷 64 李无垢传）[M]. 北京：商务印书馆, 1935.

一望，原来是甄家丫鬟娇杏，在院中摘花。娇杏长得桃腮杏目，含情脉脉，乖巧可喜，贾雨村竟不觉看呆了。在封建社会，男人是不能直视女人的，这既是风俗，也是礼法。当娇杏猛一抬头，见窗内有人在看她，忙转身回避。

原著写贾雨村到甄家做客，与娇杏相识，自谓为知己。曹雪芹笔下的娇杏，被癞头和尚和跛足道人视为"有命无运"之人。贾雨村得中进士后，出任知府，娶娇杏为小妾。一年后，娇杏生了个儿子。贾雨村之妻病故后，被扶为正室。

5. 叔嫂不同屋

第四集，在宁国府上房，秦可卿把贾宝玉带到挂着《燃藜图》和"世事洞明皆学问，人情练达即文章"对联的房间午休。这间屋子，装潢精美，铺设华丽，但那幅画和意在劝人苦读诗书的对联，引起贾宝玉的反感。秦氏笑嘻嘻道："要不就到我房间里去。"秦可卿的房间，墙上挂着唐伯虎的《海棠春睡图》和出自秦太虚之手的"嫩寒锁梦因春冷，芳气袭人是酒香"对联。贾宝玉连声说："这里好，这里好！"因之前房间里的《燃藜图》意在"劝学"，贾宝玉不愿做"洞明世事"的学问，更不愿读"人情练达"的文章。在贾宝玉看来，这种"学问"和"文章"，不过是些"须眉浊物"的勾当而已。见此情景，一嬷嬷道："哪有叔叔往侄媳妇房里睡中觉的理呀！"秦氏哈哈大笑："哎哟哟，他能多大啦！就忌讳这些个。"按辈分，秦可卿称贾宝玉为叔，贾宝玉是不能在侄媳妇房间里午休的。

6. 不雅回避

第三十集，在梨香院夏金桂的房间，薛蟠搂着宝蟾解其上衣，宝蟾半就半推地说："门还没有掩上……"薛蟠："不妨事。"这时，香菱推门而入，场面十分尴尬，宝蟾忙挣扎离开，香菱面红耳赤，忙转身回避。剧中的宝蟾，是夏金桂的陪房丫鬟。

夏金桂是薛蟠的二房，人称"搅家精"，出生于户部挂名的皇商之家。因其父去世早，从小得寡母溺爱。原著第七十九回说她"尊己若菩萨，窥他人秽如粪土，外具花柳之姿，内秉风雷之性。在家中时，常常和丫鬟们使性弄气，轻骂重打的"。自嫁到薛家后，她仇视才貌俱全的香菱，薛家从未安宁过。

剧中的香菱，因不为夏金桂所容，随薛宝钗学诗，人称"诗呆子"。为整治香菱，夏金桂与丫头宝蟾狼狈为奸，让其煮了两碗汤：把放了盐的一碗让香菱喝，另一碗有毒的无意中让夏金桂喝了。夏金桂本想害死香菱，不料反害死自己，后香菱郁郁而死。剧中香菱的结局，是根据曹雪芹"自从两地生木瓜，致使香魂返故乡"的判词构建的。

7. 道士对女香客要回避

第十三集，清虚观的道士，一听说贾府的女眷快要进山了，均纷纷回避，唯独一个十二三岁的小道士，右手拿着烛剪，左手拿着剪筒，在慌忙中，来不及避让，一头撞进凤姐怀里。这个小道士，是专门负责剪蜡烛花的。凤姐一巴掌将其打倒在地后，他忙爬起来想跑，四周的丫鬟、婆子一齐喊打，小道士吓得魂不附体。

清虚观原名太平观，坐落于山西省晋中市平遥县东大街东段北路，始建于唐显二年（657），供奉着道教神祇世界里最受信众尊奉的五清元始天尊、上清灵室天尊和太清道德天尊。据严中先生在《红楼梦与南京》一书中考证：原著第二十九回的清虚观，位于今南京雨花台的曹公祠。

十、跪

（一）规矩形式

跪，指双膝着地，臀部离开脚后跟，伸直腰身，这是古人表敬的姿势。下跪叩头，称"拜"；长时间跪，称跽。剧中跪的有求饶、求情、认错、感激、报告、陈述、坦白、训斥、告状、伸述、听候发落、处置、告别、听旨等。

（二）跪的规矩来源

跪，是古代的拜礼，有恭敬之意。《说文解字》云："跪，拜也。从足，危声。"① 偏旁"足"，表示跪与足有关。《说文·通训定声》曰："跪，两膝挂地，所以拜也。"② 许慎注：跪指双膝着地，腰股伸直，足是形符，危是声符。③ 跪的本义，指"跪拜"。在古乐府《饮马长城府》中，有"长跪读素书，书中竟何如"④ 的句子，为表敬意的姿势。《后汉书·列女传》曰："（乐羊子）一年来归，妻跪问其故。"⑤ 这里的跪，指礼节。《文选·谢庄·月赋》曰："仲宣跪而称曰：'臣东鄙幽介，长自丘樊，昧道懵学，孤奉明恩。'"⑥ 这里的幽介，指卑微孤介的人。丘指孔丘；樊指樊迟。懵学，指懵钝、愚钝、愚蒙之意；所谓明恩，指贤明君王的恩惠。《战国策·魏策》曰："秦王色挠，长跪而谢

① 臧克和等. 说文解字全文检索 ［M］. 广州：南方日报出版社，2004：67.
② 吴宝安. 西汉核心词研究 ［M］. 成都：巴蜀书社，2011：428.
③ 白冰. 汉字与人体 ［M］. 广州：暨南大学出版社，2015：24.
④ 钱玉林等. 中华传统文化辞典 ［M］. 上海：上海大学出版社，2009：586.
⑤ 陈芳. 乐羊子妻 ［J］. 中华活页文选，2014（6）：70-72.
⑥ 赵彩娟. 中国古代文学作品补选 ［M］. 天津：南开大学出版社，2014：48.

之。"① 色挠，指面露胆怯之色。明代文学家马中锡在《中山狼传》云："遥望老子杖藜而来，先生且喜且愕，舍狼而前，跪拜啼泣。"② 这里的杖藜，指拄着手杖行走。在现代，这种惩罚几乎看不到了。

（三）剧中呈现

1. 求饶、求情

（1）李贵给贾政：第四集，贾政在书房和一帮清客相公正在闲聊，忽见宝玉进来请安。因小厮李贵成天带着贾宝玉东游西荡，不好好读书，令贾政十分生气，便把李贵臭骂了一顿。贾政："等我闲一闲，先揭了你的皮，再和那不长进的东西算账！"李贵吓得跪在地上，边摘帽边胡乱背书求饶，引得清客相公哄堂大笑，就连躲在书房外的贾宝玉也忍不住笑出声来。

李贵是原著中贾宝玉奶妈李奶奶的儿子，名字谐（礼）贵之意，是贾府体面的男仆。平时做事老成，专司贾宝玉上学之事。

（2）瑞珠给秦可卿：第五集，秦可卿与公公贾珍通奸的丑事，恰好被丫头瑞珠撞见。剧中呈现了在天香楼"更衣""遗簪"等画面。瑞珠恐遭不测，跪在秦可卿床边哭着求情："……奶奶别不信，我真的什么也没看。"秦可卿死后，瑞珠触柱而亡，贾珍以孙女之礼殡殓，与秦可卿灵柩一并停厝于荟芳园之登仙楼。

（3）贾瑞给侄儿贾蓉：第五集，晚上，凤姐约会贾瑞，贾瑞如约而至，凤姐故意爽约。早埋伏在屋内的贾蔷一把揪住贾瑞不放，还威胁道，要向王夫人告状。贾蔷："如今琏二婶子已经告到太太跟前，说你无故调戏她，太太都气死过去了。因此，让我来拿你。刚才你又抱住蓉大哥，没得说，跟我去见太太。"贾瑞："你就说没看见啊，我一定重重谢你。"贾蔷欲敲诈贾瑞："空口无凭，写一张文契来。"贾瑞："到哪儿去找纸笔呀！"当贾瑞准备离开，贾蓉跑到前面，将其去路堵住："不行！"贾瑞扑通一声，跪在地上求饶，被迫写了一张50两银子的欠条。

（4）小厮茗烟给贾宝玉：第九集，在宁国府小书房外，贾宝玉用舌尖把窗纸舔开一个小洞，见茗烟把一个女孩按在床上，欲图不轨。贾宝玉破门而入，茗烟被吓得浑身发抖，忙下跪求饶。

（5）丫头给贾宝玉：第十四集，晴雯在书房给宝玉换衣服时，不小心把桌

---

① 蔡希勤．韩非子说［M］．北京：华语教学出版社，2012：33.

② 徐中玉．中国古典文学精品普及读本——本元明清诗词文［M］．广州：广东人民出版，2019：69.

上的折扇碰到地上摔断了。贾宝玉埋怨其做事鲁莽，晴雯把手一甩，把贾宝玉的话顶了回去："跌了把扇子算什么，先前不知打坏了多少玻璃缸、玛瑙碗，也没见二爷生气。"贾宝玉被说得哑口无言，一气之下，要把晴雯撵走，晴雯呜呜地哭起来，说自己撞死，也不会走出这个门。贾宝玉："我经不起这吵闹，还是去了干净。"说着，就往外走。袭人见拦不住，只好跪下拉贾宝玉。站在门外的碧痕、秋纹、麝月等，也向贾宝玉下跪求情。

（6）薛蟠给柳湘莲：第十九集，赖尚荣升了官，其父赖大在家里大摆宴席庆贺。柳湘莲平时与赖尚荣的关系好，被邀来串戏。自上次见面后，薛蟠对柳湘莲念念不忘，又打听到柳湘莲最喜风月戏文。因错会了意，误将其视为风月中人，令柳湘莲十分反感，恨不得将其一拳打死。恐伤及主人脸面，乃愤然离席。

薛蟠见柳湘莲要走，忙上前将其拉住。柳湘莲："走走就来。"薛蟠："好兄弟，你一去都没兴了，好歹坐一坐，你就疼我了。"柳湘莲见薛蟠如此不堪，将其拉到一边，问薛蟠是真心好，还是假意好。薛蟠斜着眼笑道："好兄弟，我要是假心，立即死在眼前！"柳湘莲："我这下处在北门外头，你可舍得家，城外住一夜去？我在北门外头桥上等你。咱们席上且吃酒去。"于是，两人来到北门外芦苇塘边，柳湘莲把马拴好后，向薛蟠笑道："你下来，咱们先设个誓，日后要变了心，告诉人去的，便应了誓。"

剧中，薛蟠跪在苇塘边起誓，话音刚落，只听"噔"的一声，薛蟠颈子后面好像被铁锤猛砸了一下。薛蟠求饶道："原是两家情愿，你不依就算了嘛，你干吗哄我出来，还打我……我知道你是正经人，我错了。"柳湘莲指着薛蟠骂道："我把你瞎了眼的，你认认柳大爷是谁！你不说哀求，你还伤我！我打死你也无益，只给你个利害吧。"说着，拿起马鞭，从背至胫抽打起来，薛蟠疼痛难忍，直喊求饶。

（7）金家媳妇给贾母：第十八集，贾赦欲纳鸳鸯为妾，求邢夫人找鸳鸯嫂子帮忙。在贾母堂屋（晚），鸳鸯拉着嫂子，跪在贾母面前，哭诉道："昨儿大太太来找我，给大老爷保媒，要娶我去做小老婆。我不依，大老爷越性说我恋着贾宝玉和琏二爷，不然要等着往外聘，还命哥哥嫂子来逼我。"贾母一听，顿时火冒三丈，指着鸳鸯嫂子大骂。

原著中的鸳鸯嫂子是个爱管闲事的人，在贾母浆洗班任头目，其丈夫金文翔是贾母房里的买办。作为贾府的奴仆，金家两口子一心想攀高枝，巴不得妹妹嫁给贾赦。

（8）司棋给贾迎春：第二十八集，在司棋的箱子里，王善保家的等抄出了司棋写给表弟潘又安的情书。王夫人将此作为"罪证",欲将司棋逐出贾府。贾迎春坐在椅子上含泪不语。司棋从里间跑出来,含泪给迎春磕头,恳求不要把她撵走。贾迎春耳软心活,眼里噙着泪花,虽有难舍之情,但事关风化之事,也不敢贸然答应:"我不知道你干了什么事情,再说给你求情,岂不连累到我!你瞧入画也去了,走的还不止你们两个,我们将来终有一散,还不如现在各走各的路吧。"剧中场景,反映了贾迎春冷面冷心的性格特点。司棋被绣桔扶起后,自知不能幸免,仍继续恳求道:"姑娘,好歹打听我要受罪,替我说个情,就是主仆一场了。"迎春含泪答应:"放心。"剧中,删除了原著中绣橘送礼物给贾迎春的情节。

(9) 入画给凤姐:第二十八集,在暖香坞丫鬟屋子,周瑞家的从入画的箱子里,搜出了二三十个金银锞子、一副玉带板子和一包男人靴袜。这些东西,都是入画的哥哥做小厮时得的赏物,入画跪着向凤姐哭诉道:"这是珍大爷赏给我哥哥的,我叔叔、婶子只知道吃酒赌钱,就把这些东西交给我保管。"入画是贾惜春的丫鬟,其父母在南方,与哥哥随叔叔一家生活。面对入画的不幸遭遇,贾惜春因胆小怕事,心冷嘴冷,竟无动于衷,硬把毫无过错的入画,撵出了贾府。

(10) 薛蟠给夏金桂:第三十集,在夏金桂房中(晚上),薛蟠闭目养神,让宝蟾上茶。当宝蟾把茶碗递过去后,薛蟠故意捏了一下她的手,宝蟾假装闪躲。突然,茶碗摔在地上。薛蟠故意责怪宝蟾粗心,宝蟾也说姑爷不好生接,令夏金桂顿生醋意,乃讥讽道:"两个人的腔调儿都够使了,别认为谁是傻子。"薛蟠低着头,微笑不语。宝蟾红着脸出去后,薛蟠伸了伸懒腰。夏金桂:"困了,就到别处去睡,省得你馋猫饿眼的!"接着,又道:"你要做什么,都可以和我说,别偷偷摸摸地干!"薛蟠仗着醉意,扑通一声跪在地上,拉着夏金桂的手,嬉皮笑脸地说:"好姐姐,你要把宝蟾赏给我,你要怎么样,就怎么样!你要人头,我也给你弄来!"夏金桂气得把手一挥:"你爱谁,说明了,就收在房里,免得别人看着不雅!"薛蟠一听,又惊又喜,直直地跪着道:"哎哟,我的亲姐姐!这让我怎么谢你呢?"

夏金桂是薛蟠的二房,自嫁到薛家后,集"悍妇、妒妇、淫妇"于一身,上欺婆婆,排挤侧室,整日河东狮子吼,薛家就从来没有安宁过。宝蟾是夏金桂的陪房丫鬟,举止轻浮,要强不服软,薛蟠见其有几分姿色,令其端茶送水,以撩逗解闷为乐。

2. 认错

(1) 贾政给母亲:第十五集,贾母得知贾宝玉被其父暴打后,在丫头的搀扶下，气喘吁吁地来到贾政书房外，冲着屋内大骂。贾政急忙从屋里走出来，边上前躬身赔笑，边下跪认错。

（2）贾琏给祖母：第十七集，凤姐生日这天，趁着几分醉意，悄然离席。然凤姐的一举一动，早被平儿看在眼里，忙跟着出来，不料却跟出了大事。贾琏趁凤姐过生日之机，把鲍二家的带到家里偷情，两人打情骂俏的话，正好被站在窗外的凤姐听得一清二楚。凤姐一脚把门踢开，回身打了平儿两下。在混闹中，贾琏也打了平儿一巴掌。眼见平儿要去寻死，凤姐一头撞进贾琏怀里，贾琏一气之下，把墙上的剑取下来，向凤姐刺去。凤姐哭着往贾母那边跑，邢夫人忙将剑夺了下来。次日，贾母命贾琏给凤姐赔礼道歉。在贾母房中，贾琏直直地跪在地上，向贾母认错："昨儿我吃了酒，惊了老太太的驾了，今儿来向老太太领罪。"贾母："下流东西！灌了黄汤，不去安分守己地挺尸去，倒打起老婆来了！"贾琏低着头，默不作声。

3. 感激

板儿给凤姐：第三十五集，在狱神庙，刘姥姥拉着外孙板儿的手，叫他给凤姐磕头。凤姐强忍着泪水，欲挣扎起来，刘姥姥哽咽难语，语无伦次道："这是板儿，亏着你们府里照看，这几年没冻着饿着，还念了点子书。这不，眼看长成大人了，还比着你们府里，学了些规矩……"板儿趴在地上，又给凤姐磕头表示感恩。

在曹雪芹笔下，受过贾府恩惠的人着实不少。然能知恩图报者，唯刘姥姥一人而已。覆巢之下，岂有完卵。贾府被抄后，昔日的亲朋故旧唯恐避之不及，令凤姐万万没有料到的是，自己当年用 20 两银子打发的这位"傻""憨"的乡村老妪，如今倒成了女儿的救命恩人。剧中的巧姐，在刘姥姥的帮助下"死里逃生"，过上了安稳的生活。后与板儿结成夫妻，刘姥姥也终于成为贾府真正意义上的亲戚。

原著中没有狱神庙的相关描写，仅散见于脂砚斋在《石头记》庚辰本第二十回、第二十六回、第二十七回以及甲戌本第二十六回、第二十七回的眉批中。据当代红学家严中先生推测，原著中狱神庙的原型，为今南京都城隍庙，抑或是今南京府城隍庙。

4. 报告

（1）管家赖大向贾母：第七集，夏老爷到荣国府宣旨，令贾政等人入朝，在临敬殿陛见。贾政等不知为何事，便派人到宫中打听。在荣禧堂廊下，赖大等几个管家急步上前，向贾母等跪下："奴才奉老爷命，请老太太带太太们尽速进朝谢恩。"赖大是赖嬷嬷之子、荣国府大总管。平时寡言少语，然性格沉稳，遇事冷静，深得主子信赖。

（2）丫鬟紫鹃向贾母：第三十三集，在贾母房门外，紫鹃哭着要见老太太，被鸳鸯拦在门外，紫鹃从鸳鸯手里挣脱出来，哭着走进屋子，"扑通"跪在贾母面前："老太太！"贾母抹了抹眼睛："紫鹃?"紫鹃"呜"的一声。贾母颤声地问："怎么了?"紫鹃从怀里掏出一张沾满血迹的罗帕，用双膝行至贾母榻前，哀哀地说不出话来。贾母用颤抖的手，接过罗帕，吃惊地看了又看，指着众人，泣不成声地说："都瞒着我吧！都瞒着我吧！要是林丫头有个三长两短，我也不活了！"

（3）小厮李贵向王夫人：第三十三集，贾探春远嫁番国，贾宝玉随陪嫁钦差北静王一同前往，已过了一年多，仍杳无音信，王夫人忧心忡忡。剧中，王夫人从内室出来，贾琏凄惶地叫着太太，王夫人惊愕地看着李贵。这时，跪在地上的李贵，早已涕泪横溢，说宝二爷回来了。

（4）小厮茗烟向贾赦等人：第三十三集，荣禧堂内，烛火通明，贾赦、贾珍、贾琏、贾蓉等相视无语。这时，门外忽然传来叮叮咚咚的脚步声，几个男仆拥着茗烟进来，扑通跪在众人中间，贾赦等人先是一惊。茗烟："给大老爷、大爷、二爷、小爷们请安！宝二爷回来了！打发小的先回来报信儿！"贾琏一步跨过去，将茗烟拎起："不是说……宝兄弟……"茗烟结结巴巴地说："我们那天……正等死……不想……被人救了……"贾赦、贾珍、贾蓉等纷纷围上来，问道："谁?!"茗烟："打头的像是……"贾琏用力跺脚，命茗烟起来，让他把宝玉回来的消息告诉老太太和太太。茗烟与众小厮"呼啦"一声，向门外跑去。

（5）贾琏告诉贾母元妃去世的噩耗：第三十四集，在一群丫鬟和仆妇的簇拥下，贾母、邢夫人、王夫人、凤姐等纷纷涌进宝玉的洞房。贾琏急步闯入，脸色苍白，泪流满面地跪在贾母面前，众人面面相觑，不知发生了什么事，皆惊异不已。贾母脸色突变，用颤抖的声音问道："怎么……"趴在地上贾琏面如死灰，接连磕了三个响头后，抬起身说："贵妃娘娘……薨了！"屋内，顿时鸦雀无声，大家相互沉默，仿佛空气凝固了。

剧中呈现的场景，与原著大相径庭。在原著后四十回中，第八十三回写元妃染疾，第八十六回写元妃托梦给贾母，暗示自己在宫中处境险恶；第九十回写元妃之死，年仅 43 岁。元妃病重期间，贾母等前去宫中探视。元妃人事不省，命悬一线。贾母上前说了些安慰话，元妃似乎听明白，但不能言语。受礼制约束，探视不仅有时间限制，就连元妃的父亲贾政，也只能通过递入名片问候。元妃死后，贾母、王夫人等强忍悲痛，贾政一路悲泣。过了几天，元妃灵柩停厝于庙寝，贾母等人参加了葬礼。丧事办完后，贾母等人回到府内，发现宝玉的玉丢了，竟突发疾病，不能说话，只是一味傻笑。到了正月十七日，王夫人胞弟王子藤在回京途中，不幸染上风寒，后误药而死。王夫人得知死讯，心疼难忍，被彩云扶到炕上。遗憾的是，这些故事情节，在剧中被全部删除。

5. 陈述

凤姐给王夫人：第二十七集，贾母房中的丫鬟傻大姐，捡到一件象征男欢女爱的十锦春意香囊，交给了邢夫人。邢夫人仔细端详一番后，让王善保家的转给王夫人，暗指大观园风纪不严，故意让管理家政的王夫人和凤姐难堪。

凤姐管家有年，深感问题严重。傻大姐心性愚顽，无知无识，常游走于规矩之外。因贾母喜欢，纵有失礼之处，众人也不会有太多苛责。

邢夫人与王夫人妯娌间面和心不和，邢夫人与儿媳凤姐的芥蒂很深，早为人所共知。在凤姐堂屋，王夫人对凤姐说，这种事如果传出去，别说贾府颜面丢尽，就连她本人也难逃失察之责，凤姐双膝跪在炕边，眼里噙着泪花，吓得说不出话来。王夫人转而安慰道："你起来。我也知道你不会这样轻薄，不过我气急了，拿话来激你。"

6. 坦白

（1）小厮旺儿、兴儿给凤姐：第二十六集，在国丧和家丧期间，贾琏违背礼法，悄悄在外面偷娶尤二姐。为弄清真相，凤姐决定先审旺儿，再审兴儿。旺儿是荣国府的男仆，专门替凤姐放账收款。而兴儿是贾琏的心腹小厮、跟班前卫，平时唯主子马首是瞻。在凤姐堂屋，跪在地上的旺儿，说自己实不知情，不敢乱讲。于是，凤姐朝门外高声喊着兴儿的名字，兴儿被吓得张口结舌地愣了半天。兴儿跪在地上，凤姐坐在凳子上，摆出一副不怒自威的架势。

刚开始，兴儿还想隐瞒，但在凤姐的威逼下，只好说出了实情：原来在送贾敬出殡回来的路上，贾琏有了纳妾的想法。在贾蓉的怂恿下，贾琏在小花枝巷为尤二姐买了房，还供出尤二姐与张华的婚姻是双方家长"指腹为婚"的，贾珍给了张华一些银子后，就予尤二姐退了亲。说完，磕了头，爬起来退至门口。

（2）秋桐、善姐向贾琏：第三十四集，平时贾琏因受制于凤姐，如今见大权旁落，乃落井下石，打击报复，竟当着邢夫人、王夫人、贾珍、尤氏、周瑞家的及众丫鬟和婆子的面，揭发凤姐当初犯下的两条命案。贾琏对邢夫人道：三年前，在贾珍的撮合下，他娶了尤二姐，谁知刚结婚半年，一个好端端的人，竟不明不白地死了，此事秋桐可以做证。跪在邢夫人面前的秋桐呜呜地哭起来。一旁的贾珍趁机火上浇油，对邢夫人说："这可是人命关天的事啊！"贾琏质问秋桐："尤二姐哪点对不起你？"秋桐哭诉着心中的委屈，说自己被善姐算计了。

接着，贾琏向门外大声喊道："带善姐！"一小厮应声把善姐推进屋来做证。善姐跪在地上，泣不成声。善姐："不是算命的，是……二奶奶……让我编出来骗姨奶奶的……"凤姐指着善姐，说她胡说八道。贾琏问善姐："尤二奶奶是你服侍的是不是？"善姐："是。"贾琏拍着桌子，令善姐老实交代，善姐放声大哭道："都是二奶奶吩咐我干的！"

（3）兴儿、旺儿给邢夫人和王夫人：第三十四集，贾琏当着邢、王二夫人的面，说凤姐还犯有一条命案。兴儿应声进屋后，乖乖地跪在两位夫人面前道："二奶奶让旺儿想办法把张华弄死，先打发我给张华送银子，后让张华到都察院状告二爷在国孝家孝中，背旨相亲，仗财依势，强逼退亲，停妻再娶。"王夫人问凤姐，此事是否属实？凤姐死死盯着旺儿，仿佛什么也没有听见。旺儿："二奶奶又指使张华状告东府的小蓉大爷，小蓉大爷托人说了，才把案子结了，又给了张华一百一十两银子……"接着，邢夫人问道："张华究竟是死是活？"旺儿磕了个响头道："二奶奶担心张华把事情张扬出去，就打发奴才，把张华弄死。奴才在外面躲了几天后，回来对二奶奶说，张华被抢劫的打死了。"这时，贾珍悄悄给贾琏递了个眼色，两小厮应声把张华推进屋来。凤姐见大势已去，"扑通"一声，跪在王夫人面前，只觉得眼前一片漆黑，昏死过去。

7. 训骂

王夫人训斥白老媳妇：第十四集，在王夫人房内，金钏儿跪着向王夫人哭诉，恳求念及自己多年侍候的份上，饶她这次。王夫人哪会在乎一个小丫头的哀求。白老媳妇带着次女玉钏儿刚进屋，见长女金钏儿跪在地上，心里很不是滋味。王夫人指着金钏儿，对白老媳妇破口大骂，只听咚的一声，白老媳妇羞愧地向王夫人跪了下去。

原著中的白老媳妇是荣国府婆子，其长女金钏儿和次女玉钏儿，都是王夫人身边的丫鬟。金钏儿因漠视封建礼法挑逗贾宝玉，白老媳妇不敢争辩，后金钏儿跳井自杀。

8. 告状

第十五集，在荣国府仪门内，贾环与几个小厮在院子里嬉戏打闹，贾政令其站住。贾环吓得骨软筋酥，忙跪在地上。贾环拉住父亲的官袍，说金钏儿之死，只有母亲房里的人知道，叫父亲不要生气。贾政担心贾环的话被其他人听见，便向四周看了看，小厮们知趣地离开了。贾环仰着头，继续对父亲道："我母亲说，宝玉哥哥前儿在太太屋里，拉着金钏儿就要强奸。后来母亲知道了把金钏打了一顿，金钏赌气就跳井死了。"贾政听信贾环谗言，顿起暴打宝玉之心。

9. 申述

柳五儿给平儿：第二十二集，夜晚，柳五儿偷偷溜进大观园，让春燕把一包茯苓霜交给好友芳官。因担心园子关门出不去，路上走得快，不料遇到查夜的林之孝家的一干人。林之孝家的联想到王夫人柜子里不久前少了一瓶玫瑰露，加之夏婆子在旁边教唆和莲花儿的添油加醋，林之孝家的便怀疑王夫人柜子里的东西被柳五儿偷了。于是，将母女俩押到凤姐外屋，等候凤姐发落。平儿从屋子里出来，转述了凤姐的话：把柳家媳妇打四十板子，撵出去，不许再进二门；打柳五儿四十板子，立刻交给庄子或卖或配人。柳五儿一听，扑通一声，跪在平儿面前，忙申述冤情。

10. 处置

第二十四集，在红香圃厅内，贾探春在下围棋。林之孝家的和众女仆站在厅外，令彩儿之母跪在台阶下，静候贾探春发话。

在原著第六十二回中，丫头彩儿仅出现过一次，既无前文，又无后文。作为荣国府管家林之孝家的，也没有说明彩儿之母在惜春屋里究竟犯了何事。原著交代得含糊其词，贾探春也没有深问。以后，书中就再也没有提到这对母女了。

11. 告别

第二十集，晴雯生病因没有得到丫头的及时照料，就把怨气发到坠儿身上。在怡红院暖阁房，晴雯大骂坠儿，坠儿吓得直往后躲。突然，晴雯从枕边取出一头尖细、一头较粗的首饰，对着坠儿的手一阵乱戳，坠儿疼得大喊大叫。麝月忙过来劝晴雯，说等你的病好了，怎么教训她都行。晴雯叫宋嬷嬷进来，借贾宝玉之口，说坠儿很懒，连袭人使唤都喊不动，背地还骂人，今天务必要把她撵出去。晴雯："快叫她家的人来领她出去。"坠儿之母进屋后，一面训斥坠儿，一面向晴雯、麝月求情。晴雯："你这话只能给贾宝玉说，与我们无关。"就在坠儿母女准备离开时，宋嬷嬷用教训的口吻对坠儿的母亲说："怪道你这嫂子不知规矩，你女儿在这屋里一场，也给姑娘们磕个头，怎么说走就走？"坠儿转身进屋，给晴雯和麝月磕了头，才唉声叹气地离开。

剧中的宋嬷嬷，是原著中的宋妈，被分配在怡红院打杂。坠儿因偷了平儿的虾须镯，被宋妈告发，宋妈还把坠儿的母亲教训了一顿。晴雯被逐出大观园后，宋妈曾数次受宝玉和袭人之托，送钱送物。

12. 听旨

第三十四集，忠顺王爷、贾雨村、王府长史等刚步入荣禧堂，仇都尉忙上前施礼："请王爷宣旨。"忠顺王爷站在堂上首位，向众人扫视了一下，神色庄重地宣布："贾赦、贾政、贾琏听旨！"贾赦、贾政、贾琏"扑通"跪下。忠顺王爷："听旨：……贾赦、贾政、贾琏革职，交部严加议处！钦此。"接着，又向门外大喊一声，众府役涌进院内，将贾赦、贾政、贾琏一一按住，分别带上枷锁。

原著中的忠顺王府与贾府素无交往，两家关系一直不好。

十一、惩罚

（一）规矩形式

《史记·礼书》云："人道经纬万端，规矩无所不贯，诱进以仁义，束缚以刑罚。"① 剧中的惩罚形式有惩戒、责罚、处罚。

（二）惩罚规矩来源

从"惩"的字形来看，上面的征字，有警诫和处罚之意。罚的繁体字为"罰"，表会意，从詈、从刀；"詈"是会意字，有责骂之意；"刀"为利器，有判断、辨别之意；代指刑法，以恶言触犯刑法，必然受到不同形式的惩罚。②

《说文·刀部》云："罰，罪之小者。"③ 从罚的本义来看，一般指对轻微违法行为的惩处。"罰"从网、从言、从刀。"网"有网罗之意，用以控制事物，使其失去自由的器具，此为"罰"的方式；"言"为语言、言辞，指对有过错行为的斥责；"刀"为开刀问斩，指对身体的惩治，即体罚。"罰"上有横"目"，表示有令人侧目或愤怒之事，以言相斥，罚之体肤。

上古时，有"五罚"之制。《尚书·吕刑》云："五刑不简，正于五罚。"④ 指罪行不能定案时，是不能判处五刑的。《魏书·西域传·于阗》有"其刑法，杀人者死，余罪各随轻重惩罚之"⑤ 的记载。随着词义不断变化，"罚"还有说出和表达的意思。元代戏曲家关汉卿在《窦娥冤》第三折云："不是我窦娥罚下这等无头愿，委实的冤情不浅。"⑥ 这里的"罚"，有说出之意。

（三）剧中呈现

1. 撵出贾府

第二十七集，宫中老太妃薨后，贾母、邢夫人和王夫人天天入朝守制，加

---

① 李明亮. 中国古典文学文库史记［M］. 长春：吉林摄影出版社，2002：244.
② 李土生. 土生说字［M］. 北京：中央文献出版社，2015：209.
③ 彭文芳. 古代刑名诠考［M］. 沈阳：辽宁大学出版社，2015：184.
④ 吴汝纶. 尚书故［M］. 上海：中西书局出版社，2014：302.
⑤ 魏收. 魏书［M］. 北京：中华书局，1974：1383.
⑥ 关汉卿著. 张中莉编. 窦娥冤［M］. 太原：山西古籍出版社，1997：32.

之凤姐生病，大观园疏于管理，接连发生了几起意想不到的事情。先是王夫人房里的玫瑰露被盗，后是贾琏偷娶尤二姐。接着，尤三姐刎颈自尽，园内众仆妇白天睡觉，晚上吃酒赌钱，一时乱象迭出，两府哗然。不久，还发生了迎春奶妈开设赌局的事件，包括林之孝的两姨亲家、厨房柳家媳妇的妹子、小庄家八人和其他人员，共有二十多人卷入其中。贾母一气之下，命人烧毁赌具，将赌资分给众人，还把为首的三个大庄头全部撵出贾府。

第二十二集，柳五儿悄悄溜进大观园，把一包茯苓霜送给了怡红院的好友芳官。在回来的路上，正遇到查夜的林之孝家的一干人。林之孝家的认为柳五儿形迹可疑，将其押至凤姐处。凤姐认为王夫人屋里丢失玫瑰露是五儿偷的，让平儿传话，将其母女俩各打四十大板，永不许五儿之母进二门，把五儿交给庄子配人。后经平儿劝说，凤姐才改变了主意。

2. 打屁股

第十五集，贾宝玉到水月庵祭奠金钏儿，不料刚一回家，就遇到其父。贾政见儿子垂头丧气，兼之先前与贾雨村见面时迟迟不肯出来，后忠王府长史官到荣国府寻找琪官下落，宝玉开始还矢口否认，直到长史官拿出两人交换的汗巾，才被迫说出实情。贾政认为贾宝玉与戏子交往，有失贾府颜面，加之金钏儿之死，贾环从中搬弄是非，诬陷贾宝玉强奸金钏儿未遂，令贾政非常生气，便产生了暴打贾宝玉的念头。

按传统礼教，父亲管教儿子，旁人不应干涉。剧中，贾政直挺挺地坐在椅子上，泪流满面，不断重复着："拿宝玉！拿大棍！拿绳子捆上！把各门都关上！有人往里头传信，立刻打死！"根本听不进清客相公的好言相劝。这时，一婆子步履蹒跚地从门前经过，贾宝玉立刻跨出门槛，一把拉住婆子，上气不接下气地说："快……快去告诉（贾母），老爷要打我，快去，快去，要紧，要紧……"几个小厮忙拥着贾宝玉过来，贾政："堵起嘴来！着实打死！"宝玉被小厮们七手八脚地按在凳子上，一小厮举起大板，打得不轻不重。贾宝玉挣扎了两下，一声未吭。贾政顿时火冒三丈，从椅子上跳起来，伸手夺过板子，一脚把小厮踢开，用力挥打起来，打得贾宝玉"哎哟""哎哟"叫个不停，直到气弱声嘶。

3. 打手心

第五集，贾敬生日这天，合族皆来祝寿。在宁国府后花园里，贾瑞在园中假石山处与凤姐不期而遇，想占凤姐便宜。从九月到十一月，贾瑞接二连三找凤姐，好不容易才在这找着。凤姐是个聪明人，让丫鬟给贾瑞上茶，假意客气，相约晚上见面，暗忖道：让"他知道我的手段"。到了晚上，贾瑞偷偷溜到过堂，自投罗网，结果被困一夜，好不容易挨到天亮，害得其祖父母一夜未睡。

贾瑞的祖父贾代儒，是贾府义学堂塾师，对孙子一味严厉。天亮后，贾瑞回家谎称："我去舅舅家了，天黑了，舅妈留我住了一夜。"坐在靠椅上的贾代儒见孙子一派谎言，气得用拐杖捣地："胡说，自来家规，非禀告我不许擅自出门，凭你撒谎就该打！"令其跪下，用板子狠狠打手心。贾瑞道："爷爷，别打了！别打了，爷爷！"痛得"哎哟——"直叫。这是根据原著第十二回的故事情节改编的，原著中还有不许贾瑞吃饭、罚跪在院内读书的情节。

4. 打板子

第六集，在秦可卿治丧期间，受贾珍之托，凤姐协理宁国府。上任伊始，发现宁国府内部管理混乱，存在不少问题：一是人口混杂，东西遗失；二是事无专执，临期推诿；三是需用过费，滥支冒领；四是任无大小，苦乐不均；五是家人豪纵，有脸者不能禁束，无脸者不能上进。此五条，不仅是宁国府的痼疾，也是其他贵族大家庭的弊端。

为做到令行禁止，凤姐雷厉风行，宣布各班丫鬟、婆子具体负责之事，要求各司其职，不准迟到。凤姐下令："如今有了定规，以后哪一行乱了，我只和哪一行说话。"每天按名查点，各班丫鬟、婆子深知凤姐的厉害，兢兢业业，不敢苟安。一次，一婆子上班迟到，担心被罚，便跪在地上，恳求饶她一次。凤姐来了个"下马威"，微微冷笑道："睡迷了，明儿我也睡迷了，后儿她也睡迷了，将来都没了人了。本来要饶你，只是我头一次宽了，下次别人就难管了，不如现开发的好，带出去，打二十板子！"并掷下对牌道："出去告诉赖升，革她一个月银米！"赖升媳妇捡起对牌，带着八九个仆妇，拖着婆子朝门外走去。不久，门外传来"啪！""哎哟——！""啪！""哎哟——"的声音。

5. 塞马粪和土

第三集，焦大是宁国府老奴，曾与宁国公贾演出过三四回兵，从死人堆里把太爷背出来，还偷东西给主子吃，宁愿自己挨饿，得了半碗水也给主子喝，自己只喝马尿。仗着是宁国府大恩人的情分，以及当年立下的赫赫功劳，常以功臣自居。事实上，自贾演死后，宁国府的子孙们寡恩薄情，从来没有把焦大放在眼里。如今年迈体弱，一味好酒，又不顾及体面，醉后无人不骂。

纵观贾府，从贾代善、贾代化始，贾府后嗣子孙，大多胸无大志，放荡奢侈者多，运筹帷幄者少，上不能报国，下不能齐家，老祖宗"九死一生挣下的这个家业"将毁于一旦。这对于一个颐养天年的奴才来说，无疑是最不愿意看到的事。

在宁国府仪门外，焦大仗着酒劲，大骂贾珍、贾蓉父子忘恩负义。接着，又骂管家赖二办事不公，欺软怕硬，对黑更半夜安排他护送秦钟回家，深感不满："你们没有良心的王八羔子，像这样黑更半夜送人的事你就派我，你也不想想，焦大爷翘起一只脚，比你的头还高些。"正当焦大骂得起兴，适贾蓉陪凤姐坐车回府。众人喝他不听，贾蓉忍不住回敬了几句，谁知焦大得寸进尺，越发大叫起来。在车上，凤姐对贾蓉道："蓉儿，还不打发了这个没王法的东西！留下这个祸害，让亲友们知道了，还不笑话咱们这样的人家，连个王法都没有吗！"未等凤姐把话说完，众小厮一拥而上，将焦大掀翻在地，往其嘴里塞满了马粪和土。焦大仍无所畏惧，大声喊道："放开我！我要到祠堂去，哭大爷去。哪承望如今生下这些畜生来呀！你们要干什么！你们整天偷鸡戏狗，爬灰的爬灰。"爆出宁国府丑闻，表现了对宁国府的忠心。

在贾府男性仆人中，焦大资历最老。他疾恶如仇，心性耿直，什么话都敢说。原著对焦大虽着墨不多，全部集中在第七回。而焦大自取其辱的原因，在于没有意识到在等级森严的贾府，维系"礼"的核心，其实是一个人的身份。对贾府而言，焦大虽有恩同再造的资本，但在年轻主子面前，其仆人身份仍没有发生改变，不明白这个道理，必然是自食其果。

6. 捆

第二十七集，贾母八十大寿的一天晚上，尤氏到荣国府帮忙，见园中正门和东西角门未关，灯也未灭，便吩咐丫鬟银蝶去找当班仆人。银蝶到议事厅，对两个分菜果的婆子说："东府奶奶有话吩咐。"一听说是东府的尤氏，一婆子漫不经心道："管家奶奶们才散了，我们只管看屋子，不管传人，姑娘要传人，再派传人的去。"另一婆子也讥讽道："各家门，另家户，排场你们那边人去。"银蝶被气得脸色发青。

对婆子的失礼，尤氏本想等老太太的生日过后再去理论，有人殷勤讨好，主动帮尤氏解气。适周瑞家的刚好从园中经过，忙跑到怡红院，先安慰了尤氏一番，然后把事情经过告诉了凤姐。当晚，周瑞家的命一小厮，到林之孝家传凤姐的话，把两婆子捆起来，交给看守马圈的人。

7. 打耳光

第十七集，凤姐生日这天，因喝得有点高。在平儿的搀扶下，趔趔趄趄地朝西南侧穿堂走去。善姐一见是凤姐，转身便跑。凤姐厉声呵斥道："站住！"善姐仍不顾一切地往前跑，凤姐一屁股坐在小院台阶上，怒喝善姐"跪下"！凤姐对平儿说："拿绳子和鞭子来，把这眼睛里没有主子的小蹄子打烂了。"善姐哭着对凤姐叩头，恳求饶命。凤姐："我又不是鬼，你为什么见我就跑？"善姐："我没看见奶奶来，记挂着房里没人，所以跑了。"凤姐："既没人，谁让你来！

你还跟我犟嘴!"说着,给善姐一记耳光,善姐头一歪,又被打了一巴掌。

在贾府,主子特别忌讳谈与性有关的话题,认为那是伤风败俗、有辱门风的事。第二十八集,傻大姐把拾到的十锦春意香囊交给了邢夫人,邢夫人又原封不动地转给了王夫人。明眼人一看,这是邢夫人蓄意向手握实权的王夫人、凤姐发起的攻击和挑衅。在学者指出:王夫人是那种把仇恨深深埋藏在心底的人,一旦有机会,她就会绝地反击。①

到了晚上,王善保家的奉王夫人旨意,带着管家媳妇,以查赌为名,企图找到那个伤风败俗的人。在袭人的房间,这伙人把四角、门背后、窗台及炕席下全搜了过遍。王善保家的让袭人把炕上箱子打开,谁知脾气刚烈的晴雯拖着病体走到炕前,"豁"的一声把箱子倒了个底朝天,里面什么也没有。折腾一阵后,又来到潇湘馆丫头下房,仅在紫鹃的箱子里,抄出贾宝玉的两副寄名符、一副披带、两个荷包和两把扇子,空高兴一场。在秋爽斋院门,探春命侍书、翠墨打开箱子和柜子,对众人怒视道:"你们都搜查清楚了吗?"周瑞家的赔笑道:"都翻清楚了。"王善保家的从人群中挤了过来,故意上前掀了掀贾探春的衣服。贾探春怒不可遏,打了王善保家的一巴掌。剧中场景,反映了荣国府长房和二房之间错综复杂的矛盾。

8. 轻微处罚

在贾府,对仆人的一般性惩戒,指用拐棍、板子或皮鞭等打人;举手便打,是最轻微的处罚。第二十七集,抄检大观园,最先是王善保家的挑起的,不幸成为荣国府邢、王两夫人内斗的牺牲品。

原著第七十四回描写抄检大观园,最先从上夜的婆子抄起,次抄怡红院,再抄秋爽斋。剧中,王善保家的挨了贾探春的一记耳光,虽说打的是王善保家的,分明打在邢夫人脸上。王善保家的原本想在怡红院搜出点什么,结果什么也没有抄到,唯独在自己外孙女司棋处人赃俱获。因司棋是迎春的丫头,而迎春又是邢夫人名义上的女儿。在这次抄检事件中,邢夫人虽没有直接出面,却在背后扮演了不光彩角色。邢夫人认为这是王善保家的惹的祸,顺手把王善保家的打了几巴掌,意在表明王善保家的撺掇王夫人抄检大观园,与她没有任何关系。

---

① 风之子. 风语红楼 3 梦流年 [M]. 北京:知识产权出版社,2018:328.

第三节　剧中主要习俗呈现和礼俗来源

一、认干爹干妈

（一）习俗形式

认干爹干妈，是民间为小孩护生纳吉的一种习俗。就其形式而言，可为实物，也可以是非人非物的鬼，以乞求孩子健康成长。因地域、民族和文化背景不同，而存在一定的差异。

从程序上看，先择吉日，后举行仪式。举行仪式时，小孩的父母除要准备丰盛的酒席，还要替小孩预备孝敬干爹、干妈的礼物。在这份特殊的礼物中，最重要的是要送干爹帽子、送干妈鞋子，并配上衣料类物品。当然，干爹干妈也要回赠礼物，如饭碗、筷子、长命锁或小衣服、鞋袜、帽子、围嘴、兜肚等。

（二）认干爹干妈习俗来源

认干爹干妈习俗，在我国流传已久。究其原因：一是古代医疗条件差，家长担心孩子难以养大，以拜干亲之名，保全孩子性命；二是恐孩子八字大，克父母，通过这种形式转移命相，使家道昌盛。认干爹干妈的仪式，须择良辰吉日。据载：在河南省周口市民间，由干娘缝制一条不连档的裤子，让干儿女从裤裆中钻过，以示干娘亲生。此外，干娘每年还要为干儿女"挂锁"：在一枚铜钱上，穿根红线，挂在干儿女脖颈上，一岁穿一枚，直到 12 岁"脱锁"，意为长大成人。①

在我国少数民族白族家庭中，子女体弱多病，或智商不高，或学无长进，大多数家长认为，这是受命中某种先天不足的因素干扰所致，须拜干爹干妈，以脱其锐气来弥补不足。被认作干爹干妈者，得给干儿女赐名，在成长过程中，还要付出一定的时间、精力；两家大人平时以亲家相称，彼此关照。②

（三）剧中呈现

1. 贾芸认贾宝玉为干爹

第十一集，贾芸是后廊上五嫂的儿子，属贾府"旁主人"之列。因伶俐乖觉，长得斯文清秀，贾宝玉竟脱口而出："倒像我的儿子。"一句玩笑话，贾芸

---

① 郑一. 中国人应知道的民俗知识［M］. 北京：中国纺织出版社，2016：108.

② 马学良. 中国少数民族民俗大辞典［M］. 呼和浩特：内蒙古人民出版社，1995：169.

却信以为真，拜倒在贾宝玉膝下。贾芸："俗话说，'摇车里的爷爷，拄拐棍的孙子，'山高高不过太阳，宝叔不嫌侄儿笨，认我做儿子，那是我的造化了。"

原著中，贾芸给贾宝玉写信，称其为"父亲大人"，信末写"谨奉书恭启，并叩台安"，署名为"男芸，跪书"，硬要傍贾宝玉为父。事实上，贾芸的年龄比宝玉还要大三四岁。为揽到大观园的美差，贾芸以一手拍马屁的功夫，终于揽到了种树工程。完工后，净赚了100两银子，看来这个干儿子没有白当。

2. 薛宝琴认王夫人为干妈

第十九集，贾母堂屋里，站着不少人。王夫人抚摸着薛宝琴的头，眼里充满疼爱。这时，与胞兄王仁话旧的凤姐见此情景，忙对王夫人笑道："太太既然这样喜欢宝琴，何不索性认她做干女儿呢?"王夫人与薛姨妈相视一笑，薛姨妈给薛宝琴递了个眼色，薛宝琴乖巧地跪下去，并甜甜地叫了声："干妈好!"王夫人笑道："好! 好!"

薛宝琴是宝钗的堂妹，是第四十九回出场的，曾在贾府住过。因才华出众，又见过世面，是红楼儿女中纯真而少有悲喜的人物。在原著前八十回中，曹雪芹为读者留下了两个费解之谜：一是在第五回金陵十二钗正册中，连最小的贾巧姐都在册内，与贾府关联不大的妙玉也并列其中，唯独没有薛宝琴；二是在第五十七回中，说薛宝琴已许配给梅翰林之子，但直到前八十回结束，书中再也没有透露其任何个人信息。

二、赏钱

（一）习俗形式

赏钱，一般指地位高的人给地位低的或长辈给晚辈钱财。

（二）赏钱习俗来源

在《南史·宗越传》中，有赏钱买马的记载："家贫无以市马，刀楯步出，单身挺战，众莫能当。每一捷，郡将辄赏钱五千，因此得买马。"①《金史·食货志四》曰："旧制，捕告私盐酒麹者，计斤给赏钱，皆徵于犯人。""酒麹"，指酿酒用的麹，也称酒母。另外，也有学者认为，"赏钱"与"点戏"习俗相伴而生。这"对于戏班和艺人来说，赏钱是戏金之外的收入。早期的赏钱，往往是现钱交易，点戏的人把钱放在托盘上。民国后，逐渐演变为用红纸包裹，故赏钱亦称红包"②。

---

① 张家林. 隋·南史·北史全书［M］. 北京：中国戏剧出版社，2007：214.
② 中国戏曲志编委会. 中国戏曲志河北卷［M］. 北京：中国 ISBN 中心，2000：55.

旧时，赏钱名目繁杂。据唐代崔令钦的《教坊记》载："凡欲出戏，所司先进曲名，上以墨点者即舞，不点者即否，谓之'进点'。"① 这些在江湖上求衣觅食的艺人，每到一地演出，掌班拿着"戏目折子"，请当地官绅或地头蛇点戏，以期得到庇护。点戏者，一般都要给主要演员一定赏钱，称为"红封"。赏钱打发多少，视剧目难易程度而论。难度较大者，赏钱加倍。② 清末学者张桐在《杜隐园日记·光绪三十四年三月二十五日》中云："是日，周宅请寿酒，下午有雨，有寿戏，班名'新益奇'。日间，在荣场庙做戏；是夜，在宅内扮演。昨晚吃闹夜酒，坐观寿戏演出，即回寝间。是晚，周维新、林蕴山点戏极多，约费赏钱数十千文。"③

为了讨好观众，戏班有时也举行一些仪式性演出。如跳五福、跳加官、跳魁星、跳财神、跳龙凤等，以祝福东家、乡邻，或升官发财，或多子多福。这些仪式性演出，"意在使对方给戏班赏钱，这是戏班敲官绅竹杠的一种手段"④。在演堂会，通常达官贵人临场，或戏班会停止正常演出，或为新来者跳加官戏，说完吉祥话后，才开赏。"大致每次，至少大略有个八吊十吊，或至纹银一二两至四五两不等。有时一次堂会，能跳十几次至几十次，则戏班收入，亦不在少数矣。"⑤

（三）剧中呈现

1. 助兴赏钱：第七集，在刚落成的省亲别院大门，十几个小厮没大没小，把宝玉围得水泄不通，恭维他中了头彩，纷纷讨要赏钱。贾宝玉洋洋得意道："一人一吊钱！"第十七集，凤姐生日这天，在荣国府花厅内，当菜上五味，酒过三巡，一阵觥筹交错之际，几个耍百戏的小演员纷纷给凤姐施礼。已酩酊大醉的凤姐吩咐尤氏预备赏钱。

2. 节日赏钱：第二十一集，（夜晚）贾母与众人在荣国府大花厅欢度一年一度的中秋节，众人边喝酒边听戏。到了下半夜，贾蓉与一群小厮在院内燃放烟火，那五光十色的花炮飞向夜空，爆炸声震耳欲聋。丫头琥珀突然从外面走进来，向贾母禀告，说刚才小太监口谕："娘娘所制灯谜儿，大家都猜中了，是爆竹。"院子中央的一块青石板上，放着足有一尺长的大爆竹，引线拖出足有三尺多长，凤姐壮着胆子将其引燃。随着一声巨响，贾母忽然喊了声"赏"，几个

---

① 中国戏曲研究院. 中国古典戏曲论著集成 1［M］. 北京：中国戏剧出版社，1959：12.

② 刘景亮. 中原文化大典［M］. 郑州：中州古籍出版社，2008：177.

③ 叶大兵. 瓯剧史研究［M］. 北京：中国戏剧出版社，2000：33.

④ 中国戏曲志编委会. 中国戏曲志甘肃卷［M］. 北京：中国 ISBN 中心，2005：94.

⑤ 齐如山. 戏班［M］. 北平国剧学会初版，1935：89.

婆子、小厮捧着簸箩从门内出来，向台上撒钱。夜空中，爆竹声、撒钱声、竹板声、笑语声，交响齐鸣。

三、喝茶

（一）习俗形式

上茶是中国人的待客习俗。剧中呈现的饮茶场景别具一格。作为"钟鸣鼎食、诗礼簪缨之家"的贾府，其饮茶习俗在不同角色或不同场合中，都被赋予不同的文化意义。

（二）喝茶习俗来源

我国是茶叶的原产地。在古代，上至帝王将相，下至文人墨客，都有饮茶习好。周代，茶叶被上层社会奉为珍品。在茶学史上，西汉王褒的《僮约》，堪称我国最早记录茗饮风尚的文献，书中的"烹茶尽具"之句，反映了当时贵族阶层的饮茶情景。①

三国魏晋后，饮茶习俗在我国逐渐流行起来。到了两晋南北朝时，饮茶之风日盛。② 至唐代，品茶已成时尚。被誉为"茶圣"的陆羽，在《茶经》中有"茶之为饮，发乎神农氏，闻于鲁周公"③ 的记载。宋元以后，国人敬茶成风。据《萍洲可谈》卷一载："今世俗客至则啜茶，去则啜汤。"可见，饮茶深受国人喜爱。"从元、明、清至今，饮茶之风，久兴不衰。"④

（三）剧中呈现

1. 敬茶

俗语说：开门七件事，柴米油盐酱醋茶。敬茶是国人传统的待客习俗，也是贾府日常生活中常见的待客之物。第一集，林黛玉在拜见外祖母、两位舅母、表嫂和三个表妹后，丫鬟们便献上茶来。林黛玉拜见二舅贾政时，丫鬟也向林黛玉上茶。第五集，一丫头引着贾瑞来到凤姐房间，凤姐："平儿，快给瑞大爷倒茶！"平儿应声托着茶盘进来。第六集，在宁国府管事房内，旺儿家的递上宁国府对牌和批票道："明天上午凤姐要来上任。"众人忙招呼旺儿家的坐下，并请她喝茶。第八集，在荣国府大门外，一太监下马后，走到贾母面前笑吟吟地道："老太太，娘娘未初一刻用过晚膳，未正二刻到宝灵宫拜佛，酉初一刻进大明宫领宴请旨，只怕戌初一刻才能起身呢。"贾母："这么说是早着呢！这位公

---

① 潘城. 一千零一叶故事里的茶文化［M］. 上海：上海文化出版社，2017：15.
② 陈宗懋等. 中国茶经［M］. 上海：上海文化出版社，2011：716-717.
③ 同上.
④ 魏琴. 品茶与保健［M］. 上海：上海科学技术出版社，2001：2.

公请进去用茶。"

剧中，凡有客人到贾府拜访，主人都要敬茶。在喝茶前，主人先洗手，与客人相对而坐，用右手将茶杯放到客人面前，客人双手捧着茶杯，不离案台。第三集，周瑞家的拉着刘姥姥的外孙板儿，冲着小丫头道："快给刘姥姥倒茶！这是板儿吧？都长这么大了！"周瑞家的请刘姥姥坐下。这时，一丫鬟端来一盆水，周瑞家的洗完手后，吩咐丫头给刘姥姥上茶。周瑞家的用右手将茶杯放到刘姥姥面前，刘姥姥双手接过茶杯。

2. 上茶、献茶

第十一集，贾宝玉到潇湘馆探望林黛玉，林黛玉从床上坐起来，适紫鹃从外面进来，宝玉笑着对紫鹃道："把你们的好茶倒一碗来给我吃吃。"紫鹃："我们这里没好茶，要好的，只有等袭人来。"林黛玉："别理他，你快给我舀水来洗脸。"紫鹃："他是客，自然要先倒茶。"说着，就去倒茶。第十五集，忠顺王派长史官到荣国府寻找蒋玉涵，贾政忙整衣迎客。归座后，叫小厮献茶。

第二十三集，贾宝玉生日这天，门口挤满了上人，有贾探春、史湘云、薛宝琴、邢岫烟、贾惜春等。当她们走进外间大门，贾宝玉忙迎出来，笑道："请外间坐，快预备好茶。"进屋后，袭人上茶。可见，贾府的主子、仆人平时都喜欢喝茶。可以肯定的是，贾宝玉平时喝的茶与他人应有所区别，故生日待客的肯定是好茶。

3. 显示地位和身份

第十四集，贾政随长史官走进大厅，赔着笑脸道："大人请坐。"待主客坐落后，不及寒暄，一小厮先给长史官上茶，因长史官是奉王爷之命来寻找琪官的。

第十五集，在平儿、周瑞家的和张材家的陪同下，刘姥姥前来拜见贾母，丫鬟们忙先给贾母上茶。然后，才给刘姥姥和板儿上茶。

第十六集，贾母带着刘姥姥等在藕香榭吃了些点心后，来到栊翠庵喝茶。众人走进院中，妙玉捧着海棠花式雕漆填金云龙献寿的小茶盘，给贾母献茶。贾母直言道："我不吃六安茶。"贾母的话，既是对自己的尊重，也是对妙玉的尊重，更是对茶道的尊重。其实，妙玉早准备好了"老君眉"。事实上，"妙玉给贾母上的茶有讲究，泡茶的水也有讲究。六安茶是安徽名茶，分白茶和明茶两种。茶叶叶片上有茸毛的叫白茶，无茸毛的叫明茶。贾母不喝六安茶，应该是不喝档次相对较低的明茶"。贾母又问妙玉："这是什么水啊？"妙玉："是旧年蠲的雨水。"贾母喝了两口，笑着递给刘姥姥，刘姥姥接过后一饮而尽，口里念道："好是好，就是淡了些，要再熬熬就好了。"因身份和地位的悬殊，刘姥姥不懂品茶之道，还嫌妙玉泡的茶太淡，凸显老祖宗高贵的身份。

4. 表现人物心理活动

第一集，林黛玉刚到外祖母家，贾母特地安排了一次小型家宴。吃完饭后，林黛玉照着贾探春的样子，先漱口、洗手，然后才喝茶。林黛玉在家时，父亲常教导她，要爱惜身体，饭后要喝茶，才不会伤胃。林黛玉见外祖母家吃茶的规矩与自己家略有不同，马上就改了过来。一般人都认为林黛玉不食人间烟火，不懂人情世故。从剧中林黛玉呈现的言行举止来看，反映出缜密的心理特征。

第四集，在梨香院正房里间，贾宝玉掀帘进屋，忙问薛宝钗的病情。薛宝钗正坐在炕上埋头做针线活，抬头一看是贾宝玉，忙招呼到炕沿边坐，并叫莺儿倒茶。

第十六集，在栊翠庵耳房，妙玉用成窑杯给贾母奉茶，贾母把吃剩下的给刘姥姥喝。一道婆收拾茶具时，妙玉命其把成窑杯撂到外面去。贾宝玉知道妙玉嫌弃刘姥姥，说："干脆送给那个穷婆子吧，卖了也可以度日，你说可行？"妙玉一听，冷笑道："这幸亏是我没用过的，要是我用过的，即便砸了也不给她。"

妙玉是栊翠庵的年轻道姑，曹雪芹为其下的判词是："天生成癖人皆罕。"受红尘声色货利影响，妙玉虽远避凡尘、离群索居，然尘情未断，六根不净，始终放不下自身的固执和偏见。口口声声称自己为"槛外人"，不过是标榜而已。佛家讲众生平等，不恶口、不生嗔，妙玉根本就做不到。奉与贾母的那只成窑杯，只因刘姥姥碰过，就嫌"脏"了。她看不起刘姥姥这样的人，自然也得不到别人的尊重，可叹青灯古殿，终辜负了红粉朱楼。

5. 显示贫富差距

第九集：贾宝玉和茗烟悄悄跑到袭人家，因袭人家里穷，没有成窑杯和"老君眉"这样的高档茶具和茶叶，袭人就用自家的杯子和茶叶待客。第二十八集，身患重病的晴雯，被王夫人从怡红院赶出来，住在其表哥家里。贾宝玉听说后，心急如焚，当晚就偷偷溜出来，见晴雯躺在一张芦苇席上，不禁悲从中来。贾宝玉轻轻地拉着晴雯的手，悄声喊着晴雯的名字。晴雯睁开泪眼，一看是贾宝玉，死死攥住不放，开始不停地咳嗽起来。晴雯让贾宝玉给她倒碗茶水，贾宝玉四处寻找茶壶和碗，见炉台上有一把油腻不堪的黑沙吊子，条桌上有一个里外沾满了油污、气味刺鼻的大粗碗，不由得皱起眉头。贾宝玉从黑沙吊子里倒了半碗，晴雯接过后，咕嘟咕嘟地喝了。多浑虫家的茶壶、茶碗破旧不堪，连茶水也十分浑浊，足见贫富之间的差别。

6. 显示人物修养

第十六集，贾母和众人游览大观园后，来到栊翠庵休息。作为栊翠庵的主人，妙玉接待了这一干人。在栊翠庵小院，妙玉给贾母奉上茶后，既不陪饮，也不陪坐，更不陪叙，居然把"老祖宗"和众人晾到一边，却把林黛玉、薛宝钗，请到耳房"吃体己茶"。贾宝玉悄悄尾随其后。在耳房，薛宝钗坐在榻上，林黛玉坐在蒲团上，妙玉给两人斟茶。薛宝钗从头到尾不说话。贾宝玉轻轻进屋，笑道："好啊！偏你们在这喝体己茶。"薛宝钗："哟，你又赶来了。"林黛玉："我们吃茶没你的份儿，给你用这个点？"妙玉瞥了贾宝玉一眼道："杯子没了，给你用这个吧。"说着，就拿出自己曾用过的绿玉斗。贾宝玉因不识此杯为名贵之物，就问妙玉："你们佛经上讲'世法平等'，怎么单单给我这个小的？"妙玉随手拿出一个整雕的竹根大盒，笑道："你可吃得了这一海？"宝玉忙道："吃得了。"妙玉笑道："你既吃得了，也没有这些茶糟蹋，岂不闻：一杯为品，二杯便是解渴的蠢物，三杯便是饮牛饮骡了，你吃这一海便是什么？"一席话，把三个人都说笑了。

贾宝玉是国公府后裔，林黛玉是前科探花林如海的女儿，薛宝钗是皇商后代，然在妙玉面前论起茶道来，确有小巫见大巫之感。剧中，通过贾宝玉与妙玉的对话，反映了这位隐身空门的"槛外人"孤高怪僻的性格。剧中呈现的场景，与原著第四十一回的故事情节相吻合。

7. 以茶为媒

第十一集，贾宝玉的脸被贾环用蜡灯烫伤后，林黛玉足不出户，终日陪伴着。在怡红院贾宝玉卧室，凤姐问林黛玉："前几天打发丫头送给你的暹罗国进贡茶，味道怎么样？"林黛玉："哟！我倒忘了，多谢多谢。"贾宝玉："我说那味儿不太好。"薛宝钗："味儿倒轻，就是颜色不大好。"凤姐："那可是暹罗进贡的茶呢！我品着倒不如我每天吃的茶好。"林黛玉："我吃着倒觉得这暹罗国的茶挺好。"凤姐："你爱吃，我那儿还多着呢，那我就叫丫头去拿了，我派人给你送来，我还有件事求你呢！"林黛玉调侃道："你们听听，吃了她们家一点茶，就来使唤人了。"凤姐笑道："你既然吃了我们家的茶，怎么还不给我们家做媳妇？"凤姐的话，认定林黛玉是贾宝玉未来的媳妇，暗示"木石前盟"是天作之合的好姻缘，引得满屋人都笑了。

8. 议事

第二十一集，凤姐小产后，王夫人让贾探春暂代家政。剧中，贾探春和李纨的住处仅一墙之隔。为方便议事，两人约定，每天到园门口南边三间小花厅见面，薛宝钗在上房监察。剧中，议事厅正北面，铺着一张板床，这是贾探春代理家政期间休息的地方。议事厅里，李纨、贾探春一北一南坐着，边喝茶边讨论事情。

9. 仆人不能喝主子的茶

第四集，在怡红院卧室外间，贾宝玉端起碗茶先喝了一口，感觉味道不对，忽然想起早上泡的那碗枫露茶。因这种茶需泡三四次才有颜色，却被奶妈李嬷嬷喝了。贾宝玉非常气愤，顺手把茶碗摔在地上，跳起脚，指着小丫头的脸骂道："她是你哪门子的奶奶，你们这么孝顺她，不过仗着我小时候吃过她几天奶罢了。如今逞得她比主子还大了，我如今又吃不着奶了，白白养着个祖宗做什么！我去回老太太，撵她这祖宗去。"小小一碗茶，见证了贾府主仆之间不可逾越的规矩。剧中场景，是根据原著第十九回李嬷嬷吃贾宝玉的酥酪改编的。

10. 小丫头不能给主子倒茶

在贾府，小丫头不能亲侍主子。小红是林之孝家的女儿，因生下来不会说话，被送到乡下寄养。后养父母生计艰难，又将其送回贾府，成为贾宝玉房里的小丫头。小红心机很重，自恃有三分容貌，一直想跻身大丫鬟行列，只是苦于没有机会。

第十一集，小红从贾宝玉房间出来，被抬水的丫头秋纹、碧痕看到。秋纹问小红去屋里干什么，小红忙解释道："我的手帕掉了，到后院子来找，不想二爷要茶吃，姐姐们都不在，我刚给二爷倒完茶，姐姐们就回来了。"秋纹："呸！你这个没脸的下流东西！也不拿镜子照照？看你配不配端茶递水的！"碧痕："咱们都散了，就留她在屋里干这个巧宗儿。"

原著对小红的描写，主要集中在第二十四回、第二十六回、第二十七回、第二十九回和第六十七回，剧中有关小红的场景虽不多，但给观众留下了深刻印象。

四、坐轿

（一）习俗形式

轿子是古人出行的一种交通工具，其大小、形制不一，用人力抬着行走。

（二）坐轿习俗来源

按清代经学家刘台拱对"轿"的解释："桥，轿也。"① 《汉书·严助传》曰："舆轿而隃。"注云："隘路车也。又名曰通桥。"② 《史记·河渠书》云：

---

① 张连生等．宝应刘氏集［M］．扬州：广陵书社，2006：403.
② 班固．前汉书·严助传［M］．北京：中华书局，1998：6.

"山行即桥。"① 即今之肩舆，谓其平如桥也。清代嘉庆年间学者汪汲注："《物原》秦始皇作轿，《山家清事》夏禹山行乘樏，汉南粤王舆轿过岭，洪景卢谓山行之车，只可平地而行，孰若今轿为便，《稗编》古称肩舆。"② 郑樵在《通志略·服器略》里对轿子的沿革做了一番考证："隋制辇，而不拖轮，通幰朱络，饰以金玉，而人荷之，又依梁制，副辇复制舆如舆，而小宫苑私宴御之；小舆，幰方形，同幄帐，自阁内升正殿，御之。"③

隋代，轿子已成为官员的出行工具。④ 官员乘轿，系舆服制度之一，历代都有规定，不得逾制。清制，各省文武官员，自督抚到知县，外出时，皆有仪仗，其规模大小，依等级而定。举凡三品以上官员，皆乘八抬大轿。凡赴朝会，文武官员皆骑马，不乘轿。因违制者多，乾隆帝颁上谕，规定除文大臣年及六旬实不能骑马者，余皆禁止乘轿。由于官员品秩不一，人数众多，对抬轿人数，也做了硬性规定。凡三品以上，京堂在京四人，出京八人；外省督抚八人，抚以下四人，钦差三品以上八人；官员无力蓄养轿夫者，仍多乘车。然乘四人或八人大轿，已成为一种官位品级的标志，也是乘坐者身份和地位的象征。⑤

（三）剧中呈现

1. 出行工具

第一集，林黛玉乘的船抵岸，贾母接黛玉的轿子已恭候多时了。

第七集，赖大来报："咱们家大小姐晋封凤藻宫尚书，加封贤德妃，老爷往东宫去了，吩咐奴才速请老太太领太太们进宫谢恩。"贾母听后，十分高兴，随即命人备轿，率邢夫人、王夫人及尤氏进宫谢恩。

第十三集，在前往清虚观打醮的途中，贾母乘的是八抬大轿，李纨、凤姐、薛姨妈分别乘的是四人轿。

第十六集，贾母陪刘姥姥畅游大观园后，身体乏倦，凤姐忙命人将小竹轿抬来，让贾母到稻香村歇息。在三四十个丫鬟、婆子和媳妇的陪同下，贾母坐在两个仆妇抬着的竹轿里，左顾右盼，怡然自得。

第二十一集，大年三十，贾母和有诰封的夫人，按品级着服，坐着八抬大轿，进宫朝贺。

① 邹德金. 史记·卷二十九河渠书卷七 [M]. 邹德金，整理. 天津：天津古籍出版社，1988：1.

② 汪汲. 事物原会：卷二十九 [M]. 扬州：江苏广陵古籍刻印，1989：4.

③ 郑樵. 通志略·服器略 [M]. 北京：商务印书馆，1938：135.

④ 江乐兴. 交通常识 [M]. 北京：朝华出版社，2012：11.

⑤ 钱玉林等. 中华传统文化辞典 [M]. 上海：上海大学出版社，2009：30.

2. 迎新娘

第十八集，贾赦新婚洞房，焕然一新。院坝中央，停着一乘花轿。洞房里，上身穿新郎礼服的贾赦，左手倒背在后，右手捻着满颔白须，乐滋滋地频频颔首。当他把目光停在那乘花轿时，适邢夫人正在门口引颈眺望。贾赦焦躁不安起来，干咳了两声。待邢夫人回过头来，贾赦道："只要老太太答应，马上叫她嫂子立刻来回礼。哎！着花轿抬过来就是了，一切虚礼全免了，全免全免。"

第二十五集，贾琏见诸事已妥，择初三黄道吉日，迎娶尤二姐过门。在小花枝巷，两个丫鬟跟在一乘素轿后面，轿子里坐的是新娘尤二姐。在新房前不声不响停下后，一丫鬟忙把尤二姐迎出来。贾琏与尤二姐拜了天地、焚了纸马，尤老娘暗自得意。

3. 官轿

第六集，在秦可卿的送殡途中，北静王乘着大轿，鸣锣张伞而来，至棚前落轿。

第三十四集，荣国府前角门（黄昏），贾琏率众人肃立门外，恭候元妃大驾。不久，一顶大轿缓缓而至，全副执事，分别走到门前，一字排开。

五、名帖

（一）习俗形式

名帖，是流行于明清上层社会的一种社交礼节，又称名纸、门状，分红白两种纸帖。除写有官职、乡里、姓名，还写有呈递对方的"字"或问候语。剧中名帖的功能，一是用于拜见，二是用于请人。

（二）名帖习俗来源

名帖即名片，也称名刺，是一种书写姓名、职衔、用作拜谒通报的帖子。明清时称为"名片"[1]。初，削木书写，较为简陋，后逐渐改为纸制。东汉时称刺。随着造纸术的发明和推广，在社会上逐渐流行起来。上面写有姓名、爵里，故称"爵里刺"。按刘熙《释名》的解释，"刺书其官爵及郡县乡里也"[2]。唐宋时期，士大夫之间也普遍使用名帖。而下级晋见上级，或文人之间交往，多用门状。"府、县官见长吏，诸司僚属见官长，藩镇入朝见宰相及台参，则用公状。"[3]

---

① 赵翼. 陔馀丛考卷三十［M］. 石家庄：河北人民出版社，2007：599.

② 邢公畹. 中国语言文学系学生阅读书目［M］. 天津：南开大学中文系编，1996：28.

③ 王齐洲等. 绛珠还泪［M］. 哈尔滨：黑龙江人民出版社，2003：204.

所谓公状，指专门用于官场中的一种名帖，类似于今天的名片。在拜见上司时，如同意接见，就"状后判引"，下官方得入见。呈递私人官邸的名帖，除写明身份和姓名，有的还写有问候语。《涌幢小品上》云："词林写名帖，用大字，各衙门尤而效之，几与亚卿等。"①此外，为讨好上级，或给人留下好印象，还对"名帖"进行了美化。明清时期，名帖使用更为普遍，也注重装帧设计。纸帖较长，呈褶子形，首尾衬以硬纸，再包布或绫，既用于通报拜见，也用于节日祝贺。

到了 19 世纪中叶，伴随着西方列强的不断入侵，中国与外界的交往日益密切，加快了名片普及的步伐。清朝的名片，开始向小型化发展。官场里，官小的使用较大的，以示谦恭；官大的使用较小的，以显示其地位和身份。在现代人际交往中，名片已成为初次见面的一种礼节，一般写有姓名、职务、单位名称和联系方式。

（三）剧中呈现

1. 用于拜见

贾雨村拜见贾政：第一集，贾雨村被革职后，得友人举荐，成为林黛玉的塾师。因朝廷将要启用旧员，请托于林如海，出面找贾政帮忙。贾雨村借护送林黛玉到贾府之便，带上林如海的亲笔举荐信，拜见贾政。贾政平时最喜欢与读书人打交道，见贾雨村相貌魁伟，谈吐不俗，对其顿生好感。剧中，贾政书房的茶几上，放着写有"宗侄贾化"的名帖就是贾雨村的。

2. 用于邀请

王夫人请妙玉：第七集，省亲别院落成后，贾蔷奉贾赦之命，从江南各地采买的 20 个小道姑和小沙弥，已全部入住大观园。在王夫人房内，管家林之孝告诉王夫人，贾蔷还采买到一个带发修行、法名叫妙玉的女孩。原著中的妙玉，年方十八，出生仕宦之家，模样儿极俊，又通文墨。惜父母双亡，举目无亲，身边仅有两个老尼和一个丫头侍候。未等林之孝把话说完，王夫人道："这样的妙人为何不请来？"林之孝："人家说：'侯门公府，必以贵势压人，不肯来。'"王夫人笑道："既然是官宦人家的小姐，自然骄傲些，就下个帖请吧！赶快派人写请帖去！"林之孝忙叫书启相公写请帖，足见其身世远非"读书仕宦之家"的小姐那么简单。

妙玉是金陵十二钗正册中重要人物，原著前八十回对其描绘不多。第十八回通过林之孝与王夫人的对话，对其身世做了介绍：苏州人氏，出身名门贵族，

---

① 王根林．历代笔记小说大观［M］．上海：上海古籍出版社，2012：179.

自幼天资聪慧、且多病，不苟言笑，才华横溢，尝读遍"晋汉五代唐宋"诗词，尤喜《庄子》，精音律，善博弈。虽买了许多替身，皆不中用，最终入空门。因独行其是，不畏人言，超然如野鹤闲云般。不难想象，如果礼数不周，是很难请到的。剧中呈现的场景，较好地传达了原著旨意。

六、斋戒

(一) 习俗形式

古人在祭祀之前，须沐浴更衣，整洁身心，以示虔诚。所谓斋，指主动意义的沐浴更衣；所谓戒，指防范意义的杜绝欲望，如禁止饮酒食辛、性行为或各种娱乐活动等。简言之，斋戒是一种与宗教有关的个人行为，是对饮食和性行为等的一种限制。

魏晋南北朝后，受佛教思想影响，饮食逐渐与素食相联系，后演变为出家人须遵守的清规戒律，即所谓的八不准：一不杀生；二不偷盗；三不淫邪；四不妄语；五不饮酒；六不坐高广大床；七不游乐；八过午不食。按唐制，祭祀前的斋戒，"其别有三，曰散斋，曰致斋，曰清斋。大祀，散斋四日，致斋三日；中祀，散斋三日，致斋二日；小祀，散斋二日，致斋一日"①。

(二) 斋戒习俗来源

斋戒习俗，最早出现在《礼记》中："是故君子非有大故，不宿于外；非致齐也，非疾也，不昼夜居于内。"② 孔颖达注疏："论君子居处当合于礼……平常无事之时，或出或入，虽昼居于外，亦有入内；虽夜居于内，亦有出外时。唯致齐与疾，无间昼夜，恒居于内。故云：非致齐也，非疾也，不昼夜居于内。"③

在古代，天子、诸侯都要行斋戒之礼，其活动场所称"正寝"。致斋时，须在正寝内独居，以保持"五思"。所谓"五思"，指"思其居处，思其笑语，思其志意，思其所乐，思其所嗜"④。意思是让人心静神宁，克己寡欲。除致斋外，还要散斋七日，须在正寝以外的居所进行。其间，停止所有娱乐活动，也不能参加丧礼。

明洪武二年，朱升等撰成《斋戒文》，对斋戒行为做了具体规定："戒者禁止其外，斋者整齐其内。沐浴更衣，出居外舍（到专门的斋戒住宿场所居住），

① 李蓉 . 隋唐军事征伐礼仪 [M] . 北京：国防工业出版社，2015：16.
② 周殿富 . 礼记新编六十篇白文版 [M] . 北京：北京时代华文书局出版社，2016：27.
③ 王辉 . 礼记正义卷 7 · 檀弓上 [M] . 上海：上海古籍出版社，2008：203.
④ 戴圣 . 礼记 [M] . 鲁同群，注评 . 南京：江苏凤凰出版社，2011：169.

不饮酒，不茹荤，不问疾，不吊丧，不听音乐，不理刑名，此则戒也。严畏谨慎，苟有所思，即思所祭之神，如在其上，如在其左右，精白一诚，无须臾间，此则斋也。"①

（三）剧中呈现

供奉痘疹娘娘：第十集，凤姐的女儿巧姐，浑身长满水疱，这是一种常见的皮肤性传染病。限于当时的医疗水平，还无法控制。按封建迷信说法，痘疹娘娘掌管出天花，夫妻须分居。男人要搬出卧室，将房间打扫干净后，供奉痘疹娘娘，小孩的病才能痊愈。贾琏对凤姐道："大夫说，病虽险，却还顺，说是不妨事，赶紧预备桑虫猪尾。"凤姐吩咐平儿："赶快把痘疹娘娘供奉起来，再去告诉厨房，十二天之内，不许煎炒。"顺手把女儿递给了奶妈，并指着炕上的行李铺盖对贾琏道："委屈你到外院书房，斋戒半个月。"贾琏只好搬出卧室。

原著中的巧姐，原名大姐儿。刘姥姥二进荣国府时，为其取名巧姐，取"遇难成祥，逢凶化吉"之义。在金陵十二钗中，巧姐是最年幼的一位，同属薄命司人物。在原著前八十回中，除描写其出痘、生病、取名外，其他并未多叙。巧姐从襁褓中起名始，到最终归宿，都与刘姥姥有关。

原著有"势败休云贵，家亡莫论亲。偶因济刘氏，巧得遇恩人"的曲子，系曹雪芹给巧姐的判词。然在后四十回续书中，却出现了这样的情节：第一百一十三回刘姥姥探望病中凤姐，凤姐托刘姥姥照顾巧姐；第一百一十四回写凤姐死后，巧姐因家里经济拮据，总算把母亲安葬了舅舅王仁却反呛巧姐；第一百一十七回王仁听说外藩王爷选妃，为之动心，竟打起巧姐主意；第一百一十九回巧姐流落到烟花巷后，得刘姥姥相救，将其收养，后偷偷带到乡下避风，为巧姐找了"家资百万，良田千顷"的周大财主之子，当上少奶奶。毋庸讳言，上述故事情节，与前八十回埋下的伏笔不符。1987版电视剧根据脂评的提示，突破了高鹗续本大团圆的俗套，将其改编为与板儿结婚，塑造了一位自食其力的劳动妇女形象。

七、送鬼

（一）习俗形式

由于古代科技水平不发达，加之认识水平有限，往往借助一种超自然的神秘力量，以求得对事物加以影响，达到求吉嫁祸的目的。如民间小孩生病或夭折，认为是鬼在作祟。为驱除鬼祟，便产生了巫公送鬼（祭鬼）的习俗。其形

---

① 中华文化大讲堂. 国学常识大百科［M］. 北京：中国致公出版社，2010：362.

式一般选在晚上 10 时左右，地点在三岔路口，摆上祭品，烧三炷香，致祝祈告，并烧钱纸，把祭品留在现场，让鬼神"来吃"。

（二）送鬼习俗来源

送鬼，指祭送作祟的鬼怪。巫师认为：人生病是鬼邪作祟的结果，具酒食可送之。元代文学家欧阳玄的《睽车志·冤鬼》记载了送鬼的整个仪式："有巫送鬼，自持咒前行，令一童担羹饭。既行，童觉担渐重，至不能任。巫曰：'此冤鬼难送也。'"① 在晚清著名学者李鉴堂的《俗语考原》中，也有类似记载："送鬼，人病以为鬼所祟，具酒食祭之也。"② 今贵州省黔东南州榕江县八开地区的苗族群众，对祭奠亡人有一套自成体系的仪式，或请巫师或词师，整夜哭唱丧歌，让亡魂沿着祖先迁徙的道路一步步回到祖先居住过的东方。其具体路线，因地、因鬼的种类而有所不同。③ 这一习俗，从古代一直延续到现代。

（三）剧中呈现

给巧姐送祟：第十六集，刘姥姥在凤姐房中闲聊，凤姐："我们大姐儿也着了凉，正发热呢！"刘姥姥关切地问道："小姐怕是不常进园子吧，她身上又干净，眼又净，难免遇见什么神了。依我看，给她查查祟书本子，仔细撞客喽。"平儿忙从梳妆盒里，拿出一本《玉匣记》，凤姐让彩明翻到八月二十五日巧姐生病这天，彩明念道："八月二十五日，病者在东南方得遇花神，用五色纸钱四十张，向东南方四十步送之，大吉。"凤姐笑道："果然不错，园里可不是花神。"让平儿、彩明赶紧张罗祭品，尽快把祟送了。剧中的彩明，又名彩哥，是凤姐的书童。因凤姐不识字，举凡登账、点名之事，都依赖他。

八、放生

（一）习俗形式

把动物放回大自然中，"希望生命得到自由"④。

（二）放生习俗来源

放生习俗，自古有之。《孟子》曰："无伤者，是乃仁术也。"⑤《列子·说符》曰："邯郸之民，以正月之旦，献鸠于简子，简子大悦，厚赏之。客问其

---

① 罗竹风.汉语大词典（第 10 卷）[M].上海：汉语大词典出版社，2001：809.
② 李鉴堂.俗语考原 [M].上海：上海文艺出版社（影印本），1985：37.
③ 萧万源等.中国少数民族哲学史 [M].合肥：安徽人民出版社，1992：385.
④ 圣凯.普隐心语·2013 念心 [M].北京：宗教文化出版社，2014：87.
⑤ 陈四光.宋明理学认知心理思想研究 [M].济南：山东教育出版社，2012：52

故，简子曰：'正旦放生，示有恩也。'"①《东周列国志》第七十二回云："越飞驰出关，遥望之曰：'是矣！'喝令左右，一齐下手，将讷拥入关上。讷诈为不知其故，但乞放生。"《隋书·刑法志》曰："帝尝幸金凤台，受佛戒，多召死囚，编篷篨为翅，命之飞下，谓之放生。坠皆致死，帝视以为欢笑。"②宋代科学家沈括在《梦溪补笔谈·药议》中云："予尝见丞相荆公喜放生，每日就市买活鱼，纵之江中，莫不洋然。"③清代学者和邦额在《夜谭随录·洪由义》中云："性慈善，喜放生。暇时坐黄河畔，见渔人起网，凡所弃小鱼细虾暨螺蚌之属，悉拾之投于水中。"④《天地之大德》曰："生好生者，天亦好之，故放生戒杀，乃种子延龄秘诀也。但须真发慈悲，不论发之大小贵贱，随在设法救济，方有功德。牛、犬有功于人，尤宜戒杀戒食。"⑤

（三）剧中呈现

贾蔷把买的雀儿放了：第十七集，在梨香院 12 个女孩中，贾宝玉听说小旦龄官唱得最好。于是，央其唱一首曲子，龄官以嗓子嘶哑为由拒绝，贾宝玉讪讪地从屋里出来道："蔷二爷叫她唱必唱。"这时，贾蔷提着笼子高高兴兴地走来，贾宝玉问笼子里是什么雀儿，贾蔷笑道："这是一只会衔旗串戏台的玉顶金豆，花了一两八钱银子买的。"贾蔷边说边朝厢房走去。贾宝玉来到窗外，听见贾蔷叫龄官起床，说买了个雀儿来给她解闷。贾蔷笑着问龄官："好不好玩？"龄官："你们家把好好的人弄来，关在这牢坑里，学这个劳什子还不算，你这会子弄个雀儿来，也偏干这个！你这分明是打趣我们！"贾蔷见龄官不高兴，赶紧道："我今儿怎么就让香脂油蒙了心！费了一二两银子买来，原想给你解闷，就没想到这些。算了，放生吧，免免你的灾病。"说着，打开笼门，把雀儿放了。

原著对龄官的描写，主要集中在第十三回、第三十六回。龄官是贾府买来扮演小旦的演员，长得体态风流，缠绵痴情，惜体弱多病。剧中的龄官，呈现自尊、自爱和清高孤傲的一面。

九、求子

（一）习俗形式

在中国传统观念中，结婚生子是人生中最为重要的事情，有"不孝有三，

① 列御寇．列子译注［M］．白冶钢，译注．上海：上海三联书店，2014：292.
② 冯梦龙．东周列国志注释［M］．北京：西苑出版社，2016：452.
③ 胡道静．梦溪笔谈校证（卷26）［M］．上海：上海人民出版社，2016：606.
④ 王毅等．夜谭随录［M］．郑州：中州古籍出版社，1993：31.
⑤ 俞震．古今医案按［M］．袁久林，校注．北京：中国医药科技出版社，2007：245.

无后为大"的说法。所谓求子，指婚后不孕的夫妇，为达到怀孕目的而向神灵祈祷，或求助于巫术的一种民俗。在古代，我国中原地区的求子习俗，有结印求子、风水求子、祈福求子等。在湖南湘西一带，还有巫术求子的风俗。此外，也有向神灵祈子、旁人送子、性生殖崇拜和性行为模拟巫术等形式。剧中呈现的求子习俗，主要有两种形式：一是给观音菩萨烧香；二是吃斋念佛。

（二）求子习俗来源

人类生存和发展最基本的要素，在于物质资料的生产和人类自身的繁衍。早期人类对大自然的依附性很强，因氏族人口的多少，是获取物质生活资料的重要手段。尤其在发生旱涝、饥饿、瘟疫、人祸（战争、仇杀）时，对男劳动力有大量需求，有所谓"一农不耕，民有为之饥者；一女不织，民有为之寒者"① 的说法，反映了其产生的社会根源。

（三）剧中呈现

烧香和念佛：第十五集，刘姥姥二进荣国府，恰遇南院马棚失火。在贾母房内，刘姥姥道："方才老太太派人给火神爷烧香，这神佛面前的事，可马虎不得。就说我们村东头有个老奶奶，今年90多岁了，天天在菩萨面前烧香，吃斋念佛，就感动了观音菩萨，夜里来托梦说：'你原该绝后的，看你拜佛真心，我奏了玉皇大帝给你个孙子。'后老太太真抱了个大孙子，又白又胖，粉团儿似的，今年13岁了。"贾母被刘姥姥说得眉开眼笑，王夫人也高兴得不停点头。

十、立长生牌位

（一）习俗形式

立长生牌位，是为恩人祈求福寿的牌位，用木板制作，上面写有姓名，如"某某（姓名）长生牌位"。长生牌不是灵位牌，而是给活人立的，有感其恩德之意。

（二）供长生牌位习俗来源

供长生牌位习俗，在文学作品或文史资料中屡见不鲜。吴敬梓在《儒林外史》里描写的周进和范进，受科举制度的毒害很深。周进一直考到60岁都没有考中，只好到私塾任教，饱受举人王惠的嘲弄和鄙视。周进中举后，这个曾被人瞧不起的老书生，有人用金字写成长生牌，将其供奉起来。②

据左宗棠《家书》载："关陇春夏甘霖叠降，麦豆可望丰收，群言十数年

---

① 贾太宏 . 管子通释［M］. 北京：西苑出版社，2015：613.
② 韩兆琦 . 中国古代文学名著人物形象辞典［M］. 郑州：中州古籍出版社，2000：319.

来，未有之祥。河回缴马三千余匹，散给贫农，助其力作开垦。除倒毙及发驿外，实散民间者不过千数百匹。而垦荒甚得其力，较上年为多，民忘其亡，路无饿殍，河回遍立长生牌位。"①

清光绪十五年（1889），贡生胡之桢参加朝考，以一等被委为知县。在任福建泰宁知县期间，爱民如子，颇有政声。离任前，"交印于后任，次日买舟回省垣。挂帆之际，庶民空巷，焚香拜送。时有一家男女老少沿岸叩送，泣告人曰：'吾夫吾子受冤在狱二载有余，幸胡青天知其冤而开释之，一家活命矣！'泰宁城乡为之供长生牌位，士民入省禀请，准入名宦祠"。②

今贵州省黔东南苗族侗族自治州锦屏县人龙澄波，生于清雍正十一年（1733）九月，系乾隆恩贡。曾任山东教谕，博学多才，机敏幽默，著有《四书日记续》《求志新编》。晚年，主讲榕江古州榕城书院，获赐古州开化府龙老夫子长生牌位。③ 当代重庆知名作家况浩文兄妹创作的历史长篇小说《明代宫廷第一疑案》，里面有相关描写："大哥，放心。老百姓对倭寇恨之入骨，只要听说是捣平倭寇巢穴，他们会给您供长生牌位。"④

（三）剧中呈现

在贾府，儿女私情是一种严重违反礼制的行为。第二十七集，一天晚上，在大观园小路上，鸳鸯无意间撞到了正在幽会的司棋和潘又安。两人一见是鸳鸯，忙躲藏在树丛里。鸳鸯大声喊着司棋的名字，司棋面带愧色地走出来，一把拉住鸳鸯的手，当即跪在地上，哀求鸳鸯不要把此事张扬出去。后来潘又安畏罪而逃。在司棋卧室里，鸳鸯嘱咐司棋安心养病，别糟蹋了自己的身体，对那天晚上发生的事，发誓守口如瓶，绝不会告诉任何人；否则，即刻遭到报应。司棋从床上坐起来，说等病好了，一定要为鸳鸯立块长生牌，天天焚香祷告，保佑她福寿双全，就是变驴变狗也要报答。鸳鸯忙捂住司棋的嘴，让她快躺下休息。

十一、邪术

（一）习俗形式

邪术，也称巫术，指不正当的方术、妖术。其中，有些是由宗教方术或通

---

① 刘泱泱 . 左宗棠全集［M］. 长沙：岳麓书社，2014：150.

② 古徽州官吏勤廉史迹编委会 . 古徽州官吏勤廉史迹［M］. 北京：中国方正出版社，2014：314.

③ 朱汉琴 . 锦屏人物文史资料［M］. 广州：南方文史出版社，2009：11.

④ 况浩林等 . 明代宫廷第一疑案［M］. 重庆：重庆大学出版社，2012：251.

过巫医演变而来的，无论黑道、白道邪术，都是用邪灵或鬼来施法。所谓黑道，指谋求个人利益，或复仇、夺权、夺爱，或被人雇用，施术加害于人；所谓白道，指以治病、保护、防御、寻水源、求雨为名，或谋求好处，或施术于人。邪术害人害己，即便是白道邪术，也会招引附体，危害自身。在东西方典籍中，类似说法很多。在现代，一般认为邪术是一种封建迷信，纯属子虚乌有。

（二）邪术习俗来源

在历代文献中，有关邪术的记载不少。《晏子春秋》云：“积财不能赡其乐，繁饰邪术以营世君，盛为声乐以淫愚其民。”① 邪术是一种不正当的方术或妖术。东晋著名炼丹家葛洪认为：“左道邪术，假托鬼怪者，谓之通灵神人。”② 可见，邪术与神灵之间，存在着某种联系。《后汉书·虞诩传》认为，邪术是一种邪诈之计，“外以劝厉，答其功勤，内以拘致，防其邪计”③。《新唐书·李德裕传》云：“陛下照其邪计，从党人中来，当遏绝之。”④

按清制，凡假降邪神、书符咒水、扶鸾祷圣、自号端公和太保师婆之名色，或妄称弥勒佛、白莲社、明尊教、白云宗等，或利用左道异端之术，隐藏图像、烧香集众、夜聚晓散、佯修善事和煽惑人民，为首者，绞监候；为从者，各杖一百，流三千里。若军民装扮神像、鸣锣击鼓、迎神赛会者，杖一百。罪坐为首之人，里长知而不首者，各答四十。⑤

（三）剧中呈现

引发疾病：第三十集，夏金桂躺在床上，痛苦地呻吟着。几个丫头、婆子站在床边，惶恐不安。薛蟠：“都不许动！”说着，把一个纸人递到薛姨妈手上。薛姨妈一看，纸人的心窝和四肢关节处，分别扎了五根大针，上面写着夏金桂的年庚八字。丫头小舍儿说，怪不得这几天奶奶一直喊心口疼。众人把此事当成新闻，告诉了薛姨妈，薛姨妈的手哆嗦起来。薛蟠要拷打众人，脸色铁青道：“这是小舍儿早上收拾床铺时，在其枕头下面发现的，先把这几个丫头、婆子捆起来拷问！”剧中呈现的场景，与第八十回的故事情节相吻合。

① 马光磊. 晏子春秋精装典藏本［M］. 南昌：江西教育出版社，2016：258.
② 范江涛. 抱朴子外篇［M］. 杭州：浙江大学出版社，2015：115.
③ 范晔. 后汉书［M］. 长春：吉林大学出版社，2015：192.
④ 宋祁. 二十四史全译新唐书［M］. 上海：汉语大词典出版社，2004：3927.
⑤ 李鹏年等. 清代六部成语词典［M］. 天津：天津人民出版社，1990：388.

十二、诅咒

（一）习俗形式

诅咒，指祈祷鬼神，有咒骂之意。在古代，咒语是法术的一种，通过特别的顺序或特殊音节念出，以祈求鬼神，降祸于人。这是人类表达意念的语言，源于道家文化。所谓咒，指口头禁忌语，平时禁止使用，表现形式为符箓。自佛教传入我国后，梵文咒语被广泛应用于佛教领域。剧中马道婆通过念咒语给宝玉治病，以邪门歪道作法害人，以达到榨取钱财的目的。

（二）诅咒习俗来源

诅咒，最早出自《诗·小雅·何人斯》中的"以诅尔斯"①。诅，有发誓之意。在《书·无逸》里，还有"否则厥口诅祝"② 的记载。所谓厥口，指物体上形成的空隙。诅祝有祈求鬼神嫁祸于人之意。孔颖达注疏："诅祝，谓告神明、令加殃咎也"；"以言告神谓之祝，请神加殃谓之诅。"③

清代思想家魏源在《默觚下·治篇十二》中云："登其歌谣，审其诅祝，察其谤议，于以明目达聪，而元首良焉，股肱康焉。"④ 在民间有不少诅咒歇后语，如"老肥猪上屠场——挨刀的货""光屁股上吊——死不要脸""出头的钉子——想挨砸""宦官不叫宦官——太贱（监）"等。

（三）剧中呈现

1. 念咒语消灾

马道婆给贾宝玉：第十一集，贾环用蜡油灯把贾宝玉的脸烫伤，虽敷了药，但伤口未愈合，令贾母寝食难安。于是，贾母请马道婆给贾宝玉消灾。在贾母房中，马道婆对着贾宝玉的脸比画着，口里不停地念着咒语。贾母关切地看着孙子，坐在椅子上的贾宝玉，显得有些不耐烦，不时来回扭动。马道婆持习完毕后，笑嘻嘻地对贾母道："保管就好了，不过是一时的飞灾。"这时，贾宝玉突然从椅子上站起来，对贾母道："老太太，我去了。"贾母："去吧，这半个月不用上学，好好养病，别乱跑。"话刚说完，早跑得无影无踪了。

贾府家大业大，常有游手好闲的出家人到访。原著中清虚观的张道士、地藏庵的圆心、水月庵的智通，还有贾宝玉的干娘马道婆等，都经常光顾。按说这些人是不能随便进出贾府内宅的，但平时总是打着关心贾母"心肝宝贝"的

---

① 潘啸龙等．诗骚诗学与艺术［M］．上海：上海古籍出版社，2004：36.
② 李今庸．李今庸《黄帝内经》考义［M］．北京：中医药出版社，2016：70.
③ 夏征农等．辞海［M］．上海：上海世纪出版股份有限公司，2009：3081.
④ 李清良．湖湘文化名族读本哲学卷．［M］．长沙：湖南大学出版社，2012：166.

旗号，或"看望看望"，或"送供尖儿"什么的，以此讨好贾母，总想占点便宜。

2. 施魇魔法敛财

第十一集，马道婆是贾宝玉的寄名干娘，频频出入贾府，靠装神弄鬼骗取钱财。贾宝玉的脸烫伤后，马道婆先骗得贾母捐的点海灯费用，眼见炕上堆着些零星绸缎，趁机向赵姨娘讨了些做鞋的面料，掖在袖子里。马道婆不但两边通吃，还唆使赵姨娘，用魇魔法诅咒贾宝玉和凤姐。

在赵姨娘看来，只有设法把贾宝玉和凤姐害死，才有自己的立足之地。在赵姨娘的一再央求下，马道婆拿出十个纸铰青面白发鬼和两个纸人，分成两份，一并五鬼，让赵姨娘把贾宝玉和凤姐的生辰八字写在上面，放到各自的床上。这时，门帘异响了，赵姨娘忙把纸鬼和纸人放到身后。丫头小鹊走进屋来，说宝玉发病昏过去了。马道婆刚要说什么，丫头小吉祥慌慌张张跑进来，说琏二奶奶也病了。赵姨娘向马道婆挤眉弄眼道："报应，报应！佛菩萨报应！"说完，转身拉着马道婆的手，指着装钱的箱子，马道婆满意地笑了。

3. 供奉大光明普照菩萨

第十一集，在贾母房中，贾母告诉马道婆，宝玉很淘气，丫头、婆子二三十个都侍候不好。话音刚落，马道婆马上编出"那经典佛法上说，大凡王公卿相人家的子弟，一生下来，暗里有许多作弄他的人，有时拧他一下，有时掐他一下，有时打一下他的饭碗，有时推他一跤，所以往往那些大家子弟，多有长不大的"谎言来。贾母面带愁容地说："我也听说过，可有什么佛法解释没有？"马道婆："那经上说，西方有位大光明普照菩萨，若有善男信女，虔心供奉，可以永保儿孙康宁，再无邪祟鬼怪之灾。"贾母急切地问："不知怎么供奉这位菩萨？"马道婆："也很容易，我在庙里，替老太太供上就是了。除香烛之外，一天添几斤香油，点上个大海灯。这海灯就是菩萨现身法像，昼夜不熄。"贾母让马道婆先替她供起，不论多少银子，每月足额送来。一句话，就把贾母的香油钱骗到手。虽说一日几斤，但一个月下来，也是不小的数目。

十三、驱邪

（一）习俗形式

一般民间驱邪画符，将其放在枕头下，或放在身上。邪危害人体健康，唯有将其驱除，方可恢复。驱邪符不但能治邪精附身，在邪灵附体、鬼魅上身时，还有驱妖媚、铲魍魉、净气场之功效。

（二）驱邪习俗来源

在民间，人们认为神是保护人的，只有阴神煞鬼才会害人，故有驱鬼出煞之俗。七月十五日是农历中元节，俗称鬼节或七月半。旧时，以牛、羊、猪三牲祭品和纸元宝祭祀祖先神灵，晚上闭门在家，以免撞鬼。待夜深人静时，将饭团、蛋、香烛、纸元宝等送到三岔路口，俗称打鬼趋煞。对凶神恶鬼，可"拜"可"赶"。

旧时，乡间新房落成，请觋公出煞觋公头系红布，手拿公鸡于大厅，把公鸡颈部割出血，或杀条狗，从屋内拖出，谓之赶煞出大门。① 东汉应邵在《风俗通义》中云："画虎于门，鬼不敢入。"虎者，属阳物，乃百兽之王。为追求长寿，人们往往视老虎为降妖驱鬼、驱邪避灾的吉祥物。②

唐代以前，重阳节有登高饮菊花酒和佩茱萸的习俗。③ 唐代诗人赵伯彦云："簪桂丹萸蕊，杯浮紫菊花。所愿同微物，年年共辟邪。"诗中"萸"指"茱萸"，又称"越椒"。意思是人们头插茱萸，饮着菊花酒，以此获得某种精神力量。另外，重阳节这天，民间还有野牧家畜、掷物移晦、驱瘟避毒等习俗。

道教上清派认为，气的源头在上丹田，人的眼、耳、鼻等系神气出入之地。当浊气如黑风黑雾般刮起时，清气如霹雳一般前来干预，即可把浊气驱出体外。一般人也认为，人之所以生病，都是邪气侵入体内的结果。因此，一旦生了病，应念驱邪咒，召请体内之正神，驱除外界入侵的邪浊之气。④

（三）剧中呈现

端公送鬼：第十一集，凤姐被马道婆的魇魔法算计后得了迷狂病，赵姨娘心中暗喜。在大观园，凤姐披头散发，手持一把明晃晃的刀，乱喊乱叫，见鸡杀鸡，见狗杀狗，见人杀人，把丫头、媳妇和婆子吓坏了，现场乱成一团。贾赦、邢夫人、贾政、贾珍、贾琏、贾蓉、贾芸、薛姨妈、薛蟠及周瑞家的闻讯赶来。凤姐持刀向众人砍去，几个身强力壮的媳妇将其死死抱住，夺下手上的钢刀。凤姐躺在床上，被婆子们按住双手，平儿端着汤药，小心翼翼地喂着。凤姐："你们想药死我，我不吃，黑了心肝的。"贾赦："分明是撞了邪祟，吃药是没有用的，合家都说没有指望。"贾琏："还是请位端公来，送送祟吧！"贾政："儿女之数，皆由天命，不是人为可以勉强的，也许天意应该如此。"贾政的话，让贾琏泪流满面，伤心得哽咽难语。

---

① 房学嘉. 客家风俗［M］. 广州：暨南大学出版社，2015：171-172.

② 秦芮. 中国瑞兽祥禽［M］. 合肥：黄山书社，2013：32.

③ 高欣. 唐诗三百首［M］. 北京：化学工业出版社，2016：253.

④ 张振国等. 道教符咒大观［M］. 北京：宗教文化出版社，2014：229.

十四、辟邪

（一）习俗形式

辟邪，指辟邪祛凶之俗。辟邪之物，形状类似狮子，或独角，或双角，身上长有翅状的神兽。广义的避邪，指通过某种行为所引起的相关礼仪形式。

（二）辟邪习俗来源

《山海经》曰："辟邪之兽，来自海东神兽，能知人之忠佞不直者，触而淡杀之。"①《中洲记》云："聚窟洲有辟邪、天鹿（天禄）。"可见，鹿与辟邪物，同为神兽化身。② 西汉著名学者史游在《急就篇》中云："射魃辟邪除群凶。"③ 这里的魃，指造成旱灾的鬼怪。唐代经学家颜师古注："射魃、辟邪，皆神兽名。"④ 自唐宋以来，皇帝每岁以钟馗和日历赐大臣，足见其影响之大。

在宋代文献里，有辟邪钟记载："高六寸九分，钮高一寸九分，阔一寸二分。两舞相距四寸九分，横二寸五分，两铣相距五寸三分，横三寸九分。枚三十六，各长五分，重五斤一十二两，无铭。"⑤ 史玄在《旧京遗事》中，记载了明末清初发生在京城的各种逸闻趣事："禁中岁除，各宫门改易春联，及安放绢画钟馗神像。像以三尺素木小屏装之，缀铜环悬挂，最为精雅。先数日，各宫颁钟馗神于诸亲皇家。"⑥

（三）剧中呈现

挂红布：第三十一集，在贾母院内，贾母问袭人："宝玉呢？"袭人："回老太太话，宝二爷睡下了。"屋内，贾宝玉轻鼾渐起，平儿捧着两匹红纱走了进来，先与贾母打了招呼，然后给袭人使了个眼色。平儿悄悄对袭人道："奶奶说，这花儿开得奇怪，叫你剪一块红绸子，挂挂避邪……以后别当成什么稀奇事乱说了。"袭人微微点头，拿着一块红绸子，快步走出房门。

十五、礼尚往来

（一）习俗形式

中国传统文化很注重礼尚往来，"仁义礼智信"中的"礼"，是中国儒家思

① 杨波等．邮票上的神话与传说［M］．北京：北京时代华文书局，2016：252.
② 焦方刚等．博山藏石大观［M］．济南：山东省地图出版社，2007：179.
③ 何本方等．中国古代生活辞典［M］．沈阳：沈阳出版社，2003：959.
④ 古月．国粹图典纹样［M］．北京：中国画报出版社，2016：34.
⑤ 应有勤等．中国乐器大词典［M］．上海：上海教育出版社，2015：24.
⑥ 黄全信等．中华五福吉祥图［M］．北京：华语教学出版社，2003：188.

想的经典，备受国人推崇。因此，在人际交往中，举凡生日、过年、元宵、清明、端午、中秋、冬至、腊八、婚丧等，人们都要送礼。而接收礼物的一方，在适当的时候也要回赠。总之，送礼不仅名目繁多，而且有许多规矩。《礼记·曲礼上》曰："礼尚往来，往而不来，非礼也；来而不往，亦非礼矣。"①俗话说："投之以木桃，报之以琼瑶。"就送礼而言，有送的就有收的，不但要权衡送出去的，同时也要估量人家送来的。亲戚有远近，朋友有亲疏，故权衡轻重，估量厚薄，显得尤为重要。

剧中，贾府一年四季，迎来送往不断，大至红白喜事，小至寿诞满月。第六集，凤姐在协理宁国府期间，事务繁多，应接不暇。凤姐："如今缮国公诰命亡故，要打祭送礼；日常西安郡王妃华诞，要送寿礼；镇国公诰命生了长子，要预备贺礼。"足见贾府日常礼尚往来之频繁。

第十三集，在清虚观戏楼，贾母闭目养神，一仆妇拿着礼单，走到跟前说："冯将军家派人来了，送来猪羊香供，这是礼单。"正说着，一仆妇把一张红纸礼单递给宝玉，凤姐刚从正楼过来，拍手笑道："哎呀，我就没想到这个，都是老太太闹的，人家以为咱们大摆斋坛，都来送礼。这不，又得现预备赏封儿。"这时，一仆妇向凤姐递上礼单："赵侍郎家也来送礼了。"贾珍匆匆走来，手里拿着一叠礼单，对凤姐说："北静王府、齐国公府、南安郡王府、平原侯府都送礼来了……"贾母："又不是什么正经斋事，我们不过闲来逛逛，就没想到这礼上，没的惊动了人家。"

（二）礼尚往来习俗来源

《礼记·曲礼上》曰："人有礼则安，无礼则危。故曰：礼者不可不学也。"②自古以来，那种"邻国相望，鸡犬之声相闻，民至老死不相往来"③的缺乏人情味的人，是不受欢迎的。广义的人情，指常情、世情、情谊、情面等。狭义的人情，指交情、应酬等。在人际交往中，由于存在亲疏远近之别，所以，礼尚往来有相当大的伸缩性与情境性，使得初衷本善的"礼尚往来"，演变为沉重的"人情"负担。

古代送礼的礼仪，有许多烦琐规定。比如，"红喜事"中的娶亲、嫁女、祝寿，丧事当喜事办，称"白喜事"。遇到这些事情，凡亲戚朋友、同僚下属，都要送礼。受亲戚有远近、朋友有亲疏和官场有等级的影响，一般下属送礼不能

---

① 戴圣. 礼记 [M] 陈澔，译注. 上海：上海古籍出版社，2016：4-5.

② 白坤. 礼记选读 [M]. 杭州：浙江古籍出版社，2013：64.

③ 温端政. 汉语格言分类词典 [M]. 北京：商务印书馆，1992：519.

超过上司，否则上司没有面子。因此，送礼也要因人而异、因事而异。就娶亲嫁女的习俗而言，多为送画屏、玉器之类。而祝寿礼，送寿面、寿桃，则是必不可少的，还须成双成对，以示吉祥。另外，古代科举金榜题名，"同年"或乡绅也要送礼。这种礼，更多还是"情"的成分。

（三）剧中呈现

邓云乡先生在《红楼风俗谭》中，把贾府的人情往来概括为三种类型：一是相互馈赠；二是见面礼物；三是红白喜事。这些礼俗，在剧中都得到很好表现。

1. 互赠礼物

（1）贾宝玉与蒋玉菡：第十二集，贾宝玉对琪官大名，早有所耳闻。在梨香院院中廊檐下，贾宝玉问蒋玉菡是否认识琪官，蒋玉菡笑着说正是自己。两人虽是初次相见，然一见如故。为表达对蒋玉菡的仰慕之情，贾宝玉从袖中取出一把扇子，并解下套在扇子上的玉坠，双手递了过去。蒋玉菡也撩起衣服，将北静王送的茜香国女王进贡的一条大红汗巾解下来，赠给了贾宝玉。

（2）北静王与贾宝玉：第六集，在秦可卿送葬途中，北静王点名要见贾宝玉。贾宝玉匆匆脱了孝服，便上前叩见。在北静王的眼里，贾宝玉面若桃花，目如点漆，谈吐有致，且语言表达清楚，名不虚传，随即将手腕上的御赐之物"鹡鸰香珠"取下来，作为见面礼。

2. 张道士赠贾宝玉礼物

第十三集，作为荣国公当日出家的替身，曾被两朝皇帝御封为"大幻仙人"和"终了真人"，如今又被王公藩镇尊为"神仙"的张道士，笑呵呵地端着盘子，出现在清虚观的戏楼上。张道士对贾珍道："我这是一举两得，不是为了化布施，想将哥儿的玉请下来，托出去给远道而来的道友和徒孙们见识见识。"贾母："带他出去瞧就行了。"张道士讨好道："那可使不得，外头人多，气味难闻，又是暑热天，要把哥儿给腌臜了，我可担待不起啊！"贾珍把盘子递给宝玉。贾宝玉接过一看，里面放着四五十件金璜玉块之类的法器，还有一个金晃晃的赤金点翠的麒麟。剧中，张道士的台词，与原著出入较大。

3. 官员赏赐贾府子弟礼物

第二十八集，贾政带着儿子贾宝玉、贾环和孙子贾兰赏菊，当着宾客的面，让他们吟诗。因表现不俗，受到众人称赞。梅翰林、杨侍郎和庆国公还分别赏赐了一些小礼物。在贾母房中，老太太眉开眼笑道："哎哟哟，可回来了，作诗没丢丑吧！"贾环洋洋得意："不但没丢丑，还带回了许多东西来呢。"一婆子忙将包袱打开，从里面取出三把扇子、三个扇坠、笔墨六匣、三串香珠和三个玉环。贾母一件件仔细瞧着，十分欣慰。贾环指着这些礼物说："这是梅翰林、杨侍郎、李员外送的，那是庆国公送给宝玉的护身符。"剧中，贾母、贾环的台词，分别出自原著第七十八回王夫人和贾宝玉之口。

原著中的梅翰林，是薛蝌和薛宝琴之父的朋友，与贾府有旧交之谊。杨侍郎、庆国公与贾府是世交，杨侍郎和李员外的情况，原著没有详细交代。

4. 元妃赐家人钱物

第十三集，在沁芳桥畔，小红对贾宝玉说："袭人姐姐让我来找二爷，昨儿贵妃打发夏太监出来，送了一百二十两银子，叫在清虚观初一打三天平安醮，唱戏献供，叫珍大爷领着众位爷们，跪香拜佛呢，还有娘娘端午节的礼也赏了。"从元妃所赐礼物来看，给贾宝玉和宝钗的，各为两柄上等宫扇、两串红麝香珠、两端凤尾罗和一领芙蓉簟；给林黛玉、贾迎春、贾探春、贾惜春四人的，分别是一把扇子和数枚红麝珠子。从中表明"金玉良缘"与"木石前盟"的较量，已初现端倪，意义非同寻常。

剧中，小红口中的打醮，指道士设坛祈祷，为祈求神灵赐福免灾的一种宗教仪式，也称打平安醮。农历五月初五，是一年一度的端午节，元妃为何选在节前，为娘家人打平安醮呢？古人认为：五月是凶月，五日是恶日，所以这天有扎艾草、挂菖蒲、点雄黄，有驱除"五毒"的习俗。元妃让家人从初一到初三打三天平安醮，意在为家人祈福。同时，让夏太监送来礼物，表达了元妃"每逢佳节倍思亲"的真情。

剧中的夏太监，为原著中后宫太监总管夏秉忠。曾多次到贾府降旨传谕，乘马而至，飘然而归，有高深莫测之感。此外，他还经常打发小太监到贾府，以借钱为名，行敲诈勒索之实。

5. 打发穷亲戚

贾府亲戚众多，包括八竿子打不着的，像刘姥姥这样的穷亲戚。第三集，凤姐对刘姥姥道："如今你大老远来了，又是头一回张口，怎么好让你空手回去呢？可巧，太太给我的丫头做衣裳的二十两银子还没动，你若不嫌少，就暂且拿回去用吧。"第十六集，刘姥姥二进荣国府，得到贾母的盛情款待。鸳鸯命老婆子带刘姥姥洗了澡，换了随常衣服，被留下来住了两三天。临别之际，平儿领着刘姥姥到凤姐东屋，把贾母打发的五十两银子，亲手交给了刘姥姥。除贾母打发的，平儿打发了两件棉袄、两条裙子、四块包头巾和一包绒线；鸳鸯打发的是几件衣服、一盒面果子、药品和两个笔锭如意。剧中唯独没有出现王夫人、凤姐和宝玉打发礼物的场景。不仅如此，包括贾母、平儿、鸳鸯打发的种类和数量，也与原著数量不符。

十六、庆贺

（一）习俗形式

剧中贾府的庆贺活动，有生日庆贺、升官庆贺、节日庆贺、金榜题名庆贺等。其形式是，众人欢聚一堂，摆宴席，演大戏。规模和排场，可大可小。

（二）庆贺习俗来源

"庆"是一个会意字，有"行贺人也，从心，从夂"① 的说法。字形像"鹿"字，下为"心"字，表示拿着鹿皮真心诚意地前去祝贺。"贺"字最早见于金文，从宝贝，加声，属形声字。② "贺，以礼相奉庆也。"③ 可见，"贺"的本义，指以礼物相庆。《诗·大雅·下武》云："受天之祐，四方来贺。"④ 这里的"贺"，有庆贺之意。《三国志·董卓传》曰："长安士庶咸相庆贺，诸阿附卓者皆下狱死。"⑤ 在历代文学作品中，有关庆贺的描写不少，如西汉哲学家焦赣在《易林·益之咸》云："官爵并至，庆贺盈户。"⑥ 唐柳宗元在《为裴中丞贺克东平赦表》云："宣示军戎，莫不动地欢呼。若醉千锺之酒，腾天鼓舞，如闻九奏之音，无任庆贺，踊跃之至。"⑦ 清代演义《说唐》第三十回云："咬金率领众将，迎接入城，设宴庆贺不表。"⑧ 老舍《骆驼祥子》二十云："不但是出了钱，还亲自去吊祭或庆贺。"⑨

此外，庆贺也是道教祖师在圣诞日的科仪，其程式为：各执事如列；如仪，上香礼赞，举三清应化天尊、道经师宝天尊、香云达信天尊，上《祝香咒》《威灵咒》，宣表、表白、念诰、焚表、退班，恭对醮坛，以贺祖师圣诞。⑩ 在民间，有元宵节燃灯庆贺的习俗，源于道教三元之说，即正月十五日为上元节，七月十五日为中元节，十月十五日为下元节。主管上、中、下三元者，分别为"天""地""人"三官。因天官喜乐，故上元节要燃灯。

---

① 许慎.说文解字 ［M］.杭州：浙江古籍出版社，2016：【心部】.

② 徐中舒.汉语古字形表 ［M］.北京：中华书局出版社，2010：240.

③ 许慎.说文解字 ［M］.杭州：浙江古籍出版社，2016：【贝部】.

④ 傅斯年.傅斯年讲诗经 ［M］.北京：北京理工大学出版社，2016：52.

⑤ 陈寿.三国志 ［M］.济南：山东画报出版社，2012：59.

⑥ 焦延寿.焦氏易林注译 ［M］.兰州：甘肃人民出版社，2015：983.

⑦ 卫绍生.唐宋名家文集——柳宗元 ［M］.郑州：中州古籍出版社，2010：245.

⑧ 冯梦龙.说唐 ［M］.北京：华夏出版社，2017：112.

⑨ 阮智富等.现代汉语大词典 ［M］.上海：上海辞书出版社，2009：1370.

⑩ 刘烨.道教入门600讲 ［M］.北京：中国妇女出版社，2011：280.

（三）剧中呈现

1. 升迁庆贺

（1）家人升迁：第三十一集，元妃省亲后，贾政为官更加谨慎，皇上念其人品端方，勤于政务，被工部考核为一等称职，优先外放。消息传来，贾母与凤姐商量庆贺之事。剧中平儿送来两匹红布，让贾宝玉包裹"女儿棠"，作为庆贺其父升迁之礼。

（2）族人升迁：第二十一集，在王夫人上房，一婆子向薛宝钗送来一封大红喜报，说贾雨村补授大司马，协理军机参赞朝政。薛宝钗接过喜报，对婆子道："恭喜你家老爷荣升，不巧太太今日往锦乡侯府赴宴去了，等她回来，即派人到府上贺喜。"

贾雨村其人，在前八十回的故事情节，主要集中在第一回至第四回、第三十二回、第四十八回、第五十三回、第七十二回。后四十回的故事情节，主要集中在第九十三回、第一百零三回、第一百零七回、第一百一十七回和第一百二十回。

从前八十回来看，第一回描写甄士隐设宴，与贾雨村抒怀；第二回描写贾雨村得中进士为官，因恃才侮上，被参罢官。后到林如海家坐馆，教授林黛玉，闲游时巧遇冷子兴，发"正邪二气"之宏论；第三回描写贾雨村复职，得补应天府实缺，并迎娶娇杏；第四回描写贾雨村在大堂上，见案边门子前倨后恭，依其提供的"护官符"所示，徇私枉法，放走凶手薛蟠；第三十二回描写贾雨村每次到贾府拜访，指名要见贾宝玉，引起贾宝玉反感；第四十八回描写贾雨村讹诈石呆子，抄走其祖传的数十把古扇，以官价送给贾赦；第五十三回描写王子腾升任九省都检点，贾雨村得补授大司马，协理军机参赞朝政；第七十二回描写贾雨村被贬，与贾琏等的关系日渐疏远。

从后四十回来看，第九十三回描写贾雨村由兵部降至府尹；第一百零三回描写贾雨村升迁京兆府尹后，出京查勘田亩，路过知机县，在急流津渡口的一座小庙，得遇离别十九载的恩公甄士隐，两人再度提起英莲被拐之事；第一百零七回描写贾府被参之后，时任京兆府尹、曾无数次受惠于贾府的贾雨村，不但不实事求是为贾府减轻罪责，反而落井下石，在背后搞小动作；第一百一十七回描写贾雨村锁链加身，被押解到三法司衙门审问；第一百二十回描写贾雨村得遇大赦，褫籍为民，来到知机县觉迷渡口，与甄士隐再次相遇，红楼故事自此完结。剧中，对后四十回的主要故事情节，做了大幅改编。

（3）姻亲迁迁：第二十集，腊月二十三日，这天是王子腾的生日，王家打发人来请贾母和王夫人赴宴。王夫人见贾母不去，就让贾宝玉代表家人前去祝贺。李纨很诧异地问道："昨儿是舅老爷的生日，怎么说是双喜临门？"薛姨妈美滋滋地说："你还不知道，前儿蒙圣上恩宠，你舅老爷升了九省都检点啦！"但剧中并没有出现相关庆贺场景。导演通过贾宝玉次日将到王子腾家赴宴，顺带引出贾母担心孙子穿着寒碜，为其买了一件进口的孔雀毛披风，把戏的重心放在晴雯补裘这场戏上，舍弃了第五十二回的主要故事情节。

（4）奴才升迁：第十八集，在荣国府仪门外，邢夫人和凤姐巧遇来给贾母报喜的赖大家的。凤姐开玩笑道："媳妇来接婆婆来了？"赖大家的："不是接她老人家，倒是打听打听太太奶奶们赏脸不赏脸。"赖嬷嬷笑道："我们小子选了出来，在我们破花园子里摆三日酒，请老太太、太太、奶奶们去散散闷，光辉光辉。"邢夫人："多早晚的日子？我们一定去。"赖大家的忙说："明儿就是好日子。"凤姐："我是一定去的，先说下，我没有贺礼的，也不知道放赏，吃完了一走，可别笑话啊！"赖大家的笑道："奶奶一喜欢，赏我们三两万银子那就有了。"

为庆贺赖尚荣升迁，赖家连摆了三天酒席，还请来柳湘莲串戏，贾母、邢夫人、王夫人、凤姐等，也纷纷前去祝贺。剧中，赖尚荣陪主子贾珍、贾琏、贾蓉、薛蟠和现任官长及世家子弟吃酒看戏，乐在其中。

2. 生日庆贺

（1）贾母生日

第二十七集，贾母生日，颇具仪式感。为庆祝贾母八十大寿，贾府提前做了准备，里里外外的布置，都得到贾母认可。在荣国府正堂内，设有一张大桌案，案上铺着红毡子，正面挂着寿幛，十分喜庆。从七月二十八日至八月初五，天天宾客如云，热闹非凡，共花费几千两现银。王夫人变卖了荣府后楼存放的四五箱铜器、锡器和一口自鸣金钟补贴，再现了清代豪门贵族大家庭做寿的场面。

自七月上旬开始，前来送礼的人就络绎不绝，上至亲王驸马，下至文武官员。其中，礼部奉旨钦赐金玉如意一柄，彩缎四段，金玉环各四件，国库银子五百两。元妃命太监送来金寿星一尊，沉香拐一根，迦楠珠一串，福寿香一盒，金锭一对，银锭四对，彩缎十二匹，玉杯四只。

从七月二十七日起，宁荣二府张灯结彩，齐开寿宴，笙箫鼓乐之音震天动地。按男尊女卑的礼制原则，家宴中，内室为女客，外廊为男客，分别按房次、辈分排列。行礼时，先是女客，次为男客，再次是管家、媳妇和丫鬟。官客安排在宁国府，堂客安排在荣国府，大观园的缀锦阁、嘉荫堂等处，为宾客临时休息之地。

二十八日，宁国府迎来了北静王、南安郡王、永昌驸马、乐善郡王等尊贵客人；荣国府迎来了南安王太妃、北静王妃等几位世交公侯和诰命嘉宾，分别由贾赦、贾政、贾珍等人相陪。参加贺寿的客人，全部被请到大观园嘉荫堂内，茶毕更衣后，方到荣禧堂拜寿入席。

二十九日，宴请各府督镇及诰命等人；三十日，宴请诸官长、诰命以及远近亲友和堂客；初一，由贾赦举办家宴；初二，由贾政举办家宴；初三，由贾珍、贾琏举办家宴；初四，由贾府合族长幼举办家宴；初五，由赖大、林之孝等宴请。期间，除天天有庆典外，贾母还施舍钱粮给族人，让贾宝玉跪经，举行了非常庄重的放生和拣佛豆仪式。剧中贾母叫喜鸾和四姐儿捧着一升豆子，由两姑子念佛偈。然后，一颗一颗地拣在一个簸箩内，命人在十字街结寿缘。这是"明清时期在北京流行的一种迷信习俗，都是古人以所谓行善积德的方式，来求得添福添寿"①，彰显了清代豪门贵族家庭独特的庆寿文化。

（2）贾敬生日

第四集，贾珍打着为父亲祝寿的旗号，明知贾敬不会回来参加祝寿仪式，仍大摆宴席、搭台唱戏，充分暴露了其贪图享乐的本性。生日这天，除宁国府阖族参加，还邀请了荣国府的邢夫人、王夫人、凤姐夫妇和宝玉等人。四王六公八侯都纷纷前来捧场，唯独最喜热闹的贾母不给贾珍面子，借故不来参加。

在生日到来的前两日，剧中通过闪回手法，呈现了贾珍到庙里给父亲请安，请他在生日那天务必回家受礼的画面。贾敬说自己清净惯了，不愿回去。贾敬住在寺观，对宁国府的风言风语，其实早有耳闻，特交代贾珍刻印《阴骘文》一万份散发众人，以消除子孙罪愆。生日头一天，剧中还闪回了贾蓉到玄真观，给祖父送去上等好吃的珍稀果品十六盒，作为生日礼物的画面。

生日这天，贾珍和贾赦、贾政、贾琏、贾代儒等族中长辈子侄，从正堂出来。正堂外，一班青衣奏着乐器，一男仆拖着长长的音调，高声唱道："南安郡王府、东平郡王府、西宁郡王府、北静郡王府寿礼到——"手举大红帖子的四个男仆，分别引着数抬寿礼，从仪门鱼贯而入。通道上，贾蓉与凤姐、贾宝玉说笑着走来。在"寿"字纱灯的两侧，安放着一座八扇寿屏，"寿"字正中横着一张大条案，案前放着一把楠木圈椅，正堂内，香烟缥缈。

拜寿仪式开始后，宁国府当家奶奶尤氏和荣国府实权人物凤姐，各率一群年长女眷，对着正中的空椅子行跪叩礼。四个司仪分别站在条案的两侧，其中一人高声唱道："一叩首——二叩首——三叩首——兴——礼成。"

---

① 王齐洲等. 绛珠还泪［M］. 哈尔滨：黑龙江人民出版社，2003：88.

（3）王熙凤生日

第十七集，凤姐的生日是九月初二，以前两府都是各送各的。贾母为了解闷，想出了凑份子的主意，无论关系好坏都要出，连那些有脸面的奴才也不例外。

在贾母房中，老的少的挤满一屋子。贾母先认了二十两，接着，薛姨妈也认了二十两。邢夫人看着王夫人说："我们不敢和老太太比肩，每人十六两吧。"赖嬷嬷与李纨、尤氏各认了十二两，其余依次递减，姑娘们照例出一个月的月例，丫头们有出一两的，也有出二两的。到一顿饭的工夫，共凑得一百五十六两。

生日这天，荣国府花厅煞是热闹，除李纨没有参加外，几乎所有的女眷都来祝贺。花厅对面的戏台上，戏班正在上演《荆钗记》，叫板声、管弦声、唱曲声、欢笑声，不绝于耳。宴席分设在花厅里外两处。花厅里间，薛姨妈坐在贾母身旁，贾母歪着躺在榻上，端着酒杯看戏，王夫人和邢夫人坐在高桌旁，品茗闲聊。花厅外间，摆了四桌酒席，薛宝钗、林黛玉、史湘云和三春等尽情嬉笑；送菜斟酒的丫鬟们，步履轻盈地来回忙着。

待众人坐定后，尤氏把凤姐拉到贾母榻前的首席上，凤姐笑着推辞。贾母吩咐尤氏："你好好替我做东道主，难为她一年到头的辛苦。"尤氏："老祖宗，她坐不惯首席，坐在上头横不是竖不是的，酒也不肯吃。"尤氏端起酒杯给凤姐敬酒："一年到头，难为你孝敬老太太、太太和我，我今儿没什么疼你的，你就乖乖儿地在我手上喝一口吧！"凤姐笑着往地上指了指："你要诚心孝敬我，你跪下我就喝。"尤氏："说的你不知是谁了，告诉你吧！好不容易赶上今儿这一遭，过了今儿，谁道后儿，还能像不像今儿这样，你就趁着今儿尽量地灌上两盅吧。"凤姐见推辞不过，接过尤氏的酒，笑着喝了。贾母直起身来，眯着眼睛四处寻找贾宝玉。花厅内，赖嬷嬷和几个有面子的婆子也过来凑趣，凤姐接过来一杯杯干了。

贾宝玉从水月庵祭奠金钏儿回来，忙脱掉素衣，找了件吉服换上，直奔大花厅。在花厅见了贾母和王夫人等，贾母看到孙子后，高兴地让宝玉给凤姐敬酒。宝玉斟了满满一杯，恭恭敬敬地端到凤姐跟前，凤姐一饮而尽。鸳鸯和袭人等三四个丫鬟笑盈盈地走来，各自斟了满满一杯。凤姐闭上眼睛，醉倒在椅子上。几个耍百戏的小孩忙上来施礼，凤姐忙吩咐尤氏预备好赏钱，从椅子上站起来，慢慢离开了花厅。

（4）贾宝玉生日

第二十四集，贾宝玉的生日与薛宝琴、平儿、邢岫烟三人正好为同一天。

为了给贾宝玉过一个热闹的束发生日，贾母拿出一百两银子，作为生日费用。第二十七集，生日这天，虽然贾母和王夫人都不在家，但所有仪式和礼数都没有挪下，诸如设天地、炷香行礼、奠茶焚纸、祖先堂行礼、遥拜祖母、父母等。此外，贾宝玉当天还收到亲朋好友的贺礼和僧尼道馈赠的供尖儿。

剧中，宝玉清晨起来，梳洗完毕，来到前厅院中。这时，小厮李贵等早摆好香案。在古代，只有年满50岁的人，才有资格摆寿案，低于50岁的，只能摆香案。上香行礼、奠茶烧纸后，贾宝玉来到贾氏宗祠，分别给贾演、贾源祖先行礼。从宗祠出来，径直来到月台，遥拜祖母和父母。谚云："长嫂如母。"贾宝玉还顺便到宁国府上房给堂嫂尤氏行礼。从上房回来后，又到梨香院给薛姨妈行礼，见过薛蝌后，才回到大观园。一路上，晴雯、麝月等夹着毡子尾随其后。经过二门时，还拜望了李、赵、张、王四个奶妈。这些人要给贾宝玉行礼，被宝玉一一婉拒。至此，完成了当天生日的必要仪式。

俗话说："娘亲舅大。"① 按传统习俗，"男以舅爷为尊，女以兄弟为重"②。这里的舅爷，指母亲的兄弟。当天，贾宝玉的舅舅王子腾和姨妈也送来了生日礼物，薛姨妈的减了一半。从两人送的礼物来看，均选择了寿桃和银丝挂面。对中国人而言，面条是庆贺生日的必备食物，因"面"与"绵"同音，有长寿之意。从数量来看，都以"一百"为单位，包含了"长命百岁"的祝福。连平时与贾府往来不多的优伶、和尚、尼姑等，也送来了供尖儿。因贾宝玉是贾母第一看重的人物，这些人名义上给宝玉送礼物，实则是为了讨好贾母。众姐妹馈赠的礼物，多为一些精致小巧的玩器，包括创作的书法作品或针线等物。

3. 节日庆贺

元宵节：第二十一集，元宵之夜，荣国府张灯结彩。参加的族人不是太多，或以年迈体弱，或以不喜热闹，或以家中无人为由，借故不来参加，阖族男女，空落半壁。贾敬素戒酒茹素，故没有请他。族中女性，仅有贾菌之母娄氏和贾菌参加，男性仅有贾芹、贾芸、贾菖、贾菱，承欢作乐。

晚上，荣国府大花厅被各色花灯照得如同白昼。花厅内摆了十来桌酒席。御赐的百合宫香，从十几个香炉里逸出，弥漫了着整个大厅。厅内的窗格上，挂满了各式各样的彩穗宫灯；廊檐内外及两边游廊罩棚上，分别亮着羊角、玻璃、戳纱、料丝等各式颜色的灯；搭在院子中间的戏台，看上去十分精巧，一班小戏子，正在唱《西楼记西楼会》戏曲。

---

① 中山大学高崚调查组.中国田野调查丛书［G］.北京：知识产权出版社，2011：126.

② 易小明等.民族文化差异与经济发展［M］.长沙：湖南师范大学出版社，1998：207.

贾母歪坐榻上，先尝了两样果品，命人放到薛宝琴等人面前。贾宝玉把湘云爱吃的果品，叫人装了一盘。这时，史湘云正在猜《点绛唇》谜底，薛宝钗、贾探春、贾惜春、邢岫烟、李纹、李绮纷纷围过来。贾探春、贾惜春、李纨一个都没有猜中，竟被贾宝玉全部猜中。这时，贾母开始怜悯起小戏子来，吩咐吃点滚烫的汤圆再唱，大厅这才安静下来。可见，"节日观戏，是贾府最热闹喜庆、上下不拘的时刻"①。

吃完汤圆后，一小太监与贾母耳语一番，举起白纱灯道："娘娘差我送出一个灯谜儿，命大家来猜。猜着了，不要说出来，每人只暗暗地写在纸上，一齐封进宫去，让娘娘验证。"于是，有的寻思，有的来回走动，有的竟摇头晃脑起来，宝玉首先念出了谜底。

时近三更，一小丫鬟送来添加衣裳，琥珀给贾母披上。贾母："不如都搬进去。"王夫人担心里间坐不下，贾母笑道："大家坐在一处挤着，既亲热，又暖和。"林之孝家的带着五六个媳妇，把三张炕桌抬了进来。每张炕桌上分别铺着一条红毡，上面放着铜钱，用大红彩绳串着，添换的果馔已摆好。贾母笑着对文官等人道："大正月里，你师父也不放你们出来逛逛。你们唱什么？刚才《八义》唱得我头疼，咱们唱点清淡的。"于是，芳官唱了一出《寻梦》。戏完乐罢，凤姐见贾母还在兴头上，向众人提议："趁着女先儿们在这里，不如叫她们击鼓，咱们传梅，行一个'春喜上眉梢'的令如何？"贾母笑道："这是个好令，正对时对景。"一女演员把花腔令鼓放在席边，宝玉从花瓶中取出一枝红梅，等着鼓响行令。贾母笑道："鼓声到谁手里住了，吃一杯酒，也要说上两句。"引得众人哈哈大笑。凤姐："谁输了就说个笑话吧。"

一阵喧笑后，众人把目光投向令鼓。当鼓声响起，红梅在众人手中依次传递，鼓声慢，传递慢，鼓声疾，传递快。如此传了两遍，最后落到凤姐手里，琥珀故意干咳一声，鼓声便戛然而止。尤氏对凤姐道："这可拿住她了！"李纨："快吃了酒，说一个好的，别太逗人笑得肠子疼。"凤姐一本正经地道："有一年过正月半，几个人抬着个房子大的炮仗往城外去，引了上万的人跟着去瞧。有一个性急的人等不得，便偷着拿香点着了，只听扑哧一声，众人哄然一笑都散了。这抬炮仗的人，抱怨卖炮仗的扦得不结实，没等放就散了。"史湘云："难道他本人没听见响？"凤姐："这人是个聋子。"大家听后，不觉大笑起来。史湘云好奇地问："后来怎么样，也该说完。"凤姐把桌子一拍，说第二天是十六，年也过完了，哪里还知道下面的事，众人又笑了起来。凤姐最后笑着说："千里

---

① 徐扶明. 红楼梦与戏曲比较研究［M］. 上海：上海古籍出版社，1984：92-93.

搭长棚，没有不散的筵席！外头已经四更，依我说，老祖宗也乏了，咱们也该'聋子放炮仗——散了'吧。"在欢乐祥和的背后，正暗藏着危机，预示了盛宴必散的结局。

院内，传来震耳欲聋的巨响，林黛玉掩住耳朵，被贾母搂在怀里。薛姨妈搂着湘云，王夫人紧紧搂着宝玉。凤姐说，我们是没有人疼的。尤氏："你这孩子又撒娇了。"凤姐笑道："今儿特地预备了一个大炮仗，我去放给你们看。"湘云："快看聋子放炮仗去！"这时，琥珀从外面进来禀告："刚才小太监出来传口谕，娘娘所制灯谜儿，大家都猜着了，是爆竹。"凤姐引燃大爆竹，随着一声巨响，戏台的演唱声，被爆炸声所淹没。忽听贾母说了一个"赏"字，几个婆子、小厮抬着笸箩装的钱出来，向台上撒去。只见新铜钱漫天飞舞，满地滚动。剧中呈现的场景，与第五十四回的故事情节吻合。

十七、祭祖

（一）习俗形式

中华民族历来有慎终追远的传统，过节不忘祭拜祖先。除夕、清明节、重阳节、中元节，是汉族传统祭祖的四大节日。敬畏祖先，源自天性，贯彻于风俗之中，这是中华民族的文化基石。除岁时节令，婚丧喜庆，需祀神，亦必祭祖。祭神是出于畏惧心理，祭祖是出于孝敬心理，故有"亲亲故尊祖，尊祖故敬宗，敬宗故收族，收族故宗庙严"[1] 的说法。

祭祀祖先的仪式在宗庙进行，缘于敬天法祖的庇佑情结。作为祖先崇拜的载体，祠堂供奉着祖宗的神主牌位。祠堂是家族借助神权进行教化，或执行家法，或议事宴饮的重要场所，同时也寄托了宗族的情感归属。在贾府，祭祀祖先的形式，严格按封建礼仪进行清扫祠堂、供放祭品、献祭贡品、跪拜、点香、上烛、烧纸、宣读祭文，最后分食贡品。这天，贾氏家族子孙陪着祖宗过年。晚辈媳妇要送给女性长辈针线礼物；贾母、贾赦、邢夫人、王夫人要给荣国府的晚辈发压岁钱。就连超凡脱俗的贾敬也不能置身事外。因贾政在外为官，故没有参加。

（二）祭祖习俗来源

在古代，祭祀祖先的地方称宗庙。[2] 原始社会时期，人们把祖先神主牌、衣冠或生前所用之物置于屋内，以示缅怀。殷周时期，祖先被奉为神明。《论衡·四

---

① 戴圣 . 礼记［M］. 青少年必读经典编委会 . 郑州：河南科学技术出版社，2013：149.

② 颜品忠等 . 中华文化制度辞典［M］. 北京：中国国际广播出版社，1998：113.

讳篇》里，有墓前建祠堂的记载。此外，大型墓葬还建有神道、翁仲（石人）。祭祖不仅是汉民族的习俗，在我国其他少数民族中也普遍流行。

（三）剧中呈现

在贾府，年终最后一天，贾母等有诰命的夫人按品级着装，坐着八抬大轿进宫朝贺，兼祝元妃千秋。凡没有入朝庆贺的族中子弟，在宁国府门前排班等候。宫中活动结束后，贾母等人在宁国府暖阁下轿，直奔贾氏宗祠，参加一年一度的祭祖仪式，以表达对祖宗的崇敬和缅怀之情。

1. 准备工作

（1）清扫祠堂：第二十集，位于宁国府西边的贾氏宗祠，气势恢宏，庄严神圣。五间大门上，悬挂着由衍圣公孔继宗题写的"贾氏宗祠"匾额，两侧挂着"肝脑涂池，兆姓赖保育之恩；功名贯天，百代仰蒸尝之盛"的对联；祠内，供奉着宁荣二府列祖列宗木制神主牌位；月台上，陈列着古色古香的礼器；正殿前悬挂着"慎终追远"的青匾，匾额两边为先皇帝御笔"已后儿孙承福德，至今黎庶念荣宁"的对联。作为族长的贾珍，打开宗祠大门后，命小厮打扫，收拾供器，请神主，悬挂祖宗遗像。此时，宁荣二府上上下下皆忙碌起来。

（2）准备针线礼物：贾蓉继室胡氏与继母尤氏，已为贾母准备好了针线礼物。

（3）展示压岁钱：一丫头捧着茶盘，里面放着220个锭银子，这是尤氏送给晚辈的压岁钱。所谓压岁钱，"亦作押岁钱，是一种很早就有的旧俗。清代赏压岁钱的风俗，以红绳穿钱，作龙形置于床脚。凡尊长赐小儿者，亦谓之压岁钱。各钱铺年终，特开红纸零票，以备此用也"①。

（4）祭品：由宁国府庄头乌进孝提供，荣国府也送来一些。

（5）领恩赏、供放祭品：第二十一集，腊月二十三日，贾蓉在光禄寺等了一天，终于领到加盖"皇恩永锡"封条和盖有礼部祠祭司印的两袋恩赏。领回后，供奉在祠堂内。按贾珍吩咐，从乌进孝进贡的大鹿、獐子、狍子、暹猪、汤猪、龙猪、野猪、家腊猪、野羊、青羊、家汤羊、家风羊等物中，各取若干，命贾蓉派人给荣国府送去；留一部分供宁国府食用，其余分出等次，堆在月台下，分配给族中困难子侄。

2. 祭祖仪式

第二十集，腊月二十九，宁荣二府贴了新门神、对联和挂牌，桃符焕然一新。除夕之夜，灯火辉煌，到处呈现喜庆的氛围。宁国府从大门、仪门、大厅、

---

① 陈诏. 红楼梦小考［M］. 上海：上海书店出版社，1985：131.

暖阁、内厅、内三门、内仪门、塞门一直到正堂，一路大开。正门两边的台阶上，为清一色的朱红颜色，犹如两条金色的彩龙，栩栩如生。贾母带着族人鱼贯而入，向宗祠慢慢走去。

在贾氏宗祠，族人穿戴整齐，长幼有序，按辈分男东女西，在台阶上各站一排。参加祭祀的除贾氏族人外，还有贾府的官属、清客，这些人全部站在台阶下。剧中，台阶东面是盥洗类设施，西面放着近十种乐器。

院内：贾敬、贾赦率阖族男子，站在正堂门槛外，文字辈以贾敬为首，玉字辈以贾珍为首，草字头辈以贾蓉为首，从正堂屋檐下的过道上，一直排到院门口；众家小厮，全部站在院门以外。

宗祠厅内，贾母率阖族女眷，站在正堂门槛内。

司仪高声喊道："敬献供品。"当贡品传到院门后，由贾荇、贾芷等人接下，按次序传到台阶上的贾敬手中。贾敬接到后，传给门槛内的贾蓉，再由贾蓉传给胡氏。胡氏接到后，传给凤姐、尤氏诸人，再传供桌前的王夫人，最后由王夫人传给贾母，捧放到供桌上。邢夫人站在供桌的西面，向东而立，与贾母一起供放，直到全部传完。贾母用右手大拇指、食指、中指拈起一小撮香粉，将其提至眉中，向逝者行注目礼，后放回器皿中，再下拜。众人一齐下跪。此时，宗祠内外，鸦雀无声。

仪式开始后，内外肃然。由贾敬担任主祭，贾赦为陪祭，贾珍献爵，贾琏、贾琮献帛，贾宝玉捧香，贾菖展拜垫，贾菱守焚池，站在各自的位置上。音乐响起后，贾珍和贾琏端起酒杯，走到北面正中供奉始祖"奠爵"和南面"奠帛"案台前，行三献酒礼。礼毕，退至拜位，音乐暂停。贾赦神情严肃，移步于祝案前，跪着宣读祭文："时维岁暮，节届履端，虔备庶品，用修时祭，敬荐馨香，伏惟尚飨。"宣读完毕，将祭文置于供案上，后退，音乐再次响起。司仪高声喊道："阖族眷属，随主祭贾敬老爷，叩拜列祖列宗，一叩首，兴——拜；二叩首，兴——拜；再叩首，兴——礼毕。"贾敬一本正经地跪在始祖香案南面，宝玉捧着香盘，跪在地上献香、奠酒。贾敬上完三炷香后，退至拜位，率族众行二跪六叩之礼，音乐这才停止。

十八、婚俗

（一）习俗形式

1. 媒妁婚姻

婚姻是人类社会进入一定历史阶段的产物，也是家庭和子嗣存续的基础。在封建宗法制社会，男女婚姻的缔结，须征得家长同意。这是古代宗法制赋予父家长的特权，也是婚姻合法的前提条件。古代婚娶，称六礼，包括纳采、问名、纳吉、纳征、请期、亲迎等环节，始于周代，为历代所承袭。从纳采开始到最后亲迎，每一环节都有严格的礼仪规定。越是富贵之家，越看重这些繁文缛节，只有通过六礼缔结的婚姻，才算合法婚姻。

纳采，指选择对象。男方若看中某家女子，先由媒人传话，待女方家长同意后，男方送去彩礼，表示女方已接纳这门婚事。媒人是一种古老的专门职业，类似今天的婚介所，不过属个体，没有形成专门的服务机构。在生辰八字流行后，一般用庚帖（上面写有姓名、生辰八字、籍贯、祖宗三代等内容）代替，不再注重女子之名。① 问名，指问女方生辰，以做占卜吉凶之用。

据王国维在《女字说》一文中考订：问名由孟、姬、良、母四字组合。孟，指排序；姬，指年满 15 岁的女子；良，指母名；母，指生母。纳征，指正式订婚约阶段，即以约定俗成的方式确定下来，双方不得反悔。最后进入请期和亲迎环节。在请期，男方将迎娶日期通知女方；亲迎是结婚的最后一道程序，由新郎出面，把新娘迎至家中。

宗法制父权模式下的婚姻形态，是尊长为子女归属做出的一种选择。《唐律疏议·户婚律》疏议曰："凡是同居之内，必有尊长。尊长既在，子孙无所自专。"② 家长一般由男性长者担任，"盖家统一尊，祖在则祖为家长，父在则父为家长"③。如果祖父和父亲均辞世，那么嫡长子则为家长，有"长兄如父"之说。在几代同堂的家庭里，还有"太上家长"一说，也可以是女性，但这种情况极少，父家长制最为盛行和普遍，因而在家庭中，"父为至尊"④。"父者，家之隆也。隆一而治，二而乱，自古及今，未有二隆争重，而能长久者。"⑤ 可见，父家长的地位最尊。

自古以来，婚配有"父母之命，媒妁之言"的说法，男女双方若想结婚，必须得到家中长辈的同意。若祖父母在，则由祖父母主婚，若无，则由父母主婚。"务要两家明白通知，各从所愿，写立婚书，依礼聘嫁。若许嫁女已报婚书及有私约而悔者，笞五十。"⑥ 通过法律的形式，赋予尊长对卑幼的主婚权，倘若违反，将受到惩罚。

---

① 王国维．观堂集林（外二种）［M］．石家庄：河北教育出版社，2003：78.

② 刘俊文．唐律疏议［M］．北京：法律出版社，1999：252.

③ 转引王玉波．中国古代的家［M］．北京：商务印书馆，1995：35.

④ 贾公彦．仪礼［M］．沈阳：辽宁教育出版社，2000：78.

⑤ 熊公哲．荀子今注今译［M］．台北：台湾商务印书馆股份有限公司，1975：271.

⑥ 马建石等．大清律例通考校注［M］．北京：中国政法大学出版社，1992：412.

在古代，婚妁在婚姻缔结中占有极为重要的地位，不经媒妁说合的婚姻，是一种违背礼制的行为。从字面来看，媒指谋合，妁指斟酌，"媒妁"有谋合、斟酌之意，即审视门第和双方财富是否相当。可见，"媒妁"是古代婚姻的社会凭证，这已成为判断婚姻是否合乎礼法的唯一标准。

2. 缔结模式

剧中，红楼人物的婚姻缔结模式，可谓丰富多彩。除朝廷"选秀女"外，有指腹为婚的，利益缔结的，强力撮合的，官媒提亲的，媒婆游说的，丫头做"红娘"的，甚至还有妻子为丈夫做保媒的。上述缔结模式，无不遵循"父母之命和媒妁之言"。但也有少数私传信物，以定终身违背礼制的婚姻。透过这些色彩斑斓的缔结模式，无论是符合封建礼法的婚姻，还是违背礼制的自由恋爱，终究未能逃脱"千红一窟、万艳同杯"的悲惨结局。

红楼人物的婚姻，属于典型的聘娶制性质，即男以娶之程序而娶，女因聘之程序而嫁。这种性质的婚姻，首重门第、名望、财产和相貌等，而忽视当事人的情感因素。"老祖宗"贾母的婚姻是否美满，剧中虽没有明确交代，但呈现观众的却是老寡妇面目。贾赦和邢夫人、贾政和王夫人、贾珍和尤氏、贾蓉和秦可卿三辈人的婚姻，都是传统聘娶制，照例只有婚姻，没有爱情。从婚姻状况来看，贾珍的真爱是儿媳秦可卿，而非尤氏；贾琏和凤姐的婚姻，虽说是亲上加亲，但因凤姐过于强势，夫妻俩彼此猜疑，早貌合神离；尤三姐与柳湘莲，虽有缘相识却因误会无疾而终，一个拔剑自杀，一个随一疯道长飘然而去；贾宝玉和林黛玉爱得轰轰烈烈，但有情人终未成眷属。

（二）婚俗来源

纳采，为旧时婚礼之首。《仪礼·士昏礼》曰："昏礼有六，五礼用雁，纳采、问名、纳吉、请期、亲迎是也。唯纳征不用雁……雁木落南翔，冰泮北徂，夫为阳，妇为阴。今用雁者，亦取妇人从夫之义。"[1] 婚姻是人生中的一件大事，在我们这个古老的国度里，人们历来对提亲礼仪格外看重。《左传·昭公元年》曰："郑徐吾犯之妹美，公孙楚聘之矣，公孙黑又使强委禽焉。"[2] 西晋著名学者杜预注："禽，雁也，纳采用雁。"[3] 在纳采阶段，用雁做聘礼，故曰"委禽"。到了宋代，纳采被称为"敲门"[4]。

古人定亲，一般由媒人向女方家长提出，但必须有礼物做信物。《仪礼·士

---

① 余培林. 诗经正诂上［M］. 台北：台湾三民书局，1983：67.

② 秦永洲. 中国社会风俗史［M］. 上海：上海人民出版社，2015：292.

③ 任陈勤建. 中国风俗小辞典［M］. 上海：上海辞书出版社，2008：112.

④ 丙末. 中华民俗老黄历（第 2 版）［M］. 武汉：湖北科学技术出版社，2013：167.

婚礼》："纳吉用雁，如纳采礼。"① 古人以雁为礼，因雁是候鸟，每年秋分时节南去，春分时节北返，来去有时，从不失信，喻男女婚前互守信约，有坚贞不渝之意。其次，雁是随阳之鸟，喻妇出嫁从夫。再说，雁行之有序，飞时成形，止时成列。迁徙中老壮率先引导，幼弱雁尾随其后，井然有序，喻嫁娶之礼，长幼有序，不可逾越。最难能可贵的是，雁失其偶，不再独活，有忠贞之意。由于雁是飞禽，很难捕捉，后世以鹅代雁，谓之雁鹅。

旧时婚姻，一切皆遵从父命。如私订终身，则被视为非礼苟合。此外，还有"男女无媒不交"的说法。因此，通过媒人提亲，是结婚的必经程序。媒人又称红娘，是男女双方婚姻介绍人，在纳采中充当了重要角色。

自周代以降，"父母之命，媒妁之言"，已成为国人普遍遵循的婚配模式。《淮南子·缪称训》曰："媒妁誉人，而莫之德也。"②《礼记·曲礼》有"男女非有行媒，不相知名"③ 的记载，足见媒人在婚姻缔结中的地位。纳征，又称纳币或过大礼。《礼记·昏义》云："纳征者，纳聘财也。征，成也。先纳聘财而后婚成。"④《礼仪·曲礼》又云："非受币不交亲。"⑤ 所谓请期，即选择吉日。古人认为婚姻关系的确立，乃"天作之合"，所以结婚的日期和时辰，应顺应天时。⑥

迎亲，指把新娘迎至家中。《晋书山·涛传》曰："武帝尝讲武于宣武场，涛时有疾，诏乘步辇从。"⑦ 这里的诏，有告诉之意；步辇，指用人抬的代步工具。清人福格在《听雨丛谈·肩舆》中云："五代时宰相始乘擔（或作檐）子。"⑧ 这里的擔子，指交通工具。南宋孟元老《东京梦华录·娶妇》载：亲迎用的车，称花檐子。⑨

（三）剧中呈现

1. 薛宝钗婚姻

（1）提亲

贾母最初择孙媳妇的标准，主要看女方的模样与性格，即当事人的自身条

①　戴圣. 礼记 [M]. 郑州：河南科技出版社，2013：209.

②　雅瑟等. 中国古代常识1000问 [M]. 北京：新世界出版社，2011：175.

③　王红进. 诗经文化阐释 [M]. 北京：中国广播电视出版社，2016：13.

④　张茂华等. 中华传统文化粹典 [M]. 济南：山东人民出版社，1996：163.

⑤　彭利芸. 宋代婚俗研究 [M]. 台北：台北新文丰出版社，1988：140.

⑥　同上.

⑦　陈寿. 三国志·晋书 [M]. 北京：中国戏剧出版社，2007：419.

⑧　福格. 听雨丛谈 [M]. 北京：中华书局，1984：56.

⑨　孟元老. 东京梦华录 [M]. 王莹，译注. 上海：上海三联书店，2014：132.

件，而非家族经济状况和利益，这可从剧中贾母和王夫人说的话得到印证。第十二集，贾母："不论她的根基高低，只要模样配得上，就是再穷，不过给她家几两银子罢了，性情要好可是难得的。"第三十三集，在王夫人房内，王夫人对麝月叹道："老太太说，要个亲上做亲的，打小一块厮混过来的，脾气性格合得来的，模样周正的。"

贾宝玉到了议婚年龄，为之提亲的络绎不绝。在贾母的关心和过问下，贾宝玉的婚姻大事，最终提到议事日程。第十三集，在清虚观大殿前，张道士告诉贾母："前天我在一家人家，看见一位小姐，十五了，我想哥儿也该寻亲事了。若论这位小姐的模样，那真是百里挑一，聪明智慧，根基家当也配得过，但不知老太太怎样，小道不敢造次，但等老太太示下，才敢向人说去。"

原著中贾政门下的清客相公王尔调，名作梅，最善下棋。第三十一集，王尔调曾当着贾政的面夸赞宝玉，并为之提亲，介绍的对象是张大爷家的闺女。该女子已到出嫁年龄，算琼闺秀玉，颇有几分姿色。女孩的父亲张大爷，曾任南韶道道员，与邢家是旧亲。张家不肯轻易许人，开出"富贵双全的人家，女婿又要出众，才肯作亲"的条件。王尔调对贾政说："宝二爷的人品学业，都是必要大成的……若晚生过去，包管一说就成。"王夫人把王尔调为宝玉介绍对象的事告诉了贾母，贾母让邢夫人了解张家情况，得知张家要招上门女婿，这才作罢。

(2) 议婚

作为林黛玉的外祖母，贾母与林黛玉有血缘关系，与薛宝钗没有血缘关系。为何后来贾母倾向于薛宝钗呢？对这个问题，剧中是在第三十三集通过鸳鸯与紫鹃的对话反映的。在湘潇馆，林黛玉安眠，鸳鸯压低声音对紫鹃道："老太太要给宝玉议婚了！"紫鹃十分惊喜。鸳鸯："太太心里早就有了。"由于没有挑明，可把紫鹃急坏了。鸳鸯："这事老太太可是只跟我说过，你得发誓不说出去才行。"紫鹃含泪看着门帘，喃喃自语道："阿弥陀佛，总算是……"

父母之命、媒妁之言，是古代婚姻缔结的必要条件。宝钗婚姻是事先议定的，也是贾母和王夫人为家族利益做出的选择。其实，绝非双方当事人的意愿，属典型的宗法家长制包办婚姻。恩格斯说："对于骑士或男爵，像对于王公一样，结婚是一种政治的行为，是一种借新的联姻来扩大自己势力的机会，起决定作用的是家世的利益，而绝不是个人的意愿。"① 就容貌和气质而言，薛宝钗

---

① 中共中央著作编译局．马克思恩格斯选集：第四卷［M］．北京：人民出版社，1995：76-77.

容貌丰美，举止娴雅，林黛玉如娇花照水，弱柳扶风；从才情来看，林黛玉的诗作，风流别致，薛宝钗含蓄浑厚，措辞不俗，彼此不分轩轾。就性格而言，林黛玉孤标傲世，目下无尘，薛宝钗口碑甚佳，处事豁达，城府很深。久之，贾府上下对薛宝钗称赞有加。加之薛宝钗母亲的娘家，系大名鼎鼎的金陵王家，其舅舅王子腾又是权倾一时的朝廷命官。薛家仗着皇家给予的特权，官商勾结，纵横一方，不仅开当铺、钱庄、木店，还做着各种独门生意。事实上，史、王两家与贾府早就存在姻亲关系。不难想象，如果薛宝钗与贾宝玉举案齐眉，可把贾、史、王、薛四大家族联系起来，互壮声威，这是林黛玉所不具备的。

此外，"金玉良缘"还得到贾元春的力挺。贾元春不但是皇帝的妃子，也是四大家族的政治靠山。第十三集，端午节前夕，元妃托人为荣国府送来节日礼物，贾宝玉得到的礼物与宝钗的一模一样，这是贾宝玉和林黛玉没有想到的。因此，一直不被看好的薛宝钗，因元妃别有用意的赏赐，扭转了"金玉良缘"的被动状态，而贾宝玉此时还被蒙在鼓里。剧中，贾宝玉天真地问："别人跟我的都是一样吗？"一直没有弄明白，"这是怎么个缘故？我和宝姐姐是一样，和林妹妹倒不是一样了，是不是传错了"。以林黛玉敏感的性格，不可能没有察觉。林黛玉："我没那么大福气承受，比不得宝姑娘。"当贾宝玉听到林黛玉说出"金玉"二字时，气得发誓道："什么金，又是什么玉的，我不过是草木之人罢了，别人说什么金什么玉，那是他们的事，我要是有这个想头，就天诛地灭，万世不得人身。"剧中主要角色的台词，与原著第二十八回出入较大。

剧中议婚场景，是通过两个上夜班的婆子对话间接呈现的。第三十三集，在贾母院的穿堂，两个婆子提着灯笼，转过墙角后，边走边悄悄说："我要是太太，我就要薛姑娘，断不能要林姑娘！""就是！好好的也得一天哭几回，何况又是个病秧子，谁知道哪天就……"两人的对话，恰好被玉钏儿听到。婆子甲："打来到府里，见了下人就从没有搭理过，哪像薛姑娘那么和气。"婆子乙："那你说什么琏二奶奶，总是鼓动老太太娶林姑娘呢？"婆子甲："这还不明白？琏二奶奶正经是大太太那边儿人，却在这边儿当着家。你想想，若是这边儿娶了个强似她的，那她这个家还能当多远？你当她真向着林姑娘呢！"婆子乙："哎哟，我的娘！只怕连老太太都让她给蒙了！"婆子甲："那可不是！……实诚人倒是有一个，硬在老太太面前替林姑娘保媒呢！"一路上，两人你一言我一语地说着。

自林黛玉和薛宝钗被曹雪芹并列"金陵十二钗"正册之首和同一判词以来，对两人的评价，学界从未中断过。王勉先生曾指出："严格地说，黛玉的爱是不知有手段的，她一切处于纯真；宝钗的爱恋，却是抑制了感情的一面，为了未来的幸福,她宁可采取审慎的富有谋虑的处事方法。"① 贾母明知宝黛之恋"两小无猜",却虑及家族的长远利益,转而支持"金玉良缘",从而加快了"木石前盟"的毁灭步伐。

对林黛玉的最后结局,吴月明先生在《红楼人生解码:情场、职场、官场、商场》一书中,列出了四种说法:一是尽泪说;二是病死说;三是阴谋说;四是沉湖说。不管林黛玉最后死于何种原因,毫无悬念的是为情而死,且死得凄美哀怨,动人心魄。

(3) 迎娶

第三十四集,荣国府前角门,鼓乐笙歌,轿马纷纷,人头攒动,热闹非凡,男仆们笑着把大把的青钱洒向人群。在灯火阑珊处,一过路男子向一老翁拱手道:"借问老伯,这……怎么这么大的排场?"老翁抚须而笑:"奉旨完婚。"梨香院里,结红挂彩,笑语喧哗,银花火树般的各色灯烛,映照着阴沉沉的夜空。宝钗头顶盖头,宝玉牵着新娘,在一群丫鬟、婆子的拥簇下,缓步向新房走去。

(4) 入洞房

第三十四集,洞房内,红烛高照,麝月扶着盛装的宝钗坐到床上。贾宝玉闭着眼睛,一把揭开薛宝钗的盖头,夫妻坐帐。贾宝玉把右衣襟压在宝钗的左衣襟上,众人唱着祝福新人吉祥的"撒帐歌",轮番上前散掷金钱、彩果。在丫餐、仆妇的簇拥下,贾母、邢夫人、王夫人、凤姐等人涌进洞房,唱着、喊着、笑着,红枣、栗子、花生落在床上、地上和贾宝玉、薛宝钗身上。薛宝钗新婚大礼,就此告成。

2. 贾探春远嫁海疆

第三十二集,南安太妃的儿子南安郡王奉旨劳师西征,卫老伯将军战死,南安郡王被俘。按皇上主和旨意,着南安郡王的女儿嫁给番王为妃,作为双方休兵和释放郡王的交换条件。南安郡王只有一个女儿,太妃舍不得远嫁。为救回南安郡王,太妃把原本看好做儿媳的贾探春认作义女,让其远嫁和亲。当贾政回京为贾母庆贺八十大寿时,太妃趁贺寿之便,到荣国府认贾探春为义女。

贾母得知孙女找到归宿,飞上枝头变凤凰,也算上门当户对,但一想到远嫁海疆,心里还是多少有些不舍:"好是好,但是道儿太远。虽然老爷在那里,倘若将来老爷调任,可不是我们孩子太单了吗?"一句话,道出了贾母难以言说的酸楚。王夫人也显得十分沮丧,只好说:"上司已经说了,好意思不给么?想

① 王勉. 论《红楼梦》前八十回的高潮红楼梦 [M] //红楼梦研究集刊编委会. 红楼梦研究集刊第三辑. 上海:上海古籍出版社,1980:158.

来老爷的主意定了，只是不敢做主，故遣人来回老太太的。"

（1）议婚

在荣禧堂内，南安太妃端坐首位，贾母陪坐下首。邢夫人、王夫人侍立在贾母身后，贾母强欢作笑，让贾探春出来拜见太妃。南安太妃伸手将探春扶起道："给孩子个座儿。"贾探春不解其故，用异样的目光，看了一眼祖母，接着又看了看邢夫人和王夫人，才呆呆地坐下。南安太妃含着泪水，满怀期待地看着探春，贾母也含泪看着孙女，邢夫人瞅了瞅王夫人，王夫人流泪不语。这时，堂内的侍女、丫鬟，个个屏声静气，垂首肃立，空气仿佛被凝固一样。

（2）过礼

在迎娶探春的前一天，荣国府大门外，二十多个身着华冠丽服的小厮，抬着十抬大红绫子覆盖的礼品，静候在台阶下。在王夫人房内，凤姐笑容满面地走进来，高声笑道："请太太安！南安太妃已到荣禧堂了，北静王妃和各府诰命都来贺喜了，老太太让我请太太们过去。"

（3）迎娶

三月十六日，在荣禧堂内，大明宫掌宫内相戴权站在堂上，贾赦、贾珍、贾琏等人跪在堂下。戴权煞有介事地从明黄缎子套内，慢慢取出一幅墨泽光润的"惠我西黎"四个恭楷大字及一行小字，上面盖有"万几宸翰之宝"字样的三尺手卷。贾赦、贾珍、贾琏等人抬头一看，喜不自禁，连连叩首谢恩。

（4）出嫁

荣国府正门（晨），鞭炮声、鼓乐声，响个不停，大门徐徐开启。荣禧堂前，身着盛装的贾探春缓步走下台阶，来到生母赵姨娘面前，好半天才喊了声"娘"。剧中，贾探春登船的背景是一片海域，在凛冽的海风中，探春向南安太妃和家人辞行。在送行的人群中，除南安太妃面带微笑外，其他的人无不泪流满面，充满了离别的伤感愁绪。当贾探春转身登船时，站在人群后面的赵姨娘一下冲了出来，准备拥抱女儿，却被凤姐凌厉的眼神阻止，不好意思地退了回去，望着女儿远去的背影，一股悲凉之情顿时充满全身。

按前八十回的原意，贾探春的结局，从"游丝一断浑无力"和"也难绾系也难羁"两句诗来看，应是远嫁海隅，一去不归。第五回《红楼梦·骨肉分》云："一帆风雨路三千，把骨肉家园，齐来抛闪。恐哭损残年，告爹娘休把儿悬念。自古穷通皆有定，离合岂无缘？从今分两地，各自保平安，奴去也，莫牵连。"词中探春远嫁之地，是距贾府3000里外有水路的地方，但具体地点未说明。有学者认为：高鹗在所续的后四十回里，改变了曹雪芹的原意，让探春嫁给了镇守海门的周琼之子。剧中，探春远嫁之地为西海子，这与第五十二回薛宝琴说过的买洋货的西海沿上相吻合。据傅斯鸿先生在《寻路四大名著》一书中考证：西海子，即今印度尼西亚的爪哇岛。

3. 贾迎春嫁给孙绍祖

贾迎春是贾赦的庶出，贾府二小姐。虽贵为千金，然懦弱怕事，得"二木头"之名。红楼女儿个个都有一项专长，不是能诗就是绘画，唯独贾迎春才具平庸，且命运最为悲惨。其父贾赦欠孙绍祖五千两银子，便用贾迎春抵债，饱受折磨。贾赦当初为了几把古扇一掷千金的豪气，如今早消失得无影无踪。

原著中的孙绍祖，大同府人氏，别号中山狼，年未满三十。身材魁梧，擅酬权变，一味好色。其祖上乃军官出身，与贾府算是至交。孙绍祖一人在京，袭指挥之职，未曾婚娶。贾赦见是世交子侄，将其择为东床快婿。孙家不是诗礼名族之裔，贾母纵不愿意，但儿女之事，自有天意，况且是贾赦之意，就只好同意了。

第三十二集，迎春面容憔悴，向王夫人和凤姐哭诉道："……姓孙的简直不是个人！一味好色，家里所有媳妇、丫头都让……我略劝一劝，就骂我是'醋汁子老婆拧出来的'。'你别和我充夫人娘子，你老子使了我五千两银子，把你准折卖给我的！'……好不好就打一顿……"边说边挽起袖子，王夫人和众姐妹见其身上累累伤痕，无不伤心落泪。自嫁给孙绍祖后，孙绍祖对迎春不是拳打脚踢，就是百般虐待，丝毫没有把这位侯门之女放在眼里。剧中，通过对满目凶光的"无情兽"与懦弱无争千金小姐的成功塑造，使"狂风折柳"的艺术效果愈加强烈。

在古代，按侍夫礼的规定，"夫有恶行，妻不得去者，地无去天之义也。夫虽有恶，不得去也"[①]。贾迎春是红楼女儿中最先出事的人，可怜这位如花似玉的弱女子，出嫁不到一年，被活活折磨而死。剧中呈现的场景，与原著第八十回描述的情节基本吻合。

十九、丧礼

（一）习俗形式

丧礼，是为逝者表达哀悼敬意的习俗。《说文解字》曰："死，澌也，人所离也。从歺从人。凡死之属皆从死。"[②] 清代学者段玉裁认为："澌也，水部曰：'澌，水索也'；方言：'澌，索也，尽也'。是澌为凡尽之称，人尽曰死，死、

---

① 班固. 白虎通：四卷嫁娶［M］. 武汉：湖北崇文书局，光绪纪元夏月版.

② 许慎. 说文解字［M］. 杭州：浙江古籍出版社，2016：卷四·死部.

渐异部叠韵,人所离也,形体与魂魄相离。"① 死亡意味着生命的终结,相对于看得见、摸得着的"生"而言,"死"似乎显得更为神秘。中国人向来避讳谈死亡话题,便滋生出许多死亡的替代称谓,从而拓宽了死亡本身的含义。

宗教是一个民族的文化基因,反映了一个民族对生与死的态度。早期华夏先民认为,人死后灵魂不死,能干预世间人事祸福。老子认为:人是自然的一部分,死亡是一种自然现象,生与死没有差别,只是随物而化。于是,便产生了所谓的解脱之说。在庄子眼里,"死亡只意味着个体生命的终极,又回到大自然中去"②。即生为气之聚,死为气之散,没有此岸与彼岸之别。

在修道成仙的解脱观念支配下,生与死往往被视为物化、隐化和遁化的自然过程。所谓物化,包含梦境、幻觉、幻境;所谓隐化,指隐没幻化之意;所谓遁化,指灵魂隐化而去。这种"神人同体"的宗教观念,反映到死亡称谓上,就有仙逝、仙游、成仙、得道、鹤化、羽化、驾鹤、西游等说法。在丧礼中,道教的参与,主要体现在诵经、燃灯、放水灯、拜忏和水陆道场等方面。

在对待死亡的态度上,佛教视大千世界为无边苦海,教人看破红尘而修行,从生死轮回中解脱出来,达到缘聚缘散和缘起缘灭的理想境界。用今天的话说,就是"再生而永生"。客观来看,中国的丧礼习俗,几乎涵盖了儒家、道家和佛家的思想观念。从咽气开始,大致经过易衣、殃榜、入殓、殡、辞灵、开吊、服孝、发引、出殡、下葬、守孝等过程。受道教肉身、佛教涅槃坐化和儒家孝文化思想的影响,人们不仅看重躯体,就连死者的牌位与坟墓,也被视为死者的延伸象征。于是,在灵魂不灭观念的支配下,便产生了许多与葬礼有关的习俗。一般人认为,人死后要去阴间,因阴间寒冷潮湿,需要穿寿衣,戴棉帽,穿棉鞋。为了使亡灵乘光得悟,民间还有用九幽灯的习俗,即在尸体脚后,放一盏清油灯,让死者脱出冥界。而易衣时间,一般选择在弥留之际,或断气之后。

殃榜,指阴阳家为死者开具的写有年寿、回煞等事项的文书,上面有死者的年寿和招魂之语以及入殓、发引、破土、下葬、出殡日期,类似今天的讣告。③

入殓,指给尸体穿衣入棺。入殓时,古有衔口垫背习俗,即在死者口中,

---

① 于潇. 死亡文化 [M]. 北京:中国经济出版社,2014:54.
② 乔清举. 当代中国哲学史学史下 [M]. 上海:上海古籍出版社,2014:760.
③ 王秉愚. 老北京风俗词典 [M]. 北京:中国青年出版社,2009:233.

或含珠，或含玉，或含米粮，统称衔口。在死者褥下放钱物，称垫背。① 具体放什么东西，依死者的身份和家境而定。

入殓后，要停放一些日子，称殡。时间长短不一，一般视丧家的经济条件而定。出殡前一夜，丧家整夜守灵，称伴宿，又叫坐夜。

辞灵，指出殡前，亲友向灵柩行告别礼。一般用酒祭奠死者，称奠酒，类似今天火化前的遗体告别仪式。

开吊，指丧家择定吉日，接受亲朋好友吊唁、送礼。丧家穿的服饰，称丧服或孝服。其服制轻重，主要依服丧者与死者的血缘亲疏而定，有斩衰、齐衰、大功、小功、缌麻之分，统称五服。血缘关系越近，丧服越粗；关系越疏，丧服越细。

伴宿，又称坐夜，指出殡头天晚上，亲友在棺材旁彻夜守灵，或举家不寐。《听雨丛谈》云："京师有丧之家，殡期前一夕举家不寐，谓之'伴宿'，俗称'坐夜'，即古人终夜燎之礼也。"②

发引，指出殡，即送葬。③ 出殡时，丧家牵着引索前导，把灵柩从停放的地方运出。在起动棺木时，先由主丧孝子在灵前摔碎瓦盆，俗称摔丧，也叫摔盆。④ 主丧孝子扶灵或牵引灵车，称驾灵。后发展为主丧孝子在灵前领路，也叫驾灵。旧时，出殡送葬，极铺张之能事，越浩大越风光。

丧葬以土葬为主，有入土为安之意。⑤ 入棺，称就木。只有把贵重的东西埋入地下，才足以表达对死者的孝。死者焚楮满三年，民间有除灵习俗。男女穿孝衣、戴孝冠、设经堂和灵位，由僧道念经，历时三至七天不等。仪式结束后，丧家设酒席款待客人。

(二) 丧礼习俗来源

死亡是一切生命的归宿，人类对待死亡的态度，不仅是自然行为，同时也是一种社会行为。当人类意识到自身作为一个活物而存在时，意识到生命总会有终结的一天。于是，有了对遗体的处理意识，灵魂不灭的观念，也应运而生。为使灵魂得到安息，在对待死者的态度和安葬方式上，表现出前所未有的重视。从整体来看，世俗的天命观与神学的阴曹地府和天国安慰等，构成了中华民族的传统死亡观。在这种观念的支配下，形成了一套完整的丧礼习俗。

---

① 李翰文等. 成语词典第 4 卷 [M]. 北京：九州出版社，2001：1580.

② 福格. 听雨丛谈 [M]. 北京：中华书局出版，1959：209.

③ 张婷婷. 中国历史百科第 4 卷 [M]. 北京：民主与建设出版社，2014：1236.

④ 张茂华等. 中华传统文化粹典 [M]. 济南：山东人民出版社，1996：192.

⑤ 张剑光. 图说古代丧葬文化 [M]. 扬州：广陵书社，2004：6.

旧时，人尚未绝气之前，家人须以最快速度，为死者换上预备好的新衣，俗称穿"老衣"，或穿"寿衣"。最早流行于黄河、淮河、长江流域的广大地区。据载："旧时，在浙江等地，富者用绸绫衣服十二件，贫者用布衣七件，有官职的则穿上朝服，戴上朝冠、蟒服、翎顶以殓。一般人应换上生前所穿的新衣裤，或生前准备的寿衣。"①

所谓殃榜，指由阴阳先生开具的记载死者生卒时辰、生肖、冲克及殡殓活动的榜文，有的地方叫七单，有的地方叫斗书，包括入殓、出殡、安葬、落圹日期等。这是根据死者生辰八字和寿诞做出的。亲友闻讣后，于葬前一二日，带上香烛、纸钱、爆竹、挽联等到丧家吊唁。主人以白布包头，表示吊丧开始，俗称开孝。

人死后，称入殓，又称入棺。有死后三天、五天或七天入殓的。《礼记·问丧》云："死三日而后殓者，何也？曰：孝子亲死，悲哀志懑，故匍匐而哭之。若将复生然，安可得夺而敛之也？故曰：三日而后敛者，以俟其生也。"② 在民间，还有七日或次日入殓的习俗。入殓时，孝子跳脚哭，称踊。抬尸时，由孝子抱着死者头部；盖棺时，哭喊死者称谓。最后在灵前行祭奠礼，大敛才算结束。

厚葬包括两个方面，吊唁和送殡。《北齐书·皮景和传》曰："丁母忧，起复，将赴京，辞灵恸哭而绝，久而获苏，不能下食，三日致死。"③ 明代藏书家郎瑛的《七修类稿·奇谑二·三天》中有"辞灵羹饭哭金钱，哭出先天与后天"④ 的诗句。发引一词，最早出自《礼记·檀弓下》："吊于丧者必执引。"⑤ 这里的引，指引灵柩的绳索，亦称绋。在《礼记·曲礼上》里，有"助丧必执绋"⑥ 的记载。可见，执绋是送葬的别称。

按《大清律例》有关服制的规定："上古丧期无数，中古圣人，因天地万物有终始而为之制，以亲疏定服术。"⑦ 所谓五服，指亲属为悼念逝去的亲人而穿的五种不同孝服。五服中，一等为斩衰，服丧期三年，用极粗的生麻布制作，为子对父、妻对夫等；二等为齐衰，服丧期一年，用次生麻布制作，为孙对祖

① 叶大兵等. 中国风俗辞典 [M]. 上海：上海辞书出版社，1990：267.
② 陈才俊. 礼记精粹 [M]. 北京：海潮出版社，2012：332.
③ 耿相新等. 标点本二十五史 [M]. 郑州：中州古籍出版社，1996：338.
④ 郎瑛. 七修类稿：[M]. 上海：上海广益书局，1936：187.
⑤ 戴圣. 礼记 [M]. 郑州：河南科学技术出版社，2013：52.
⑥ 戴圣. 礼记 [M]. 郑州：河南科学技术出版社，2013：1.
⑦ 马建石等. 大清律例通考校注 [M]. 北京：中国政法大学出版社，1992：64.

父母、夫对妻等；三等为大功，服丧期 9 个月，用粗熟麻布制作，为堂兄弟、在室姊妹、侄妇等；四等为小功，服丧期 5 个月，用稍粗熟麻布制作，为伯叔祖父母、再从兄弟、堂侄、兄弟之妻和夫之兄弟等；五等为缌麻，服丧期 3 个月，用稍细熟麻布制作，为曾祖的兄弟、祖父的堂兄弟、父亲隔两代的堂兄弟、本人隔三代的堂兄弟等，是五服中最轻的。除五服外，同五世的亲属为"祖免亲"。所谓祖，指露左臂；所谓免，指白巾缠头；同六世祖的亲属为"无服亲"①。"五服"对维护封建宗法血缘关系，起到了强化作用。

为彰显"以孝治天下"的礼制思想，明代把丧服总图冠于七图之首。② 清代沿袭明制，将其置于律例法典之前，以此突出在国家法典中的地位。《仪礼·既夕礼》贾公彦疏云："（孝子）寝卧之时，寝以苫，以块枕头。必寝苫者，哀亲之在草；枕块者，哀亲之在土云。"③ 这里的苫，指用草做的铺盖。

摔丧盆，指出殡前起大杠，孝子穿孝衣、戴孝帽，跪于棺前，地上放一块新砖，外裹以纸，砖上放一底部有孔的小圆瓦盆（丧盆）。在起大杠前，孝子举丧盆向砖上猛摔，号啕大哭，起行。

送丧，又称送殡。在我国汉族地区，起杠后，死者亲属在棺前或棺后相随，直至墓地。

路祭，也称路奠。据北宋王谠《唐语林》八载："（唐）明皇朝，海内殷赡。送葬者或当冲设祭，张施帷幕，有假花、假果、粉人、粉帐之属。"④

"礼"强调上下有义、君臣有别、长幼有序和富贵不等的尊卑等级观念，不同地位的人"死"后，丧礼的规格与范式也不尽相同。换句话说，身份不同，"礼"亦有异数。在传统丧葬习俗中，所有的环节和禁忌，无不展示和强调宗法关系。这种严明的宗法秩序，不仅为生者所遵循，同样也规范着"死者社会"。在丧葬活动中，同为"死"，由于等级不同，自君而民，言"死"之词，不得僭越。而相应的棺椁、墓丘等，也有所区别。这种上下尊卑的有序安排，昭示了贵贱有等、尊卑有序的伦理观念。

守孝，指居丧。在守孝期间，丧家不得应考、婚嫁，在任官员须离职丁忧。清初李渔在《奈何天·虑婚》中云："后来守制三年，不便婚娶；如今孝服已满，目下就迎娶过门。"⑤ 清代吴趼人在《二十年目睹之怪现状》第二回中云：

① 贾公彦. 仪礼 ［M］. 合肥：黄山书社，2016：93.

② 马建石等. 大清律例通考校注 ［M］. 北京：中国政法大学出版社，1992：64.

③ 贾公彦. 仪礼 ［M］. 合肥：黄山书社，2016：121.

④ 陈勤建. 中国风俗小辞典 ［M］. 上海：上海辞书出版社，2008：211.

⑤ 岳国钧. 元明清文学方言俗语辞典 ［M］. 贵阳：贵州人民出版社，1998：447.

"临去时，执着我的手，嘱咐我回去好好守制读礼，一切事情，不可轻易信人。"①

（三）剧中呈现

1. 秦可卿丧礼

秦可卿是原著中的重要人物之一，乳名兼美，字可卿。其父秦邦业是营缮司郎中，母亲早死。秦邦业年届五旬，无儿无女，在养生堂抱养了一双儿女。谁知儿子不久死了，只剩女儿秦可卿；53 岁时，才生了儿子秦钟。秦可卿系太虚幻境之主、警幻仙子的妹妹，宁国府贾蓉原配夫人，长得苗条纤巧，生性风流，被贾母赞为重孙媳妇中第一得意人。在贾府，被称为蓉大奶奶。

在警幻宫中，秦可卿管的是风月情债之事。降临尘世后，引导金陵十二钗早早归入太虚幻境，原著对其着墨不多。在秦可卿身上，除了扑朔迷离的身世，更让人匪夷所思的，莫过于与其公公贾珍的暧昧关系。

第六集，秦可卿死后，贾珍悲痛异常，哭得像个泪人。噩耗传出，忠靖侯史鼎的夫人带着侄女史湘云前来吊念。与贾府有世交之谊的齐国公诰命、襄阳侯夫人以及锦乡侯、川宁侯、寿山伯三家，也分别送来祭礼。贾氏各房随即派出代表，为之料理后事，辈分最高的当数贾代儒和贾代修。

秦可卿不过是一小官员从育婴堂抱养的一名弃婴，成年后，才嫁到宁国府。在讲究身份及血统的封建时代，其后事似乎没有必要惊动如此众多有头有脸的人物。对此，有学者一针见血地指出："贾珍为儿媳操办奢侈丧礼，折射出贾珍背后的隐情。因爬灰导致儿媳身亡，怀有愧疚惋惜的复杂心境以及遮人耳目的现实需要。"② 总之，无论贾珍出于何种原因，秦可卿葬礼的规格和所花费用，都远远超过贾敬的葬礼，再现了 18 世纪中叶封建贵族家庭丧仪的原貌。

佛教认为：如果人生前罪大恶极，死后就要下地狱；行善积阴功者，可升入天堂。按佛家观点，人死后灵魂不会马上转生，没有转生的亡灵，是不能变成鬼的。所以，从死亡之日起的 49 天内，为亡灵降生之期，每七天须得祭奠一次，以促其降生，共做七次，让其投生到更好的去处。此外，佛教还主张超度亡灵，最好选在七期内。所谓做"七"，指佛事道场中的仪轨，以七日为限，到第五个"七"为高峰，满了第七个"七"，方才停止。剧中，呈现了"五七正五日上"场景，有开方破狱、传灯照亡、参阎君等法事活动。

在古代，无论民间还是上层社会，都有为死者举行带有宗教仪式的习俗。

---

① 吴趼人. 二十年目睹之怪现状［M］. 北京：人民文学出版社，2005：5.

② 王齐洲等. 绛珠还泪［M］. 哈尔滨：黑龙江人民出版社，2000：242.

目的是让亡灵早日安宁，阴影不再笼罩活人。而道教、佛教对死亡葬礼的参与，则丰富了我国丧礼文化的内涵。

在传统丧礼中，寿衣、纸制品和棺材，是丧家的必备之物。剧中秦可卿的丧礼奢华，无论在棺材的选择，还是在捐官、吊唁、斋醮、出殡等方面，极尽铺张之能事。王国凤博士指出："丧礼的规格和死者的身份、地位紧密相连，停灵时间越长，说明身份越重要，地位越高。"①秦可卿虽然在贾府辈分不高，然刚一去世，族中贾代儒、贾赦、贾政、贾蔷、贾芸、贾芹等数十人，齐聚宁国府大厅，贾芸、秦钟还奉贾珍之命，前去请钦太监阴阳司，为其择灵选期，最后择准停灵时间为 49 天。三日后，即开丧送讣。

在古代，女子地位卑微。死后，其灵牌上的称谓，大多与其父、丈夫和儿子的官职或成就有关。因秦可卿没有子嗣，灵幡、经榜、字牌和榜文等内容，只能依据贾蓉的官阶职位来定。贾珍嫌儿子的官阶太小，写在灵幡上有失面子。为了让儿媳的丧礼体面风光，贾珍不惜花一千两银子，给儿子捐了个"五品龙禁尉"官衔，给秦可卿捐了个"诰授宜人"封号。

荣宁街（晨），一面高约八尺的灵幡上，堂而皇之地写着"奉天洪建兆年不易之朝诰封一等宁国公家孙妇防护内廷紫禁道御前侍卫龙禁尉享强寿贾门秦氏恭人之灵柩"字样，会芳园临街大门洞开。在鼓乐厅，两班青衣按时奏乐，灵前供用执事等物，俱按五品职例行事，众人无不纳罕。一夜之间，贾蓉就由一介黉门监生，变成官居五品的朝廷命官。贾珍因悲痛过分，不能料理事情，尤氏旧疾复发，撒手不管。出人意料的是，作为丈夫的贾蓉，对妻子的后事竟不闻不问。贾珍苦于找不到合适之人，幸得贾宝玉力荐，由凤姐协理宁国府，才把葬礼办得风风光光。

中国人历来有为死者准备寿木的风俗。为给秦可卿选棺材，贾珍看了几副杉木板，皆不满意，不惜斥巨资，从薛蟠那里购得万年不朽樯木。原来这樯木是为义忠亲王老千岁预备的，因老千岁"坏了事"，不曾用。于是，将其留在店里，没有人买得起。贾珍命人抬来。贾政劝道："我活了这么大年纪，还是头一次看到这么好的板呀！这板得卖多少钱？这樯木板恐怕不是常人能够享用的。"对贾政的善意提醒，贾珍根本听不进去。

在停灵期间，108 个和尚在宁国府大厅内，为超度前亡后死鬼魂，天天吹吹打打，拜"大悲忏"。此外，贾珍还另设一坛于天香楼，99 个全真道士打了 19 天解冤洗业醮。其中，伏章申表，朝三请，扣玉帝，一个礼数都没有落下。50

---

① 王国凤．红楼梦与礼［M］．杭州：浙江大学出版社，2011：83.

位高僧大德，按旧制对坛做法事，后才将秦可卿的灵柩移厝于会芳园。一条宁荣大街，白茫茫一片，这该是何等风光。就一般丧家而言，能打上一两场醮，或请道士上门做法事，顶多从头七做起，而贾珍为秦可卿超度亡灵整整花了49 天。

出殡前的头一天晚上，宁国府府门大开。大厅内，烛火通明，如同白昼。木鱼声、金铙声、诵经声不绝于耳。为拯救亡灵早出地狱，再度托生，108 个和尚齐声念着《破地狱偈文》。天香楼上，钟鸣鼓响，99 个全真道士毕恭毕敬、齐诵青词，焚化表章。灵棚内，13 个尼姑在灵前默诵"焰口经"和"慈悲忏经"，为亡灵祈福。次日清晨，在众仆妇簇拥下，凤姐拾级而上，缓缓步入登仙阁灵前，行哭丧之礼。来旺媳妇率众人等候已久，家人穿着孝服，分两行侍立。面对秦可卿的棺材，凤姐的眼泪一下涌了出来，哽咽道："供茶烧纸！"一棒锣鸣，棚外诸乐齐奏，几个仆妇把一张大圈椅安放在灵前，凤姐坐在椅上，放声痛哭。这时，灵棚内外的男女老幼也跟着哭了起来。经贾珍等人劝止，凤姐才止住哭声。

凤姐虽是秦可卿的长辈，然两人生前为闺中密友，彼此惺惺相惜。原著中的秦可卿，不仅有娇美的容颜，更有过人的见识。临死之前，曾托梦于凤姐："否极泰来，荣辱自古周而复始，岂人力可常保，但如今能于荣时筹划将来衰时之世业，恳请凤姐在祖茔附近，多置些田庄房舍，即便家道中落，了孙也可回家读书务农。"作为一个女流之辈，秦氏在贾府兴盛之时，就有如此深谋远虑的眼光，真不同凡响。反观贾府，还未曾有这样睿智的女子。剧中凤姐的哀戚，表演得恰到好处，看不出任何做戏的成分。

旧时，"有女吊客来哭吊，丧家妇女陪哭，但丧家如没有妇女或因事不暇，则由职业陪哭妇女代表丧家妇女陪吊客哭"①。有关八旗世家的丧祭之礼，叶福格在《听雨丛谈》卷七"助哭"中记载："八旗丧礼，属纩、成殓、举殡，则男妇擗踊咸哭。朝晡夕三祭，亦男女咸哭。男客至，客哭则孝子亦哭，不哭则否；女客至，妇人如之。直省丧礼，受吊日，主宾皆不举哀，祭堂寂然，殡日亦俯首，前导惟鼓乐之声而已。"② 传统丧礼的哭，虽是活人悼念死者的特定仪式，但哭中大有学问。剧中凤姐的痛哭，是"礼"的一种具体体现，否则就被视为"无礼"。

————————————

① 吴世昌论《石头记》的"旧稿"问题［M］//红楼梦研究集刊编委会. 红楼梦研究集刊第三辑. 上海：上海古籍出版社，1979：336.

② 福格. 听雨丛谈：［M］. 汪北平，校点. 北京：中华书局出版，1959：209.

出殡之前,秦可卿的丫鬟瑞珠触柱而死,合族皆为之惊叹,贾珍被感动得热泪盈眶:"瑞珠姑娘殉主,传我的话,她就算是我的孙女,好一个义婢呀!是个烈女子呀!可叹呀!传我的话,从今以后,谁也不许拿她当作丫头看待。"允许瑞珠的遗体停于会芳园之登仙阁。另一个丫鬟宝珠见秦可卿无后,甘愿充当义女,自任摔丧驾灵之任。贾珍闻之甚喜。旋即传命,称之为"小姑娘",按未嫁女待之。宝珠在灵前哀哀如绝,执意不肯回府。

起灵之日,宁荣街上随着"嘭"的一声巨响,无数纸钱从高高挑起的大盒中喷出,飘向空中,一时哀乐大作,哭声震天。在绛色帛旗幡后面,64 名穿着青衣孝帽的杠夫,抬着棺材缓缓前行;旗幡之前,是"金瓜""钺斧""朝天镫""鹿鹤同春""黄鹂细狗"等,以及各色执事和吹鼓手;在纸扎的行列中,有"方弼""方相""开路鬼""打路判官""四大金刚"等,可谓应有尽有。

剧中用略带夸张的镜头语言,表现了出殡的宏大场面:前来送葬的人浩浩荡荡,犹如"压地银山一般"。贾赦和贾珍骑在马上,走在队伍前面,大小轿子和车辆不下百余乘,绵延数里,甚至还惊动了北静王等官员。沿途祭棚,一望无际,不可胜数。除北静郡王屈尊路祭,还有东平郡王、南安郡王、西宁郡王的祭棚,贾赦、贾政、贾珍等同僚下属的祭棚,依次搭设。其规模和气派场面,令人瞠目结舌。

2. 贾敬丧礼

贾敬是原著中宁国公贾演之孙、贾代化之次子,袭其父京都节度使和一等神威将军爵位,中乙卯科进士,是"文"字辈中的最年长者,就连荣国府的贾赦和贾政,都难望其项背。贾敬袭了武职后,半路出家,将官职让给了儿子贾珍。在一群道士的怂恿下,修道炼丹,从不过问子孙贤愚,也不管两府事务,一心想做神仙。平时虽偶尔回府,也只是在过年那几天,其他一概不问。待年期一过,又匆匆回观。其子贾珍为其祝寿,也不肯回来。在孙媳秦可卿死后,唯恐染上红尘,刻意回避。

第二十六集,贾宝玉刚过完生日,有人慌慌张张地跑来报告,说老爷宾天了。贾敬在寺庙中毒身亡,肚子坚硬似铁,嘴唇皴裂。出现这种情况,可能与其平时参星礼斗、守庚申、服灵砂过于劳神有关。因无疾病征兆,死得突然,身边竟无一亲人在侧。儿子贾珍和孙子贾蓉,还在宫中为老太妃出殡。噩耗传出,贾珍继室尤氏,沉着冷静,忙带着赖升家的等一干媳妇出城。先请太医验尸,用软轿将遗体抬至铁槛寺,再托人把继母三人接来看家,命人向贾珍父子飞马报信,请天文生择入殓日期,独自料理后事。

贾敬去世后,贾珍父子为其讨封赠,得皇帝恩准,被追赐为五品之职,由光禄寺赏赐祭祀祭品。正是因为有了这个"五品"虚衔，贾敬的灵柩才得以从北下之门入都，运回宁国府入殓，允许朝中王公以下官员祭吊。

关于贾敬之死，柯岚在《红楼梦成书传世之谜》一书中指出：贾敬与清雍正皇帝之死，有惊人的相似之处。雍正死于圆明园，圆明园为京郊，贾敬也死在城外。为查明死因，尤氏将玄真观的道士统统关起来拷问。道士们百般申辩，这和雍正死后，乾隆皇帝对待道士的态度如出一辙。柯岚先生还考证出雍正是服丹药死的，意在证明贾敬是影射雍正，这是否符合史实，聊备一说，存以待考。

（1）奔丧："人之行孝，根于诚笃。虽繁文末节不至，亦可以动天地，感鬼神。"① 孝道是传统社会特别看重的美德。贾敬去世后，贾珍父子恰好在送老太妃出殡，父子得知噩耗，马不停蹄，不到一天工夫，就匆匆赶到都门，直奔铁槛寺。下马后，号啕大哭。贾珍从大门外依古礼，一直跪着爬到贾敬灵柩旁，并按礼制为其父更换了凶服，一直守到天亮。这是"孝"文化中事亲的具体体现。

（2）灵堂：第二十四集，初四清晨，贾敬灵柩从铁槛寺起运，沿途道路两旁，吊客如云，直到中午才运到，灵柩停厝于宁国府正堂。堂内，孝幔如白云飘拂，香烟似紫气弥漫。

（3）开吊：灵堂里供奠举哀，朝中自王公以下官员前来祭吊，络绎不绝；凡族中远近亲友，皆着孝服，济济一堂。贾母、王夫人、宝玉等迈进灵堂，贾赦、贾琏等人哭着迎出来，搀扶贾母走到灵前。贾珍、贾蓉跪哭着，贾母搂着贾蓉，垂涕落泪。当贾母转到灵柩右边，见到尤氏婆媳后，更是泪水涟涟，而尤二姐和尤三姐站在尤氏身后，远远看着贾母和贾琏。

（4）超度亡灵：一队和尚，不停地绕着棺材，数珠念经。

（5）守灵：贾珍、贾蓉在棺材东侧藉草枕块，守制居丧，直到出殡。

---

① 夏家善. 袁氏世范［M］. 天津：天津古籍出版社，2016：14.

第八章

影像后的贾府仆人类型与主仆关系

第一节　剧中仆人类型划分

一、买入奴才

旧时，契约到期后，可用钱赎回，称活契；已注明买卖，永不赎回者，称死契。① 通过死契买的奴才，终生为奴。剧中，袭人是以死契卖到贾府的。此外，还有从外面买的丫鬟或优伶，如薛蟠从拐子手里买的英莲，贾蔷在江南买的戏子龄官等，就属于死契性质的奴才。

第一集，甄士隐的女儿英莲在元宵节上走失，被人贩子拐卖给冯渊为奴。

第三集，晴雯最初是赖大买来孝敬母亲赖嬷嬷的，因长得机灵，言语又爽利，赖嬷嬷非常喜欢，常将其带到贾母跟前请安。不料被贾母看上，后贾母让其侍候贾宝玉。

第十八集，贾赦纳鸳鸯为妾没有得逞，贾母不惜花重金，买了个 17 岁女孩嫣红，令贾赦将其收在屋下。

二、家生子

所谓家生子，意为"家人"所生之子②，这是清代八旗奴仆所生子女的别称。在贾府，凡世代为奴所生子女，都称"家生"，或称"家生子"。

第三集，焦大年轻时，曾救过贾演的命，后成为宁国府老奴，其后代为家生子。第七集，赖大是赖嬷嬷的长子，系"熬了两三辈子，好不容易挣出来"

---

① 李伟民 . 法学辞源［M］. 哈尔滨：黑龙江人民出版社，2002：1170.
② 李德洙 . 中国民族百科全书［M］. 西安：世界图书出版西安有限公司，2015：23.

的"家生子儿"。后得贾母"赏脸",做了荣国府大总管,其弟赖二为宁国府管家。

在贾府,赖大虽是奴才,却拥有众多丫鬟、婆子、奶妈。经过苦心经营,赖家积累了庞大的家私,有自家花园府第。规模虽不及贾府的大观园,但整洁宽敞,是贾府唯一有豪宅的仆人。连贾蔷这主子辈儿的爷,也要喊他一声"赖爷爷"。其子赖尚荣赎身后,当上了知县,然没有风光几年,就遭到排挤,终止了仕途。

奴婢所生子女,仍在主子家当奴婢的,也称家生子,女孩称家生女。① 在贾府,家生女没有追求个人幸福的权力,父母也不能为其婚姻作主,决定权掌握在主子手中。剧中,鸳鸯是贾府的家生女。其父母在南京为荣国府看房,哥哥金文翔是府中买办,嫂子是府中洗衣小头目。小红是荣国府的家生女,为王夫人陪房林之孝家的女儿,后成为凤姐的丫鬟。贾迎春的大丫头司棋也是家生女,因与表弟潘又安私订终身,被发现后撞墙而死,成为封建礼教的牺牲品。

三、陪房

关于"陪房",学界有不同解释。一是陪同主子姑娘嫁到婆家的男女仆人;二是随富贵人家女儿嫁到夫家之男女奴婢;三是娘家带来的媳妇。② 据民俗学者高国藩先生考证:清代女子出嫁,有陪嫁一定数量男仆、女仆和丫鬟的习俗,这些人统称陪房,成为女主子带到夫家的"活嫁妆"。进入民国后,陪房习俗逐渐消失。③

作为女主子嫁妆的一部分,陪房是一种特殊陪嫁品,与封建家庭追求门当户对的婚姻观相适应。清代,凡有钱人家的女儿出嫁,都要陪嫁一定数量的奴仆,连同嫁妆成为女主人的私有财产。至于陪嫁的数量,则视女方家经济条件而定,这是当时社会普遍认同的婚俗现象。由于陪嫁的奴仆大都从事家务活,以女性最为普遍,尤以年轻女子居多,男性则可有可无。

陪房在主子家的地位,取决于主子在家族中的地位。由于贾府权力高度集中,这些寄生在贾府的奴才,背靠大树,大都混得有头有脸。平时在下人面前,往往狐假虎威,盛气凌人,俨然成了贾府的"二主子"。

邢夫人的陪房有两个:一是王善保家的;二是费婆子。剧中王善保家的一

---

① 王贵元等.诗词曲小说语辞大典[M].北京:北京群言出版社,1993:541.

② 雷文学等.陪房考[J].红楼梦学刊,2008,(3):328.

③ 高国藩.红楼梦中的婚俗[J].红楼梦学刊,1984(2).

大家子，包括女儿、女婿（司棋的父母）、外孙女司棋，以及司棋的叔叔（秦显）、婶子（秦显家的）和司棋的姑父母（潘又安的父母），都在荣国府当差。其裙带关系，盘根错节。

第二十七集，抄检大观园时，王善保家的为讨好邢夫人，无中生有地诽谤晴雯。不料作茧自缚，竟在自己外孙女司棋的箱子里，搜出了一些与男性有关的物件，以及潘又安写给司棋的情书。邢夫人原本讥笑王夫人管理不严，结果反打了自己的脸。王夫人抓住时机，利用傻大姐捡到的"绣春囊"，栽赃到司棋头上，令邢夫人心生怨恨。在同一集里，贾母八十大寿期间，费婆子听说凤姐捆了她的亲家，出面找邢夫人捞人，挑拨邢夫人与凤姐的关系，说东府的尤氏不过和小丫头拌了几句嘴，不想二奶奶就捆人。二奶奶本应向着婆婆的，却向着王夫人。于是，邢夫人让凤姐当众难堪，还怂恿王夫人把人放了。

作为贾政的正室，王夫人不但嫁妆丰厚，陪房也比邢夫人多。除周瑞家的外，还有林之孝的、来旺家的、吴兴家的和郑华家的。周瑞家的心性乖巧，巧言令色，是最有脸面的陪房，后嫁给周瑞，成为荣国府炙手可热的女总管。吴兴家的和郑华家的在原著第二十七集出现后，就再也没有出现过。

第三集，刘姥姥因家境困难，一进荣国府。周瑞家的爽快答应引荐，使刘姥姥顺利见到了"真佛"。其能量之大，不可小觑。

原著中周瑞家的女婿冷子兴，因经营古董生意与人打官司，仗着岳母是王夫人的陪房，很快把官司摆平。周瑞家的平时狐假虎威，家里有一个不争气的儿子，常仗着老娘的脸面，横行霸道。在第四十五回凤姐生日的前一天，他因醉酒犯事，差一点被凤姐撵走，周瑞家的跪求赖嬷嬷才作罢。另外，原著中周瑞家的还有一个干儿子何三，也不是个好东西。曾勾结土匪，抢劫贾府，不料遇到武艺高强的包勇，没有捡到便宜。周瑞家的因此受到牵连，后被撵出贾府。

王夫人的另一位陪房林之孝家的和丈夫都在荣国府当差。妻子负责采买物品，兼管奴仆杂役分派，丈夫负责管理账房及兼管各处房田事务。林之孝家的平时带着几个管事女仆，在大观园查夜巡视，园子里的丫鬟常平白无故被她训斥。剧中，林之孝家的两姨亲家设庄赌博，被贾母撵出。

凤姐的陪房丫头有四个，死的死，嫁的嫁，后只剩平儿。来旺家的是王夫人的陪房，夫妻俩却是凤姐跟前的红人。从剧中夫妻俩不多的戏份来看，足见这对夫妻对凤姐的忠心。第六集，在秦可卿治丧期间，凤姐协理宁国府，带去的助手中有来旺媳妇。剧中，来旺媳妇拿着对牌，来领呈文、经文和榜纸，众人忙倒茶让座。在协理宁府期间，凤姐弄权于铁槛寺，以丈夫贾琏的名义写信请托长安节度使云光，连夜让来旺捎去。云光接信后，通过威胁与恐吓，迫使李守备接受张财主家提出的退亲要求。后张财主家女儿金哥上吊自杀，李守备之子投河自尽。第七集，凤姐通过放高利贷获得的利息，由来旺负责收取。第二十六集，凤姐采用远交近攻之术，先让来旺给尤二姐前夫张华送银两，后唆使张华状告贾琏在国孝中，背旨相亲、停妻再娶的违法罪行。为灭口，凤姐令来旺杀死了张华。

在曹雪芹笔下，凤姐待来旺一家不薄。第二十七集，来旺有个不争气的儿子，无一技之长，成天只知狂嫖滥赌，偏偏看上了贾环的相好彩霞。此事，就连林之孝家的也觉得不妥，彩霞的母亲更是不同意。最后，硬是由凤姐出面做媒，抢走了贾环的心上人。

四、陪嫁丫鬟

在贾府，陪嫁丫鬟被纳为妾后，所生子女是主子，母亲依旧是奴才，赵姨娘母子就是典型的例子。

第二节　剧中丫鬟待遇

在贾府，丫鬟地位的高低，取决于所侍主子的地位。若主子地位高，其地位也高，反之即低。剧中的丫鬟，大抵分三等：一等丫鬟，掌管钗钏盥沐之事，不但享有宠幸特权，且待遇丰厚，有时还会得到主子赏赐；二等丫鬟，在主子房里伺候，供主子差遣；三等丫鬟，除不能进府入园，而且待遇最低，没有接近内帏的机会，只能干些看门、浇花、喂雀儿、烧炉子等粗活。只有通房丫鬟、一等丫鬟和二等丫鬟，才能亲侍主子。

贾母房中的丫鬟，从命名来看，有动物名和珠宝名两类。贾母有8个一等大丫鬟——鸳鸯、袭人、珍珠、琥珀、玻璃、翡翠、傻大姐等。这些人身份显赫，地位最尊。袭人最初在贾母身边侍候，后被贾母拨给宝玉。王夫人的丫鬟，有金钏儿、玉钏儿、彩云、彩霞；薛姨妈的丫鬟，有同喜、同贵、小舍儿；凤姐的丫鬟，有丰儿、素云和书童僮彩明（男仆）；尤氏的丫鬟，有银蝶、佩凤。这些丫鬟或男仆，个个像诰封似的，每月还有一两银子的月例，吃穿用度不愁。

剧中，女主子的大丫鬟模样出众，办事利落。虽来自不同下层家庭，一旦成为亲侍主子的大丫鬟后，个个穿金戴银，尊贵体面。那些地位卑贱的老少仆人，无不是口口声声"姑娘"叫着，任其差遣。即使在奶奶、哥儿、姐儿们的老嬷嬷面前，也显得几分高贵和矜持。像司棋这样的副小姐，也非做粗活的小丫头可比，甚至可明目张胆地大闹厨房。凤姐曾说："凭她是谁，哪一个不想巴高望上的。"（第十八集）印证了王夫人的那句话："姑娘的丫头，原比别的娇贵些，这也是常情。"（第二十七集）

剧中，侍候少爷和小姐的为二等丫鬟，其待遇每月有一吊钱。第十二集，坠儿告诉贾芸，说贾宝玉房中的小丫鬟有20来个。剧中，宝玉最喜欢给丫鬟取名，如袭人的名字，就是贾宝玉所取。贾宝玉房里的大丫鬟，除袭人、晴雯，还有麝月。在怡红院，麝月排在秋纹和碧痕之前，奴性十足，常被晴雯讽刺、挖苦。此外，供贾宝玉使唤的二等丫鬟，除奶妈赵嬷嬷外，还有8个小丫头和4个小厮。从侍候其他小姐的二等丫鬟来看，林黛玉有紫鹃、雪雁，贾迎春有司棋、绣桔，贾探春有侍书、翠墨，惜春有入画、彩屏，邢岫烟有玉住儿、篆儿。

大观园的三等仆妇，主要指看门的、管厨房的和优伶的干娘等。第二十二集，林之孝家的让秦显家的接替柳家的厨房工作。平儿问："秦显家的女人是谁？"一老婆子道："秦显的女人是园子角子看门的。"显然，秦显家的属三等仆妇。第十一集，小红是贾宝玉房里的三等丫鬟，只因给贾宝玉倒了一次茶，就被秋纹、碧痕骂得狗血淋头。此外，在三等丫鬟中，还有唱戏的女孩，每人仅有五百钱的月例。

第二十三集，老太妃薨后，皇帝敕谕天下：凡有爵之家，一年内不许筵宴音乐；凡家有优伶男女者，一概蠲免遣发。荣国府解散了梨香院戏班子，原本唱戏的12个女孩，大都留了下来，被分配到各房使唤。贾母留下文官，正旦芳官给了贾宝玉，小旦蕊官给了薛宝钗，小生藕官给了林黛玉，大花面葵官给了史湘云，小花面豆官给了薛宝琴，老外艾官给了贾探春，尤氏分得老旦茄官。以后，大观园认干娘成风。春燕、藕官认夏婆子为干娘，芳官认何婆子为干娘。像夏婆子、何婆子这样的，就属三等仆妇。

优伶的月例，在原著中虽没有具体交代，但在封建社会里，"倡优""戏子""吹鼓手"，往往被视为七十二行中最为卑贱的职业，其待遇肯定比三等丫头或三等仆妇低。这可从第二十二集赵姨娘的话里，就可以看出："你是我银子买来学戏的，不过娼妇粉头之流，我家下三等的奴才，也比你高贵些的。"

第三节　剧中层层丫鬟层层奴

在贾府，凡年轻女仆，一般称为丫头。"虽然丫鬟也是丫头，但丫头不等于丫鬟。丫头和丫鬟的区别在于，从语气上看，丫头显得亲昵，有感情色彩，丫鬟则显生分；从语义上看，丫头是共名，丫鬟是专用。即姑娘和丫鬟皆可称丫头，但姑娘不可称丫鬟。"① 一、二等丫头统称大丫头或姑娘，三等丫头称小丫头，大丫头可惩罚和使唤小丫头。她们各司其职，尊卑有序，尽心侍候着各自的主子。

剧中，贾府的女仆人，有丫头、丫鬟、婆子、嬷嬷之别。虽秉性各异，然命运相似，心音相通，在日常生活中以侍候主子为荣。如为主子掀门帘、车帘、扶下车、引路、敲门、捶腿、捶背、敲脚、抚背、梳头、揉肩膀、洗脸、擦汗、摇扇、打灯笼、倒茶、就寝等，呈现了在贾府的实际生存状态。

一、掀帘子：在贾府，仆人"开门揭帘，徐徐轻手，不可震惊声响"②。第四集，在梨香院正房里间门口，一丫鬟为贾宝玉掀起门帘，让其进屋。在秦可卿卧室外间，贾蓉引着凤姐和贾宝玉探视秦可卿，丫头宝珠忙上前高高掀起帘子。第十六集，贾母与刘姥姥等说笑着进来，紫鹃早打起湘帘。第三十二集，在王夫人院内，两个小丫鬟掀起门帘，让贾探春和侍书从屋里出来。第三十四集，在梨香院，薛宝钗坐在炕桌旁，双手托脸，痴痴地看着手上的"荣国府对牌"出神。麝月进来道："二奶奶，二爷回来了。"说着，把门帘高高掀起，让贾宝玉进去。

二、掀车帘：第六集，凤姐乘坐的青绸车刚到宁国府正门，小厮们便纷纷退去，来升媳妇和众仆妇忙上来掀车帘，让凤姐下车。

三、扶上车：第十一集，在荣国府仪门外，众丫鬟扶着凤姐上了一辆青绸车。

四、引路、敲门：第二十六集，坐在骡车上的凤姐一身素装，兴儿在前面引路，四个仆妇紧随其后。当骡车驶到小花枝巷尤二姐新房院外，小厮兴儿忙上前敲门。

五、捶腿：贾府的主子因平时闲得无聊，总要找些事来消闲解闷。第五集，贾母躺在椅子上，倚枕闭目，鸳鸯为其捶腿。第十五集，贾母歪躺在榻上，鸳鸯握着美人拳给贾母轻轻捶腿。第十八集，贾母歪躺在榻上，边说话边看戏，琥珀坐在榻边，握着美人拳给贾母捶腿。"美人拳是一种专为老人捶腿或腰背，皮或木制，以代人拳，故美其名曰美人拳。"③ 第十四集，吃过午饭后，贾宝玉从大观园西角门悄悄走进母亲上房，金钏儿坐在凉榻旁，正在给王夫人捶腿。

① 雷戈．家天下的家族世界［M］．北京：社会科学文献出版社，2018：220.
② 朱熹等．弟子规·童蒙须知·教经［M］．郑州：中州古籍出版社，2015：63.
③ 华夫．中国名物大典下［M］．济南：济南出版社，1993：42.

六、捶背：第二十三集，在潇湘馆，林黛玉歪着身子趴在床上，丫头雪雁给黛玉捶背。

七、敲脚：第六集，在秦可卿治丧期间，凤姐和贾宝玉下榻于水月庵。卸装下榻后，一丫鬟上来给凤姐敲脚。

八、抚背：第三十三集，在一张雪浪笺上，林黛玉写完最后一行字，便开始咳嗽起来，紫鹃忙轻轻为其抚背。据载："远在两千多年前的春秋战国时期，按摩就广泛运用于医疗中。《黄帝内经·素问·血气形志篇》云：'形数惊恐，经络不通，病生于不仁，治之以按摩醪药'。在魏晋隋唐时，还设有专门的按摩专科。"①

九、梳头：第五集，凤姐对镜理妆，平儿站在身后，为其梳头。第二十八集，在尤氏房中，丫头银蝶坐在梳妆台前，给尤氏梳头。

十、揉肩膀：第三十四集，贾琏坐在临窗的圈椅上，秋桐站在椅子后边，给贾琏揉肩膀。

十一、洗脸：第十七集，在贾宝玉卧室，麝月端水、晴雯拿手巾，给贾宝玉洗脸。

十二、擦汗、摇扇：第十三集，在清虚观大殿前，贾母坐在圈椅上，身边的丫鬟、婆子，有的给她擦汗，有的给她摇扇。

十三、打灯笼：第二十四集，晴雯、紫鹃搀着林黛玉，从潇湘馆院门出来，宋嬷嬷在前面打着灯笼引路。

十四、倒茶：第二十四集，夜晚的怡红院里，林之孝家的走在提着灯笼的管事女仆中间，对着屋子大声喊道："宝二爷睡了没有？"贾宝玉听出是林之孝家的声音，忙拖着鞋出来，请众人进屋休息，并让袭人倒茶。

十五、侍候主子就寝：第四集，贾宝玉从薛姨妈家喝酒回来，袭人先将被子理好，然后把贾宝玉脖子上的饰物取下来，小心翼翼地包好，放在枕头底下，随即拉好窗帘、吹灭蜡烛，才悄然离去。第十九集，潇湘馆悄然无声，碧纱窗内，暗自透出一缕幽香。屋内，紫鹃正侍候黛玉就寝，先移灯，后慢慢拉上窗帘，直到黛玉睡下，才悄然离开。

十六、侍候主子喝酒：贾府的仆人，除侍候主子起居外，还要陪主子喝酒、看戏、唱歌。第二十八集，中秋节头一天晚上，会芳园丛绿堂内，灯火辉煌，笙歌聒耳、锦绣盈眸，贾珍和尤氏被佩凤、偕鸳、文花及丫鬟、媳妇围坐在中央。贾珍略显醉态，命人取来一支竹箫，让佩凤演奏，由文花唱曲助兴。

---

① 聂鑫森.名居与名器［M］.北京：地震出版社，2012：274.

贾府丫鬟的命运，大抵有三种情况：一是被男主人收为小妾；二是直接配小厮；三是转卖嫁人。在原著第七十回，管家林之孝列了一个清单："共有 8 个 25 岁的单身小厮，应该娶妻成家，等里面有该放的丫头们好求指配。"指配的结果，除几个年龄大的，或发誓不嫁的（如鸳鸯），或身体有病的（如琥珀、彩霞），暂时无法出嫁的，就只有"凤姐儿和李纨房中粗使的大丫鬟出去了"。

第四节 剧中荣国府主仆关系

有学者指出：贾府的主仆关系，可视为一种君臣关系。① 从某种意义上说，其主奴结构，有点像微型的金字塔，塔尖上是主子，塔尖下有半主子，半主子下有不同等级的奴才。主仆之间，泾渭分明。仆人没有人身自由，主子可任意打骂或驱使奴才。

从荣国府的主子来看，既有爱热闹、讲排场的贾母，也有木讷寡言、生性好佛的王夫人；既有多愁善感的公子哥儿贾宝玉，也有兰心慧质的娇弱小姐林黛玉。生活在大观园里的女仆们，虽各为其主，但个性鲜明，除温顺卑恭的鸳鸯、死不瞑目的金钏儿外，还有效忠主子的袭人、心比天高的晴雯、聪明灵巧的紫鹃。她们乐于为婢，安于为奴，得其所哉，从来没有想到过要离开主子，也不愿意接受配小厮的命运。

剧中引人注目的主仆关系，莫过于如影相随的贾母与鸳鸯、相互利用的王夫人与袭人、任性妄为的贾宝玉与性情刚烈的晴雯、惺惺相惜的林黛玉与紫鹃。这些大梦同归的主仆形象，鲜活灵现，谱写了一曲哀婉凄美的红楼命运交响曲。

一、贾母与鸳鸯

原著中的鸳鸯姓金，是贾府"家生女"，可谓"德才貌"三全。不仅受到众人尊重，就连贾琏、凤姐等主子，也不敢对其小觑。较之平儿、袭人的刚烈，晴雯的沉着老练，亦不逊色，堪称贾府最有脸面的丫鬟。从字面理解，鸳指雄鸟，鸯指雌鸟，主要生活在芦苇、水塘和河流里，因成双成对出现，被喻为美好爱情的象征。

鸳鸯心地善良，尤喜女红，用贾母的话说，比贾府的姑娘们强多了。"女红

---

① 张毕来. 漫说红楼［M］. 北京：人民文学出版社，1978：242-243.

之于中国女人，犹如民之于食，是断乎不能分开的。"① 在古代，但凡有人提亲，总会说某某家的姑娘，既温柔漂亮，又有一手好针线。总之，不论是大家闺秀，还是小家碧玉、乡姑村妇，手巧无疑是古代女人最为丰厚的资本。

第十八集，贾母歪躺榻上，丫头玻璃坐在榻沿边，捏着"美人拳"，正在给贾母捶腿，邢夫人和赖嬷嬷在旁边侍立着。剧中，鸳鸯从箩筐里拿出新缝制的灰鼠暖笺，让贾母试戴。贾母翻来覆去看了好一阵，连连点头称赞："这块毛料子选得不错，颜色好，样儿也考究，真比外头裁缝师傅做的还强呢！"鸳鸯放下筐箩后，又拿出一面带把的镜子，让贾母转着照了照。贾母直夸道："人都说'可着头做帽子'。我昨儿说想做顶新暖帽儿，她闷声不响连夜就做好了。先也不量量头，不大不小刚刚好，真难为了她！"鸳鸯笑着把暖帽儿从贾母头上取下来，将一个花样压在上面，递到贾母跟前，贾母拿起眼镜看了看，只见帽沿边上，镶着一枝赭红色的老梅，不觉喜上眉梢："好，好！正合我的心思。"反映了贾母对生活的热爱。

第十五集，在大观园缀锦阁，贾母宴请刘姥姥。摆放整齐后，贾母请众人入席，让刘姥姥挨着她坐。贾母："先吃两杯酒，然后咱们再行酒令，那才有意思。"凤姐提议让鸳鸯充当令官，鸳鸯当仁不让，悄悄把刘姥姥拉过来，耳语几句后，刘姥姥才归座。于是，一场极具欢乐气氛的行酒令开始了。作为酒令官，不仅要能说会道、出口成章，还要对违令者进行处罚。席上的人，无论地位高低，都要遵守。如果没有一定的文化修养和随机应变的能力，肯定是不能胜任的。

原著中的酒令种类繁多，有古令、雅令、通令、筹令、字词令、诗语令、花鸟鱼虫令、骰令、拳令等。剧中的酒令，大多数是新创作的。为取笑刘姥姥，以博得贾母开心，鸳鸯边拆牌边发话："从老太太开始，先说第一张，次说第二张、再说第三张，之后合成一副名字，或诗词歌赋，或成语俗话，要押韵，谁说错就罚谁的酒。"一句"谁说错就罚谁的酒"，虽说是句玩笑话，从中透露出鸳鸯不凡的气度。

贾母亲近小辈，豁达乐观，是一个典型的享乐主义者，无论看戏、品诗、观画、听音乐、品茶、饮酒、猜谜语、说笑话，还是游览园林美景、评说居家摆设、品评小说人物，都有自己的独到见解。其安然恬静的生活方式，堪称中国古代妇女追求人生幸福的标杆。

第十八集，在贾母堂屋里间，贾母与薛姨妈、王夫人和凤姐四人在斗牌取

---

① 尹丽萍. 何处不春风［M］. 北京：中国文史出版社，2009：89.

乐。凤姐："老祖宗，再添一个人热闹些。"贾母叫鸳鸯来。鸳鸯进屋后，坐在贾母下手，之下是凤姐，众人在四周观战，邢夫人则默不作声。起牌后，斗了一个回合，鸳鸯见贾母的牌已成十，只等一张二饼，暗示凤姐出错。凤姐故意踌躇半天，才把牌送到薛姨妈跟前，薛姨妈一看是二饼，会意地笑道："我倒不稀罕它，只怕老太太满了。"凤姐忙说："我发错了。"佯装伸手取牌，贾母笑着把牌掷下："你敢拿回去！谁叫你错的不成？"薛姨妈："果然是凤丫头小气，不过是玩儿罢了。"凤姐站来拉住薛姨妈的手，回头指着贾母平时装钱的木匣子，笑道："姨妈瞧瞧，那个里头不知玩了我多少去了。这一吊钱玩不了半个时辰，那里头的钱就招手儿叫它了……"话还没有说完，引得众人笑个不停。因担心凤姐牌资不够，平儿又悄悄送来一吊，凤姐推着平儿道："不用放在我跟前，放在老太太的那一处吧。一齐叫进去倒省事。"贾母笑得把手上的牌全部摊开，忙推着鸳鸯道："快撕她的嘴！"贾琏受父亲委托，不知贾母可否参加十四日赖大家的升迁宴。见老太太正玩到兴头上，却始终不敢问。

在贾母堂屋，凤姐悄悄对平儿道："阖府谁不知道，老太太离了鸳鸯，连饭都吃不下。"足见贾母对鸳鸯的依赖之情。对此，贾母也不避讳。在同一集里，邢夫人为丈夫充当保媒的事，被贾母知道了。贾母当着众人面，在数落邢夫人的同时，还不忘夸奖鸳鸯："二太太本来老实，又多病多痛的，上上下下哪不是她操心呢！也是天天丢下笆儿弄扫帚。凡百事情，我现在都撒手不管了。省得我事事去自己操心。"可见，鸳鸯之于贾母，亦平儿之于凤姐，袭人之于宝玉。毫不夸张地说，贾母平时的衣食住行、一应大小，没有那一样离得开鸳鸯，反映了贾母对鸳鸯的依赖之情。

贾母富态慈祥，诙谐幽默，最是怜贫爱幼。从第十五集、第十三集发生的两件事看，就可略知一二。第十五集，刘姥姥二进荣国府，贾母将其视为上宾款待。在沁芳亭，贾母倚栏坐下，让刘姥姥坐在自己身边，贾母问刘姥姥："这园子好不好？"刘姥姥仿佛在念佛语："我们庄稼人过年的时候，也买几张画儿贴，大伙儿常说，要能到那画儿上去逛逛就好了，今儿我进园子里头，这么一瞧啊，比那画儿好上十倍。"众人都被说笑了。贾母忙叫孙女惜春给刘姥姥画张画。到了潇湘馆，两边翠竹夹路，地上布满了苍苔。因只顾说话，刘姥姥不小心踩滑，重重摔了一跤。贾母忙让丫鬟们将其扶起，还关心地问，是否扭伤了腰。

第十三集，贾母率众人到清虚观打醮，一小道士因来不及避让女眷，一头闯进凤姐怀里。在众人皆喊打的情况下，贾母忙对贾珍说："别吓着他，小门小户的孩子，都是娇生惯养的，他哪里见过这阵势。要是吓着他了，他老子娘岂不心痛的慌。"说完，让贾珍把小道士带过来，叫他不要害怕，还让贾珍给了些钱，让小道士买东西吃，叫大家不要为难他。

第二十七集，贾母八十寿辰，府上来了不少拜寿的穷亲戚。贾蕄之母带着喜鸾，贾琼之母带着四姐儿，还有几房的孙女儿。贾母对喜鸾、四姐儿格外关照，命人到大观园传话，吩咐要善待这些寒薄人家的孩子，把她们当成贾府的千金小姐看待。贾母告诫众人：倘若有人小看她们，她是不依的。

作为贾母的首席大丫鬟，鸳鸯从不仗势欺人，且富有同情心。第二十七集，鸳鸯在大观园散步，无意间撞到正在幽会的司棋和潘又安。在贾府这样的钟鸣鼎食之家，偏偏发生了这种严重违背礼法的事，如传出去，其后果恐怕不是被撵出园子那么简单，甚至还有被打死的可能。潘又安吓得连夜出逃，司棋为此害了一场大病。鸳鸯得知司棋生病后，前去探视，叫她"只管放心养病，别糟蹋了小命儿"。难能可贵的是，鸳鸯成人之美，保证对此事守口如瓶，绝不会告诉任何人。

鸳鸯最了解贾母的心思。第二十六集，贾母与尤二姐初次见面，鸳鸯忙拿眼镜给贾母戴上，让老太太瞧一瞧她这双细皮嫩肉的手。第十八集，在贾母堂屋，赖嬷嬷望着远去的鸳鸯背影，感叹道："鸳鸯这孩子，咱们是从小看着她长大的，若论忠实可靠，孝顺主子，满府的丫头就数她了。"第二十八集，中秋节晚上，贾母与众人在大观园赏月，时夜深人静，凉风微动，鸳鸯担心老太太受凉，忙把一条软巾兜和一件大斗篷给贾母披上，并劝道："您也该歇了，当心着凉。"贾母："哎呀！我今儿高兴，你偏来催我，难道我醉了不成，我偏到天亮。"主仆融入浓浓的亲情之中。

剧中，抛弃了原著贾母死后，鸳鸯"以奴殉主""得了好名声"的情节，重新构造了新的故事结局。第三十五集，贾府被查抄后，鸳鸯身陷囹圄。此时，贾母已不在人世，贾赦被定罪入狱，鸳鸯了无牵挂。在狱中，鸳鸯以自尽的方式，结束了自己短暂的一生，履行了当初抗拒贾赦纳妾时，在众人面前曾许下的誓言。

二、王熙凤与平儿

原著中的平儿，是凤姐的四个陪嫁丫头之一，无父无母，以平字为名，连"十二钗又副册"也不是，却在回目中多次出现。据统计：第一次是在第二十一回，第二次是在第四十四回，第三次是在第五十二回，第四次是在第六十一回，足见其分量不轻。

剧中，平儿被众人呼为"俏平儿"。第三集，刘姥姥一进荣国府，平儿给这位乡村老妪留下了"美人胚子"的印象。原著中的平儿,既是凤姐的丫鬟,也是贾琏的通房大丫头,平时与凤姐以姐妹相称。所谓通房大丫头,指所住房间与主子仅一墙之隔,有小门相通,便于夜间伺候主子,随时可与主子同床,其地位比普通丫鬟略高。平儿深知自己的这个名分,不过是凤姐的权宜之计。

贾琏夫妇二人,一个好色,一个贪财。自成了贾琏的通房大丫头后,平儿便夹在浪荡公子和女强人之间,可谓"一身供应两人"。其境之艰难,可以想象。平儿机敏善变,凡事总能掂量轻重,知所进退。为维护主子的权威和尊严,她两边都不得罪。对贾琏的那些"秘密"守口如瓶;对凤姐与宝玉和贾蓉的那些"私情蜜意",往往视而不见,不闻不问。久之,被两人引为知己。清代评论家涂瀛在《平儿赞》中指出:"求全人于《红楼梦》,唯其平儿乎?平儿者,有色有才,而又有德者也。"①

平儿对凤姐心无杂念,知道哪些事该隐瞒,什么话该说,什么话不该说,处处向着凤姐。第五集,凤姐与众人从秦可卿房里出来,在假山石与贾瑞相遇。贾瑞贪色,调戏凤姐,平儿挖苦道:"癞蛤蟆想天鹅肉吃,没人伦的混账东西,起这个念头,叫他不得好死!"在平儿看来,贾瑞的"癞"不仅模样"癞",其社会地位更"癞"。为收拾贾瑞,平儿鞍前马后,为凤姐献计出力。

贾瑞在原著中是贾代儒的孙子,系贾府的旁支远族。自幼父母双亡,全赖爷爷奶奶抚养。贵为金陵王家千金小姐和荣国府掌门人凤姐,怎么看得起这样窝囊的男人?只因平儿的一句话,贾瑞便招来杀身之祸。纵然死得不冤,假若凤姐一开始就义正词严地拒绝,贾瑞也不至于陷得那么深,白白丢了性命。

第七集,贾琏从外地一到家,这时旺儿家的给凤姐送来利息。平儿深知贾琏花钱如流水的毛病,赶紧让旺儿家的把钱藏好,谎称薛姨妈刚打发香菱问话,把贾琏支走,才把凤姐放高利贷的事掩饰了下来。

尤二姐被贾琏相中后,贾珍父子暗中唆使贾琏在花枝巷为其买房。后贾琏偷娶尤二姐的事,还是被凤姐知道了。为弄清事情真相,第二十六集,有了平儿协助凤姐审讯旺儿和兴儿的场景:凤姐趁贾琏到平安州出差之机,把尤二姐骗回府内,用借刀杀人之术,害死了尤二姐。"悍声流播,百喙难辞矣。"② 尤二姐死后,贾琏悲痛欲绝,寒酸得连办丧事的钱都拿不出,还是平儿把凤姐平日积攒下来的二百两碎银偷出来,才解了燃眉之急。

荣国府的小厮、媳妇和婆子,平时都畏惧平儿。然平儿从不仗势欺人,还

---

① 　郭豫适.红楼梦研究文选[M].上海:华东师范大学出版社,1988:57.
② 　二知道人.红楼梦说梦[M].上海:华东师范大学出版社,1988:37.

利用自己在府中的便利条件，为下人做了不少好事。第十八集，贾赦突发奇想，欲纳鸳鸯为妾。平儿为此忧心忡忡，担心贾赦对鸳鸯下毒手，就对鸳鸯道："大老爷的性子你是知道的。虽然你是老太太房里的人，此刻不敢把你怎么样，将来难道你跟老太太一辈子不成？早晚要出去的，那时落到他的手里，倒不好了。"并善意提醒道："你只和老太太说，就说已经给了琏二爷，大老爷就不好要了。"足见其良苦用心。

原著第六十回出场的柳五儿，是怡红院厨妇柳家媳妇的女儿，排行第五，年方 16 岁，生得娇娜妩媚，长得与晴雯有些神似。因素有弱疾，当差之事，一直没有着落。对柳五儿而言，能在"差轻人多待遇好"的怡红院当差，可谓求之不得。因柳五儿和宝玉的丫鬟芳官是好朋友，所以，一心想着侍候贾宝玉。宝玉名声在外，对"极聪明清俊的上等女孩儿"十分欣赏，平时对下人有同情体贴之心。柳家媳妇想到自家女儿的身体状况，希望能在怡红院干些轻松体面的差事，加之戏子出身的芳官那张蜜嘴，成天在贾宝玉耳边吹风，贾宝玉也恨不得早点把柳五儿弄到身边，但凡提到此事，心理总是痒酥酥的。然事情偏进展不顺，适贾探春代理家政，对大观园进行改革，事遂搁置。眼见事情没有任何进展，柳五儿利用其母在角门煮饭的便利条件，急事乱投入，私自进园找芳官运作此事。

第二十二集，王夫人屋里丢失的那瓶玫瑰露，恰好出现在柳五儿手中。因事关王夫人、贾宝玉、赵姨娘及各自丫头脸面，平儿深知，如果应对失措，肯定会在大观园引起一场轩然大波。事情的经过是：彩云最初是贾宝玉屋里的小丫头，从宝玉那里要了一些玫瑰露，送给了好友柳五儿。这些玫瑰露，原本是贾宝玉从外面得到的，也赏过许多人。不仅是园子的，连老妈们讨得后，也拿给亲戚们吃过。芳官奉贾宝玉之命，到厨房传一道菜，出于好心，就把贾宝玉剩下的半瓶玫瑰露，让柳母转交给五儿。此物对"素有弱疾"的柳五儿来说，食之对身体大有益处。因此，柳家媳妇将其视为稀罕之物。想到自己娘家侄儿也在病中，便倒了半盏回去，娘家侄媳妇以一包茯苓霜答谢。柳五儿一直想到怡红院当差，就把剩余的连同表嫂赠给其母的那包茯苓霜留下来。

大观园森严壁垒，园外之人，平时根本进不去。作为厨妇的丫头，柳五儿也不可能随便出入。当晚，柳五儿偷偷溜进园子，把玫瑰露和茯苓霜送给了芳官。因耽误了出园时间，来不及躲藏，被林之孝家的当场拦下盘问。

柳五儿素有小偷小摸行为，林之孝家的联想到近日王夫人房间丢失的东西，认为五儿形迹可疑。然事有凑巧，柳五儿白天刚好去过厨房，遇到向母亲要一碗炖鸡蛋花的丫头莲花。在众目睽睽之下，莲花冤枉五儿。加之柳家母女与婆子们关系不睦，恨不得马上将其撵出去，趁机奚落嘲笑。后林之孝家的率一干仆妇向厨房奔去，果然搜出玫瑰露瓶子和一包茯苓霜，遂将母女俩软禁起来，押到凤姐门口，听候发落。凤姐让平儿代话，说要动肉刑、打板子，还要把母女俩撵出去。在凤姐已明确表态的情况下，况人证、物证俱全，平儿只要执行就行，但她没有这样做。

剧中的故事情节一波三折，引人入胜。原来王夫人屋里丢失的那瓶玫瑰露，是丫头彩云应赵姨娘要求，悄悄偷出来给了贾环。自此，茯苓霜一案，水落石出，真相大白。平儿以菩萨之心，行杀伐之事，在训饬了真正的小偷彩云后，让柳五儿之母继续回厨房当差。不但洗清了柳五儿的贼名，也顾及贾探春的面子，同时，也宽容了"窝主"赵姨娘，可谓皆大欢喜。

平儿洞悉人情世故，善于化解矛盾。第二十集，平儿的虾须镯丢了，宋妈告诉平儿，是小丫头坠儿偷的。在平儿看来，此事非同小可，一是虾须镯为凤姐所赠，如果被凤姐知道了，坠儿肯定会被撵走；二是坠儿是贾宝玉屋里的丫头，若有人故意找碴儿，势必让宝玉面子难堪；三是发生这样的事，宝玉屋里的丫鬟袭人、晴雯、麝月等，也难逃失察之责。为息事宁人，平儿谎称虾须镯掉进草根下，因"雪深了没看见"；雪化后，无意中又找到了，这才把凤姐搪塞过去。

平儿对凤姐周全妥帖，得众人很高评价。第十六集，史湘云请众人吃螃蟹宴，凤姐出面帮史湘云张罗。筵席已近尾声，因顾不上吃饭，凤姐让平儿送点吃的，李纨让嬷嬷们捡了十个大螃蟹送去，拉着平儿的手笑道："可惜这么个好体面模样儿，命却平常，只落得屋里使唤，不知道的人，谁不拿你当作奶奶、太太看。"说着，在平儿身上摸出了一把钥匙，借题发挥道："我成日家和人说笑，有个唐僧取经，就有个白马来驮他；刘智远打天下，就有个瓜精来送盔甲；有个凤丫头，就有个你。你就是你奶奶的一把总钥匙，还要这钥匙做什么！"以"总钥匙"来比喻平儿，恰如其分，在道出平儿忠心事主的同时，也反映了平儿在贾府中的地位和作用。

三、王夫人与袭人

袭人姓花，名珍珠，与林黛玉同一天生，比贾宝玉大两岁。因家境贫寒，从小以死契卖给贾府。原著第十九回说袭人先侍候贾母，后侍候史湘云。因贾母溺爱嫡孙，担心侍候之婢无竭忠尽力之心，遂将袭人拨给了贾宝玉，而成为怡红院首席大丫鬟，有一两银子的月例。袭人细挑身材，长脸儿，在剧中所有丫鬟中，出场次数最多、戏份最重，远超贾母的大丫鬟鸳鸯。

在倩女如云的怡红院，贾宝玉身边充满着太多的诱惑。客观来看，袭人姿色平平，与晴雯、麝月等相较算不上是最漂亮的，一张"没嘴的葫芦"看似糊涂，却有一套"调三离窝"的本领。与其他主子的贴身丫鬟不同，袭人在怡红院的权力很大，其他姑娘和丫头的月钱都由奶妈代领，唯独怡红院的在她手里领取。

茅盾先生指出："人物的性格必须通过行动来表现。"① 表面上看，袭人温顺平和，内心却十分狡诈。第十四集，端午节这天，晴雯给贾宝玉换衣服时，不小心把桌上的折扇骨弄断了，被贾宝玉骂为"蠢才"。贾宝玉刚骂了两句，就被晴雯顶了回去，气得贾宝玉要把晴雯撵走。但凡怡红院的人都知道，晴雯的嘴巴子不饶人，爱发火，而袭人就要内敛得多。袭人深知贾宝玉的脾气古怪，只喜欢听奉承话，忙劝道："吵这么两句，就真要去回，你也不怕臊了。再说，这会子急着当正经事去回，也不怕太太犯疑？"在袭人看来，如果平白无故地把晴雯撵走，势必让贾母和王夫人对"偷试云雨"的私情起疑心。在袒护晴雯的背后，袭人外表貌似平静，其实内心比谁都紧张。这里，不妨做这样的假设：如果"偷试云雨"的事让贾母、贾政和王夫人中的任何一人知道，其下场肯定比金钏儿更惨。

在日常生活中，袭人对贾宝玉曲意逢迎、逆来顺受。第十四集，端午节前一天，贾宝玉从母亲那里回来，因心情不好，加之被大雨淋湿，叩了很久的门，都无人响应。一气之下，把开门的袭人误踢一脚。虽疼痛难耐，又是当着众人踢的，袭人还是尽量控制情绪，对贾宝玉道："好好的。"当贾宝玉张罗要用偏方"山羊血黎洞丸"给袭人治疗时，袭人："别去，你这一闹，倒抱怨我轻狂，你也不好，别去啊！"只要求向王太医"弄了药来吃就好了"，劝贾宝玉早点休息。

从贾宝玉的成长经历来看，除祖母的隔代溺爱，还有来自其父母的威权教育。所以，三个人平时对贾宝玉提出的任何要求，袭人都要照单全收，甚至还要履行其监督的义务。第九集，元宵节这天，袭人的家人接其回家团聚，贾宝玉与茗烟趁机跑到袭人家。按尊卑礼教，作为赫赫扬扬、经历百载贵族之家的公子哥儿，是不允许私自跑到仆人家做客的。刚进院内，袭人的哥哥花自芳惊疑不定，忙把贾宝玉从马上抱下来，嚷道："宝二爷来了。"这对"沉重知大礼"的袭人说："这还了得，若是遇见老爷，或有个闪失，是闹着玩的吗？"不难看出，袭人已把监督贾宝玉的责任，一股脑儿推到茗烟身上，认为这都是茗

---

① 茅盾. 关于艺术的技巧［J］. 文艺学习，1956（4）.

烟教唆的。当然，袭人心里明白，让老太太知道了，虽不会追究，顶多是重复那套老话，以"若再乱跑，就叫你老子作主，一定叫你老子打你"相威吓；让贾政知道了，肯定免不了一顿棍棒之苦；如果让王夫人知道了，必定泪眼双流，"明儿再这样，我告诉老爷打你"。在贾宝玉的成长道路上，袭人在自觉或不自觉中，充当了一个封建"淑女"的角色。

剧中对贾宝玉叛逆性格的形成，做了较为全面的诠释和精准呈现。第二集，贾宝玉出场时，还是一个坐卧不避、嬉笑无心的懵懂顽童，过的是安富尊荣、锦衣玉食的生活，后逐渐发展成在女儿堆里不能自拔的公子哥儿。严格来说，贾宝玉对大观园女儿的爱，与一般贵族公子的放荡不羁有着本质区别。表面上看，贾宝玉不通世务、不喜应酬，其实，他的社交能力是非常出众的。如剧中与之结交的北静王和冯紫英，都是名门望族；又如原著中，被曹雪芹一笔带过的沈世兄和卫若兰等王孙公子，亦非等闲之辈；再如剧中的世家子弟柳湘莲、薄宦子弟秦钟、名伶蒋玉菡和唯我独尊的薛蟠，都是他的好朋友，就连怡红院的丫鬟、小厮，平常和他都是以兄妹相称。可见，宝玉只是不喜欢结交贾雨村、孙绍祖和赖尚荣这样的势利小人罢了。

在人物性格的处理上，1987版电视剧《红楼梦》侧重于对贾宝玉率性、多情、温和及富有同情心的塑造。第二十七集，贾政来信称，将于六七月回京，袭人借机劝贾宝玉收心，闲时要翻翻书，把近年来的补一补。为帮贾宝玉临帖充数，以备贾政检查，贾探春、薛宝钗、史湘云也送来各自临写的。贾宝玉平时厌恶读书，但凡与仕途经济或功名相关的人和事，有着天然的排斥。婶娘尤氏曾讽刺贾宝玉："谁都像你，真是一心无挂碍，只知道和姐妹们玩笑，饿了吃，困了睡，一点后事也不考虑。"对此，连贾母都说宝玉有些呆病。可见，宝玉的乖张性格和强烈的遁世思想，从童年到少年，一直伴随着。

袭人与贾宝玉的关系，除姐弟之情，还有夫妻之实，远超出一般意义的主仆关系。贾宝玉淘气憨玩，令袭人十分着急。然袭人的每次规劝，都无功而返，可谓竹篮子打水一场空。

第九集，为彻底降服贾宝玉，袭人借着家人为自己赎身的机会，抓住贾宝玉不愿离开女孩的心理，先以骗词，以探其情，以压其气，最后约法三章：要求贾宝玉在老爷面前，装出喜欢读书的样子，不毁僧谤道，不吃人家嘴上的胭脂，不骂读书上进的人是"禄蠹"。如果改掉了这些毛病，就是八抬大轿来抬，她都不会回去。其实，就贾宝玉而言，袭人说什么不重要，只要她不离开怡红院，什么条件都可以答应。然答应得快，忘得也快，这次也不例外。

贾宝玉到了谈婚论嫁的年龄，在这个问题上，荣国府内部存在两种不同的意见：一是贾母，二是王夫人。前者支持宝黛结合，后者支持宝钗结合。剧中的贾母平时总把"两个玉儿"挂在嘴上，表明贾母视宝黛为一对，有时还表现出恨铁不成钢的样子。作为宝玉的贴身丫鬟，袭人必须在两派之间做出选择，毕竟贾母年事已高，聪明的袭人，肯定意识到了这一点。

第十五集，贾宝玉被贾政暴打这天，恰好茗烟不在其身边。由于没有人及时给贾母通风报信，为此袭人还责怪过茗烟。在怡红院贾宝玉房里，袭人轻轻脱下宝玉的中衣，稍一用力，宝玉就大叫。袭人忙停下来，如此反复三四次，才把衣服脱下来。当王夫人看到儿子身上青一块紫一块的，伤心不已，袭人也跟着落泪。

在王夫人上房，袭人告诉王夫人，宝玉敷了薛宝钗送来的药后，已睡着了。王夫人问袭人宝玉为何挨打，袭人说，二爷认得什么府的戏子。王夫人说恐怕还有别的吧，袭人低头迟疑后，毫无顾忌地向王夫人建言道："二爷是太太养的，岂不心疼，就是我们做下人的，服侍了一场，大家落个平安，也算是造化了。今儿太太提起这话……"因贾宝玉从小在贾母身边生活，袭人的话，无异于否定了贾母的付出，间接奉承了王夫人，这当然是王夫人最爱听的。接着，袭人大义凛然，详细列出让宝玉搬出大观园的理由，故意把问题说得特别严重：一是"园子里头姑娘们都大了，况且林姑娘、宝姑娘，又是两个姨姑表姐妹，日夜一处起坐不方便"；二是"倘若不妨，前后差错一点半点的，二爷一生的名声品行岂不全完了！近年来我为这事日夜悬心，又不好对别人说"。王夫人听后，呆了半天，对袭人越发感激。

在贾府，仆人除侍候主子的日常起居，还要随时规劝主子的言行，这才合乎妇德标准和礼法对奴婢的要求。从剧中呈现的相关场景来看，王夫人特别仇视美人，生怕"狐狸子"迷惑了贾宝玉。袭人这番掏心掏窝的话，令王夫人十分感动，忙拉着袭人的手说："我的儿，你竟有这个心胸，难为你成全我们娘儿俩的名声体面。今儿你既说了这个话，我就把宝玉交给你了。好歹留心，保全了他就是保全了我，日后我自然不会亏待你。"袭人低着头道："太太吩咐的，敢不尽心吗？"事后，王夫人竟背着贾母，把袭人提到准姨娘地位，从自己 20 两月例中，拿出二两银子，将袭人的待遇提高了两倍，甚至比鸳鸯的还要多，又叮嘱凤姐道：以后，凡是有赵、周两位姨娘的，都有袭人的一份，间接承认了袭人准妾的地位。第二十集，袭人母亲病危，王夫人当着凤姐的面吩咐，让周瑞家的派 7 个用人用车护送，额外赠给袭人外衣等物。环顾东西两府的丫鬟，也只有袭人享受如此待遇。

在等级森严的贾府，妻和妾的界限泾渭分明。退一步说，就算贾宝玉不娶林黛玉，只要贾母还健在，也绝不会同意娶一个买来的丫头给自己的孙子做正房。另外，就算袭人将来与贾宝玉结婚生子，其奴才身份在妻妾和母子间，仍会发生作用。可见，袭人再费尽心机，也属枉然。剧中贾宝玉出家后，袭人欲守不能，欲死不得，后嫁给了因汗巾结缘的优伶蒋玉菡。相较于金陵十二钗正册、副册、又副册中的其他红楼女子而言，袭人的命运，还算有始有终。

四、贾宝玉与晴雯

晴雯是金陵十二钗又副册的首位人物，其身世不可考。10岁时，被赖家买来做丫头。赖嬷嬷见贾母喜欢，就孝敬给贾母使唤。作为贾宝玉房里的三大丫鬟之一，晴雯容貌出众，尤喜女红，以能力强著称。

原著中的晴雯，性情爽利，口角锋芒，受不得一点委屈，有"暴炭"一样的脾气，也因此得罪了不少人。第二十八集，凤姐带着王善保家的等一干人，抄检大观园。先从袭人的箱子搜起，后又搜了麝月、秋纹、碧痕的屋子。每到一处，丫鬟们无不俯首听命，听之任之，唯独晴雯把箱子倒了个底朝天，这是王善保家的始料未及的。第二十集，晴雯受凉生病，虽吃了药，但病情一直没有好转。恰好平儿的虾须镯被盗，想到晴雯的脾气，加之又在病中，一老嬷嬷说先瞒上几天，等病好了告诉她。但这句话，恰好被贾宝玉偷听到，便告诉了晴雯。对此，晴雯对嬷嬷大发雷霆。因担心两人吵起来，贾宝玉在一旁劝道："你这一喊，岂不辜负了平儿待你我之心了。"如果贾宝玉当时不在场，两人极有可能大动干戈。

作为曹雪芹笔下最富有个性的丫鬟，晴雯为人处世，光明磊落，心地坦荡，从不隐瞒自己的观点，更不愿迎合权贵而改变自己。其身上的反抗精神，剧中是通过愤怒的台词和表情呈现的。不难想象，在等级森严的贾府，早超出了一个丫鬟所被允许的范围。第十二集，晴雯与丫头碧痕拌嘴后，在生闷气。恰好这时薛宝钗来找贾宝玉，晴雯便把心中的闷气全迁到薛宝钗身上，故意不开门，还说："有事没事跑来坐着，害得我们半夜三更也睡不了觉。"全然没有把薛宝钗放在眼里，故意说是贾宝玉吩咐的，让薛宝钗吃了闭门羹。

原著第五回对晴雯下的判词是："心比天高，身为下贱，风流灵巧招人怨。寿夭多因毁谤生，多情公子空牵念。"深刻地诠释了其短暂而凄凉的一生。剧中，晴雯说话做事毫无顾忌，身上没有一点奴性。第九集，贾宝玉说满屋子就数晴雯磨牙，晴雯："我怎么磨牙了，咱们倒说说。"李嬷嬷担心两人吵起来，要贾宝玉暂时回避一下，不要理会晴雯，而晴雯毫不客气地回敬道："你又护着他，算了吧！你们那些瞒神弄鬼的事，我都知道，等一会我捞回本儿来，再跟你们算账。"剧中，晴雯凡事随心所欲，从来没有把自己当成奴才，更不愿忍气吞声，唯命是从。马瑞芳女士是当代研究红楼人物的大家，她认为：晴雯"是个豪爽的女子，又能做事，是《红楼梦》中数一数二的人物，除了口齿爽利像林黛玉外，她有她的本色"①。贾宝玉屋里的两个丫鬟，如果袭人属温柔顺从型的话，毫无疑问，晴雯当属叛逆反抗型了。

第十四集，端午节这天，晴雯给贾宝玉换衣裳，不小心把桌上的骨扇弄坏了，贾宝玉骂晴雯是蠢材。晴雯颇不服气，据理力争道："二爷近来气大得很，动不动就给脸子瞧，丢了那么把扇子算什么？先时那些玛瑙碗、珍珠缸，也不知摔坏了多少！也没见你生这么大气呀？就那么把扇子就这样，何苦来！"贾宝玉一听，气得浑身乱战，说要回明太太，把晴雯撵走。晴雯道："你只管回去，我一头碰死了也不出这个门。"可见，在晴雯眼里，自己比别人低一等，"也罢了"，比"一样屋里的"袭人还要低一等，这是她无论如何不能接受的。

第二十集，晴雯补裘这场戏，是根据原著第五十二回改编的。在晴雯生病的第三天，宝玉将于次日参加舅舅王子腾的生日宴。老太太担心孙子穿着寒碜，特意挑购了一件珍贵的孔雀毛披风，并叮嘱宝玉别糟蹋了。当晚，宝玉发现披风后面襟子上，被手炉迸出的火花烧了一个拇指大的小洞。麝月让宋嬷嬷悄悄拿到外面织补，连京城最有名的织补匠、能干裁缝、绣匠等，都不敢揽这个活。

为了让贾宝玉次日不被贾母责怪，晴雯拖着病体，从床上挣扎起来。用手挽了挽头发，披上衣裳，顿时头重脚轻，满眼金星乱进。她咬了咬牙，轻轻推开贾宝玉，让麝月帮着拈线。先将披风里子拆开，把茶杯口大的竹弓绷在背面，再把被烧的四周用刀刮松散，然后用针逢了两条，分出经纬，仿界线之法，界出地子，依本纹来回织补。适值寒冬腊月，天气寒冷，晴雯织了一会儿，就停下来搓一下冻僵的手，之后又继续织着。如此反反复复，直到自鸣钟敲了四下，才终于织完。终因疲病交加，头昏脑涨，身体摇摇欲坠，竟不知不觉地睡着了。

宝玉素来视读书为畏途，虽趋庭有训，然终归一曝十寒。第二十七集，是根据原著第七十回和第七十三回的故事情节改编的。第七十回说贾政在外地任学政，将于六七月返京。剧中第二十集赵姨娘的小丫头小鹊晚上突然跑到怡红院通风报信，说老爷明天要检查功课，暗指贾政已到家。小鹊的一句话，使怡红院陷入一派慌乱之中。

为应付第二天老爷的检查，贾宝玉如热锅上的蚂蚁，又别无他策，忙披衣起床，点灯熬夜。因欠账太多，加之平时从未下过工夫，嘴里不停地说："糟

① 马瑞芳. 趣话红楼梦［M］. 上海：上海文艺出版社，2008：204.

了，糟了。"于是，丫鬟们开始忙碌起来，袭人给宝玉捶背，麝月倒茶，秋纹剪烛，晴雯焚香，碧痕驱蚊。四儿、春燕、檀云、佳蕙等小丫头，站的站、坐的坐，个个困眼蒙眬，前仰后合。晴雯破口大骂道："什么蹄子们，一个个黑日白夜挺尸挺不够，偶然一次睡迟了些，就装出这腔调来了。"贾宝玉见众人为自己熬夜受累，心里很是过意不去，一会儿关心这个，一会儿心疼那个。此时，已夜深人静。突然，金星和玻璃神色慌张地从后门跑进来，说有人从墙上翻进屋了，众人忙问在那里，打着灯笼四处寻找"盗贼"。晴雯见宝玉劳神一夜，担心明天未必过关，趁着屋子里的拢动，当即让宝玉装病。这时，一丫鬟问晴雯，姑娘是否睡花了眼，误将树枝错认作人吧。晴雯："你们别放臭屁，你们查得不严，怕得不是，还拿这话来支吾，才刚并不是一个人看见的，如今宝玉吓得脸色都变了，满身发热，我如今还要上房取安魂丸药去。"晴雯故意让玻璃找药，让大家知道宝玉吓得不轻，不能温书了。一个弥天大谎，竟被晴雯编得如此天衣无缝，就连贾母和王夫人都信以为真，让贾宝玉避免了次日的皮肉之苦。

晴雯是继林黛玉之后，第二个走进宝玉内心世界的女子，其地位仅次于袭人。严格来说，贾宝玉对大观园女儿的怜爱，并不等同于美色，而是亲近其品性。如果用世俗的眼光看，贾宝玉成天在粉脂堆里厮混，几乎成了"放荡驰纵"和"不喜务正"的同义语。而晴雯身上所散发出的任性情调，自然为宝玉所能接受和欣赏。此时的王夫人，仿佛从晴雯身上看到了当年"狐狸精"赵姨娘的影子，当然不能眼睁睁地看着她以"私情密意"来勾引儿子，而冷落了薛宝钗。

第一集，王夫人用"孽根祸胎""混世魔王"来形容儿子。尽管如此，仍处处护短，觉得儿子不好好读书，都是其身边丫鬟教唆的结果。所以，当务之急就是要把贾宝玉身边的"狐狸精"全部清理出去。从剧中呈现的相关场景来分析，王夫人的这一计划，其实在贾政回京之前就已经开始实施了。

当初，王夫人怀疑"绣春囊"为凤姐所遗，这显然是邢夫人暗示的结果。后王夫人听信谗言，为抄检"绣春囊"的所遗者而殃及无辜。先是四儿被撵走，继是芳官等被撵走，再是晴雯被撵走。王夫人认为晴雯的标致伶俐、巧手巧嘴、好强会打扮都是丑的，甚至还是死罪。在强大的封建势力面前，她终未能逃脱被摧残的厄运。

第二十七集，中秋节过后的一天晚上，王夫人以查赌为名，不惜搭上王善保家的，带着凤姐和周瑞家的等一干仆妇，气势汹汹地直奔怡红院。按说，王夫人即便要把晴雯撵走，也应先回明贾母才对。这帮人在晴雯的箱子里什么也没有找到，但王夫人还是心有不甘，让王善保家的到处散布流言蜚语，说晴雯"那丫头仗着她生的模样儿比别人标致些，又生了一张巧嘴，天天打扮得跟那个西施的样子，在人跟前能说会道，掐尖要强，一句话不投机，立起两个眼就骂人，妖妖趫趫，大不成个体统了"，摆出一副不撵出誓不罢休的架势。

在怡红院被撵走的几个丫鬟中，晴雯是最让贾宝玉放心不下的。第二十八集，蓬头垢面的晴雯，在"病得四五日水米不曾沾牙"的情况下，被一恶仆从炕上架出来，送到其表哥家里。贾宝玉得知后，甘愿担被处罚的风险，私自跑去探望。在生命垂危之际，晴雯自知来日不多，本能地咬下自己左指两根葱管般大的指甲，放到贾宝玉手里；挣扎着脱下贴身旧红菱袄，宝玉也脱下身上穿的内袄，盖在晴雯身上。晴雯："你去吧！这里腌臜，你那里受得？你的身子要紧。今日这一来，也不枉担了虚名。"尽管声弱气短，说话困难，但表达了对贾宝玉的一片痴情。

晴雯是"《红楼梦》中死得最冤屈凄惨的人物"[1]，在"担了虚名"后，还无缘无故被加上痨病的污名。第二十九集，王夫人对贾母撒了一个弥天大谎，说晴雯死于女儿痨，断不可留，打发其表哥表嫂丧例银 10 两，命人送到外头焚化。此时，向来睿智精明的贾母还被蒙在鼓里，连做梦也没有想到，自己亲手拨给贾宝玉的丫头，竟被王夫人逐出而惨死。原本五彩诗意的大观园，到处是秋风肃杀、百卉凋零的景象。蘅芜院、紫菱洲早人去楼空，轩窗寂寞，屏帐翛然，贾宝玉再也没有一个可亲近的人了。

对晴雯的不幸离世，贾宝玉如丧考妣，用楚骚汉赋体写了一篇长达千余字的祭文《芙蓉女儿诔》，致祭于白帝宫中抚司秋艳芙蓉女儿之灵前："红绡帐里，公子情深；黄土拢中，女儿命薄……"情文并生，不忍卒读。对晴雯清白无辜、光明磊落的一生，做了高度评价。同时，对摧毁这一美丽生命的罪魁祸首，进行了无情的鞭挞和谴责。一篇《芙蓉女儿诔》，哀思感上苍。在怡红院众多丫鬟中，死后得到贾宝玉写祭文悼念的，唯有晴雯一人，后晴雯被玉皇敕命为专管芙蓉的花神。

五、林黛玉与紫鹃

紫鹃，原名鹦哥，是侍候林黛玉的丫鬟。在原著第八回中，是通过雪雁口中的"紫鹃姐姐"说出的。林黛玉字颦颦，别号潇湘妃子，生于二月十二。这一字一号，正好点出了其"蹙眉"神态和爱哭的性格特征。原著对林黛玉着墨之多，非他人所及，"成为清代以来一个特有的悲剧典型"[2]。自 6 岁始，一直

---

①　马瑞芳. 趣话红楼梦［M］. 上海：上海文艺出版社，2008：404.

②　胡文彬，周雷. 台湾红学论文选［M］. 天津：百花文艺出版社，1981：271.

寄居贾府，元妃省亲后，才入住大观园潇湘馆。每岁至春分、秋分后，旧疾必发。在这个幽静的独立王国里，紫鹃堪称黛玉心中唯一亲人。

剧中，宝黛二人经常吵架，从青梅竹马、两小无猜吵起，一次比一次升级，最后吵到情意绵绵为止。这些极具诗情画意的情感波澜，载于第二十二回至第二十三回、第二十六回至第二十八回、第二十九回至第三十二回。

作为林黛玉身边的大丫鬟，剧中没有紫鹃的主体情节，大都是围绕林黛玉的生活场景展开的。第十三集，林黛玉卧床，面带愁容，紫鹃把汤药送到其嘴边，她仅喝了两口，便懒洋洋地躺下了。可见，紫鹃之于林黛玉，用亦婢亦友来形容也不为过。从婢的角度来说，这是由身份所决定的；从友的方面来说，主要是通过两人的情感呈现的。作为林黛玉的知心朋友，紫鹃兰心蕙质，善解人意，加之朝夕相处，能从心灵上理解黛玉所思所想。

旅美作家苏小白先生对林黛玉不通情理、"爱恼人"的性格，有一番独到见解。他说："通读《红楼梦》，最为矫情者，非林丫头林黛玉莫属。所谓矫情者，虚掩其情，一也；违背常情，二也；扭捏装蒜，三也。"① 剧中，林黛玉自尊心极强，凡事敏感多疑，常表现出一些"小性儿"。第七集，贾宝玉准备把北静王赠的礼物转送给林黛玉，引起两人不快。林黛玉："什么臭男人拿过的东西，我不要它。"足见贾宝玉求亲近之心，反倒弄成疏远之意。

第十九集，薛宝琴姊妹投奔贾府，林黛玉联想到自己的身世，深有感触地说："宝姐姐的亲哥哥是哪个样子，谁知道叔伯兄弟，倒像是宝姐姐的同胞兄弟似的。"说着，又哭了起来。其嫉妒不愉之情，溢于颜面。

第七集，在新落成的省亲别院大门口，贾宝玉被小厮们围得水泄不通，纷纷向其讨要赏钱。因贾宝玉平时与仆人之间较为随意，混乱之中，把林黛玉缝制的荷包、扇袋及所佩之物全部抢去。在贾宝玉房里，袭人进来倒茶，见其身上佩物一件不存，笑道："带的东西，又被那些没脸的东西解去了。"林黛玉过来一看，果然一件没有，便赌气回房，把前几天做的香袋拿过来就剪。贾宝玉忙说不要剪了，表示作揖、下跪和道歉都可以，但还是被林黛玉剪坏了。剧中呈现的场景，与原著出入较大。

香袋，也称香囊，又叫荷包，是明清时期青年男女的爱情信物。林黛玉做的香囊十分精美，贾宝玉的命根子通灵宝玉穿的穗子就出自其手。第三十三集，宝玉请求林黛玉再做一个，黛玉："那也要看我高兴不高兴。"当贾宝玉把香袋送给别人后，黛玉又赌气把刚做好一半的剪坏，还惹出老太太那句"不是冤家

---

① 苏小白 . 读红琐记——红楼梦艺术赏析 [M] . 香港：中华古籍出版社，2016：145.

不聚头"的格言。

在林黛玉短暂而凄美的一生中，因有紫鹃的陪伴，平添了许多亮丽色彩。紫鹃很会揣摩黛玉的心理，对其一举一动、一颦一笑都很上心。剧中，当宝黛二人拌嘴时，总会有紫鹃在一旁劝解的身影。第十二集，林黛玉夜访怡红院，敲门时，因晴雯正在生气，被拒之门外。站在门外的林黛玉听着宝玉和宝钗在屋里的说笑声，越发伤心起来。第十三集，在潇湘馆院中，林黛玉触景伤情，紫鹃走过来劝慰，说这里风大，让她进屋休息。一句话，提醒了林黛玉，才感觉到脚腿有些酸痛。第四集，林黛玉到梨香院探视生病的薛宝钗，刚一出门，紫鹃就开始牵肠挂肚起来，担心林黛玉不能抵挡寒风侵袭，随即打发丫头雪雁送去手炉。

当林黛玉处于绝望之时，总会有紫鹃相随的身影。第二十三集，一天中午，贾宝玉正在睡午觉，紫鹃谎称林黛玉将回苏州。说完话，紫鹃在一旁观察，等了半天，贾宝玉一言不发。剧中，没有台词，仅呈现了贾宝玉心动神摇的生理反应镜头：满脸紫胀，两眼发直，胡言乱语，像是被吓傻似的，表明宝黛爱情，已进入存殁与共、生死相依的阶段。这时，袭人泪流满面地冲进屋来，林黛玉忙问："宝玉他怎么了？"袭人大惑不解地说："不知道紫鹃说了什么，宝玉眼也直了，手脚也冷了，话也不说了。"林黛玉一听，面红筋胀，"哇"的一声，把刚吃下的药，全部吐出来，喘得头也抬不起来。紫鹃忙过来捶背，让她靠在湘妃榻上休息，用茶盘托着药碗，说该吃药了。林黛玉边摇头边哭，紫鹃忙俯下身子，先是揉其肩膀，接着擦去其脸上的泪痕，不管紫鹃怎样劝慰，林黛玉越哭越伤心。

剧中，林黛玉成天抹泪，一副病恹恹的样子，幸得紫鹃的悉心体贴和照料。第十四集，在潇湘馆，林黛玉对着窗子，闷闷不乐地坐着，仿佛若有所失。这时，贾宝玉登门道歉，林黛玉却避而不见，还不许丫头开门。紫鹃："姑娘又不对了，毒日头底下，晒坏了他怎么办？"经紫鹃反复劝说，贾宝玉才得以进屋。后紫鹃拿"激将法"试探贾宝玉，以测试黛玉在其心中的地位。紫鹃："哎哟，我只当宝二爷不再上我们这门了呢！"贾宝玉："好好的，为什么不来了。我就是死了，魂儿也要一天来一百遭，妹妹可大好了？"这番温存的话，使林黛玉的心境一下晴朗起来，情不自禁地流下泪来。紫鹃把话题岔开，继续说："她身上的病好了，只是心里的气不顺。"贾宝玉笑着跨进门来："我来瞧瞧她就好了。我知道妹妹不恼我，只是我不来，若等她们来劝咱们，岂不觉得咱们生分了，还不如这会儿，你要打我骂我都行。"然黛玉只顾拭泪，却不说话。为解开这对恋人的心结，紫鹃真是煞费苦心。

宝黛爱情是建立在思想性格一致的基础上的，具有纯洁、真挚、热烈和缠绵的特点，与"父母之命、媒妁之言"的婚姻缔结模式背道而驰，注定了"木石前盟"必然与贾府封建家长所主张的"金玉良缘"产生尖锐对立。紫鹃与黛玉情同姐妹，冀望促成"木石前盟"姻缘，虽不切实际，却反映了其至情至性的侠骨柔肠。

第十三集，张道士给贾宝玉提亲，贾母在表达婉谢的同时，让老神仙费心，"仔细打听着，不管根基富贵，只要模样配得上就好"的姑娘。可见，贾母择孙媳的标准，已发生变化。在众道士给贾宝玉的法器里，有一个金麒麟，刚好与史湘云的配对。贾宝玉想留作纪念，悄悄揣进怀里。林黛玉看到后，贾宝玉忙拿出来："这个东西好玩，我替你留着，到家穿上你带。"不料林黛玉"不稀罕"这玩意儿，两人为此大吵一架。后林黛玉中暑，贾宝玉前去探望，因话不投机，又勾起了对张道士提亲的事。宝玉不相信"金玉良缘"的邪说，一气之下，把身上佩戴的玉扔在地上，偏那玉非常坚硬，竟然纹丝不坏。贾宝玉见没有摔破，转身操起砚台就砸。紫鹃和雪雁忙劝止，林黛玉越发抽抽噎噎，哭个没完，还把刚吃的药全吐了。紫鹃忙用绢子接着，雪雁上来捶背。紫鹃："姑娘生气，也该保重身体，才吃了药，又吐出来，要是犯了病，让二爷怎么过得去呢？"一边收拾秽物，一边替林黛玉轻轻摇扇。

第三十三集，紫鹃认为林黛玉的病是过度忧伤所致，劝其凡事宽解，不要自寻烦恼，做无益之悲。紫鹃对薛宝钗道："要想除了她这病根儿也不难，只是……都在姨太太身上。"薛姨妈把黛玉搂在怀里，笑盈盈地看着薛宝钗："我想着，你宝兄弟、老太太那样疼她，她又生得那样儿，若要外头说去，断不中意。不如竟把你林妹妹定给他，岂不四角两全。"紫鹃用期待的目光看着薛宝钗，薛宝钗却慢慢转身离去。

在贾府，作为寄人篱下的弱女子，黛玉悲凉的心境和风刀霜剑的痛苦，终得不到众人的理解和同情，然紫鹃却与之结下了最为真挚的姐妹情谊。第三十二集，剧中有贾宝玉送贾探春远嫁一节，贾政趁机命贾宝玉到西海沿子历练，以增长才干。不料途中遇到海盗，一直渺无音讯。林黛玉得知后，因过度悲伤，床上被子、枕边和衣服上，到处都有她吐的血渍，足见对宝玉爱之深、情之切。剧中，雪雁托着药碗走来，叫林黛玉吃药。林黛玉睁开眼睛，嘴唇动了动，摇了摇头。紫鹃凑近道："姑娘要什么？"这时，林黛玉嘴里发出微弱的声音："笼一盆火来……"紫鹃："姑娘要是觉着冷，就多盖一件，还是别笼火吧，那炭气怕姑娘受不了。"

紫鹃侍候林黛玉，尽心尽力，从不带任何附加条件。第二十八集，中秋月夜，天上一轮皓月，池中一个月影，上下争辉，仿佛置身于晶宫鲛室之中。林黛玉、史湘云两人平时偏爱五律，躲在寂静的凹晶馆联诗琢句，紫鹃穿亭绕阁满园寻找，生怕林黛玉有个什么闪失。第二十六集，对林黛玉吃的饭菜，紫鹃叮嘱要把食材洗干净。在放风筝时，紫鹃为林黛玉剪断绳子，笑道："这一去把病根可都带了去了。"在等级森严的贾府，主子稍不遂意，动辄打骂奴才，被逼出人命的事，屡见不鲜。然剧中这位目下无尘，且"专挑人不是"的主子，却从未打骂过紫鹃。

　　综观全剧，林黛玉从未主动表达过对爱情的渴望，唯有悲伤和眼泪相伴，其身上表现出的叛逆和反抗精神，主要是通过痛苦的形式呈现的。老实说，以这样的性格和气质，显然不适合做一个贤妻良母。以后，当贾母不遗余力地成全"金玉良缘"时，曾经对孙子的幸福祈求和对外孙女"口头心头，一刻不忘"的慈悲心肠，已荡然无存，也注定了"木石前盟"悲剧的不可避免。

第九章

影像后的贾府家庭关系透视

第一节　剧中男性配偶的不同权益

一、妻、妾、婢之别

中国古代的家庭人口结构，一般在 5 人左右，有利于生产和养育老小需要。① 由于农业生产周期较长，家庭需要较强的稳定性。在父系社会时期，男性的财产权和社会地位高于女性，出现一夫多妻现象。进入奴隶社会后，原始的群婚习俗以"多妻制"形式残留下来。如舜有三个妻子，一个叫娥皇，一个叫羲和，一个叫常羲②，反映了多妻制的社会现实。

中国古代婚姻属一夫一妻制，男人只有一个正妻，其他的都是妾，这是宗法制与奴隶制相结合的产物。妾是正妻外的配偶，所谓"妾者，接也，以时接见也"③。意为与男人的交接，男人可不用负责。妻为男性唯一合法配偶。从某种意义上说，男子占有女子数量的多寡，是一种权势和财富的象征。由于古人崇尚"儿孙满堂"和"多子多福"的生育观念，所以，妻妾成群的社会现象，也就不可避免。

《簪云楼杂说》云："有糟糠之妻，而无糟糠之妾。故二十五外无子，始可以立妾，然必良家女驯性者为善，此齐家所系，不可不谨。"④ 所谓糟糠，引申为共患难之妻。按规定，男子的正配只有一个，由于社会地位不同，妾的数量也不一样。天子除了正配，还拥有 3 个夫人、9 个嫔、27 个世妇和 81 个御妻。

---

① 任寅虎．中国古代的婚姻［M］．北京：商务印书馆，1996：32.
② 墨香斋．山海经［M］．北京：中国纺织出版社，2015：238.
③ 许嘉璐．中国古代礼俗辞典［M］．北京：中国友谊出版公司，1991：268.
④ 德清图书馆．簪云楼杂说［M］．杭州：浙江古籍出版社，2014：143.

夫人、嫔、世妇、御妻，都是不同等级的妾。公侯正配称夫人，偏室称世妇。"大夫正配称孺人，士正配称妇人，庶人正配称妻。"① 此外，公侯侧室也分几等。据《礼记·曲礼》载："公侯有夫人，有世妇、有妻、有妾。"② 其中，第三等侧室"妾"，被称为"偏妻"，受宠的"妾"，冠以"夫人"称谓。然妾"实非家属中的一员，她与家长的亲属根本不发生亲属关系，不能像妻一样的身份而获得亲属的身份"③。所以，在《后汉书·宋弘传》中，有"贫贱之妻不可忘，糟糠之妻不下堂"④ 的说法。

春秋时，媵妾制指女子出嫁时，有同姓娣侄和奴仆随嫁。《诗经·豳风·七月》中有关于媵婚的记载："女心伤悲，待及公子同归。"⑤ 战国后，媵妾制渐趋衰落。后世有妻死妻妹续弦的婚俗，就是媵妾制的遗风。

妾与"聘则为妻"不同，《诗经》曰："韩侯娶妻……请娣从之。"⑥ 古时，妇女称丈夫的弟妇为娣，称丈夫的嫂子为姒。据考：妾的出现比媵妾制要晚，被掠夺的女奴，或罪犯的妻女，或贫家出卖的妻女，都是妾的来源。《礼记》云："奔则为妾。"⑦ 这里的妾，指没有经过三书六礼、父母之命和媒妁之言而自作主张找婆家的女人。甲骨文的"妾"字，"下面是一个面朝左跪着的女人，女人的头上是一把平头铲刀"⑧。可见，凡不是明媒正娶的女子，都称妾，也有称"偏妻"的。据《明实录·明太祖实录》载："凡正妻在日，所娶侧室皆谓之妾；正妻殁，诸妾不许再立为妻。"⑨ 妾，除不能参加家族祭祀活动外，其亲属也不能列入丈夫家庭的姻亲之内；妻可以使唤或打骂妾，妾名义上是主子，实际与仆人无异。

所谓正妻，指男子的原配。继室指原配去世或未生育而娶的女子。《说文解字》云："妻，妇与夫齐者也。"⑩ 意为妻子的地位与丈夫相当。《诗·豳风·伐柯》："取妻如何，匪媒不得。"⑪ 意思为娶妻需要人介绍。《孟子·离娄下》曰：

① 五角丛书编委会. 话说青楼［M］. 上海：上海文化出版社，1998：309.
② 戴圣. 礼记［M］. 上海：上海财经大学出版社，2013：64.
③ 王子今. 古史性别研究丛稿［M］. 北京：社会科学文献出版社，2004：255.
④ 周天游. 八家后汉书辑注［M］. 上海：上海古籍出版社，1986：18.
⑤ 孙奭疏. 十三经注疏［M］. 北京：中华书局，1979：389.
⑥ 夏先培. 左传交际称谓研究［M］. 长沙：湖南师范大学出版社，1999：195.
⑦ 戴圣. 礼记［M］. 郑州：河南科技出版社，2013：124.
⑧ 徐健中. 汉字里的国学常识［M］. 北京：中国商业出版社，2016：9.
⑨ 李国祥，杨昶. 明实录类纂妇女史料卷［M］. 武汉：武汉出版社，1994：12.
⑩ 陈昌治刻本. 说文解字（卷十二）［M］. 上海：中华书局，1963：【女部】.
⑪ 佚名. 诗经［M］. 李晨森，译注. 北京：煤炭工业出版社，2016：76.

"齐人有一妻一妾而处室者，其良人出，则必餍酒肉而后反……施从良人之所之……卒之东郭墙间之祭者，乞其余。"① 赵岐注："墙间，郭外冢间也。"② 孟子所言，虽属假设之词，然可察当时之风俗。

妾和婢同属一个阶层，相较而言，妾的地位比婢高。婢，指用人兼男性配偶。这是地位最低的妾，可以买卖转让，是男人的私有财产。在贾府，婢通常被称作跟前人、旁边人、房里人、屋里的、屋里人等。

二、贾府纳妾方式

纳妾，俗称娶小老婆。第二十三集，紫鹃道："公子王孙虽多，可哪一个不是三房五妾的。今儿朝西，明儿又朝东，就是娶个天仙来，也只不过三夜五夕的，就丢在脖子后头了。"足见贾府爷们妻妾众多。

剧中，贾府爷们娶小老婆有四种方式：一是纳奴婢，如贾政的侍妾赵姨娘、周姨娘，贾珍的侍妾佩凤、偕鸳，贾琏的通房大丫头平儿，宝玉的准妾袭人，薛蟠的"搅家精"夏金桂和颇具姿色的通房丫头宝蟾；二是花钱从外面买，如贾母为贾赦买的嫣红，薛蟠从拐子手上买的香菱；三是馈赠，如贾赦赏给儿子贾琏的秋桐；四是偷娶，如贾琏偷娶的尤二姐。于是，在贾府主奴结构中，衍生出另一种特殊身份的"半主子"，俗称"小老婆""小妇""妾""姨娘"。其地位低于正室，但相对于婢女和仆人而言，妾是主子。

三、妻、妾地位差异

在古代，一夫一妻制的婚姻制度，实行的是聘娶婚，一夫一妻多妾制已成为婚姻的常态，使得男性拥有更多特权。除正妻，还可以纳数量不等的妾，不但不受伦理道德的谴责和约束，还受法律的保护。

郭松义先生对清代的纳妾制度颇有心得。他认为：男人纳妾，一是象征其地位和权力；二是为繁衍后代之需要；三是协助处理家务；四是为了缓和夫妻间的矛盾。③ 随着名分制的日趋规范，在夫妻关系中，妾的奴属地位得到固定，直到清王朝被推翻，西方文化的不断传入，与人类文明格格不入的纳妾制才渐趋没落。

---

① 孟子．孟子［M］．赵清文，译注．北京：华夏出版社，2017：169.

② 杨宽．中国古代陵寝制度史研究［M］．上海：上海人民出版社，2016：35.

③ 郭松义．清代的纳妾制度［J］．近代中国妇女史研究，1996，8（4）：35-62.

（一）称谓差异

古代有"妻妾不分则宗室乱，嫡庶无别则宗族乱"① 的说法。妻子有公开身份，妾没有。从剧中的称谓来看，凡明媒正娶的老婆，除称贵妃、太妃、元妃、王妃、奶奶、娘子、太太、夫人、妻子、妻、媳妇、女人、老婆、某某家的、某氏、贱荆、贱内、内人外，还有称内当家的等。同样为人之妻，妻与妾的称谓也不一样。如皇帝的正妻称"皇后"，妾侍称贵妃、太妃、元妃、王妃、娘娘等。就一般人而言，患难与共的妻子称糟糠，向他人介绍，称妻子为内人，生意人的妻子称内当家的。此外，皇帝妻子的称谓是忌讳的，具有一定社会地位的人，妻子称谓一般人也不能使用。

剧中，甄士隐称嫡妻封氏为"夫人"，林如海称太太贾敏为"贱荆"。在荣国府，称贾赦的妻子邢夫人为"大奶奶"，称贾政的妻子王夫人为"二奶奶"。为有所区分，有时还在前面加上其丈夫的名讳或排行，如称贾琏的妻子凤姐为"琏二奶奶"，称贾珠的妻子李纨为"珠大奶奶"。这个"奶奶"是正妻的称谓，与宝玉的奶妈"李奶奶"称谓有别，前者是主子，后者是仆人。

在封建社会，虽然纳妾为社会所允许，又符合礼法，但侍妾依附于男子生活，只是代替妻子生儿育女的工具。在贾府，妾被称为姨娘、姨奶奶、妾、小老婆、跟前人、屋里人、屋里的、屋里的人、通房大丫头等。其地位比未出嫁的丫头乃至老用人还要低。

在贾府，没有为妾举行结婚仪式的习俗，只有幸运的例外。剧中，薛蟠纳香菱为妾，仪式就比较随意；贾雨村娶娇杏为二房，当晚用一乘小轿接进衙内，就算完事；贾赦纳鸳鸯为妾不成，花了五百两银子，在外面买了一个 17 岁的女孩为妾。

在贾府，二房有名分，其地位低于正室、高于姨娘。地位最低的是通房大丫头。如贾琏的二房尤二姐，地位就高于秋桐。一般来说，妾称正室为姐姐、太太、奶奶，正室有专人侍候；姨娘是半个主子，与正室分房另居；妾不需要迎娶，开脸即可，通房大丫头没有名分。

（二）地位差异

在以父权为中心的古代宗法社会，以血缘定亲疏，决定社会地位和身份，女性永远是男性的附庸。于是，形成了妻妾有分、嫡庶有别的观念。"总的来说，妻是家庭主妇，在内务管理上有绝对权力。"② 正妻实行的是终身制，其地

---

① 郑开. 德礼之间 [M]. 上海：生活·读书·新知三联书店，2008：79.

② 王国凤. 红楼梦与礼 [M]. 杭州：浙江大学出版社，2011：199.

位受法律保护，所生子女称嫡出。正妻视妾为奴才，妾生的子女称庶出。嫡出为大宗，庶出为小宗。嫡子有继承权，地位高于庶子。

就家庭内部关系而言，妻有经济支配权和继承权，妾则没有，只能领取一定数额的月例。庶子不能袭爵，但可以分家产，男方只承认与正妻的姻亲关系。妾与丈夫不是夫妇关系，而是主仆关系。在奴才面前，妾才算主子，妾死后，不能入宗族祠堂，也不能立牌位，更不能与丈夫合墓。

第二节　剧中侍夫礼下的夫妻关系

在古代宗法社会里，男性承担着供养家庭的全部责任，是架起家庭与社会之间的桥梁。韩非子云："臣事君，父事子，妻事夫"，"此天下之常道"。[1] 董仲舒认为，君臣、父子、夫妇之义，来源于阴阳之道。君为阳，臣为阴；父为阳，子为阴；夫为阳，妻为阴。由此，生发出"君为臣纲，父为子纲，夫为妻纲"的伦理关系。

从女子的"三从"之义来看，除《仪礼·丧服传》和《礼记·郊特牲》所述之外，《谷梁传》中有"妇人……从人者也；妇人在家制于父，既嫁制于夫，夫死于长子；妇人不专行，必有从也"[2] 的规定。女子受制于男人，听命于天，不因外嫁而易，故"女子既嫁曰妇，妇之言服也，服事于夫也"。意思是女子的使命，就是服从男子，为之打理家务和生儿育女，这是天经地义之事。此外，《孟子》还有"无违夫子"[3] 的说法。

东汉史学家班彪之女班昭51岁时，有感于女儿们到了出嫁年龄，根据自己14岁与曹世叔结婚，在曹家生活40余年的人生经历，撰成《女诫》七章，以授诸女，被后世称为《女孝经》。班昭主张妇女应具备"四德"，即妇德、妇言、妇容、妇功。班昭对"四德"做了阐释："清闲贞静，守节整齐，行己有耻，动静有法，是谓妇德；择辞而说，不道恶语，时然后言，不厌于人，是谓妇言；盥浣尘秽，服饰鲜洁，沐浴以时，身不垢辱，是谓妇容；专心纺绩，不好戏笑，洁齐酒食，以奉宾客，是谓妇功。"[4] 简言之，妇德指行为规矩，妇言指少说空话，妇容指妆容整齐，妇功指从事纺纱织布、烧茶煮饭等。这是一个贤淑妻子

---

① 张觉. 韩非子校疏析论下 [M]. 北京：知识产权出版社，2011：1172.

② 隐二年传文及《孔子家语》中，亦有类似之语。

③ 陈顾远. 中国婚姻史 [M]. 北京：商务印书馆，2014：137.

④ 王相. 女四书女孝经 [M]. 北京：中国华侨出版社，2011：11-13.

须具备的综合素质。以后，历代充满封建礼教的规定，数不胜数。

侍夫礼要求女子事夫以柔，像对待朋友、兄弟，或子对父、臣对君那样，这是妇女立身处世的准则。反之，"若不知事夫之道，辄以心计手段，固宠取怜，风气日坏"①。侍夫礼要求妻子顺从天命，对丈夫柔顺体贴，低眉顺眼，卑屈恭敬。处兄弟无闲言，居乡里无能色，居家量入为出，奉长以敬，抚下以宽，敦睦内外姻亲。对丈夫有失礼法的行为，要心怀忧惧、柔声细气，不能有过分举止。

古代宗法社会婚姻关系的确立，是家庭延续子嗣的需要，也是家族繁衍生息的必要条件，因而夫妻关系被视为"礼"之根本。在家庭伦理关系中，妻子扮演着正房、母亲、儿媳、孙媳、侄媳、嫂子、弟媳、妯娌、叔伯嫂子、叔伯弟媳等众多角色。在封建礼制下，妻子是丈夫的附属品，没有独立人格。

剧中，从贾府三代人的婚姻来看，在贾赦、贾政这一代，妻子对丈夫基本上做到了忠诚，丈夫在家庭中的地位处于绝对优势。到贾珍、贾琏这一代，丈夫的权威受到不同程度的挑战。由于妻子在家庭中的权力和地位不断加强，婚姻的忠诚度逐渐遭到削弱，"贞节"观有所弱化。到宁国府贾蓉这一代，夫妻关系名存实亡，少情无爱，家仅是一个象征性符号，妻子几乎成为可有可无的附属品。

一、贾赦与邢夫人

原著中不少人物的名字，都是根据谐音命名的。有时一个人的名字，谐一个意思，有时几个人的名字合起来谐一个意思。如贾赦是荣国府贾母的长子，有"假设"和"假摆设"之意。"赦"者，蒙恩宽宥免罪之谓也。古时，有三赦之说：一曰赦幼弱，二曰赦老耄，三曰赦愚蠢。贾赦原配亡故后，留下了年幼的儿子贾琏和女儿贾迎春，续娶的邢夫人没有生育。故有人认为，迎春是贾赦与"跟前人"所生，其母在红楼开篇时已亡故。

贾赦年届六旬，虽承袭了其父贾代善的官爵，然不好好做官，一味纵情声色。袭人："这个大老爷太好色了，略为平头正脸的，他就不肯放手。"（第十八集）剧中，贾赦丫头成群，依官作派，积习难改。如果把好色无能、无耻昏聩等字眼加在其身上也不为过。

作为长房长媳，邢夫人的身份和地位，按说比王夫人高，其实不然。因王夫人娘家地位显赫，女儿又是贵妃，儿子是全家至宝，深得贾府上下尊重。邢

---

① 蔡振绅，凌伟峰. 读史心得·礼义读本［M］. 北京：北京作家出版社，2007：62.

夫人出身寒门小户，缺乏闺中教养，贪财愚顽，只知一味自保，远没有王夫人那样的气场。

第二十一集，凤姐评价邢夫人："大奶奶是个佛爷，不中用。"第二十八集，在宁国府大厅内，邢夫人的兄弟傻大舅输了钱，趁着酒意，指着跪在地上的娈童道："我们这行人，师父教导我们：一时有钱势就去亲敬，没了钱势，就是活佛神仙也不去理他。"贾珍问傻大舅，究竟需要多少钱才够花，傻大舅醉得眯眼道："老贤甥，你不知我们邢家的底细，我母亲去世时我还小，我邢家的全部家私都被我姐姐，也就是令伯母带到你们贾府来了。"

由于邢夫人娘家经济拮据，邢夫人不但要接济胞弟，还要养活妹妹一家人。关于邢夫人娘家的经济状况，剧中是这样呈现的：第十九集，邢岫烟随父母进京，投靠姑妈邢夫人。在贾母堂屋，邢岫烟的母亲向邢夫人诉苦："你哥哥说，这一程家中艰难，让我带着你侄女儿岫烟进京来投奔。这一上京啊，全仗你给置房舍，帮盘缠呢。"从贾府的门第来看，邢夫人极有可能是贾赦的填房。所谓填房，指丧妇之夫续娶的妻子，有续补正房之意。① 一般来说，继室是指原配死后续娶的，填房是继室死后续娶的，非明媒正娶。在贾府这个壁垒森严的封建大家庭，注定了邢夫人的卑微地位。

第十八集，一个初秋的清晨，在荣国府垂花门外，贾赦快步来到鸳鸯面前，左手倒背在后，右手捻着白胡须，仔细打量鸳鸯。鸳鸯莫名其妙地看着贾赦。原来，贾赦看上了鸳鸯，还让邢夫人出面保媒，邢夫人哪敢说半个不字。

鸳鸯不但是贾母的贴身丫鬟，还为其掌管财物。贾赦欲纳鸳鸯为姜，果真看上了鸳鸯的美色？难道邢夫人是唯夫命是从？一般人很难识破其中"玄机"。清代评论家青山山人说："贾赦刚愎而多欲，邢夫人柔邪而多情，是天生一对，夫妻欲娶鸳鸯，虽为好色而起，实为贪婪而终。是时贾母已老，所有私财归鸳鸯掌管，贾宝玉美而幼，贾母钟爱之甚，他日成家，必为宝玉有也。琏、凤外，各自为谋，邢夫人又不会亲心，惟鸳鸯于贾母言听计从，收之房中，既可因鸳鸯而联络贾母之心，又可借鸳鸯而觊觎贾母之财，此车窗下之秘计已。"②

为了让丈夫早日把鸳鸯弄到手，邢夫人不惜对儿媳说，你公公贾赦看上了鸳鸯，希望能助一臂之力。然凤姐不帮忙不说，还劝婆婆不要去碰这个钉子。因之前贾母告诫过："老爷如今上了年纪，放着身子不保养，官儿也不好生去做，做什么左一个小老婆，右一个小老婆的放在屋里。"在凤姐看来，婆婆给公

---

① 工国安. 世界汉语教学百科辞典 [M]. 上海：汉语大词典出版社，1990：709.

② 邢永勃. 红楼夜话 [M]. 上海：生活·读书·新知三联书店，2018：300.

公做保媒，无异于"拿草棍儿戳老虎的鼻子眼儿"。邢夫人冷笑道："大家子三房四妾的多着呢，偏咱们就不行。"因拗不过邢夫人，凤姐掂量再三，总算勉强应承下来。最后商量的结果，先由凤姐出面劝说鸳鸯，不行就由王夫人出面找贾母。实在不行，就由平儿设法。因鸳鸯和平儿是自小一块长大的，邢夫人认为凤姐的想法可行。后见凤姐那边没有任何进展，邢夫人只好亲自出马，由此闹出了一场不大不小的风波。

当凤姐在鸳鸯那里碰了一鼻子灰后，邢夫人马上找到鸳鸯的嫂子，软硬兼施。鸳鸯的嫂子是个势利眼，平时爱慕虚荣，巴不得小姑子马上嫁过去，却遭到鸳鸯的冷嘲热讽："怪不得你们整日羡慕人家女儿做了小老婆了，一家子都仗着她横行霸道的。你看得眼热了，也把我往火坑里推。我若得脸呢，你们在外面横行霸道，我若不得脸败了时，你们把王八脖子一缩，生死由我不管了。"鸳鸯使用"打狗欺主"和"敲山震虎"谋略，一面拿嫂子当出气筒，一面给足了贾赦面子，让其知难而退。在平儿和袭人面前，鸳鸯嫂子颜面尽失，自觉没趣，便赌气离开了。

鸳鸯拒绝贾赦，事先有了思想准备。不得已，邢夫人硬着头皮去找鸳鸯。在卧室里，鸳鸯正做针线活，抬头一看是邢夫人，忙叫了一声："大太太……"邢夫人拉着鸳鸯的手笑道："我特意给你道喜来了。你知道，你老爷跟前没个可靠的人，冷眼选了半年，满府女孩子里头，就只你数尖儿，意思要和老太太讨了你去，封你姨娘，走！跟我回老太太去。"鸳鸯红着脸，从邢夫人手里挣脱出来。邢夫人要鸳鸯跟她走。鸳鸯低着头不动，令邢夫人大惑不解，心想："难道你不愿意不成？放着主子奶奶不做，倒愿意做丫头？"鸳鸯还是低头不语，邢夫人焦急地说："你这么个爽快人，今儿怎么这么积粘起来了？"话声刚落，鸳鸯抬起头，瞅着邢夫人苦笑。见鸳鸯不为所动，邢夫人开出了更为诱人的条件："只要你一进门，进了门就开脸，封你作姨娘，又体面，又尊贵。"

邢夫人为丈夫充当保媒的事，还是被贾母知道了。在贾母房间，邢夫人先进来给贾母请安，凤姐见贾母一言不发，便悄悄溜到一边。薛姨妈、王夫人等也纷纷退了出来。面对已蜕化为男权奴隶的长媳，贾母见房里无人，开始指责起来："你倒也三从四德，只是贤惠得太过了！你们如今也是孙子、儿子满眼了，你还由着你老爷性儿闹。"贾母越说越气，邢夫人满脸通红，不敢反驳，忙解释说："我劝过几次，他都不依，我也是不得已。"贾母："他逼着你杀人，你也杀去？"令邢夫人神情尴尬，满脸羞愧。

邢夫人与贾赦是否育有子女？为何贾琏和迎春两姊妹，总是对邢夫人敬而远之？这是红学界一直争论不休的话题。导演王扶林结合红学研究成果，在第二十七集里，通过贾迎春的奶妈在园内聚众赌博被查，先引出邢夫人与迎春的对话，再通过邢夫人与贾琏的对话，足证邢夫人是贾赦填房，从而解决了这一悬案。

剧中，贾迎春的奶妈因带头参加赌博，受到贾母查处，邢夫人顿觉脸上无光。在迎春房里，邢夫人说迎春心肠太软，一味息事宁人，弄得屋里的人都不把她放在眼里，贾迎春低头不语。邢夫人："你奶妈既然犯了法，就该拿出小姐的勇气管教。还恐她花言巧语的和你借些簪环衣履作本钱，你心活面软，未必不周接她些。若被她骗去，我是一个钱也没有的，看你明日怎么过节！总是你那好哥哥好嫂子，一对儿赫赫扬扬，琏二爷凤奶奶两口子遮天盖日，百事周到，竟通共你这么一个妹子，全不放在心上。但凡是我自己养的也好说，况且你又不是我养的。"从改编的台词中，道出了贾迎春庶出的身世之谜，同时也印证了贾迎春不是邢夫人所生。

在同一集里，还出现了邢夫人让贾琏拿钱过中秋节的场景。剧中，贾琏装穷叫苦，邢夫人冷笑道："你连老太太的东西都有神通弄出来，这会子我使二百两，你就这样。"以贾琏在荣国府的特殊地位，如果是名正言顺的嫡子，即便手里再怎么拮据，这点面子肯定是要给邢夫人的。作为填房，邢夫人嫁给贾赦多年，婚后无嗣，按礼制，随时都有可能被休回娘家。因此，面对丈夫的纳妾之举，只好采取了听之任之的态度。

二、贾政与王夫人

王夫人出身于金陵王氏，嫁给百年旺族贾家后，在贾府被称为二太太，是贾、王、薛三大家族中的焦点人物，在荣国府拥有实权。在古代封建大家庭中，有"立长不立幼"的不成文规定，荣国府却打破了这一常例。原著中贾母有两个儿子，长子贾赦，次子贾政。从第一集林黛玉到贾府，先拜访大舅贾赦来看，林黛玉是先从西角门出来的，然后往东，经正门，来到一间黑漆大门，这便是贾赦的居所。后林黛玉再到"荣禧堂"拜访二舅贾政家，表明在红楼开篇时，贾赦、贾政两兄弟已经分家。

在封建时代，家庭成员的社会关系，往往对家族内部权力的分配有一定影响。贾赦是荣国府爵位继承人，但因邢夫人娘家地位平平，不可能给贾府带来权势上的加分，这也是夫妇俩不能获得足够尊重的原因。据紫军先生等考证：王夫人是曹雪芹隐写的"皇族"夫人。因"'王'为汉人姓氏，意为最高爵位，与'皇'同义，如王朝、王储、王后、王室等。在古代，王或皇的女儿，被称为公主"①。

王夫人嫁到荣国府后，逐渐把娘家的势力渗透进来。她的内侄女凤姐嫁给了贾琏，是荣国府举足轻重的人物。从凤姐的陪嫁来看，除五个陪房外，还带来了不少丫鬟。这些人先后被凤姐安排到不同的重要岗位，周瑞专管府内地租，周瑞家的专管府内女仆，来旺负责经营高利贷，平儿协助料理府内事务。"不但一般奴才不能与他们比肩，连有些主子，也不能小看他们。"② 随着王夫人年事渐高，凤姐渐渐崭露头角，就把荣国府的家政大权交给了凤姐。表面上看，荣国府形成了两房共管的局面，但实际权力仍掌握在二房手里。

剧中，王夫人木讷寡言，不喜热闹，自有其难言的苦衷。她上有"太上皇"贾母，下有丈夫贾政和侍妾赵姨娘、周姨娘。每当想到这些，心里越发失落。暇时，唯佛事为乐，借此打发时光。除了实在无法推脱的应酬外，须臾不离贾母左右。第二十一集，在王夫人上房，一婆子送来一封大红喜报。婆子："我家雨村老爷承蒙皇上恩典，补授大司马，协理军机，参赞朝政，特差小的来向恩主报喜。"足见王夫人对府中之事了然于胸，只是不愿吭声而已。

凤姐是荣国府的掌舵人，王夫人好像是个"甩手掌柜"。第十五集，赵姨娘、周姨娘没有足额领到月例，王夫人说："前儿我恍惚听见有人抱怨，说短了一吊钱，是什么缘故？"表面上是责怪凤姐，但也没有为赵、周两位姨娘讨公道的意思。

剧中，王夫人与丈夫贾政好像没有大的矛盾，但也没有恩爱甜蜜的镜头。首先，在教育儿子的问题上，贾政对贾宝玉严厉有余，王夫人则倾向贾母的教育方法。贾宝玉是在贾珠去世十多年后才出生的，对这个姗姗来迟的孙子，贾母处处护着，远超过对其他孙辈的疼爱。就连荣国府的贾赦、邢夫人与宁国府的贾珍、尤氏也不敢招惹贾宝玉，丫鬟婆子就更不用说了。

贾宝玉出生不久，贾政断言：这是个不争气的"淫魔色鬼"。在王夫人眼里，儿子是个"孽根祸胎""混世魔王"。按第三十五回一婆子的话说："宝玉是相貌好，里头糊涂，中看不中吃，有时还有一些呆气。"在对待儿子的教育问题上，王夫人内心特别纠结，处于惯也不是、不惯也不是的两难境地，令贾政非常不满。第十五集，贾宝玉被父亲打得皮开肉绽，还准备用绳子将其勒死。不难想象，如果夫妻间的感情和睦，贾政多少也会给妻子留点情面，断不至于下如此重手。

---

① 紫军等．考证曹雪芹［M］．北京：东方出版社，2015：72．
② 曹芸生．王夫人论［J］．红楼梦学刊，1990（1）．

作为妻子，王夫人前后为贾政生了两男一女。长子贾珠不到 20 岁夭折，长女贾元春嫁入皇宫，平时难得一见。年近半百的王夫人膝下荒凉，贾宝玉便成了她唯一的牵挂。见丈夫还要继续施暴，王夫人于心不忍，双手抱着丈夫，声泪俱下：“老爷息怒，别打了！”当看到儿子屁股上青一块紫一块时，心痛得放声痛哭：“老爷，看在我们夫妻的份上，我已经是快五十的人了，只有这一个孽障，老爷今天一发要他死，岂不是要绝我吗？老爷要勒死他，你就先勒死我吧！”边哭边伏在贾宝玉身上，贾政长叹一声，坐在椅子上，泪如雨下。这些场景，在表现一个母亲柔情似水的同时，也包含了作为父亲的贾政，对儿子不能克绍箕裘的痛苦和无奈。

贾宝玉在离经叛道的道路上越走越远，“几乎没有一物，可以制伏他。恐怖、刑罚、功名、声誉，都不能阻止他、羁縻他”①。对儿子的乖张行为，王夫人投鼠忌器，从不敢逼迫过甚，生怕惹老太太不开心。第三十一集，贾政赴任之前，王夫人担心儿子纵性游荡，虚度光阴，特意告诫道：“送老爷走了以后，你早晚到我这儿来，把那些书都给我念会背熟了，我的儿，你也给我争口气呀！眼看着一天大似一天的了，也不挣上个前程可怎么好啊！”在教育子女的问题上，司马光说得好：“爱子而勿面，使之而勿貌，遵之以道而勿强言。”意思是为父之道在于严教，不可狎简轻率，同时，也强调了母教的重要性。“为人之母者，不患不慈，而患于知爱而不知教也。”“爱而不教，使沦于不肖，陷于大罪，入于刑辟，归于乱亡，非他人之败也，母败之也。”②

作为父亲，贾政平时对儿子严厉有余，慈爱不足。而王夫人恰好相反，总是千方百计设法庇护。建立在宗法血缘基础上的家长制，强调子女对父家长的绝对服从。贾政滥施家长淫威，要么是以“作孽的畜生”诅咒，要么以“不守分安常，你可仔细”相威胁，使宝玉对其父畏如虎。

眼看儿子一天天长大，王夫人满心欣慰。第十一集，在王夫人房中（晚），贾宝玉从外面喝酒回来，一头滚进母亲怀里，王夫人心疼道：“我的儿，你又多吃了酒，瞧这脸上滚热的，快去静静地躺一会。”剧中，贾宝玉抱着母亲脖子不放，说长道短，王夫人不停地点头。第二十九集，贾政带着儿子宝玉、贾环和孙子贾芸赏菊吟诗。贾宝玉穿戴整齐，刚要出门，王夫人一把将其搂到怀里，摸着头问道：“吃了早点没有？”贾宝玉胡乱地点头应着。王夫人：“今儿老爷带

① 郭豫适．红楼梦研究文选［M］．上海：华东师范大学出版社，1988：271.

② 颜之推，司马光等．文白对照全文全译家训类［M］．新疆：伊犁人民出版社，1999：3.

你们去赏花作诗，你要好好作，给老爷长脸。"这类舐犊之情的画面，从未在贾政身上发生过。

　　剧中，王夫人吃斋念佛，在对待下人方面，表面上宽厚仁慈，暗地里却有阴损的一面，贾政则多了几分宽容和理解。第十四集，时值盛夏，荣国府鸦雀无声。贾宝玉信步从西边角门来到母亲房内，见王夫人躺在凉榻上，坐在旁边捶腿的金钏儿也斜着眼乱晃。宝玉悄悄来到金钏儿身边，先摘下她的耳环，把一颗香雪润津丹塞进其嘴里。金钏儿合眼假寐，贾宝玉凑近道："一会儿等太太醒了我就说。"金钏儿睁开双眼，将贾宝玉轻轻一推，笑道："'你忙什么！金簪子掉在井里，有你的只是你的。我告诉你个巧宗儿，你往东小院里头去拿环哥和彩云去。"贾宝玉："我管他们做什么，我只守着你。"金钏儿略显轻佻的举动，被王夫人看在眼里，照着金钏儿的脸就是一巴掌，骂道："下作的小娼妇，好好的爷们都让你教坏了！"

　　王夫人与丈夫结婚后，贾政曾先后纳赵姨娘和周姨娘为妾。因此，王夫人特别厌恶勾引男人的狐狸精，生怕儿子误入邪途。在王夫人看来，金钏儿勾引少爷，已属十恶不赦，欲置之死地。金钏儿也许做梦都没有想到，自己的一时冲动，竟有如此严重后果，甚至还天真地认为，王夫人会念及自己多年侍候的分上，手下留情，忙跪地求饶。在那个弱肉强食的封建社会，主人与仆人之间，竟是这样的冷酷无情。王夫人哪会在乎一个小丫头的哀求，硬是把金钏儿撵出了贾府。这与侯门公府所标榜的"宽柔待下""慈悲为怀"和佛门宣扬的"积善行德""普济众生"的理念相去甚远，即便同为吃斋念佛的贾母，也不能相提并论。

　　在贾府，奴才被主子扫地出门，无异于死路一条，这是金钏儿无论如何不能接受的现实。像金钏儿这样的女孩，不但不做粗活，且吃穿用度不愁。一旦离开，就失去了生存的物质基础，还可能接受配小子的命运。为证清白，性格刚烈的金钏儿以跳井自杀的方式，结束了年轻的生命。金钏儿死后，王夫人歪曲事实，颠倒黑白，还为自己诡辩："那天她打了我一样东西，我一时生气，打了她几下，撵了出去。我心想过两天再接她回来，没想到她气性大，就投井死了，这岂不是我的罪过。"

　　在封建宗法社会，有男女"授受不亲"的规定。男女之间不能直接接触，也不允许授受物件，更不能有私情发生。反之，则被视为大逆不道。《孟子·离娄上》："淳于髡（齐人）曰：'男女授受不亲，礼与?'孟子曰：'礼也。'"①

————————

　　①　孟子．孟子［M］．湖北：崇文书局，2015：117.

要求做到"大门不出，中门不入"，出门"必拥蔽其面"。①《女论语·立身章》云："内外各处，男女异群，不窥壁外，不出外庭；出必掩面，窥必藏形；男非眷属，莫与通名；女非善淑，莫与相亲；立身端正，方可称人。"② 第十五集，在荣国府仪门内，贾政得知金钏儿自杀，十分惊疑，画面中出现贾政沉痛的心声："自祖宗以来，我家皆是宽厚以待下人，从无这种事情……若外人知道，祖宗颜面何在！"

在对待儿子的情感问题上，夫妻俩也存在矛盾。袭人是贾宝玉的丫鬟，自从王夫人将其内定为宝玉的准妾后，曾明确告诉凤姐，今后凡是赵姨娘、周姨娘有的，袭人都有一份。作为一家之长，贾政对儿子的情感问题，有着其他人无法替代的权力。直到两年后，贾政一直蒙在鼓里。第三十一集，王夫人对贾政道："宝玉的亲事，也该议了。"贾政不耐烦地说："我已经看中了两个丫头，一个与宝玉，一个给环儿。"从两人的对话来看，夫妻间貌合神离，感情日渐疏远，仅是以夫妻名分来维系贾王两家的关系罢了。

三、贾珍与尤氏

贾珍是贾敬的独子，不但袭了其父三品威烈将军爵位，也承袭了其父的荒唐。贾敬抛家舍业，远避红尘，丢弃儿孙于不顾。作为父亲的贾敬，对儿子贾珍的堕落，负有不可推卸的责任。贾珍与前妻生有一子贾蓉，娶秦可卿为妻。尤氏是贾珍的填房，其名字不可考。剧中，尤氏被称为东府大奶奶，年龄比凤姐稍大，与李纨相若。

作为贾氏家族的族长，贾珍堪称毁家败业的不肖子孙。因贾敬平时忙于炼丹，对儿子贾珍疏于管教，使其从小养成了贪图享乐的性格。纵观贾府第四、五代子孙，大都灵魂龌龊，老祖宗辛苦挣下的家业，几乎快要败在他们手里。

宁国府之宁，其义乱也。就宁国府第四代而言，贾珍除娶继室尤氏外，还相继纳佩凤、偕鸾、文花为妾，并与儿媳秦可卿有染。秦可卿染疾后，贾珍一直焦虑不安，为之求医问药。面对这种情况，作为妻子的尤氏装聋作哑，随声附和。第三集，在宁国府仪门外，老奴焦大乘着酒性乱嚷乱叫，把贾珍与秦可卿"爬灰"的秘闻全部抖了出来.众小厮听他说出这些没天没日的话，吓得魂飞魄丧.焦大被掀翻在地后，仍破口大骂。

贾珍纵情声色，丧伦败德，荒淫无度。其父在庙里修行，他在家中行不孝

---

① 戴圣. 礼记［M］. 北京：商务印书馆，2015：2.
② 钟茂森. 窈窕淑女的标准［M］. 北京：中国华侨出版社，2011：67.

之事。第六集，贾敬生日这天，贾珍在天香楼与秦可卿苟且，让瑞珠在门外放风，结果被宝珠碰见。如此龌龊不堪的丑行，早超出了儒家伦理所允许的范围。为保全名节，秦可卿自缢于天香楼，死时 20 岁。合府上下，"无不纳罕"。身为公爹的贾珍，表现得异常失态，哭得泪人一般，需要依赖拐杖才能行走。最引人注目的还是贾蓉，对妻子的后事竟全然不闻不问，甚至达到完全失语的地步。

为了儿媳丧礼的风光，同时为了面子，贾珍在薛蟠处定制上好棺材，不惜花费一千多两银子，给儿子贾蓉捐了个五品龙禁尉虚衔。对丈夫的这些卑鄙行径和恣意奢华，尤氏索性眼不见心不烦，竟卧床不起，不惜降尊与丈夫的姬妾胡混。尤氏扮演的荒唐角色，与其说与出身低微、膝下无子嗣有关，毋宁说与其才干和德行有关。

尤氏父母双亡，尤老娘是她的继母，与尤二姐、尤三姐为异父异母姐妹。除此三个人，尤氏的娘家再没有其他人了。尤氏与荣国府的凤姐为妯娌关系，两人无论在性格或待人接物方面，与荣国府老一辈的邢夫人和王夫人，有着惊人的相似之处。从才干方面来看，作为宁国府当家奶奶，尤氏虽大权在握，却无荣国府当家人的威势，与凤姐尖快爽利的性格形成了巨大反差。从口才来说，凤姐生就一张巧嘴，能活生生把黑的说成白的，特别是在挖苦人方面，更是远胜一筹。尤氏笨嘴笨舌，反应迟钝，是个"锯了嘴的葫芦"，但为人真诚善良，尤其是在对待下人方面，表现出极大的宽容和体贴。即便如此，也从未得到应有的尊重，反倒遭到漠视和怠慢，有时还被侮辱。可见，在贾府，尤氏是一个既得不到丈夫疼爱，又得不到别人尊重的可怜主子。

第二十七集，贾母八十大寿期间，尤氏到荣国府帮忙，见大观园的正门和角门大开，灯也亮着，便命人传管事婆子关门、熄灯。没想到上夜的几个婆子，根本没有把她放在眼里，不但不去关，反而发了一通牢骚。最让尤氏想不通的是，邢夫人居然说她狗咬耗子多管闲事。

第十七集，贾母提议凑份子钱给凤姐过生日，命尤氏操办。凤姐主动提出李纨的份子钱由她代出。后来，林之孝家的把银子送到宁国府，尤氏在清点钱款时，发现总款少了十二两，恰好是凤姐在众人面前答应代出的。尤氏不温不火、不愠不恼，笑着对平儿道："我看着你主子这么细致，弄这些钱哪里使去！"凤姐让李纨和众人出了还不算，还把赵、周两姨娘拉进来，让每人出了二两银子。两人平时不被人待见，尤氏趁凤姐不在跟前，悄悄把两人出的份子钱退了。有学者指出："尤氏的尴尬不仅体现在尊上而不得宠，携幼助弱而不得赞，善待奴仆而不得尊,凡事任劳任怨不得怜。"① 确实点到问题的要害。历来对贾珍的研究,大多侧重于对贾敬一味好丹和放纵子孙上,却忽略了尤氏性格懦弱的一面。

第六集,贾敬去世,适朝中老太妃薨了。贾母、邢夫人、王夫人到宫中守制,两府都缺人手。第二十五集,在贾敬治丧期间,尤氏将异父异母的两个妹妹和继母接到府中帮忙。尤老娘:"多亏了这儿的姑爷帮着,我们干不了别的,白看看家。"在上祭期间,贾珍每日与尤氏姐妹厮混,尤氏姐妹的悲惨命运自此开始。尤氏对丈夫的荒诞行为听之任之,从不加以劝阻,最终让两个妹妹付出了惨痛代价。

原著中,尤二姐、尤三姐是在第六十三回才出场的,直到第六十九回尤三姐自刎、尤二姐吞金自尽,用了差不多六回半的篇幅,对尤氏姐妹进行了详细描写。两人的性格天差地别:"一个软弱,一个刚烈;一个屈辱,一个反抗;一个优柔寡断,一个沉毅果决;一个追求锦衣玉食,一个憎恶骄奢淫逸;一个爱慕纨绔子弟,一个欣赏末路英雄。"②

宁国府就是一个淫窝和赌窝,何曾有过一天安宁?贾珍既非正人,贾蓉亦非君子。在美服华冠的外表下,掩藏着这对父子肮脏的灵魂。第五集,贾敬死后,作为孙子的贾蓉处在"热孝"之中,却与其父贾珍等以练射箭为名,约朋聚友,豪赌嫖娼。对此,柳湘莲曾一针见血地指出,宁国府"除了这两个石狮子干净,恐怕连猫儿狗儿都不干净了"。

贾蓉长得面目清秀,风流俊俏,显得轻浮油滑,与尤氏姐妹关系暧昧。第二十五集,贾敬去世后,贾蓉尚在奔丧途中,听说两个姨娘已随尤老娘到宁国府帮忙来了,喜不自禁,连夜换马飞驰,恨不得早点到家。

当贾蓉把父亲交办之事办妥后,忙着去看望外祖母和两个姨娘。剧中尤老娘年高喜睡,两个姨娘和丫头们正在做针线活。贾蓉毫无顾忌地闯进外祖母内室,嬉皮笑脸地望着二姨娘。尤二姐满脸羞红,骂贾蓉没个体统,说着拿起熨斗打去。贾蓉顺势滚到尤二姐怀里,尤三姐上来撕贾蓉的嘴,说要给尤氏告状。贾蓉忙跪在炕上,向尤三姐求饶。接着,贾蓉与尤二姐抢砂仁吃,尤二姐把嘴里嚼过的渣子吐到贾蓉脸上,被贾蓉舔着吃了。众丫头实在看不下去,笑道:"蓉哥儿热孝在身,眼里太没有奶奶了。"贾蓉撇下两个姨娘,顺势抱着丫头们

---

① 段吉方. 红楼尴尬人:论尤氏 [J]. 南宁师范高等专科学校学报,2002 (6):26.

② 应必诚. 平民女儿的悲剧 [M] // 红楼梦研究集刊编委会. 红楼梦研究集刊第三辑. 上海:上海古籍出版社,1980:116-117.

亲嘴。丫头们大骂,贾蓉根本不管,还奚落尤二姐道:"哎呀!各门另户,谁管谁的事啊!从古至今,就连汉朝和唐朝,人还说是脏唐臭汉呢!更何况咱们这宗人家,谁家没有风流事啊!"作为继母的尤氏,对继子贾蓉的龌龊行径,最终还是选择了沉默,令人失望至极。

尤氏与丈夫贾珍的婚姻,早名存实亡。贾敬死后,灵柩停在铁槛寺。期间,贾珍父子和尤氏婆媳在此守灵。贾珍趁机遛回府中,见尤二姐貌美如花,不由得垂涎三尺。以后,贾珍把尤二姐玩腻了,想介绍给贾琏。贾琏看上了尤二姐温柔的性格,只是惧怕悍妻,一时还不敢出手。贾蓉度其意,想出了一个两全其美的办法,让贾琏多花几个银子,先瞒着凤姐,在外面悄悄购置房屋,再聘尤二姐为二房。待一年半载后,还怕凤姐不依?再求一下老太太,事情就办妥了。贾琏一听,竟把身有重孝、严父嫉妻等全部置于脑后。贾琏原以为贾蓉出于好心,谁知这背后竟包藏祸心。作为妻子、母亲、嫂子和姐姐多重身份的尤氏,明知其中大有蹊跷,却表现得跟没事一样,仅对丈夫象征性地规劝了几句:"不行,凤丫头可不是好惹的!"后见丈夫主意已决,加之平时顺从惯了,转而又想,这两个妹妹又不是自己的亲妹妹,何不睁只眼、闭只眼。

贾琏在国孝家孝期间,停妻再娶之事,被闹得沸反盈天。第二十六集,当风波未平之际,凤姐带着贾蓉大闹宁国府,对尤氏不依不饶。贾珍见势不妙,悄悄躲到一旁。在宁国府上房,凤姐往尤氏脸上吐了一口唾沫,拉着尤氏去见官府,急得贾蓉跪在地上求饶:"姑娘、婶子息怒。"冷不防,凤姐一头闯进尤氏怀里,大骂道:"为什么使他背亲违旨,将混账名让我背着,走!咱们只去见官,再者去见老太太、太太去!"面对凤姐的作践,尤氏忍气吞声,代人受过,毕竟是丈夫和继子惹出的祸。除了向凤姐磕头求情外,尤氏还自打嘴巴,希图大事化小,一任凤姐撒泼耍赖,还被敲诈了二百两银子。

尤氏出身寒微,小门小户,"因尤贾联姻,乃是'齐大非偶'"①。不难想象,作为贾珍的填房,尤氏婚后多年,未曾留下一子半女。可以这样说,尤氏在宁国府的所有荣耀,完全得自贾珍的光环。出于明哲保身和避凶趋吉的需要,尤氏在丈夫面前,只好选择委曲求全、逆来顺受的生活方式。

四、贾琏与王熙凤

原著中的贾府男性人物,除贾宝玉外,着墨最多的就数贾琏了。贾琏生于三月初九,长相俊美,人称琏二爷。所谓琏者,"脸"也,有"假脸"之意。

---

① 侍问樵等.论胸中颇有"丘壑"的尤氏 [J].连云港教育学院学报,1995 (2):39.

有一副好皮囊，却粗鄙不堪。作为荣国府长房长孙，贾琏从小不肯读书，其父为他捐了同知后，却不好好做官，后娶凤姐为妻，有一女儿贾巧姐。

贾琏的生母去世较早，从小受其父骄奢淫荡的不良影响，虽有悍妻，嗜色如命，"惟知以淫乐悦己"。为拴住花心的丈夫，在凤姐的一手操纵下，"娇俏动情"的平儿成了贾琏的通房大丫鬟。贾琏尤未知足，吃着碗里的看着锅里的。第十七集，在贾母房中，贾母对贾琏道："凤丫头和平儿还不是一对美人坯子，你还不知足，成日里偷鸡摸狗的，香的臭的，都往你屋里拉，亏你还是大家公子出身呢！"面对丈夫的荒唐行径，凤姐采取了严防死守的策略。第六集，贾琏护送林黛玉回苏州探视病重的父亲。临行之前，凤姐一再叮嘱小厮赵二："你在外头好生小心服侍，不要惹你二爷生气，要时时劝他少吃酒，别勾引他认识混账老婆，仔细回来打折你的腿。"从中反映出凤姐对丈夫的些许温情。剧中的赵二，为原著中的昭儿。

贾琏风流成性，平日喜欢拈花惹草，是贾府中最好色的男人。原著中对其偷情的描写有三次：第一次是在第二十一回，他趁醉与荣国府厨子多浑虫的老婆鬼混；第二次是在第四十四回，他与荣国府仆人鲍二的老婆勾搭成奸；第三次是在第六十三回，说他连哄带骗娶了尤二姐做二房。然没过多久，又有了新欢秋桐。从嫖娼到睡"别人的老婆"，再到未出嫁的"大姑娘"；从外面偷鸡摸狗的"同居"，到在家里上床睡觉，再到外面置地买房、金屋藏娇，可谓"重重叠叠上瑶台"，胆子一次比一次大。这些故事情节，在剧中第十集、第十七集、第二十六集，都得到了生动呈现。

第十集，凤姐的女儿巧姐出疹，作为父亲的贾琏，按习俗应搬到外书房斋戒半月。凤姐深知丈夫"兔子爱吃窝边草"的性格。待女儿出完疹后，贾琏从外书房搬回，凤姐特意叮嘱平儿，仔细检查从外边拿回来的铺盖等物："这半个月呀，难保干净。或者有哪个相好的，丢下什么戒指啦！汗巾啦！香袋啦！还有头发什么的。"在整理房间时，平儿翻到一绺女人头发，赶忙藏到袖子里。贾琏见状，忙过来抢，平儿拔腿便跑，被贾琏一把揪住："你拿着终究是祸害，不如我烧了它就完事。我的心肝肉，我的宝贝儿，这可是我一辈子的把柄。那就好生收着吧，千万不让她看见！"不难看出，平儿对贾琏的"保护"，也包含着某种无奈成分，说到底还是出于自保。如果让凤姐知道此事，到头来吃亏的还是自己。

第十七集，贾琏被鲍二家的弄得神魂颠倒，趁凤姐生日之机，悄悄将其弄到家里，被凤姐逮了个现行。剧中，凤姐先把善姐教训了一番，接着，让平儿把烧红的烙铁拿来，逼着善姐说出实情。这时，贾琏和鲍二家的在屋里，正说得天花乱坠。鲍二家的说等凤姐死了，要贾琏把平儿扶正。贾琏抱怨道：凤姐连平儿都不让他碰。谁知两人的话，被站在窗外的凤姐听得一清二楚。凤姐像一头受伤的狮子，凶猛咆哮，一脚把门踢开，不由分说，抓起鲍二家的就打，还顺手打了平儿一巴掌，平儿也上来打鲍二家的。眼见平儿和凤姐闹得很凶，贾琏把怨气迁怒到平儿身上，用打狗骂主的办法，大泼其醋，打得平儿有冤无处诉。平儿欲寻刀觅死，众婆子忙将其拦住。因两口子因争风吃醋，不好对打，就拿平儿出气，足见平儿的可悲。剧中呈现的场景，较完整地反映了原著中贾琏撒泼和凤姐发威的过程。

饱受委屈的凤姐原本希望贾母主持公道，不料贾母竟然说："什么要紧的事啊！小孩子家年轻，馋嘴猫儿似的，保不住的事儿，世人起小儿都打这么过来过。"一点儿没有为凤姐做主的意思。在贾母看来，贾府男子的淫秽之事，根本算不了什么，不值得大惊小怪。如果说宁国府的败家毁业与贾敬对儿子疏于管教有关的话，那么荣国府贾赦、贾琏的有恃无恐，则与贾母有关。面对丈夫的无耻行径，凤姐之所以不敢公开指责，任其胡作非为，在于担心被扣上"妒忌"的恶名。古代"妒忌"属"七出"之条。礼法规定："不顺父母去，无子去，淫去，妒去，有恶疾去，多言去，盗窃去。"① 意思是不顺从父母为"逆德"，不生育子女为"绝世"，淫为"乱族"，妒为"乱家"，有恶疾则会"离亲"，盗窃为"不义"。凡有上述情形之一者，将可能被逐出家门。这些清规戒律，其实都是针对女性而言的，对男性毫无约束力。

封建社会强调个人在家族延续中所承担的责任，有"无孝有三，无后为大"的说法。自嫁给贾琏后，凤姐只生了个女儿，好不容易怀上个哥儿，结果不到 7 个月就滑胎了，犯了"七出"中的无后。这些封建伦理道德，无形中为贾琏在外寻花问柳提供了冠冕堂皇的借口。

在贾琏眼里，尤二姐简直就是仙女下凡。第二十六集，凤姐趁贾琏到平安州出差，准备将尤二姐骗回府内，身边的丫头善姐供其使唤。因园子里的婆子、丫头平时最畏惧凤姐，又事关贾琏在国孝和家孝中所行之事，没有人愿意去搅这趟浑水。在除掉尤二姐的过程中，善姐充当了马前卒的角色。

剧中，有一个特写镜头：一张小炕桌上，摆着一盘干茄子、一碟臭豆腐、一碗泔水似的稀粥。尤二姐望着这些"不堪之物"，咬着手绢，忍不住流下了伤心的眼泪。从封建礼法的角度来说，尤二姐是二房，秋桐是侍妾。然秋桐自以为是贾赦赐给贾琏的"尤物"，从不把尤二姐放在眼里。凤姐抓住秋桐和尤二姐

---

① 戴德. 大戴礼记上［M］. 西安：三秦出版社，2005：1363.

一争高低的心理，找人算命打卦，说尤二姐小产是被属兔的阴人犯了冲。因秋桐属兔，凤姐假意让秋桐到外面躲几天。秋桐越听越生气，对尤二姐骂道："纵有孩子，也不知姓张姓王，奶奶稀罕那种羔子，我不喜欢！"后凤姐通过收买太医，打下了尤二姐肚子里已成形的男胎，尤二姐不堪屈辱，吞金自尽。

尤二姐母子之死，固然与凤姐有关，但始作俑者是贾琏。换句话说，如果不是贾琏贪色，尤二姐断不至于落得如此凄惨下场。尤二姐死后，凤姐借口有病，让贾琏处理后事。囊中羞涩，凤姐又不给一分钱，还向贾母进言，阻止尤二姐棺椁进入贾家坟山，甚至连家庙也不准进。贾琏被逼无奈，只好将尤二姐草草掩埋完事。

剧中，除了凸显贾琏好色，还呈现了其贪财、干练和心存良善的性格特点。按原著中冷子兴的话说，贾琏是"于世路上好机变、言谈去的"人，意思是很擅长人情世故。第二十七集，为填补府中亏空，贾琏以荣国府花费甚巨为由，让鸳鸯把老太太的金银偷运出来典当，才凑了千余两银子。第七集，凤姐在铁槛寺弄权，以贾琏名义，搬出节度使云光，摆平了官司，足见社会活动能力之强；奉贾赦之命，参与筹建大观园，表现出较强的协调力。第十八集，贾赦看中石呆子的古扇，贾琏仅向石呆子苦苦求取，贾雨村则巧取豪夺。石呆子做梦都没有想到，这些古扇竟成了自己的夺命之扇。为此，贾琏大骂贾雨村："为这点子小事，弄得人坑家败业，也不算什么能为。"事后，贾琏还被其父打了一顿。此外，贾琏还有一腔做人的热心肠，奶妈的事他答应，贾芸求他揽工程也答应。令人遗憾的是，这些性格特点，却往往为研究者所忽略。

第五集，贾瑞对凤姐的美色垂涎已久。贾敬生日这天，贾瑞突然从假石山里窜出来，想打凤姐的主意。在之后的日子里，贾瑞痴情不改，更是发疯似的想着凤姐，一趟趟往荣国府跑，最后在凤姐家再次相遇。对贾瑞的那点花花肠子，凤姐已猜到了八九分，两次设计捉弄贾瑞。剧中，贾瑞先受惊，再挨冻，最后病倒在床。

在凤姐"东海缺少白玉床，龙王来请金陵王"的强大光环下，贾琏就要逊色多了。第三集，刘姥姥一进荣国府，平儿对她说："只是一件姥姥还不知道，我们这儿不比五年前了，如今太太不大管事，都是琏二奶奶管家了。就是太太的内侄女，小名叫凤哥。这位凤姑娘啊！年纪虽小，行事却都比世人都大呢！如今出挑的美人一样的模样，少说有一万个心眼子，十个会说话的男人，也说她不过。"凤姐谦逊地答道："如今家里杂事太繁，太太又渐渐上了年纪，我如今接着管着些事。"

第二十五集，小厮兴儿评价凤姐："嘴甜心苦，两面三刀，上头一脸笑，都占全了。"弦外之音是，凤姐表面给人以温暖，骨子里冷酷无情。剧中，凤姐体态风骚，争强好胜，有满堂生风之感。然在王夫人面前，却表现得异常低调。饰演凤姐的邓婕，较好地诠释了其精明强干、谄上欺下、"明里一把火，脚下使绊子"的性格特征，准确把握了原著的"悍妇"形象。

自王夫人把荣国府的家政大权交给凤姐后，她成了荣国府的当家二奶奶，称得上主子中的"主子"。著名红学家王昆仑指出："在家庭内部生活结构中，少不得王熙凤这一根从屋顶直贯到地面的支柱。如果把王熙凤这一人物从书中抽了出去，《红楼梦》全部故事结构就要坍塌下来。"① 由于凤姐兼具"长房长媳"和"内侄女"双重身份，又得贾母垂青，凡府外之事，由丈夫负责，二门内的所有事务，由她全权负责处理。第一集，林黛玉一进荣国府，由此拉开了凤姐出场的序幕。在荣国府，凤姐一手遮天，众人无不仰其鼻息。其霸道作风，比贾珍、贾琏、薛蟠等有过之而无不及。

剧中，从相关人物的对话来看，也说明凤姐能力很强。第五集，在神游太虚幻境中，秦可卿称其为"脂粉队里的英雄"。第六集，宁国府总管赖升对众婆子道："那是个有名的烈货，脸酸心硬，一时恼了不认人的。"在协理宁国府期间，贾珍当着王夫人的面夸奖道："大妹妹从小玩笑着，就能杀伐决断，如今出了阁，又在那边府上办事，越发的历练老成了。"

清代学者姚梅伯对凤姐放高利贷的事做过多方求证："凤姐放债盘利，于第十一回平儿尝说，旺儿媳妇送进三百两利息；第十六回云旺儿送利银来，三十九回云将月钱放利，每年翻几百两体己钱，一年可得利上千；七十二回凤姐催来旺妇收利帐，叙笔无多，其一生之罪状已着。"② 对凤姐放高利贷获利的事，是在第十六集具体讲述的。袭人问平儿，这个月老太太、太太屋的月钱，为何还没有发下来。平儿："这个月的月钱，我们奶奶早已支了，放给人使呢，等别处的利钱收了来，凑齐了才放呢。"袭人："难道她还短钱使，还没个足厌？何苦还操这心。"平儿笑道："何曾不是呢，这几年拿着这一项银子，翻出有几百来了。她的公费月例，又使不着，十两八两零碎攒了放出去，只她这体己利钱，一年不到，上千的银子呢。"仅公费月例一项，连本带息就赚了不少。在贾府穷途末路之际，王夫人重用凤姐这样的人来拯救贾府，无疑是画饼充饥。

剧中，凤姐谄上欺下，恣意妄为，从不放过任何捞钱的机会。阖府上下，各种仪典、婚丧、家祭、家庆开销，全族四五百人月银的发放，都由她一手操

① 王昆仑．红楼梦人物论［M］．上海：三联书店，1983：151.

② 郭豫适．红楼梦研究文选［M］．上海：华东师范大学出版社，1988：90.

办。第二十六集，善姐不无得意地对尤二姐说："我们奶奶……一天少说，大事也有一二十件，小事还有三五十件呢。外头的从娘娘算起，以及王公侯伯家多少人情客礼，家里又有这些亲友的调度，银子上千，钱上万，一天都从她一个人手里出入，一个嘴里调度。"可见，"她的品性，所代表的是弄权纳贿的一般人"①。

凤姐利欲熏心，贪得无厌，对一点小恩小惠也不肯放过。第十一集，贾芸从贾琏口中得知，大观园有一桩监种花木的差事。昭儿给贾芸献计："你先破费点，先孝敬琏二奶奶，那差事保管弄到手。"为贿赂凤姐，贾芸在舅舅店铺赊了不少麝香、冰片等贵重物品，才把事情搞定。作为一个荣国府几百号人的大总管，连这点蝇头小利都看得起，忘记了"身后有余忘缩手"和"人心不足蛇吞象"的古训。

受凤姐贪婪的影响，在荣国府内，但凡有点实权的人，见利而趋，都想暗中捞取好处。根据蟑螂法则：厨房里如果发现一只蟑螂，肯定不止一只。第二十一集，大观园未出阁的姑娘们因平时不能走出闺阁，常用的胭脂水粉、笔墨纸砚、画笔颜料以及女孩们喜欢的小折扇、小挂件等，都是托可以随意进出园子的薛蟠、贾芸等从买办手里采购而来。平儿："姑娘们所用的这些东西，是由外头买办每月总领了钱去买的。"这些日常用品，要么脱空，要么质量得不到保证，不知花了多少冤枉钱。尽管大家心知肚明，却从未有人去认真追究过。

凤姐欲壑难填，在巧取豪夺的同时，仗着与皇亲国戚的关系，把手伸到荣国府外，勾结官府，包揽诉讼，草菅人命。第六集，在秦可卿治丧期间，凤姐带着贾宝玉下榻于水月庵，净虚借机请凤姐摆平一件官司：张财主的女儿金哥被长安府的李衙内相中。因金哥已聘给守备公子，李家非金哥不娶，守备家借势悔婚，张财主却偏不退礼。凤姐答应帮忙，但条件是要对方先拿出三千两银子的好处费。得到好处后，以丈夫贾琏的名义，给节度使云光修书一封。云光接信后，自然心领神会。守备家只好忍气吞声，导致这对恋人双双殉情。凤姐用两条鲜活的生命，换取了这三千两银子的不义之财。其丧心昧良，莫此为甚。

原著中说元宵节刚过，凤姐就小产了。从正月十五日发病，到八月十五日，病情一直没有起色。王夫人以凤姐需调养为由，让长媳李纨暂代家政一月，由贾探春和宝钗协理。当贾宝玉与薛宝钗结婚后，王夫人又把家政大权转给了儿媳薛宝钗。从此，凤姐大权旁落，风光渐淡，"墙倒众人推"，就连赵姨娘、秋桐和众婆子，都不把她放在眼里。

---

① 郭豫适．红楼梦研究文集 ［M］．上海：华东师范大学出版社，1988：273．

第三十四集，在院门外，几个扫雪的仆妇远远望着凤姐的背影。在粉油影壁前，秋桐将凤姐拦下，对其指指点点。这时，赵姨娘与一婆子疯疯癫癫走来。秋桐傲慢地叉着腰，对凤姐道："哎，我说话你听见没有？"凤姐含着泪，竟纹丝不动地站在那里。赵姨娘阴阳怪气地说："哟，还装腔作势哪！"秋桐："装腔作势？等着拿休书吧！"平儿走出院门，站在台阶上看到这一幕时，心里五味杂陈。赵姨娘故意挖苦凤姐："二奶奶日后要是攀上了枝儿，可别忘了补我们的月钱啰！"

第三十五集，在梨香院大门外，妙玉对着门缝，叫挑灯赌博的婆子开门，说这是琏二奶奶吩咐过的，众婆子相视一笑。这时，屋内传出阴阳怪气的声音："噢，原来是她吩咐过的！"全然没有把凤姐的话当回事。作为末路英雄，凤姐在原著中是饱受争议的人物，有着蛇蝎心肠的多样性和不可捉摸性，堪称复杂人性的真实写照。

在红楼群芳中，凤姐的命运最为悲惨。原著第五回判词云："凡鸟偏从末世来，都知爱慕此生才。一从二令三人木，哭向金陵事更哀。"毫不夸张地说，凤姐一生机关算尽，气也赌尽，强也争足，然下场堪悲。第三十六集，在狱神庙外，凤姐的遗体被两个狱吏抬出来，草草掩埋于漫天大雪之中。凄惨的画面里，响起《聪明累》旋律。画面不断地跳跃，回闪着将贾瑞玩弄于股掌间的从容不迫，哄骗尤二姐回府的佯装平静，协理宁国府时的人情练达，到如今竟是一床破席收尸的悲凉。通过两种不同画面的渲染，昔日张狂泼辣、干练俊美的形象，已消失得无影无踪。剧中的《聪明累》，出自原著第五回，是关于凤姐的一首曲子，指受聪明连累之意，出自北宋苏轼《示儿》诗："人皆养子望聪明，我被聪明误一生。唯望孩儿愚且鲁，无灾无难到公卿。"

凤姐洞明世事，看穿了每个人的心思与欲望，并能巧妙地加以利用。① 凤姐聪明能干，有机智和巧计百出的本领。在钩心斗角的贾府，她纵横捭阖，磨炼出了"借刀杀人""坐山观虎斗""引风吹火""推倒油瓶不扶"等"全挂子武艺"，只手撑起风雨飘摇的贾府。虽有威信、有派势、有气场，然自始至终没有一个真正的朋友，唯一的闺中蜜友秦可卿，已过早地离她而去。

清代评论家二知道人曰："王熙凤，胭脂虎也。"② 不可否认，凤姐"行事见识皆出上"的"辣子"精神，与"女子无才便是德"的封建礼教，更像是一把无形的双刃剑，解构着这浮生若梦的红楼世界，注定了其悲剧的不可复制性，

---

① 骆冬青. 文艺之敌［M］. 北京：商务印书馆，2017：318.
② 郭豫适. 红楼梦研究文选［M］. 上海：华东师范大学出版社，1988：37.

也应验了"百年事业三更梦，万里江山一局棋"的老话。

第三节 剧中同一屋檐下的婆媳关系

婆媳关系是男人的母亲与男人妻子之间的关系，也是家庭结构中非常重要而又微妙的关系。婆婆和媳妇都是家庭的外来者，原本两个互不相干的个体，因一个男性联结在一起，而成为一家人。它既无母子关系的稳定血缘，也无夫妻关系的亲密姻缘，具有天然的排他性。与其他家庭关系而言，"如果没有那个做儿子跟丈夫的男人，婆婆跟儿媳恐怕永远也没有交集，两个毫无相干的女性，让她们在同一屋檐下和平共处一辈子，恐怕需要高超的技巧和艺术"①。

剧中婆媳关系的展开，集中在宁荣二府这一叙事空间里，包含了"家本位"和"家长制"为核心的伦理道德等诸多因素。从宁国府来看，婆媳关系相对简单，贾敬的夫人始终没有出现过；尤氏是贾敬之子贾珍的填房，没有子女；秦可卿是贾珍的儿媳，出场不久就死了。尤氏和秦可卿，都属平民嫁入豪门。荣国府的婆媳关系较为复杂，主要有：贾母与邢夫人、贾母与王夫人、邢夫人与凤姐、王夫人与李纨。本节主要讨论 1987 版电视剧《红楼梦》中荣国府的三对婆媳关系。

一、贾母与邢夫人

衡量家庭是否幸福的标志，婆媳关系的好坏，具有象征意义。作为荣国府长房长媳，邢夫人怕丈夫是出了名的。剧中贾母与邢夫人面和心不合，背后暗自较劲。最为激烈的一次冲突，缘于邢夫人给贾赦当保媒，从而加剧了与贾母的隔阂，导致婆媳关系更加不睦。

第十八集，贾赦上了年纪，又"老不正经"，对这个死"不要脸"的"混账"儿子，贾母拿他也没有办法。贾赦看上了贾母身边的大丫鬟鸳鸯，让邢夫人向贾母要人。对这等荒唐之事，邢夫人居然一口答应，足见其畏惧丈夫，更甚于孝敬公婆。

邢夫人的"邢"，与"形"同声，非"形同虚设"也。因老公不便说的话，她敢说；老公不便出面做的事，她敢做。邢夫人把丈夫欲纳鸳鸯为妾的事告诉了儿媳凤姐，说以前老爷挑了很多女孩子，不论是家世背景还是性格、长相，

---

① 郑沄. 婆媳 [M]. 北京：中国经济出版社，2009：3.

都没有一个比鸳鸯更合适的。因担心贾母不同意，便怂恿凤姐一起去找贾母。刚开始，凤姐还左推右挡，不想掺和其中，还让婆婆劝公公死了这份心。但转念一想，邢夫人是个秉性愚弱之人，得罪这样的人不值得。于是，就顺着婆婆的意思，说了一通言不由衷的混账话："别说一个丫头，就是那么大的活宝贝，不给老爷给谁呀！"邢夫人遂转怒为喜。

在贾母房间，邢夫人对鸳鸯晓之以利，动之以情："你比不得那新买的，只要你一进门，进了门就开脸，封你作姨娘，又体面，又尊贵。这是老爷、太太看中了你。"在一夫多妾的封建社会，特别是在贾府这样的豪门，能成为主子的妾，对一个丫鬟来说，无疑是件非常幸运的事。在邢夫人看来，如果鸳鸯错过这个机会，后悔就来不及了。然而，令邢夫人没有想到的是，这样的好事，竟被鸳鸯一口回绝。万般无奈之下，邢夫人又找鸳鸯的嫂子出面斡旋，鸳鸯还是不答应。在贾府，敢这样公然违背主子意愿的事，以前从未发生过。贾赦见鸳鸯固执己见，顿时恼羞成怒，进而威胁道："好个鸳鸯崽子，凭你跑到天上地下，也逃不出我的手心儿去。"

在贾母房间，王夫人、薛姨妈、李纨、凤姐、薛宝钗等也在。鸳鸯拉着嫂子在贾母跟前跪下，哭诉道："昨儿大太太来找我，给大老爷保媒，要娶我去做小老婆。我不依，大老爷越性说我恋着宝玉和琏二爷，不然要等着往外聘，还命哥哥嫂子来逼我。"贾母一听，气不打一处来，责问金家媳妇："真有这样没天理良心的事？"金家媳妇跪在地上，吓得一句话都不敢说。鸳鸯发誓不做贾赦的"小老婆"："我是横了心的，当着众人在这里，我这一辈子莫说是'宝玉'，便是'宝金'、'宝银'、'宝天王'、'宝皇帝'，横竖不嫁人就完了！就是老太太逼着我，我一刀抹死了，也不能从命！若有造化，我死在老太太之先；若没造化，该讨吃的命，服侍老太太归了西，我也不跟着我老子娘哥哥嫂子去，或是寻死，或是剪了头发当尼姑去！"

剧中，贾母慈祥和蔼，很少动情上火，一听说贾赦要把鸳鸯从自己身边抢走，脸色陡变，气得浑身发抖，用揶揄的口气挖苦道："你们如今也是孙子儿子满眼了，你还怕他，劝两句都使不得，还由着你老爷性儿闹。三从四德太过分，贤惠过了头。"贾母不同意贾赦纳鸳鸯为妾，理由充足、正当，也很真诚，邢夫人不由得面红耳赤。贾母看了看王夫人一眼，马上借题发挥，又给邢夫人扣了一顶不孝的帽子："我通共就这么一个靠得住的人，你们还有老算计我。原来你们都是哄我，外头孝敬，暗地里盘算我，有好东西你们要，有好人你们也要，我就剩这么一个毛丫头，你们看我待她好，你们自然气不过，先弄开了她，好摆弄我。"在发泄不满的同时，还给儿媳扣了一顶不孝的罪名，这在封建社会可是一个不小的罪名。

传统伦理赋予婆婆以绝对权威，婆婆就是媳妇头上的"天"。作为母子血缘关系以外的人，邢夫人没有顾及贾母的感受，只知一味顺从丈夫，结果弄巧成拙，使本来不好的婆媳关系雪上加霜。从维护封建礼教的角度来看，邢夫人与贾赦结婚多年，无儿无女，加之出身小门小户，不足以巩固其在荣国府的地位，唯有讨丈夫欢心，才能稳固自己的"正妻"地位。

二、贾母与王夫人

在贾府权利结构中，贾母处于宗法家庭的核心地位。作为金陵世家史侯的千金小姐，15岁就嫁到贾府，是荣国府第二代贾代善的遗孀，在贾府生活了五六十年。从重孙媳妇做起，一直到有了重孙媳妇，是一位福寿双全的老太太。贾母常拿过去的经历来教育晚辈，说自己像凤姐那样大的时候比她还会来事。表面上看，剧中，荣国府大小事情，贾母好像撒手不管，事实上，诸如大观园禁赌、贾宝玉的婚事等，无不是她说了算。

王夫人性格内敛，不喜张扬。与贾政结婚后，先生了个争气的儿子贾珠，14岁成秀才，不到20岁就结婚生子。贾珠去世多年后，小儿子贾宝玉才出生。这个儿子非同寻常，落地时口里含有一块美玉。在宝玉出生之前，王夫人还生了女儿贾元春，为当今皇上妃子。这些条件，都是邢夫人所不具备的，直接影响和左右了贾母对王夫人的看法，但她从不倨傲。

剧中，王夫人善于揣摩贾母心思，平时用心尽孝，纵宠小姑之女，一度引为美谈。第一集，林黛玉刚到贾府，作为荣国府的实权派人物，王夫人当着贾母的面敲打凤姐，问丫鬟的月钱发了没有。在得到肯定答复后，马上就让凤姐给林黛玉准备几件上好的衣料。其实，凤姐知道贾母疼爱外孙女，早就准备好了，从中也反映出荣国府复杂的人际关系。

在日常生活中，王夫人处处虑及贾母的感受，想方设法讨其欢心。第十五集，刘姥姥二进荣国府，与贾母相谈甚欢。突然，听说南院马棚失火。直到大火被扑灭，贾母仍惊魂未定。王夫人闻讯后，忙带着丫鬟来劝老太太进屋休息，大可不必紧张。第十三集，一听说贾母要到清虚观打醮，原本不喜热闹的王夫人，打发人到园子发话："有要逛的，只管初一跟了老太太逛去。"而她却没有去。有人就此揣测，王夫人不去，可能与元妃端午节前赏赐的礼物有关，有支持"金玉良缘"的嫌疑。为避开生气的婆婆，王夫人并未以此为托词，而是委婉地表达了不去的原因，给贾母留足了面子。

剧中，王夫人对贾母乖巧温顺，礼数周全。第二十八集，按规定，荣国府各房每天应按例孝敬贾母菜品，王夫人笑道："今日我吃斋没有别的，那些面筋豆腐老太太又不大甚爱吃，只拣了一样椒油莼齑酱来。"贾母："这样正好，正想这个吃。"在贾母面前，王夫人虽不善言辞，却表现得处处孝顺。

王夫人老来得子，对儿子宝玉非常疼爱。为了让婆婆高兴，一直将其留在贾母身边。对这个衔玉而生的宝贝孙子，贾母爱如珍宝、处处护着。如果婆媳间发生矛盾，或出现意见分歧，只要一方搬出宝玉，对方马上就会做出让步，所有问题便迎刃而解。王夫人在对待婆婆的态度上，可谓挖空心思，贾母拿她也没有办法。

贾母和王夫人都出自名门望族，受封建礼教的影响很深，但日久天长，加之生活在同一屋檐下，难免也会生出一些鸡毛蒜皮的事来。第十八集，在贾赦强纳鸳鸯为妾这件事上，贾母对王夫人颇有微词。王夫人虽有满腹委屈，却不愿当着贾母的面说出。后经贾探春一句"这事儿与太太不相干，大伯子要收屋里人，小婶子怎么会知道"。贾母才转怒为喜，通过宝玉之口，说自己老糊涂了，错怪了王夫人，让贾探春受了委屈，借此表达对王夫人的歉意，使一度紧张的婆媳关系得到缓和。

第二十一集，凤姐小产后，王夫人起用儿媳李纨代理家政，让贾探春协理，又让薛宝钗加入。因薛宝钗是贾府的亲戚，又是暂住，名不正言不顺，贾母因碍于面子，什么话也没有说。王夫人让探春和薛宝钗协理家政，间接把"金玉良缘"从背后推到前台，这是贾母始料未及的。第三十四集，宝黛奉旨成婚这场戏，呼应了原著中一直强调的"金玉良缘"。可看出王夫人在其中发挥了至为关键的作用，也有贾母肆意安排的身影，但结局与前八十回埋下的伏笔而言，并不相谐。

剧中，凡是贾母在场的时候，王夫人总是沉默寡言，从不发表意见，活脱脱一个"闷葫芦"形象。第十五集，史湘云请贾母、王夫人、凤姐、薛姨妈等到园子里赏桂花、吃螃蟹。贾母问安排在何处为妥，王夫人脱口而出："凭老太太爱在哪一处，就在哪一处。"实际上，凤姐早安排在藕香榭了。这藕香榭原盖在池中，四面有窗，左右为回廊，后面为曲折桥。最为有趣的是第十六集，为了给凤姐过生日，贾母想出了个新法子，让众人出份子钱，"既不生分，又可取乐"。王夫人在没有弄清楚份子钱怎样出的情况下，就匆忙表态，随声附和道："老太太怎么想着好，就是怎么样行。"这无疑是藏拙的最好办法。

从剧中呈现的一些场景来看，贾母慈祥大度，和蔼可亲，王夫人忍辱负重，凡事服服帖帖，逆来顺受，从不挑战婆婆权威，堪称婆媳关系的典范。

三、邢夫人与王熙凤

邢夫人与儿媳王熙凤，无论是家庭背景，还是思想观念，可谓天差地别。邢夫人是王熙凤的婆婆，但不讨贾母喜欢，在贾府地位尴尬。凤姐因深得贾母欢心，而成为荣国府大管家，难免不遭到邢夫人的嫉妒，终因积怨太深，婆媳关系十分紧张。

邢夫人与凤姐之间的矛盾，源于鸳鸯的拒婚。第十八集，贾赦看上了鸳鸯，邢夫人找凤姐帮忙，凤姐不帮忙也就算了，反倒劝婆婆不要去戳老虎鼻眼儿，说了不少风凉话："老爷如今上了年纪，行事不免有点儿悖晦，太太劝劝才是。比不得年轻，做这些事无碍。"以后，婆媳之间虽没有发生大的冲突，但私底下却暗自较劲。

邢夫人处处刁难凤姐，令其左右为难，动辄得咎。第二十七集，费婆子是邢夫人的陪房，其儿女亲家在荣国府当差。在贾母生日的头天晚上，费婆子亲家等人因吃酒赌博，放松了对园子的管理。大观园正门和角门未关、灯也未灭，被前来帮忙的宁国府当家奶奶尤氏发现，命费婆子手下的人去关。这些人根本没有把尤氏放在眼里，周瑞家的便将此事告诉了凤姐。凤姐传话，让尤氏处理：或打，或开恩，任凭尤氏发落。邢夫人知道后，越想越生气，自家的媳妇向着别人不说，还和"咱们"这边的人过不去。当费婆子恳请邢夫人放人时，她当着众人的面，故意让凤姐难堪，冷嘲热讽道："老太太的好日子，发狠的还舍粮舍米，周贫济老，咱们家倒折磨起家人来了，就不看我的脸，权且看老太太，暂且竟放了他们罢。"王夫人没有向着凤姐，也跟着和稀泥："老太太的千秋要紧，放了她们为是。"凤姐明明有理，却白白受了一顿气，委屈地大哭一场。

在同一集里，宫中的老太妃薨了，贾母、邢夫人和王夫人前往宫中守灵，府中大小事情由尤氏料理。适贾探春代理家政，不巧凤姐病倒，大观园一时乱象迭出，发生了贾迎春奶妈设局赌钱等几起恶劣事件。原著中对迎春的奶妈名姓没有交代，只知道其媳妇叫玉柱儿的，脾气暴躁，蛮不讲理。迎春奶妈的级别高于一般丫鬟，赌瘾较大，那点月钱远不够她输，便打起了偷贾迎春衣履钗环的歪主意。

奶妈偷迎春的东西，被逮了个现行，但她显得比谁都委屈。仗着主子老实好欺，还说哪个公子姑娘的奶妈不谋取点私利？为整肃大观园的不正之风，杀一儆百，贾母命人查了庄头赌家，对出首者赏，隐情不报者罚。共查处大庄家3人，小庄家8人，聚赌者20余人。把参加赌博的林之孝的两姨亲家、园内厨房柳家媳妇之妹和迎春之乳母，全部撵出园子。作为荣国府的当家人，凤姐生怕连累自己，乃袖手旁观，不闻不问，全然没有为姑子迎春"救场"的意思，不但让贾迎春在众人面前受辱，也让邢夫人脸上无光。

剧中，几乎没有出现过邢夫人谦让儿媳的画面，只有邢夫人不断给凤姐找碴儿生事的场景。凤姐与贾琏结婚后，因久无子息，贾琏纳妾本符合封建礼法，凤姐再怎么善妒，也不至于公开反对。然贾琏偏偏底气不足，还是在贾珍父子的建议下，才悄悄偷娶了尤二姐，这也是邢夫人对儿媳心怀怨愤的原因之一。

第二十六集，贾琏因办事有方。贾赦心情一高兴，就把自己的丫头秋桐赏赐给了贾琏。秋桐傲慢、冲动的性格，也很容易被人利用。自成了三姨太后，就没有把凤姐放到眼里，尤其在尤二姐面前。徐诸乐先生在《〈石头记〉指归》一书中，用地支六冲图，对秋桐和尤二姐两人的属相，做了对比探究。他说：如果秋桐属兔，因兔为卯、酉为鸡。在"六冲"中，卯酉相冲，可断定尤二姐属相为鸡。然在第六十九回中，作者把两人的属相弄颠倒了。剧中，对尤二姐堕胎及秋桐的属相，仍采用原著说法，即凤姐找人为尤二姐算命打卦，都说被属兔的冲的。秋桐很不服气，告到邢夫人那里，贾琏还被臭骂了一顿："为了外头的，撵你父亲赏的，不如退还你父亲好了。"说完赌气离开，使秋桐更加得意忘形。

第二十八集，由邢夫人一派发起的抄检大观园事件，对于执掌大观园的凤姐来说，确实是一件很丢面子的事。剧中，以傻大姐、邢夫人、王夫人、凤姐为主线，剧情跌宕起伏，环环相扣，表现了荣国府内部错综复杂的矛盾冲突。王善保家的仗着是邢夫人的陪房，提出抄检大观园，率众仆妇直奔丫鬟住所，谁知被拖着病体的晴雯来了个下马威。王善保家的抬出主子压人，可晴雯偏不吃这套，以"我还是老太太打发来的呢"，反唇相讥，弄得她自讨没趣。

在抄检秋爽斋时，探春以暴制暴，拂逆王夫人之意，打了王善保家的一记耳光。让人没有料到的是，这一干人竟在王善保家的外孙女司棋的箱子里抄出了潘又安写给司棋的一封情书。凤姐见势不妙，悄悄躲到一边。在众目睽睽之下，王善保家的理屈词穷，瞠目结舌，差一点儿让邢夫人下不了台。在这场荣国府长房和二房的内讧中，凤姐偏袒王夫人一方，心里根本就没有邢夫人这个婆婆。特别是在处理司棋的事情上，本来可以遮掩过去的，但凤姐毫不留情地把司棋揭发出来，使邢夫人在众人面前颜面尽失。

婆媳成见芥蒂很深，常相互拆台，摩擦不断，用原著第七十一回贾母的话说，凤姐热衷于攀高枝，依附权势，是"一个富贵心，两只体面眼"的典型代表，引起邢夫人的不满。邢夫人平时对凤姐屡屡摆出一副爱搭不理的架势，有时还刻意挑起事端，致使婆媳矛盾不断升级，几乎达到白炽化程度。

第四节　剧中国公府的庶出子女

一、心胸狭窄的贾环

在宗法制度下，妾本质上是奴才。贾政有一妻两妾，王夫人是妻，赵姨娘和周姨娘是妾。颇堪玩味的是，赵姨娘给贾政生了一双儿女，这对于人丁不旺的贾府来说，应该是有功之臣。但女儿贾探春不认这个生母，儿子贾环也常莫名其妙地被别人欺负。

第十一集，赵姨娘对马道婆大倒苦水："我们娘儿俩，跟得上这屋的哪一个，有了个宝玉，竟像得了个活龙。"剧中赵姨娘的结局没有具体讲述，而在原著后四十回里，有详细描绘：贾母死后，灵柩停在贾府家庙铁槛寺。巧合的是，赵姨娘中了邪，将平生所行不义之事悉数说出，后发疯而死。

周姨娘是王夫人的陪嫁丫鬟，先是贾政的通房丫头，后擢升为妾。周姨娘无儿无女，很不得宠，剧中从未出现过与丈夫互动的场景。按封建礼法规定，凡府内喜庆之类的场合，周姨娘、赵姨娘是不能参加的。作为贾政的侍妾，赵姨娘本应安于现状，却偏偏选择了抗争。其子贾环平时表现的沉默与卑贱、猥琐与窝囊，无疑与赵姨娘的言传身教有关。

在贾府，嫡出子女的地位高于庶出子女。第十一集，贾宝玉躺在枕上，与贾环的相好彩云调情。在一旁抄写经书的贾环心生醋意，假装失手将蜡灯推倒。蜡油流在宝玉脸上，差点伤及眼睛。凤姐："老三怎么这么慌脚鸡似的，我说你上不得高台盘，赵姨娘也该教导教导。"王夫人也骂赵姨娘："你怎么养出这么个黑心不讲理的下流种子来，也不好好管一管！"赵姨娘一声不吭，忙掏出手绢，把贾宝玉身上的蜡油揩去。凤姐要赵姨娘"快找败毒消肿的药来"！赵姨娘心里很不舒服，拉着贾环就走。

第三十一集，贾宝玉的命根子不见了，贾宝玉谎称早上起得匆忙，忘记带了。麝月便带着众人，在房间四处寻找。平儿把贾环带来后，贾探春问贾环："昨儿赏花的时候，二哥哥的玉不见了，你瞧见了没有？"贾环"嗯"地站起来，两眼瞪着平儿："原来叫我是为这个，人家丢了东西，怎么三姐姐查问我，难道我是犯过案的贼吗？"平儿急忙解释，贾环却不依不饶："他的玉在他身上，要问问他去。我不知道，得了什么不来问我，丢了什么却来问我。"贾环越说越伤心。此事本不关邢夫人的事，赵姨娘却偏偏要找她评理。赵姨娘："他们丢了东西自己不找，怎么叫人背地里拷问起环儿。人家是有脸的奴才，环儿是没脸的主子呀！"论辈分，凤姐比赵姨娘低一辈，作为荣国府的长房长媳、正经主子，按礼法是可以训斥赵姨娘的。在宝玉房内，凤姐说："哎哟！凭你是谁，凡是昨儿来过这里的人都得问问，怎么就不能问问环儿？下一个我还要问你呢！"赵姨娘吓得往后退了几步。

在儒家伦理中，兄弟关系本来是亲密无间的，然贾环与贾宝玉交恶由来已久。第九集，元妃省亲后，还在正月间，学堂里放了假，闺中有忌针线的习俗。贾环闲得无聊，不知怎么就逛到了蘅芜苑。宝钗、香菱和莺儿正在屋里掷骰子赌博，贾环也参加进来。贾环先赢后输，后耍起赖来，莺儿很不服气，薛宝钗呵斥道："莺儿，越大越没规矩，难道爷们还赖你不成！"莺儿满腹委屈，不敢出声，口中自言自语道："哼！前儿和宝玉玩，都给了我。"贾环："我拿什么比宝玉呢？你们都和他好，欺负我不是太太养的。"虽说是气话，却道出了贾环在贾府可怜的地位。

贾环带着一肚子怨气，哭哭啼啼地回到家，把事情的经过告诉了母亲，赵姨娘拈酸吃醋，心里很是不爽，指桑骂槐道："呸！谁叫你上高台盘去了，下流没脸的东西！哪里玩不得？谁叫你跑到人家跟前去讨没趣！"在贾府，赵姨娘的身份属"半个主子"，却用主子的口吻教训儿子。赵姨娘的话，恰好被从窗外路过的凤姐听到，乃怒气升腾，隔着窗户斥责赵姨娘道："大正月里，又是怎么了？环兄弟是小孩子，你跟他说这些干什么！凭他有什么错儿，还有老爷太太管呢。他现在是主子，你就大口啐他！他好不好与你什么相干？"本来母亲教育儿子乃天经地义之事，但在礼法森严的贾府，却根本行不通。

贾环与贾宝玉同为贾政之子，贾政却不喜欢贾环这个儿子。首先，从剧中兄弟俩的神情就可以看出。贾宝玉集万般宠爱于一身，神采飘逸，秀色夺人，可谓如日中天。贾环一副自卑神态，举止猥琐，行事乖张，处处招人讨厌。其次，从分配给两人的丫头和小厮来看，侍候贾宝玉的个个金贵，如袭人之勤谨周到，麝月之能言善辩，晴雯之貌美手巧，李贵之稳重大方，茗烟之机灵乖巧，不一而足。侍候贾环的小鹊儿、小吉祥儿之辈，要么对人冷漠，要么羞羞答答。之所以有这样大的差别，原因在于贾宝玉是太太生的，贾环是姨娘生的。

第二十集，贾府除夕祭祖，是一年中最为重要的活动。贾宝玉捧着香盘，跪在地上献香、奠酒。作为主祭的贾敬，始终没有给贾环安排具体事情，只是让其跟在贾宝玉后面。第十三集，贾母率众人到清虚观打醮，骑在马上的贾宝玉，神气活现地出现在行进的队伍中。剧中，从未见过贾环有如此从容不迫的身影。第八集，在元妃省亲现场，贾宝玉站在室外，等待元妃传谕，也没有看到贾环的身影。第二十八集,贾宝玉、贾环随贾珍练习箭术,贾母就没有问过贾环,只是问贾宝玉练得如何,还特别叮嘱贾珍,让他"且别贪力,仔细努力"。同为贾母的孙子,在贾环这里就打了折扣。这不仅是贾环的不幸,更是"昌明隆盛之邦和诗礼簪缨之族"的悲哀。

剧中,贾环好像是一个被遗忘的边缘人物,这与其平时拿腔拿调、为人不知自重和小气猥琐的性格有关。原著对贾环的描写,主要侧重于气质的刻画,而非长相。剧中,贾环的形象气质与贾探春判若两人。同为一母所生,差别竟如此巨大。原著对赵姨娘的性格描写较多,外貌不曾提到一句,但从贾政对赵姨娘的宠爱以及王夫人对长相妖冶的女性异常嫉妒来看,可推测赵姨娘的容貌不差,亦可推测贾环之长相也不会很差。剧中,贾环的造型与原著存在一些差距。

贾环虽为庶出,再怎么不受待见,毕竟还是贾府的男丁,流着贾家的血脉,有着贾府公子的身份和地位。因此,对宝玉仍具有一定程度的威胁,这也是王夫人视贾环母子为眼中钉的原因。第十一集,在王夫人房中,王夫人让贾环把小红送来的《金刚经》重新抄录一份。贾环坐在炕上,刚装腔作势地写了两个字,便叫彩云倒茶水。又写了一个字,便指责玉钏儿把光线给遮了,金钏儿狠狠瞪了贾环一眼。彩云把碗茶放在其身旁,悄声说了句:"你安分点吧,何苦讨这个嫌那个厌的。"

贾环招人讨厌,连贾府的小丫头也看不起他。第二十二集,蕊官托春燕给娇憨可掬的芳官捎来一包治春癣的蔷薇硝。因芳官素来不喜欢贾环,打开纸包后,先递给贾宝玉。站在一旁的贾环没眼力,不知纸里包着何物。先伸头闻了闻,后弯下腰,从靴子里掏出一张纸来,向贾宝玉讨了半份。由于是蕊官所赠,又是心爱之物,芳官不同意送给贾环,便想起梳妆台里还剩下一些日常所用之物,谁知盒内已空,就顺手拿了一包茉莉粉来冒充蔷薇硝。按理说,贾环是主子,芳官是仆人,主子看中的东西,仆人应无条件给才对。贾环伸手来拿,芳官将其扔到炕上。贾环兴冲冲地爬到炕上,迫不及待地揣到怀里。回家后,贾环在赵姨娘面前炫耀,后转赠相好彩云,结果被当场识破。赵姨娘联想到自己一生被人轻视,现在连一个小小的戏子芳官都敢如此放肆,便怂恿贾环与芳官大吵大闹。

贾环告诫母亲不要生事,赵姨娘却偏偏要往枪口上撞,指桑骂槐,言语之粗俗,不堪入耳。贾环反唇相讥道:"你这么会说,你又不敢去。你不怕三姐姐,你去,你敢去,我就服你。"赵姨娘一气之下,拿起那包蔷薇硝,径直向怡红院跑去。适芳官和袭人等正在吃饭,见赵姨娘来了,忙起来让座。赵姨娘二话不说，照着芳官的脸就是一巴掌。芳官挨打后，打滚撒泼地哭闹起来，一头撞进赵姨娘怀里。众婆子隔岸观火，藕官、蕊官、葵官和豆官个个义愤填膺，一起跑到怡红院。芳官躺在地上，哭得死去活来。众优伶把赵姨娘团团围住。尤氏、李纨、贾探春带着平儿与众仆妇忙把四人喝住。在堂堂国公府，竟出现敢公开挑衅半主子权威的咄咄怪事，可谓闻所未闻。而芳官之所以敢用茉莉粉冒充蔷薇硝糊弄贾环，吃定了贾环是被人瞧不起的庶子。

原著中的丫头彩云，与贾环有过一段有始无终的恋情，后被来旺媳妇替子霸妻。剧中彩云离开荣国府时，贾环表现得非常绝情，连一句挽留的话都没有。

二、"刺玫瑰"贾探春

在贾政的四个子女中，贾探春排行老三，人称"三小姐"，与贾环同为赵姨娘所生。然两人在性格、品行和才华等方面都天差地别。探春俊眼修眉，顾盼生辉，落落大方，是一朵带刺的玫瑰。在金陵十二钗中，贾探春名列第四，是着力刻画的重要人物之一。较之史湘云之稳重、贾惜春之外向，亦不逊色，其地位仅次于林黛玉、薛宝钗、凤姐诸人。剧中通过"结社""理政""风筝""远嫁"等场景，对大观园中这个"才自清明志自高，生于末世运偏消；清明涕泣江边望，千里东风一梦遥"的人物形象做了精准的诠释。

贾探春头脑聪明，有勇有谋，很有才干，堪称玉字辈中的佼佼者。第二十一集，平儿这样评价贾探春："二奶奶没有做到的，姑娘做主添减了。"凤姐："倒只有三姑娘了，她既有主意，我也有助的了，也不独不孤了。有她这个人帮着，我们也可以省些心。虽然是个姑娘家，可是事事明白，又比我知书识礼，更厉害一层。"贾探春能得到"脂粉英雄"的赞赏，确属不易。凤姐说："她便不是太太养的，难道谁敢小看她。"对贾探春的庶出身份，在同一集里，凤姐也流露出惋惜之情："好个三姑娘，我说她不错。唉！只可惜她命薄，没托生在太太肚里。"

从宗法制度看，贾探春与生母赵姨娘只有血缘关系，没有宗法意义上的母子关系，因赵姨娘"奴产子"身份还在。"奴产子是指私家奴婢的子女，其身份为奴，须世代在主家服役。"从秦汉开始，有关奴产子的记载，一直史不绝书。"晋唐以后，又称家生子。"①《汉书·陈胜传》云："秦令少府章邯免骊山徒，

---

① 钱玉林等. 中华传统文化辞典 ［M］. 上海：上海大学出版社，2009：592.

人奴产子，悉发以击楚大军。"①《警世通言》载："身边只剩得十二岁一个家生小厮，央老王作中，也卖与人，得银五两。"② 意思是家生子出身的小厮，可以出卖。

为撇清庶出的身份，以获得正经主子的名分，贾探春采取了靠近贾宝玉、疏远贾环、冷淡生母和亲近嫡母的路数，从而赢得王夫人的好感。第十八集，贾赦想纳鸳鸯为妾，邢夫人让鸳鸯的嫂子出面帮忙，鸳鸯坚决不从，贾母还对一旁的王夫人大发脾气。薛姨妈见贾母连王夫人都怪罪起来，也就不好再劝了。一旁的凤姐和贾宝玉等人也不敢吭声。李纨一听说是鸳鸯的事，生怕被沾上，赶紧离开。贾探春甘愿担着冒犯老祖宗的风险，站出来为王夫人解围，向贾母赔笑道："这事与太太什么相干？老太太想一想，大伯子要收屋里的人，小婶子如何知道？"一句话，把贾母说得眉开眼笑，自认"老糊涂了！姨太太别笑话我。你这个姐姐她极孝顺我，不像我那大太太一味怕老爷，婆婆跟前不过应个景儿，可是委屈了她"。

礼法规定，不管嫡出、庶出子女，都称正室为娘。剧中，贾探春只认王夫人为娘，从未喊过生母一声。赵姨娘心胸狭隘，平时说话做事，总是不大妥当，有时为了一点小事与探春计较。第三十二集，贾探春给贾宝玉做了一双鞋，却没有给贾环做，竟被赵姨娘数落了一顿。贾探春把脸一沉，毫不客气地回敬道："怎么我是该做鞋的人么？环儿难道是没有分例？我不过是闲着没事，做一双半双的，爱给哪个哥哥兄弟，随我的心，谁还管我不成，真是白气。"贾探春的话，意在强调主子身份，表明自己不是做鞋的奴才。

贾探春"敏锐眼光与过人见识，都在众姐妹之上"③。虽为闺阁女儿，却有着不让须眉的气概。因得王夫人器重，代理家政。此时的贾府，各种摊派层出不穷，奢靡之风也愈演愈烈。元妃和皇帝每年按时节都要赏赐一些彩缎、古董、玩意儿，黄金不过一百两，折合银子也就是一千多两。这对于维持庞大开销的贾府来说，远远不够。加上内部管理不善，入不敷出，但贾府还在瘦驴拉硬屎、强撑脸面。第十四集，腊月二十三日，贾蓉到光禄寺领取一年一度的春祭恩赏。光禄寺的官员让贾蓉代问其父好，贾珍笑着说："他们哪里是想我，这又到了年下了，不是想我的东西，就是想我的戏酒了。"就连不食人间烟火的林黛玉，也

① 司马迁. 史记［M］. 北京：中华书局，1982：1954.
② 冯梦龙. 警世通言注释本［M］. 武汉：崇文书局，2015：135.
③ 张觅. 红楼沁芳《红楼梦》中的诗语花韵［M］. 北京：北京工业大学出版社，2014：206.

看出了贾府"进来的少，出去的多，还不知道将来怎么样呢"的苗头。而贾宝玉"管他的，反正少不了咱们的"话，则代表了贾府相当一部分人得过且过的心态。在贾探春看来，要治理贾府积重难返的顽疾，唯一的办法就是开源节流，但如何开源？如何节流？无疑是摆在探春面前的棘手难题。原著第五十五回至第五十六回描写了贾探春兴利除弊的举措。这些故事情节，在第三十二集得到很好的体现。

第三十二集，贾探春执掌大观园后，首先蠲除了府内各项支出，并取消了贾环、贾兰每月八两银子在学堂吃点心、买纸笔的"津贴"。同时，免去姑娘们每月二两银子的头油脂粉费。在大观园关水养鱼、种藕，在空地上种上庄稼，同时引进赖家花园的管理办法，把大观园承包给园子里几个知园圃、老实本分的老妈管理，不但增加了收入，也减少了不必要的支出，可谓一举多得。对此，府中上下没有一个不佩服的。贾探春的这些改革举措，首先得到王夫人的高度肯定。王夫人夸奖道："按正礼天理良心上论，咱们有她这个人帮着，咱们也省些心，与太太的事也有益。"

剧中，贾探春与生母赵姨娘发生了一次激烈冲突，缘于赵国基丧葬费的发放。第二十一集，在议事厅内，管家吴新登家的故意让探春难堪，请示如何发放丧葬费。其实这类事情，府上早有规定。贾探春不徇私情，按旧例办事，只批了二十两银子。吴新登家的气得满脸通红，转身出去。赵姨娘认为，袭人母亲死了得到四十两银子，自己亲兄弟死了连袭人母亲都不如，觉得脸上无光，硬是逼着女儿破例，唯恐众人不知道贾探春是从她"肠子里爬出来"的。

面对咄咄逼人的生母，贾探春从容应对。先拿出账本，让赵姨娘翻看，说："祖宗规矩不能变，人人都要依规矩。"赵姨娘："你不当家，我也不来问你。如今你说一是一，说二是二，你舅舅死了，多给了二三十两银子，难道太太她会不依你？哼！羽毛还没长全就忘了根本，只拣高枝飞去。"贾探春义正词严地驳斥道："谁是我舅舅？我舅舅年下才升了九省检点，那里又跑出个舅舅来？"贾探春想与赵国基划清界限，无非是想抹掉自己庶出的痕迹。按照礼教，贾探春的舅舅是王子腾，而非赵国基。剧中通过描述探春不近人情的势利意识与反庶心理，对封建家庭中的不平等进行了无情抨击。

贾探春执意要按规矩办事，病中的凤姐却假充好人，让平儿捎话来，叫探春适当添加些。贾探春并不买账，讥讽道："好好的又添什么！谁又是二十四个月养下来的，还是那出兵放马背着主子逃出命来的人，你主子真个倒巧，叫我开了例，她做好人。"在探春眼里，平儿即使再有脸面，终归还是奴才，自己才是正经主子。

　　贾探春精明能干，胆识过人，然庶出身份常令她耿耿于怀。第二十八集，王夫人令凤姐抄检大观园，王善保家的充当打手。在秋爽斋院中，为显示自己正牌主子家小姐的身份和地位，探春喝令丫鬟们秉烛开门，表示自己的东西可以搜，但丫鬟们的东西不能搜，还对王善保家的撂下一句狠话："我们的丫头自然都是贼，我就是头一个窝主。既然如此，先来搜我的。"令一旁的侍书、翠墨把箱柜打开，将镜奁、妆盒、衾袄、包衣等大小之物拿出来，让凤姐等人抄阅。周瑞家的看这阵势，暗中离开，凤姐也起身告辞。探春不依不饶，大声道："可细细的搜明白了？要是明儿再来，我就不依了。明日敢说我护着丫头们，不许你们翻了。你趁早说明，若还要翻，不妨再翻一遍。你们也都搜明白了吗?"王善保家的担心空手而回，无法向王夫人交代，假意上前掀了掀贾探春的衣襟，意思是我已经翻过了，什么也没有发现。探春怒不可遏，狠狠打了王善宝家的一巴掌。王善保家的吓得捂着脸，贾探春指着其鼻子骂道："你是什么东西，敢来拉扯我的衣裳! 我不过看在太太的面上，你又有年纪，叫你一声妈妈，你就狗仗人势，就错了主意!"说着，便解衣御裙，让凤姐仔细翻检，凤姐、平儿忙劝探春不要生气。

　　与原著中的大多数红楼女儿一样，贾探春也是被打入"薄命司"的悲剧人物。第二十一集，贾探春无不伤感地说："我但凡是个男人，可以出得去，我早走了，立一番事业，那时自有我一番道理。"贾探春想"立一番事业"的抱负，终以涉海远嫁而付之东流，如断了线的风筝、随风飘散的柳絮一般。

第十章

影像后不可不知的界限

中国封建社会的"礼",具有强制性和不平等性,它是维护封建专制统治的工具。剧中,不同阶层人,如君臣之间、官员之间、父子之间、夫妻之间、妻妾之间、婆媳之间、嫡庶之间、主仆之间等,各自践行一条不可逾越的道德规范和行为准则。这种框架结构和模式,反映了"家国一体"的本质特征。本章主要讨论君臣之礼、官场之礼、父子之礼和守节之礼。

第一节　至高无上的君臣之礼

中国封建社会是一个崇拜皇权的社会,宗法色彩浓厚、君主专制制度高度发达,人们对"皇权"和"皇帝"的敬畏,已达到登峰造极的地步。自夏、商、周后,帝王无一日可缺。所谓"古之神圣之母,感天而生子,故曰天子"①。可见,天子是降临到人世间的神,拥有至高无上、不受制约的绝对权力。

在"古代阴阳五行中,金、木、水、火、土,分别代表西、东、北、南、中五个方位,土居于中央,代表黄色,象征尊贵的皇权"②。皇帝认为自己的宫殿位于世界中心,可以掌控四方,因而特别注重颜色的选择,就连平时的衣着和生活用具都是黄色的。于是,黄色就成了皇帝的专用色。

封建帝王的终身制与封建王朝的世袭制,是皇权得以延续的保证。皇权是整个国家的核心,从中央到地方的各级官吏,都由皇帝任免。虽然"每个朝代在官职官制上均有所变化,但是总的格局保持不变,皇帝始终处于权力金字塔

---

① 许慎. 说文解字 [M]. 杭州:浙江古籍出版社,2016:【女部】.
② 刘啸. 老北京记忆 [M]. 北京:当代世界出版社,2017:43.

的顶端"①。所以，皇权与皇帝又常和"尊贵的神"联系在一起，古代先民对神的景仰，不亚于对皇权的崇拜。"虽然儒家思想主张以德治国，但它在根本上还是主张和维护君主专制的政治体制的。"②

在皇权至上的封建社会，皇帝的所有言行都是绝对正确的，而且是必须遵循的。与此同时，强烈的尊君意识，也强化了人们对皇帝行为的竞相效仿。在古代宗法制度下，妇女"如有聪明才智，识达古今，正当辅佐君子"，有"助其不足"③ 之义务。凡世宦之家之女，到了 13 岁都要登记，以备择选，充赞善之责。未经选看者，父母不能私自为其订婚。只有落选后，才能谈婚论嫁，否则，将治以重罪。

古代的"选秀女"，不是一般意义上的选美，而是以相貌端庄、举止稳重、口齿清晰作为入选的条件。事实上，封建帝王之家，也是家国同构的特殊阶层。多妻制的婚姻形态，表现为妃嫔的名位制度，这是后宫存在和发展的基础，也是皇室家族血脉得以延续的根本保证。清代继承了明朝选淑女的制度，皇帝的后妃，是通过"选秀女"的方式入宫的，由礼部和宦官衙门共同办理。

在后宫，妃嫔是皇帝发泄淫欲的对象，也是广其子嗣的工具。作为受命于天、受权于神的妃子，有着崇高的地位和荣耀。由于皇权至上的君主专制是皇室婚姻制度存在的基础，因此，贾元春与皇室的通婚，具有强烈的政治色彩。第七集，荣国府大厅内，正在举行贾政生日庆宴。宁荣二府阖家齐集，人声鼎沸，异常热闹。贾政身着大红吉服，端坐在巨大的"寿"字正位下面，接受亲友和晚辈们的祝贺和叩拜。贾宝玉跪着敬酒，贾政一饮而尽。突然，一门吏匆匆来到贾政面前跪下，说六宫太监夏老爷来传皇帝口谕。整个大厅顿时安静下来，贾赦、贾政等人，吓得不知出了何事，忙止了戏文，撤去酒席，摆上香案。荣国府中门开启。

剧中，夏老爷旁若无人，至正厅下马后，昂然而入，气势咄咄逼人。此时的夏老爷代表的是皇帝，口谕为皇帝之言，高声宣布道："立刻宣贾政入朝，在临敬殿陛见。"跪在案下的贾赦、贾政、贾珍、贾蓉等心中忐忑不安，不知道发生了什么大事。夏老爷明明知道，却守口如瓶，故弄玄虚，不及吃茶，飘然而去，贾政等忙着更衣入朝。

贾元春通过选秀入宫，被加封为贤德妃，晋封为贵妃娘娘，给贾氏家族带

---

① 王国凤. 红楼梦与礼 [M]. 杭州：浙江大学出版社，2011：75.
② 吴晓. 图解中国历代酷刑史 [M]. 呼和浩特：内蒙古文化出版社，2012：70.
③ 翟博. 中国家训经典 [M]. 海口：海南出版社，2002：140.

来了巨大的荣耀。国公府与帝王之家结亲，贾政就成了岳父，贾宝玉就是名正言顺的国舅爷了。这对历经百年、败象渐露的贾府而言，无疑是最为耀眼的一次回光返照。

从荣国府来看，第三代贾赦、第四代贾琏，与宁国府的第四代贾珍和第五代贾蓉，都是难以支撑贾府门面的人。贾赦的能力甚至还不如贾珍。在这个紧要关头，昔年因贤孝才德被选为宫中女史的贾元春，甚得皇帝宠爱，成为贵妃娘娘。这一天对贾政而言，可谓双喜临门。皇帝降谕：凡有重宇别院之家，准许回娘家省亲。

一、迎接元妃：第七集，为了达到皇家规定的礼仪标准，贾政与贾赦商议，决定大兴土木，盖一座省亲别院。因贾政不惯于俗务，由贾赦、贾珍、贾琏经办。不久，一座富丽堂皇、典雅别致的省亲别院建成。园内，古董文玩，俱已陈设齐备，鹤、鹿、兔以及鸡、鹅等，亦已买全，体现了皇家姻亲应有的气派。与此同时，贾蔷还奉贾赦之命，到江南聘请教习、采买女孩和置办行头乐器。据徐扶明先生考证，仅筹备戏班的费用，按乾隆年间的粮价计算，可买四万石粮食，大略可供一万人全年的口粮。①

剧中，用闪回手法，呈现了省亲前夕，贾府一派欢庆祥和的氛围。刚刚落成的省亲别院内，工匠们正在修剪花木，清理杂草；房间里，一件件器物珍玩，在架上井然有序地排列着；庵堂内，10 名小尼姑打坐诵经；梨香院内，贾蔷正在督促优伶们，忙着排演节目；院内（冬），贾赦正督促工匠赶制花灯和烟火等；傍晚的宁荣街上，三四十名大兵在驱散闲杂人员，工部官员并五城兵马司派来的近百名大兵，为街道洒水和铺垫黄沙；宫里几十名小太监，在落实贵妃更衣、燕坐、受礼、开宴、退息地点，就连省亲时间，也力求做到分秒不差；街头巷口，被帷布遮挡得严严实实。直到十四日，所有准备工作才算告一段落。

为稳妥起见，自元妃启驾，到迎驾、参见、观景、放赏、题额、评诗、回鸾等重要环节，处处小心翼翼。贾政房中（夜），赵姨娘和周姨娘为贾政换上了彩绣大礼服；贾赦房中，侍妾翠云和两个丫头正为贾赦舒展礼服衣带；贾母房中（夜），贾母、邢夫人、王夫人、尤氏、李纨、凤姐等按品服着大妆。贾母从五更开始忙起，梳妆完毕后，亲率阖族女眷，站在荣国府大门口，焦急地等待着。

第八集，在西街门外，贾赦站在阖族男丁最前面，显得十分焦急。过了好

---

① 徐扶明. 红楼梦与戏曲比较研究［M］//红楼梦研究集刊编委会. 红楼梦研究集刊第四辑. 上海：上海古籍出版社，1980：398.

一会儿，才隐隐听到乐队声，几十名太监出现并分立大街两侧。突然，从远处传来马蹄声，一太监从西墙角跑出来，拍手示意。此时，整条宁荣街显得格外寂静。一对骑马的红衣太监行至西街门下马，垂手向西而立。一对红衣太监下马后，向西侍立，很快又出现了十几对红衣太监依次排开的画面。贾府男丁、女眷、仆人各自列队伫立。接着，一队太监拍手入场，贾府男丁整理衣帽，一太监出列观望，拍手示意。这时，天色已渐渐暗了下来，省亲马队入场，继为乐队，再是举灯、举牌队伍。在千呼万唤中，元妃终于登场。这样的次序，既符合皇家礼仪，也体现了元妃尊贵的身份地位。

二、元妃游园：元妃的舆车落地，贾府阖族男女行跪拜礼相迎，连贾母也概莫能外。通过跪拜礼仪，烘托出元妃省亲磅礴的气势和庄严的氛围，体现了君臣之间的森严等级。这时，几名太监飞跑过来，将贾母、邢夫人、王夫人扶起，元妃的舆车缓缓进入省亲别院正门。在仪仗队的护卫下，舆车到仪门，跪在地上的两名太监请元妃更衣，抬轿的太监整齐退出。一群女仪官上来，引领元妃下车，搀扶着走进省亲别院内。在太监仪仗的引领下，轻便坐车缓缓驶来。跪在车前的太监恭请元妃上船。元妃登上华美凤舟后，开始游幸大观园。

园内水上，只见清流一带，宛若游龙，两边石栏上，挂满了各式各样的水晶玻璃灯，犹如银光雪浪。上面柳杏诸树，虽无花叶，枝上粘着各色绸绫纸绢及通草花，每株悬灯万盏。池中荷叶荇凫鹭诸灯，为螺蚌羽毛所做，上下争辉，水天焕彩。其奢华靡费，就连过惯皇家生活的贾元春，也不禁摇头叹息。

三、家人团聚：元妃游毕，进入省亲别院正殿。两阶乐起，礼仪太监跪在元妃面前，请贵妃娘娘升座。站在大殿外的贾府男丁、女眷，在贾赦和贾母的率领下，分别向正殿行国礼。站在厅外的两府执事向元妃行国礼。通过渲染省亲场面的奢华与元春内心的凄凉，突出了元春在宫中的孤独与寂寞。

按照封建宗法制的规定，所谓"名位不同，礼亦异数"①。"省亲现场，除完全按皇家规矩行事外，既行国礼，又行家礼，父母跪拜女儿，女儿垂帘行参。"② 体现了贵贱有等、长幼有序的礼仪原则。亲子之情在这里异化为君臣之礼。在贾母房内，贾元春左手搀着贾母，右手搀着王夫人，邢夫人、李纨、尤氏、凤姐和三春紧随其后，彼此垂泪无言。令人滑稽的一幕出现了，元春说："老祖母，请受孙女一拜！"贾母："何以使得，快快请起！"明明是孙女拜见祖母，反倒是祖母先给孙女行了国礼。随后，邢夫人、王夫人也给元妃下跪。贾

---

① 李修生等．四书五经辞典［M］．北京：中国文联出版公司，1998：451.

② 聂石樵．聂石樵自选集［M］．济南：山东文艺出版社，2007：421.

元春扶起王夫人后，叫了声"母亲"。这时，音乐再次响起，母女俩相拥而泣。

面对至亲，元春忍悲强笑，反过来安慰家人："当日既送我到那不得见人的去处，好容易今日回家娘儿们一会，不说说笑笑，反倒哭起来。"可见，元春内心的凄凉。按说，贾元春的皇妃梦已经实现，本应开心才对，然宫中苦楚，唯有自知。贾元春问母亲："薛姨妈、宝钗、黛玉怎么不见？"王夫人："外眷，无旨未敢擅入。"礼制规定，外眷是不能擅自闯入省亲现场的。薛姨妈、薛宝钗、林黛玉分别行了跪拜礼后，依次站成一排。随后，贾府男丁列队下跪。贾元春问："宝玉怎么不见？"贾母站起来回答："无谕，外男不敢擅入。"作为贾元春的胞弟，宝玉也只能站在室外，等着元妃传谕。随后，元妃命引进屋，宝玉行了国礼。

在宗法社会里，君臣之间有着严格的等级界限。贾政虽是贾元春的父亲，见到女儿仍需行跪拜礼。因皇权凌驾于父权之上，君臣之礼高于家礼。站在帘外的贾赦等，一本正经，垂手站立。身着朝服的贾政。神色凄然，诚惶诚恐，隔帘向坐在帘内的亲生女儿行君臣之礼。父女俩含泪对答，贾政还说了一通言不由衷的官话："臣，草莽寒门，鸠群鸦属之中，岂意得征凤鸾之瑞，贵妃切勿以政夫妇残年为念，懑愤金怀，更祈自加珍爱，惟兢兢业业，勤慎恭肃以待上，庶不负圣上体贴眷爱之隆恩。"贾元春严格按皇家礼制规范，对父亲要求道："愿父以国事为重，暇时善自保养，切勿记念。"元春一席话，令贾政感激涕零，潸然动容，俯伏奏称："臣遵旨！"贾政退出。表面上看，皇上允许贾元春回家省亲，体恤后宫女子与家人骨肉分离之痛，然"圣眷方隆"的贵妃，竟当着至亲的面，伤感道："一会子我去了，不知什么时候，才能和你们再见面。"表现了贾元春对家人团聚的渴望，也道出了"至尊"身份背后不为人知的心酸。

四、起驾回宫：元妃于正月十五日回家省亲，夜里来夜里去，前后大略呆了 7 个小时，于次日凌晨三点，起驾回銮。元妃虽不忍别，奈何皇家规矩不得违背。在这里，欢乐不过是悲哀的另一种表现形式。剧中，愈是渲染这种氛围，观众愈能感受到其悲凉和痛苦。在反映皇权至上的同时，揭露了封建伦理纲常的虚伪和残酷。

五、元妃生死之谜：身处宫廷的贾元春的命运如何，剧中没有具体呈现。第三十四集，在贾宝玉和薛宝钗进入洞房的喜庆中，突然传来元妃去世的噩耗。其实，对于元妃之死，从省亲时她所点的四出戏，就可看出端倪。脂批在第十八回也写得非常清楚："所点之戏，剧伏四事，乃通部书之大过节、大关键。"在第二出戏《乞巧》中，脂批又云："《长生殿》中伏元妃之死。"《长生殿》是清代剧作家洪升的剧作，讲述了唐明皇和杨贵妃的故事。曹雪芹以杨贵妃自缢而死，暗喻贾元春之死，由此给贾府带来的负面影响不言而喻。

第二节　唯权是尊的官场之礼

中国古代的官场，有别于西方现代文官制度。先秦时期法家"法、术、势"的为官之道，在中国历史上发挥了巨大作用，被奉为经典。剧中的官员，除"暗结虎狼之属"的应天府尹贾雨村和趋炎附势的长安节度使云光外，还有卖官卖爵的太监戴权，少了一个戏子就活不了的忠顺王，附庸风雅的北静王，袭了世职却不好好做官的贾赦、贾珍等。通过碎片缀织，复原了古代官场的部分细节，可一窥封建官员人身依附、同流合污和唯权是尊的官场风貌。

一、空手套白狼的戴权

太监称中宦、官宦、宦者、内侍、内宦、阉人、中涓、内竖、中贵等，被认为是不男不女的中性人。"古人常将太写作大，太监也写作大监，各级官府的主管都称太监，其下有少监、监丞。"① 在古代，构成封建官场政治生态的基本条件为人身依附，"故自秦汉以来，在中国历史上，才屡有皇帝家奴的宦官群体出现"②。这些人身居宫中，靠着接近皇帝的机缘，代替皇帝行使某些国家职权，往往为非作歹，祸乱朝纲，严重干扰了皇权统治，足见其能量之大。这就是中国历史上屡屡发生的"宦官专政"。原著中的戴权，谐音为"代权"，有"代皇帝行使大权"之意。剧中，戴权是大明宫掌宫内相，平时与皇帝亲近，与大臣们常有往来，派头十足。

在人情社会中，"人情"是一种社会资源，所谓"朝中有人好做官"。说白了要有后台，才能得到重用，有更硬的后台或靠山，位子才坐得更稳。这些心照不宣的潜规则，往往得到官场中人的默认和遵守。因此，上下交结，官官相护，便成为封建官场的真实写照。第一集，朝廷吏部钱大人和大明宫内相戴权与贾府为多年至交好友，朝廷将起用革职官员，贾政希望贾雨村抓住机会，东山再起。贾政说："我亲自举荐，会玉事其成的。"

在清代，除八旗子弟、汉人家奴、优伶等不能捐官外，允许士民向国家捐纳钱物以取得爵位官职。出钱少，买小官或虚衔；出钱多，可买大官或实官。

① 翟文明. 中国史世界史常识全知道［M］. 北京：中国华侨出版社，2010：115.
② 李世忠. 长安文化与唐诗的政治精神［M］. 西安：三秦出版社，2014：74.

第六集，剧中删除了原著中的大部分内容。按规定，捐官意为捐款授官，实则买官，这是一种公卖制度，归户部管理。贾珍却直接找到大明宫内监戴权，引出了皇宫内监干政的内幕，也暗隐了朝廷宦官专政的事实。

剧中，在秦可卿停灵的第四天，戴权坐着大轿，前来上祭。贾珍正在为儿子买官之事犯愁，不料卖家主动上门，乃不失时机凑上前去。戴权对贾珍道："事倒凑巧，正有个美缺。如今三百员龙禁尉短了两员，昨儿襄阳侯的兄弟老三来求我，现拿了一千五百两银子送到我家里。你知道，咱们都是老相与，不拘怎么样，看着他爷爷的分上，胡乱应了。还剩了个缺，谁知永兴节度使冯胖子来求，要给他孩子捐，我就没工夫应他。既是咱们的孩子要捐，快写个履历来！"这段话，一是巧妙地说出了龙禁尉的价格；二是借永兴节度之口，让贾珍迅速做出决定；三是看在旧交的情面愿意帮忙。贾珍忙吩咐小厮，赶快把贾蓉的履历用一张红纸写来。

戴权卖关子的话，含蓄委婉。第一个"咱们"，除他本人外，还包括另外两个人，即襄阳侯的兄弟老三和贾珍。接着，又补充道："咱们都是老相与。"如果将其放到"你知道"的后面，便成了补语。戴权之所以买老三的账，是因为"老三"拿了一千五百两银子"来求我"，所以才"胡乱应了"。而一千五百两银子是戴权标出的预期价，与成交价还是有出入的。所以，戴权在"应了"之前，加了"胡乱"二字。然对永兴节度使冯胖子，戴权却是另一种态度。因冯胖子不属"老相与"之列，所以"就没工夫应他"。这里的"没工夫"，并非指真的没有时间，只是戴权不想买冯胖子的账。戴权之所以直呼这位节度使的绰号，而不呼其名，在表示亲昵的同时，也反映了他对朝廷命官的蔑视。戴权称贾蓉为"咱们家孩子"，显然是太监惯用的口吻。

剧中，贾珍正在看儿子的履历，画外音："江南江宁府江宁县监生贾蓉，年20 岁；曾祖贾代化，原任京营节度使，世袭一等神威将军；祖贾敬，乙卯科进士；父贾珍，世袭三品爵威烈将军。"戴权接过贾蓉的履历后，随手递给了贴身小厮："回来送给户部堂官老赵，说我拜上他，起一张五品龙禁尉的票，再给个执照，就把这履历填上，明儿我来兑银子送去。"戴权起身告辞，贾珍挽留不住，将其送出府门。

所谓户部堂官，指朝廷具体办理捐官事宜的官员。按理，戴权吩咐小厮的话，回宫说也不迟，没有必要当着贾珍的面交代，其目的是让贾珍放心。对朝廷堂堂户部堂官，戴权不称"赵老爷"，而称"老赵"，仿佛这个户部堂官是他随喊随到的家奴。于是，一个卖官卖爵的不法形象就此呈现出来，给观众留下了很深的印象。

戴权临上轿时，剧中呈现了贾珍苦苦挽留的画面。为表达感激之情，贾珍对戴权笑道："老内相，里面备了酒水，还望老内相……"戴权："咱们自己人，不必客气了。"接下来，两人的对话尤为绝妙，贾珍忙躬身对戴权道："银子还是我到部兑，还是一并送入老内相府中？"戴权："若到部里，你又吃亏了。不如平准一千二百银子，送到我家就完了。"在"吃亏"二字前面，戴权原本可以说"就"，却故意说成"又"，意在提醒贾珍，此事如果不是遇到我戴权，你肯定又要吃亏上当了。虽说是明码标价，但戴权还是主动打折优惠，少收了贾珍三百两银子，给人一种为人厚道的假象。其出奇制胜的应答之术，若非江湖老手，不能若此。事实上，这些银子最后落到谁的腰包，大家都心知肚明。贾珍对一千二百两银子的去处也没有多问，还感激不尽道："待服满后，亲带小犬到府叩谢！"

戴权以祭奠秦可卿之名，凭着身居宫中的便利条件，聚敛钱财，行空手套白狼之实，转眼间，就赚了一千二百两银子，哪还有半点退食自公的气节？至于那个老三，是否真的花了一千五百两银子，也只有天知地知了。戴权笃定贾珍不会当面对质，然对没有捐上官的冯胖子而言，极有可能是戴权精心编造出来搪塞贾珍的，足见清代官场的黑暗和腐败。

二、忘恩负义的贾雨村

贾雨村，字时飞，别号雨村，原是湖州人氏，出身仕宦之家，与金陵贾氏的血缘关系已疏远。到他这一辈时，人丁单薄，门户萧条，祖宗根基已尽，只剩他一人了。原著第一回中的甄士隐和贾雨村，是两个颇耐人寻味的人物，暗示在"假语"连篇中，还隐藏着"真事"，足见其在《红楼梦》中非同小可的地位。相较于癞头和尚、跛足道人两个近乎神话的人物，贾雨村与原著相始终，对推动故事情节的发展，起到了推波助澜的作用。

剧中，贾雨村为"进京求取功名，再整基业"，落难苏州，每日靠卖文写字为生。清代红学家姚梅伯先生对贾雨村这段不幸的人生际遇感触良深。他说："此时的贾雨村在穷困潦倒中，犹不失读书人本色，不知后来一入仕途，且居显要，便换一副面目肺肠，诚何故也？"① 作为乡绅的甄士隐，与贾雨村颇有缘分，在一"甄"一"贾"的背后，暗示了曹雪芹将"真事隐"和"假语存"。

原著中的甄士隐，秉性恬淡，不以功名为念，平时以观花种竹、饮酒吟诗为乐，一生与人无涉，乐善好施。其妻封氏，性情贤淑，深明礼义。剧中，甄

---

① 曹霑. 增评补图石头记［M］. 北京：商务印书馆，1957.

士隐与贾雨村一见如故，被其英俊潇洒的外表和不凡的抱负所折服。然此时的贾雨村，可谓清贫如洗，寄庙安身，贫困潦倒靠卖文写字为生的地步，幸得甄士隐资助五十两白银和两套冬衣，才得以进京赶考。可以这样说，如果没有甄士隐的慷慨解囊，贾雨村一生断与仕途无缘。

第一集，贾雨村中进士后，旋升县太爷，娶了当年回眸一笑的甄家丫鬟娇杏。这对贾雨村来说，可谓双喜临门，志得意满。然上任不到一年，因"贪酷"和"恃才辱上"被革职，再度落魄江湖。这是贾雨村初涉官场，与没有跟对人或找对门路和结交到贾、史、王、薛四大家族这样有权势的政治靠山有关。削职为民的贾雨村，无以为业，居无定所，浪迹江湖，陷入进退维谷的窘迫境地。一次偶然机会，得友人举荐，给扬州巡盐御史林如海做西席，教授其年方 5 岁的女儿林黛玉。

林如海，字如海，苏州人氏，系前科探花。家中虽有几房姬妾，然命中无子，与贾敏育有一女，名黛玉。黛玉自幼聪明俊秀，家境优渥，被父母视为掌上明珠，小小年纪，就得满腹经纶的贾雨村教诲。孰料其母贾敏，旧疾复发，不久病故。因无人照料，林黛玉更加虚弱，成天躺在床上，连书也不能看了。时黛玉外祖母来信，怜其孤独无依，要接到贾府生活。受林如海所托，贾雨村护送林黛玉到贾府。后贾雨村得林黛玉二舅贾政举荐，不到两个月工夫，就补得炙手可热的金陵应天府肥缺。

薛蟠好勇斗狠，是薛姨妈之子，原为"金陵一霸"。原著第四回说他"从五岁上就性情奢侈，言语傲慢"。其老祖宗曾为皇帝撰拟诰书，类似于今天的秘书。凭着祖上余荫，薛家后代大都成了皇商。到薛姨妈这一辈，因丈夫死得早，家道中落。

剧中，对薛蟠犯下的命案，有较为完整的表述。第二集，薛蟠与小户人家公子冯渊同时看上被拐的丫头英莲，双方争抢。薛蟠放纵家仆将冯渊打死，扬长而去。这是贾雨村复职后，接手的第一桩命案。案子拖了一年多，冯家人告状无门。因薛蟠的舅舅王子腾，时任京营节度使，令其将家中事务交给族人管理，与母亲和妹妹来京。从此，寄居于荣国府梨香院。于是，"薛蟠的人命官司，便成了一种偶然的契机"①。冯家得知薛蟠畏罪潜逃，愤愤不平，告到应天府。然薛蟠视人命为儿戏，自谓："这就更好办，应天府的新任知府，就是咱们家保荐的贾雨村。"剧中，英莲为甄士隐之女，被人贩子拐卖，嫁给薛蟠时，年仅 16 岁，改名为香菱，后由薛蟠之妾夏金桂改名为秋菱。

---

① 郭豫适．红楼梦研究文集［M］．上海：华东师范大学出版社，1988：275.

面对人命关天的案件，贾雨村勃然大怒，下令缉拿凶手，并道："哼！天下竟有这样放屁的事！打死人的薛蟠，就让他白白跑了不成！"公堂上，冯家人道："老爷，我家小主人买了个丫头，不想是拐子拐来的。这拐子先得了我家的银子，又偷着丫头卖给了薛家。我家小主人知道了不依，去找拐子索取丫头，无奈薛家乃是金陵一霸呀！竟将我家小主人给打死了。"贾雨村："你家主人死得冤枉，本府要按国法公断，你还有什么说的吗？哪个是薛蟠？现在何处？上有天理，下有国法，欠债还钱，杀人偿命！"足见此时的贾雨村还有一腔正义。

当贾雨村正要发签拿人时，站在公堂案边的门子不停地递眼色，贾雨村疑心，当即退堂。按说，官府中的听差，如门子之流，对于断案之事，并无权干涉，何必"狗咬耗子多管闲事"呢？原来门子是与贾雨村当年同栖葫芦庙的小沙弥。因庙中失火，无处安身，便蓄发充了应天府的门子。在公堂上，门子早就认出了这个老爷，原来是当年栖居庙里的那位穷书生。

所谓门子，"乃衙署中侍茶捧衣之贱役也"[1]。贾雨村得知门子原系故人，忙让其至密室。门子向贾雨村道出了案件经过，并透露了凶手薛蟠是荣国府二老爷夫人的亲外甥，望顺水舟，签字画押，速结此案。被薛蟠抢走的丫头不是别人，恰好是资助贾雨村进京赶考的恩人甄士隐走失多年的女儿。当年贾雨村为感谢甄士隐的雪中送炭，曾向封氏允诺，答应代其"寻访"下落。精明狡诈的门子不失时机地拿出一张护官符，对贾雨村道："老爷荣任到这一省，难道就没抄一张本省的护官符？不知道这个，官怎么能当得长远。现在，凡是做地方官的，手里都有一个私单，写的都是本省最有权势，极富极贵的大乡绅名姓，各省都一样。倘若不知道，一时触犯了这样的人家，别说是官爵，恐怕连性命还保不成呢！"贾雨村默默点头，开始犹豫起来，是报答甄家救英莲于水火，还是投靠四大家族徇私枉法？门子的一席话，令贾雨村茅塞顿开，遂放弃了惩治凶手的打算。

在古代，"护官符"是官员行走官场的行动指南。剧中薛蟠的罪恶，冯渊的命案，衙门的黑暗和腐败，都可以在这本"护官符"中找到答案。因凶手是"护官符"上的薛家公子，薛蟠的舅舅王子腾又是权倾一时的朝廷命官，其姨父贾政，又是贾雨村复出的"恩人"。两相权衡后，贾雨村想到自己刚刚上任，如果秉公执法，到头来倒霉的还是自己。薛姨妈的哥哥王子腾，在原著中没有正面交代，仅在描写其他人物时顺便带出。但这个若隐若现的影子式人物，却深刻地影响着《红楼梦》众多人物的命运走向，在第九十六回赴京履新途中，因

---

① 刘梦溪. 论《红楼梦》前五回在全书结构上意义［J］. 红楼梦学刊，1979（1）：129.

病而死。

贾雨村得门子点拨，一时豁然开朗，对这攀龙附凤的机会，怎肯轻易放过？随即宣衙役传原告到堂候审，用"瞒天过海"之计，扶鸾请仙，虚张声势，假借鬼神之名，说薛蟠被冯渊鬼魂追索，于半年前得了重病，不到两个时辰就死了，尸首就埋在西门外。而门子又暗中嘱咐拐子，据实招供。贾雨村当堂宣判："薛蟠行凶斗狠，纵奴仆打死冯渊，准《斗杀律》，应处予绞刑。然而，薛犯已于半年前暴病身亡，冤债已经了结。姑念冯家贫弱无助，判薛家赔冯家烧埋费五百两，当堂付清，退堂。"众人见仙批与拐子招供相符，薛蟠之命被冯渊之魂追索不虚，加之冯家得了银子，也就无话可说。

贾雨村之所以对薛蟠网开一面，目的是希望贾、薛两家买他人情，回头"也好去见贾王二公"。在明知被抢走的英莲是恩人甄士隐的女儿后，贾雨村不但不救，甚至忘恩负义，出尔反尔，把之前许下的"务必探访回来"的诺言，全抛到九霄云外。同时，对人贩子放任不管。其上屋抽梯的势利嘴脸，展露无遗，这无疑是对儒家宣扬的"贫贱之交不可忘"道德信条的极大讽刺。

贾雨村趋炎附势，利欲熏心，翻脸如翻书，致使凶手逍遥法外，可怜英莲出了虎穴，又入狼窝，终日生活在薛蟠的魔掌之下，苦苦度日。贾雨村"修书二封，与贾政并京营节度使王子腾"，称"令甥之事已完，不必过虑"等语，邀功讨好，以做日后进身之阶。可见，封建专制的国家机器是四大家族横行霸道的靠山，更是杀人不见血的刽子手。

原著在前八十回中，对贾雨村有详细交代。后贾雨村得王子藤"累上保本"，进京做官。为了更好地依附于贾府，他还设计害死了石呆子，把夺得的数十把古扇送给了贾赦。当年腊月，得补授大司马，协理军机，参赞朝政，登上了权力巅峰，成为炙手可热的人物。

第三节　毕恭毕敬的父子之礼

在宗法社会里，父子关系是家庭人伦关系中最为重要的关系之一。所谓"父，甫也，甫，始也，始生已也"①。象形字中的"父"，意为男子拿着工具劳动；甲骨文中的"父"，左边是一条竖线，代表工具形状，意为男子右手拿着工具，在野外从事劳动或打猎。《易·序卦》曰："有万物然后有男女，有男女然

---

① 张继平.《古音韵释要》［M］.北京：群言出版社，2005：242.

后有夫妇，有夫妇然后有父子。"① 人类有了男女，就有了夫妻关系，有了夫妻关系，也就有了父子关系的存在。

《诗经·邶风·凯风》曰："有子七人，母氏劳苦。"② 《仪礼·丧服》有"故子生三月，则父名之"③ 的记载。甲骨文中的"子"，本义指幼儿。《荀子·劝学》云："干、越、夷、貉之子，生而同声，长而异俗。"④《中国与琉球》一书中"琉球人产乳必食子衣"⑤ 的说法反映了子女与父母之间不可分离的依存关系。在家庭人伦关系中，父子关系半径最短。繁体字的"親"，左边的"亲"指父母，右边的"見"寓经常见面的人。作为父母，对子女要"慈""严""教"。所谓慈，指年幼时，免其饥寒之苦；所谓严，指不一味溺爱；所谓教，指对子女的教育。而"严"的角色，通常由父亲担任，"慈"的角色，由母亲充任，故有"严父慈母"之说。

父权是封建宗法制度的基础，也是君权在封建家庭中的体现。《礼记·中庸》曰："天下之达道五，所以行之者三。曰：君臣也，父子也，夫妇也，昆弟也，朋友之交也。五者，天下之达道也。"⑥ 人伦指君臣、父子、夫妇、兄弟、朋友五种关系。其中，父子关系指亲子之礼，体现在"慈"和"孝"上。前者指父母对子女的爱，后者指子女对父母的孝顺。在中国传统家庭中，父子关系是家庭关系的主轴，是以血缘亲情派生出来的天然关系，被称为人伦之公理。古人曰："父子之间不责善，责善则离，离则不祥莫大焉。"⑦ 意思是长辈教育晚辈，不能脱离实际或有过高要求。唯其如此，父子关系才会和谐，家庭关系才能更加稳固。

这种血亲意识是伴随着家族制度产生的。家庭既是组成社会的基本单位，也是个体道德养成的最初场所。所以，"训教子女，是父母义不容辞的责任"⑧。

贾政原没有官职，其父贾代善临终奏本，皇上怜恤大臣，让贾赦袭官，额外赐给贾政正六品主事衔，后升工部员外郎，职从五品。这种怜恤重臣、恩及臣子家人的做法，彰显了帝王所谓的仁慈。此事，如果放到其他人身上，可能是一件非常荣耀的事。对贾政而言，却失去了证明自己才能的机会，遂终身引

---

① 蒋庆.中华文化经典基础教育诵［M］.北京：高等教育出版社，2012：75.
② 李索等.理趣诗精选［M］.石家庄：河北大学出版社，2002：3.
③ 贾公彦.仪礼［M］.合肥：黄山书社，2016：93.
④ 荀况，墨翟等.荀子·墨子·韩非子［M］.吉林出版集团，2017：4.
⑤ 谢必震.中国与琉球［M］.厦门：厦门大学出版社，1996：127.
⑥ 张葆全.大学中庸选译（汉马对照）［M］.南宁：广西师范大学出版社，2016：218.
⑦ 司马光.司马温公集编年笺注5［M］.成都：巴蜀书社，2009：424.
⑧ 赵琴.学校教育与家庭、社会教育［M］.广州：广东高等教育出版社，2000：146.

以为憾。

由于长子贾珠英年早逝，贾政把未竟之志和振兴家族的重任，全部寄托在次子贾宝玉身上。贾宝玉是一个争论颇多的人物，有的说他是公子哥儿，有的说他是封建统治阶级的叛逆，还有的说他是"多余的人"。剧中，贾宝玉对其父贾政有一种与生俱来的畏惧心理，凡事能避则避，能躲则躲。连贾政门下的清客，都知道贾宝玉不思进取的性格。

第四集，贾宝玉到梨香院探视生病的薛宝钗，本来从上房后角门走最便捷，因担心遇到其父，特绕了一大圈。尾随其后的嬷嬷、丫鬟还以为是到宁国府看戏呢。半路上，遇到一帮清客相公，宝玉谎称去见父亲，说父亲在梦坡斋书房午休。因不能自圆其说，连他自己都忍不住笑了起来。

在这一集里，贾宝玉在薛姨妈家吃鹅掌，大家边吃边喝，两杯酒下肚后，"正在个心甜意洽之时"，李嬷嬷突然不许宝玉再喝，吓唬道："你今儿仔细点儿，老爷在家，提防问你的书！"宝玉深感不悦，慢慢放下酒杯。其实，贾宝玉对父亲的毕恭毕敬，乃是在父权淫威之下做出的一种选择。剧中，相关人物台词，可谓妙语连珠，揭露了在父慈子孝掩盖下，贾府冷酷无情的父子关系。

剧中，贾政性情死板，不苟言笑，常以严父面目出现，对儿子动辄打骂，父子关系如同冰炭。第四集，贾政与一帮清客相公在书房里高谈阔论，忽见宝玉进来请安，说去上学，遭到贾政无缘无故的痛骂："哼，你要是再提上学两个字，连我也羞死了。依我的话，还是玩你的去是正经，仔细站脏了我的地，靠脏了我的门。"贾政叮嘱李贵务必把他的话带给学堂先生，要求宝玉把《四书》等能熟背讲解。

由于贾宝玉不好好读书，连身边的小厮也跟着受气。李贵是李嬷嬷的儿子，每天陪宝玉上学，外出由他护送。李贵："哥儿，听见了没有，可要先揭了我们的皮呢！人家的奴才，跟着主子赚了些好体面，可我们这种奴才，白赔着挨打受骂，以后体谅见些才好。"李贵的话，既是诉苦，又是规劝。接着，贾政还说了一通不近人情的话，连在场的清客相公都听不下去，忙劝道："哎，老世翁又何必如此，世兄如今这一去，三二年就可显身扬名，断不似往年仍作小儿女之态了。天也不早了，世兄还是快请吧。"贾宝玉这才得以离开。

对贾宝玉而言，贾府就像一个牢笼。第十九集，贾宝玉对柳湘莲道："我只恨我天天圈在家里，一点也做不得主，行动就有人知道，不是这个拦，就是那个劝的，能说不能行，虽然有钱，又不得我使。"宝玉思想性格的形成，绝非一日两日。在贾母的庇护下，他从小对四书五经、八股文章消极应付，根本没有入圣超凡的想法。第十集，在大观园后角门外，茗烟偷偷把《牡丹亭》《西厢记》等禁书送来。贾宝玉视若珍宝，高兴得合不拢嘴。茗烟："哎哟！小祖宗，让人知道了我吃不了兜着走。"宝玉不喜四书五经，对禁书却爱不释手，除床顶上几本文理雅道的书外，全是些粗俗的读物。

贾宝玉蔑视功名利禄，最厌勇男蠢妇，厌见为官做宰之人，最烦足峨冠礼和贺吊往还之事。第十四集，麝月告诉贾宝玉，兴隆街的大爷贾雨村，如今在朝廷做官，老爷让他去会会。贾宝玉答："我只是俗中又俗的一个俗人罢了，并不想同这些人来往。"史湘云："你呀！还是这个性情不改。如今大了，你不愿读书去考举人、进士，也该会会那些为官做宰的人们，谈谈讲讲仕途经济学问呐，也没见成年家只在我们队里搅什么！"贾宝玉甚觉刺耳，把脸一摞："请姑娘到别的屋里去坐坐吧！仔细我这里，玷污了你的仕途经济学问。"袭人忙过来，劝史湘云不要再说。

在原著第二回中，贾宝玉说："我见了女儿就清爽，见了男子就觉得浊臭逼人。"在茫茫尘世中，只有女子的世界，才是一片净土。他厌恶男子的"浊、蠢、脏、臭"，希望变成一个"清、灵、洁、净"的女儿身。对自己身为男儿身，倍感遗憾。原著第三回有一首词《西江月·嘲贾宝玉》，概括了其"草莽""愚顽""无能""偏僻""乖张""不肖"的性格特征。全篇既有明嘲实赞的意味，又有正话反说的意思。

清代盛行捐官，贾宝玉从小"是在耳濡目染着父辈和亲友买官卖官的政治环境下成长起来的，可谓富贵不知安乐。贾府既有世袭的前程，又有捐官、捐监生的先例，子弟苦读的意愿并不强烈"[①]。事实上，贾府的公子哥儿们大多都是些游手好闲之徒。除去贾宝玉和周围的几个姐妹和丫头外，实在找不出一个榜样来激励贾宝玉。作为封建礼教的追随者，贾政为人正直，以礼自持，以孝谨闻，但对老太太溺爱孙子的行为，却始终不敢越雷池一步。

清代养士之风盛行，所养之士，皆为才艺之人，贾政身边也养有一帮解闷消闲的清客。这些人除一技傍身，还有一套帮闲的本领。省亲别院落成后，需要题写匾额、对联，论理应由元妃省亲时赐题，但省亲日程中没有这项安排。因景致太多，贵妃若不亲临，亦难悬拟。经一清客提议，先把各处名字拟好，优则存之，劣则删之，待贵妃游幸时，再正式定名。于是，贾政邀众人前往。同时，借机测试儿子的学养才情，宝玉不知其意，只好一同随往。

原著从第十七回题"曲径通幽处"写起，宝玉独显才情，贾政不屑一顾，继而有七次大笑、两次冷笑和三次点头、两次摇头和六次断喝，足见对儿子的

---

①　于洋. 红楼梦的教育世界［M］. 武汉：华中科技大学出版社，2016：51.

失望。这些情节，在第七集得到较好表现。平心而论，贾宝玉题的联额有过人之处。剧中，贾政一会儿说宝玉"轻薄"，一会儿说"狂为乱道"，一会儿要把他"叉出去"。只有在稻香村，才露出一次难得的笑容。贾政请众人命名的话音刚落，几个清客便敷衍起来。贾政觉得用"杏花村"犯了正村名，不甚满意，暗自忖度：旧诗有"红杏梢头挂酒旗"句，觉得"杏帘在望"较为妥帖。宝玉凝思片刻，说古诗有"柴门临水稻花香"，何不用'稻香村'三字？众清客急忙拍手称好，唯独贾政脸色陡变，认为是一时逞能罢了，骂道："无知的业障！你能知道几个古人，记得几首古诗，竟敢在老先生前卖弄！"

在潇湘馆，未等众人开口，宝玉不假思索抢先答道："不及'有凤来仪'多了。"贾政又骂道："无知的蠢物！你只知道朱楼画栋、恶赖富丽为好，哪里知道这清幽气象，终是不读书之过！"对贾宝玉的不俗表现，同行的单聘仁迎合道："二世兄这'有凤来仪'，题得实在好。就是放到唐宋人句子中，亦不逊色啊！"贾宝玉："我看还是'红香绿玉'最切实景。"贾宝玉每说一句，清客们都点评恭维。贾宝玉的"红香绿玉"题额，意蕴浑雅，宛若天成，贾政却不以为然："诸公不要纵了他，他年纪小，不过以一知当十用，况且是些雕虫小技，四书五经，举业文章才见功夫。"

明、清两代，科举考试的八股文，题目大多出自《四书》，把书中的句子背熟，就是通向成功大门的一条捷径。然宝玉不愿意走"学而优则仕"之路，视读书求仕者为"禄蠹"，视有权力欲望的男子为浊物，最恨逢迎溜拍之人，从未在举业上下过功夫。

第九集，贾政问王夫人："谁是袭人呀？怎么起这个刁钻的名字？"王夫人先说是丫头取的，见贾政不高兴，便替宝玉掩饰道："是老太太起的。"贾政："老太太怎么知道这样的话？哼！一定是宝玉。"因"珍珠"的偏旁犯了玉字的名讳，宝玉将其改为袭人。宝玉见瞒不过父亲，忙解释道："记得古人一句诗上说'花气袭人知昼暖'，她姓花，就随便起了这个名字。"贾政骂宝玉不务正业，专在这些浓词艳赋上下功夫。

明代思想家吕坤曾告诫世人，"善教子者，一严之外无他术，善用严者，一慎之外无他道。今人教子，每事疏忽宽纵，不耐烦留心，及德性已坏，而笞扑日加，徒令伤恩，无救于晚。"[1] 孟子总结出五种可教之人："有时雨化之者，有成德者，有达才者，有答问者，有私淑艾者。此五者，君子所以教也。"[2] 剧

① 楼含松. 中国历代家训集成 9 [M] . 2017：5335.
② 牧语. 孟子 [M] . 南昌：江西人民出版社，2017：309.

中，宝玉还是一翩翩少年，人生道路刚刚开始。倘若引导得当，忏悔反思，知过而改，前途不可限量。贾宝玉不喜四书五经，把更多时间投入"杂学旁收"上。这可从剧中有关场景得到证明。

第二十八集，贾政领着贾宝玉、贾环和贾兰赏菊吟诗，贾宝玉独展才华，令庆国公刮目相看，额外赠了一些小礼物。贾政对贾环和贾兰道："宝玉读书，不及你两个；若论题联、和诗，这种聪明，你们皆不及他。"第六集，在秦可卿出殡途中，北静王当着贾政的面，称赞宝玉"雏凤清于老凤声，未可量也"。相比之下，贾珍、薛蟠、贾蓉等才真的是不学无术之徒。

剧中，贾宝玉创作的书法和诗作，得到清虚观道长张道士的嘉许。第十三集，张道士对贾母道："我在外边几处看见哥儿写的字作的诗，那是好得不得了哇，怎么老爷还说他不念书呢！依小道看，也算难得的了。"对宝玉的这些特长，贾政却视而不见。第四集，在去梨香院的路上，几个管事头目向贾宝玉索要斗方，说宝二爷的字"笔力越发好了"，足见其书法水平不一般。第三十一集，在王夫人房中，贾政在夸奖宝玉聪明伶俐的同时，也流露出一种莫名的失落感："论聪明才智，比环儿强十倍，若论八股举业，怕不是这块材料。说起来贾门，还没有一个从举业上发迹的，大概这也是贾门的定数吧。"

玉不琢，不成器。古人信奉"棍棒底下出孝子""不打不成器"的信条。在宗法社会里，群体价值凌驾于个人价值之上，家长对子女采取的惩罚性措施，往往被视为家庭教育的一种形式。剧中，贾政教子无方，严而无情。第十五集，以贾宝玉与蒋玉菡相好为由，通过长史官到荣国府兴师问罪，将原著中的主要事件，巧妙地加以串联，并运用声响、灯光、布景等技术，营造出"子不教、父之过"的情感氛围，最后以暴打宝玉达到高潮。

蒋玉菡艺名"琪官"，是唱小旦的戏子，妩媚风流，名驰天下。剧中，两人初次见面，就互换了汗巾。在古代，世家子弟与下贱行业的人结交朋友，是件不光彩的事，令贾政十分恼怒，喝令将其"堵起嘴来，着实打死"！小厮们不敢违拗，将其按在凳子上，一小厮举起板子，象征性打了几下。贾政嫌用力太轻，一脚把掌板的小厮踢开，夺过板子，咬着牙，狠狠打了下去。众清客见状，忙上来相劝，贾政道："你们问问他都干了些什么勾当，平日都是你们酿坏了他，到了这种地步还来劝我，你们非要酿到他杀父弑君，才不劝了不成吗？"清客们不敢说话，个个瞠目结舌，忙找人给王夫人和贾母稍信。贾政挥起板子，正打得解气时，王夫人带着几个丫头匆匆赶到，一把拉住其手痛哭起来。忽然，一丫头进来道："老太太来了。"这时，窗外传来贾母颤巍巍的声音："先打死我，再打死他，岂不就干净了！"贾政忙迎出去，躬身赔笑道："母亲，老太太，大暑天的怎么亲自来了，有话只叫儿子进去吩咐就是了。"贾母冲着贾政厉声大骂："你原来和我说话？我倒有话吩咐，只是我一生没养个好儿子！你让我和谁说去呀！"贾政忙跪在贾母面前："母亲，为儿的教育儿子，是为了光宗耀祖啊！母亲这样说，贾政怎么禁得起啊？"贾母："我一句话你就受不了，你那样下死手的板子，难道宝玉就受得住？你说你教训儿子是光宗耀祖，当初你父亲是怎么教训你来着，你忘了？"贾政忙赔笑道："母亲不必悲伤，做儿子的再也不打他就是了。"贾母冷笑道："儿子是你的，我也不该管你打不打。我猜着了，你是厌烦我们娘儿几个了，不如我们趁早离开你，大家干净！"在指责贾政不孝的同时，还放出一句"赶紧给我预备车马，我和你太太、宝玉立刻就回金陵去"的话来，这无异于变相宣布与贾政断绝母子关系。在呼天抢地中，贾政捶胸顿足，发出"让我无立足之地"的无奈，真实地反映了封建正统思想对叛逆的仇恨。

剧中，贾政对贾宝玉的管教，因没有对症下药，适得其反。父子之间的感情，日渐冷漠。加之贾母的过分溺爱和庇护，贾宝玉竟与其父玩起了老鼠躲猫猫的游戏，在叛逆的道路上越走越远。

第四节　从一而终的守节之礼

李纨，字宫裁，号稻香老农，系贾珠之妻，在金陵十二金钗中，排名第十一位。自幼习儒家经典，生性明慧，赋质鲜妍，出落不凡。其父李守中之名，谐"礼守终"音。李纨的丈夫贾珠，堪称贾府出类拔萃的人物，惜早夭，两人育有一子贾兰。

在古代，女人是男人的所有物，丈夫死了也不能改嫁。《仪礼·丧服》曰："妇人有三从之义，无专用之道，故未嫁从父，既嫁从夫，夫死从子。"[①] 这是夫权社会对女性的要求。在男权社会里，女子没有人身自由，永远受制于男子。魏林先生在《中国婚姻史》一书中，对古代妇女贞操守节的产生和发展，做过仔细考察。认为：自秦汉始，历代皆以女性贞操为尚。丧偶后，要从一而终。经过汉、唐两朝的发展，贞操守节的礼法得到进一步完善和规范。

宋元时，在"存天理，灭人欲"的大前提下，为妻者，须守礼法，不能自行其是。"妇道之常，顺为厥正，是曰天明，是其帝命，嘉尔婉娩，克安尔亲，

---

① 贾公彦. 仪礼 [M]. 合肥：黄山书社，2016：93.

往之尔家，克施克勤，尔顺唯何？无违夫子。"① 这是古典文献中有关寡嫂文化的最早论述。当代学者姜明岐在《红楼木器大观园》中，把《列女传》作为"指引中国寡妇的核心力量"来对待②，称夏侯令女为寡妇的祖师奶奶。

清代，室女守节的观念已深入人心，成为寡妇的信仰。所谓"贞女"，即以身事夫，忠贞恭顺于家庭，在丈夫死后，终身寡居，不得改嫁。剧中，"金陵寡妇"众多，有贾母、刘姥姥、薛姨妈、李纨、尤姥娘、李嬷嬷、金桂母、何婆子、金寡嫂、五婶子、袭人母等。其中，李纨继承了夏侯令女的衣钵，堪称红楼寡妇的楷模。

在宗法社会里，寡妇被打入另册，不但得不到世人的同情，还成为不受欢迎的同义语。剧中的李纨，端庄贤淑，与薛宝钗和香菱相较亦不逊色。其平和处事的心态，也不亚于尤氏和平儿，月例高于凤姐和贾探春。贾珠去世后，李纨寡居于稻香村竹篱茅舍，发誓不嫁，心如古井，大门不出，二门不迈，唯知侍亲养子，以针黹诵读为乐。她把对丈夫的思念，全部寄托在儿子贾兰身上，独自承担本应由夫妻俩共同承担的责任和义务，心甘情愿地生活在父权所决定的伦理社会里，而博得"贞节"的美名。

在贾府仆人眼中，李纨寡言少语，心慈面软，波澜不惊。对府中错综复杂的矛盾纠葛，从不"多事逞能"，有"活菩萨"之誉。在众小姑眼里，她不但为人厚道，性格随和，是个不乏幽默的好嫂子。平儿挨打，她先抚慰，还让凤姐当着众人的面赔不是；林黛玉病危，她前往探视；诗社无钱，她出面请凤姐担任"监社御史"，拉了五十两银子的赞助费。然背后总有人对其刻意回避，或指指点点，在尊重中多了几分警觉。留在李纨心中的那份苦楚，也只有她最清楚。

婆婆王夫人在儿子不在人世的情况下，本该对儿媳多一些怜惜和关爱，然综观全剧，除了在公众场合须恪守的婆媳之礼外，李纨与王夫人的近距离接触和交流，几乎屈指可数，婆媳关系冷漠，形同路人。第十五集，在贾政书房内，贾宝玉被打后，王夫人慢慢解下儿子身上的汗巾。当看到儿子贴身衣上沾满不少血渍，从腿部到臀部青一块紫一块，竟无一块好肉时，抱着宝玉声嘶力竭地痛哭起来："我的儿啊！"李纨触景生情，掩面而泣。

剧中，李纨遵礼守节，抚孤独立，与世无争，无论是在电视剧第三十四集薛宝钗的婚礼现场，还是在第四集贾敬生日的祝寿仪式上，乃至在第二十七集

---

① 曾枣庄，刘琳．全宋文卷 1305·张载七［M］．上海：上海辞书出版社，2006：127.
② 姜明岐．红楼木器大观园［M］．北京：现代出版社，2014：228.

贾母八十大寿的喜庆场合,都没有看到她的身影。因众人担心她带来晦气、冲掉喜气,所以,类似活动都没有告诉她,而她也很知趣。

常言道:"寡妇门前是非多①"。对一个年轻的寡妇来说,最容易招惹非议的是同异性接触,哪怕是与某男人多说了一句话,也可能招来闲言碎语。李纨与宁国府尤氏感情甚笃,心里不痛快,尤氏总喜欢到稻香村找李纨倾诉。第二十八集,在稻香村正室,李纨和尤氏坐在炕上吃茶,但剧中从未出现过李纨在宁国府的画面。

第二十一集,凤姐评价李纨道:"大奶奶是个佛爷,不中用。"凤姐的话,概括了李纨的行事风格。为安身立命,李纨处处小心谨慎,穿着素净,不施粉黛,表现出一种清心寡欲的生活状态。举凡府内大小事情,她都冷眼旁观,不闻不问,努力把自己打扮成循礼守节的寡妇形象。在强大的社会舆论面前,用柔弱之躯与命运死磕。剧中,李纨除了与公公贾政的一次对话外,就是办海棠诗社时,自举掌坛,让参加的人自取别号,以雅号相称。于每月初二、十六开社时,才与贾宝玉等人接触,从未看到过她与其他男性有过往来,也没有看到其他男性到过稻香村。究其原因:一是身为寡妇,出于忌讳;二是宁国府的贾珍、贾蓉父子,皆为好色之徒,而贾珍的年龄又与李纨相若;三是王夫人思想封建,这种清心寡欲的生活方式,正好可以让婆婆放心。

古代女性的地位很低。"夫为妻纲"的礼教,要求妇女"在家从父,既嫁从夫,夫死从子",这是对人性的残酷摧残。明清时期,崇拜贞节的变态心理与专制思想相结合,对寡妇的道德要求也日益制度化。朝廷对贞节烈女题旌表彰,"给银建坊"。然寡妇生前的人格,从未得到真正的尊重,甚至还遭世人白眼,有时还会连累到无辜的孩子。作为一个没有自主权且不能主宰自己命运的柔弱女子,也只能接受这样的命运安排。

贾环是赵姨娘生的庶子,素不招人待见。剧中,很少有贾兰与宝玉在一起的画面,倒是贾兰常与同病相怜的贾环在一起。贾兰是荣国府的嫡重孙,只因是寡妇之子,很少有贾政夫妇嘘寒问暖的镜头。贾兰是贾府唯一可望承继家业的人,堪称贾府男性中的传奇人物。在原著第八十回后,贾兰长大成人,在乡试中脱颖而出,得中 130 名举人。在贾府后代子孙中,还没有谁比贾兰更有出息的。因宝玉出走,贾兰中举并未给荣国府带来太多的喜悦。为寻找贾宝玉,贾兰四处奔走,在加官晋爵后不久离世。从此,贾府后继无人,一败涂地,注定了无法挽救的没落命运。

---

① 章紫含. 宋词——一朵开在绝情谷的情花 [M]. 上海:文汇出版社, 2014: 28.

第十一章

影像后的贾府家礼文化内涵

第一节　忠君孝亲的家国情怀[①]

在儒家文化中，家与国密不可分，其核心是忠孝一致。《说文解字》解释："忠，敬也。尽心曰忠，从心，中声。"[②]　"忠"是形声字，上面的"中"是声旁，下面的"心"是形旁。小篆"忠"字，有存心居中、不偏不倚之意，是评价行为方式的最高准则。《左传·庄公十年》曰："忠之属也。"[③]　意思是尽力做好分内之事，这是"忠"的要义所在。可见，"忠"的本义是"敬"或"尽心"，后延伸为忠君，与国家和民族命运相连，构成了中华民族的集体记忆和文化认同，奠定了我国传统社会的基础。

在传统伦理观念中，"忠孝"对家庭成员和国家子民的要求是一致的，有"忠孝相通"之说，这是一切教化和德性的根源。虽然忠与孝服膺对象不同，一为君主，一为家长，但都是自上而下的绝对服从。《礼记》还把忠君思想按"孝"的要义和大节对待："事君不忠，非孝也；莅官不敬，非孝也。"[④]　由于宗法依附于皇权，所以孝亲服从于忠君，这是"忠孝同义"的内涵所在。

"忠"是古代儒家思想的重要范畴，有着"固君臣，安社稷，感天地，动鬼神"[⑤]　的作用。在家国同构的伦理观念里，君是国家和天下的象征，其权利之大，无所不在，而忠君就是强调对国家或对统治阶级尽责。在古代，父母官的忠君之道，就是把臣民当作子女，像爱戴自己的亲人一样。剧中，赖嬷嬷早年

---

① 此处的"国"不是现代国家，而是特指君主专制国家中的忠君思想。
② 许慎. 说文解字 [M]. 杭州：浙江古籍出版社，2016：【心部】.
③ 翁其斌. 左传精读 [M]. 上海：上海古籍出版社，2012：33.
④ 王永彬. 围炉夜话 [M]. 广州：暨南大学出版社，2003：41.
⑤ 宋尧平. 读书乐 [M]. 北京：中国商业出版社，2017：11.

在贾府做奶妈，那时的贾府正处在烈火烹油、鲜花着锦之时。赖嬷嬷是贾府的家生奴，十分精明，先后把两个儿子培养成贾府的管家：赖大是荣国府总管，赖升是宁国府总管。兄弟俩还买下园子，修了花园。园内泉石林木，楼台亭轩。赖大成为荣国府总管后，开始耀武扬威起来，就连宁国府的正脉正主贾蔷，也要喊他一声"赖爷爷"。

"忠君报国"的思想理念，是封建官吏的政治道德和政治本能。赖尚荣是赖大之子、赖嬷嬷之孙，托主子洪福，被放出来成为自由人。后赖家把赖尚荣送进贾氏义学堂，与贾府的少爷、哥儿们一起读书，平时也是丫鬟、婆子、奶妈惯着。20 岁时，蒙主子恩典，赖大给儿子捐了前程；30 岁时，得主子相助，升任州官。毫不夸张地说，如果没有贾家的扶持，也就没有赖尚荣的一切。第十八集，赖尚荣升州官，穿一套崭新官服给祖母磕头，越发威武起来。赖嬷嬷细分曲直，希望他为官清廉，心系百姓，竭心尽力，以报答皇上的恩赐和主子的帮衬和提携，并谆谆告诫道："我说哥儿啊！你别瞧做了官了，就不安分守己。你要是不尽忠报国，孝敬主子，只怕天也不容你。"从中可看出忠君报国"即为至孝"的传统道德观念，在贾府上下，早已深入人心。

中国传统孝道，既是文化观念，又有相应的制度礼仪，包括敬亲、奉视、侍疾、立身、谏净、善终。通过家庭血缘关系形成的"五伦"亲情，是维系社会和谐的基础。《大学·第十章》云："一家仁，一国兴仁；一家让，一国兴让。"[①] 儒家学派的重要代表人物曾子认为"仁"和"让"，是家庭和睦的两大要素，而"仁"的根本是"孝悌"。所谓"孝"，指孝敬父母；所谓"悌"，指兄弟间相互扶持和谦让。这是由古代家庭和家族制度的特点所决定的，反映在家庭伦理上，则是"百行孝为先。"

忠孝两全的思想观念，是指对国家尽忠和对父母尽孝，这是孝的最高境界。在先秦时期，"孝"与祭祀活动有关。一般认为《孝经》为孔子所著，但也有学者认为是孔子的弟子曾子所著。作为十三经中最短的典籍，《孝经》历来受统治阶级的重视和推崇，历代为之作注的不少。从字形来分析，"孝"字上部是由"考"或"老"与"子"组成，父上子下，意味着尊卑有序，秩序分明。《说文》曰："老，考也。""考，老也。"[②]"孝"的古字形，与"善事父母"之义相吻合，体现了自然性与血缘关系的原初情感。《尔雅》有"父为考，母为

---

① 张琪 . 大学·中庸［M］. 济南：山东美术出版社，2013：7.
② 辞海文学分册辞海编委会 . 辞海修订本（语言文学分册）［M］. 上海：上海辞书出版社，1981：48.

妪"① 的释义。所以，中国传统文化对"孝"文化的反复强调，在于以孝治家，进而达到以孝治国。因此，"孝"包含了理家治国的双重含义。

"孝"的本质是"仁爱"，是从事亲和敬亲开始的，后逐渐演变为对君主和对国家的忠心以及对社会的责任。因此，孝敬父母，必须礼仪先行。第一集，林黛玉初进贾府，贾母特意安排了一次家宴。吃饭时，李纨捧饭，凤姐拿筷，王夫人还给每人舀了一碗羹。饭后，凤姐和李纨一左一右，在贾母旁边侍立，足见"孝"已融入贾府的日常生活中。剧中，贾母养尊处优，一日三餐，各房儿孙循礼献菜，由儿媳、孙媳及三四个丫鬟伺候，"其他如晨昏定省、贺往迎来，祭祖拜神，乃至家常宴集，事无巨细，贾府上下，莫不规矩井然，礼数周全"②。

剧中，贾政对贾母百依百顺，有什么好吃的、玩的，总是想到母亲。在教育宝玉的问题上，母子俩却意见相左。贾母反对棍棒教子法，令贾政十分苦恼，为此，曾做过多种努力，但收效甚微，终得不到母亲的谅解。差不多每次都是贾政做出让步，贾母方才罢休。

第十五集，贾政痛打宝玉，认为是严父教子的具体表现，然贾母不问缘由，一上来就把贾政痛骂了一顿，还以回金陵相威胁。贾母："我们走了，你心里也就干净了！"贾母叫王夫人不要哭，说："宝玉年纪还小，你疼他，待将来为官作宦时，他未必会想到你这个母亲！"贾政见母亲怒气未消，直挺挺地跪着，叩头流泪，只好再次认错。如果说贾政之前痛打宝玉依仗的是父权，那么表示"再不打了"，也是行使父权的一种表现。只不过这时的父权，已转移到贾母手里。作为儿子，贾政只有乖乖听母亲的，否则就是大逆不道。如果因此得罪母亲，势必成为"礼教"的罪人。在封建社会，子女一切皆听从父母，有"天下无不是的父母"③ 之说。

剧中，贾政连续几次用"母亲"来称呼贾母，而"老太太"的称谓，在原著中专指贾母，反映了"老太太"至高无上、一言九鼎的权威。此时，家庭的血缘关系，已降到次要和从属地位。在贾母一步步地施压下，贾政又一次自废武功，苦苦哀求认错，并向贾母承诺："从此以后，再不打他了。"体现了"不

①　许嘉璐. 中国古代礼俗辞典［M］. 北京：中国友谊出版公司，1991：409.
②　李丹丹. 礼法与贾府秩序的建构——略论《红楼梦》情/礼观［J］. 安徽文学，2018（2）：26.
③　郝长留. 常用俗语词典［M］. 北京：北京出版社，1992：421.

得乎亲，不可以为人；不顺乎亲，不可以为子"① 的伦理道德观念。

第十八集，在凤姐的房间，李纨、探春等人与凤姐讨论成立诗社。凤姐不时提醒平儿："平姑娘，你去把那个鹌鹑炸出来，一会儿大太太要来吃饭。"平儿会意一笑，转身离去，反映了凤姐对婆婆的一片孝心。

在古代，无论是平民百姓还是皇帝，"孝"的对象都是明确的，即父母，也包括祖父母在内。这里的"母"，指父亲的正室或生母，侍妾不在此列。贾政的侍妾赵姨娘，宝玉就无须对其尽孝。相反，赵姨娘有时还要侍候宝玉。以亲亲、尊尊、长长为基本精神的儒家孝道观，特别强调丧亲之痛，把生养送死等量齐观。《论语·子张》云："曾子曰：'吾闻诸夫子：人未有自致者也，必也亲丧乎！'"② 意思是人生之痛，莫过于丧亲之痛。父母离世，身为人子，要致哀祭奠。这种孝必须是诚心实意的，是"仁心"的自觉行动，故有"孝亲为子，忠君为臣"③ 的说法。

第二十三集，老太妃薨后，按《钦定大清会典》"列后"治丧之规定：凡有爵位之家，一年之内，不得筵席音乐，庶民皆三月不得婚嫁。老太妃之丧为"国丧"，贾母、邢夫人、王夫人、尤氏等依礼制每日入朝随祭，皇帝亲自主持丧礼。

第二十五集，在毫无征兆的情况下，贾敬突然暴亡。在丈夫和儿子都不在家的情况下，尤氏命人把玄观寺里的道士关起来，坐车出城，先请太医验尸，后将其灵柩移往铁槛寺。礼"丧则致其哀，祭则致其严"。④ 贾珍父子因系在职官员，忙向上司告假，星夜驰回，四更抵达铁槛寺。贾珍按礼制，为父亲更换凶服，并打发贾蓉先行回府，料理停灵事宜。贾蓉回到家中，命人收拾前厅桌椅，下隔扇，挂孝幔，设牌楼，请鼓手，还在门前搭起了孝棚。在铁槛寺起灵的前一天，贾蓉连夜安排各项执事，预备幡杠等物，体现了"生事之以礼，死葬之以礼，祭之以礼"⑤ 的传统孝义思想。

由"家国同构"伦理本位演变而来的"以孝为教""移孝作忠""忠孝同构""忠孝互喻"的礼制思想，可谓封建宗法制的遗风。梁启超先生指出："吾中国社会之组成，以家族为单位，不以个人为单位，所谓家齐而后国治是也。

① 唐文治. 四书大义附《学经大义》中 [M]. 上海：上海科学技术文献出版社，2021：281.
② 牛青坡. 论语类读 [M]. 郑州：河南人民出版社，2016：251.
③ 许嘉璐. 新唐书第 5 册 [M]. 上海：汉语大词典出版社，2004：4178.
④ 詹松伦译注. 孝经 [M]. 南京：江苏人民出版社，2014：147.
⑤ 邓启铜等. 论语 [M]. 武汉：长江文艺出版社，2018：14.

周代宗法之制，在今日其形式虽废，其精神犹存也。"① 而"小孝事亲、大孝事国"的伦理观念，折射出忠君孝亲的家国情怀。

第二节　贬己尊人的文雅原则

在中国传统价值观念中，"贬己尊人"强调的是上下有义、贵贱有等、长幼有序的尊卑关系。即把自己最小化，甚至贬低自己，以达到尊敬他人的目的，体现了"自卑而尊人"的文雅原则，这是 1987 版电视剧《红楼梦》中贾府家礼文化的核心内涵和情感基础。

1987 版电视剧《红楼梦》充分利用原著中的文雅词汇，通过不同人物在不同时间、地点和场合的言语交际，在充分考虑到受话人的身份、地位、性别和亲疏关系的前提下，反映了说话人对受话人的不同情感和态度。剧中，刘姥姥的女婿狗儿，以儿子板儿的口吻称呼岳母为姥姥，凤姐称丈夫贾琏为国舅老爷，贾宝玉称父亲贾政为老爷等。第四集，贾政告诫小厮李贵，到学堂后，要宝玉给太爷请安。这里的"太爷"，不仅指贾代儒在贾氏家族中的辈分最高，同时，暗指贾代儒还是一位饱读诗书的学究。

剧中的"敬词"和"谦词"主要用于社交场合。这是说话人向受话人表达尊敬的一种特殊形式，也是礼貌语言的重要组成部分。所谓"敬词"，指"尊人"之词。甲骨文的"尊"，下部是一双手，上部是一个大酒杯，有献酒之意，引申为尊敬或恭敬。"尊人"，指尊重、尊敬他人之意。原著中的北静王，是第六集出场的重要人物，为人谦和，与贾府有通家之谊，其地位和权势都在贾府之上。所谓谦词，指谦恭之词，即在言语交流中把自己地位降到对方或他方之下，有卑微甚至贬抑之意。在秦可卿送葬途中，北静王称贾政为"世翁"，自称"小王"。贾政虽比北静王年长，自称"生辈"，称儿子为"犬子"，体现了"贬己扬人"的社交礼仪。可见，人际交往中的谦逊原则，就是把自身贬损到最大化，多贬少赞，才能给人留下好印象。

中国传统社会以官为本、以官为贵、以官为尊，这种思想观念充斥于社会生活的。第十五集，贾宝玉私下结交优伶蒋玉菡，还在东郊离城 20 里的紫檀堡为其置买房舍。蒋玉菡乐不思蜀，久不回府。忠顺王爷派人四处打听，得知与一位衔玉的人走得很近，便派人到荣国府寻找。

---

① 缪德良．中国传统文化要略［M］．上海：华东师范大学出版社，2002：131.

在荣国府大厅，长史官对贾政道："尊府不比别家，可以擅入索取。"但他非一般奴仆差官可比，而是奉王爷之命。因此，贾政不敢怠慢。为尽快找到蒋玉菡，长史官态度和蔼可亲，言必称贾政为"大人"，称荣国府为"潭府"，自称"学生""相求"，希望贾政相助，免其寻觅之苦。

第一集，贾雨村因家境贫寒，寄居于葫芦庙，幸得乡宦甄士隐施以援手，才得以进京。从两人的地位来看，前者是一个衣食无着的穷书生，自称"晚生"；后者是一方乡宦，年龄也比贾雨村大，虽谈不上大富大贵，也算衣食无忧。尽管两人地位悬殊，但甄士隐并没有表现出盛气凌人的样子，连称对方为"兄"，自称"愚"。这些高雅、委婉、清丽、彬彬有礼的谦词，至今仍在沿用。第五集，在宁国府，张太医被贾珍延进大厅。茶毕，贾珍称张太医为"先生"，自称"小弟"。张太医是个读书人，知道贾珍的身份，自称"晚生"，称贾珍为"大人"。

原著第二十四回出场的丫鬟红玉，与贾宝玉、林黛玉的名字仅一字之差，为避讳改名小红。小红生下来不会哭，被父母抛弃，依养父母种田为生。后养父母实在供养不起，14 岁时送回荣国府当差，被分配到怡红院。其生父母都在荣国府当差，按凤姐的话说，"都是锥子扎不出一声儿来的人"。

小红最初在怡红院做些烧水喂鸟的杂活，然心高气傲，一心想出人头地，成为一个有头有脸的奴才。只是苦于没有机会，就连给宝玉端茶倒水、打扫房屋和铺床叠被都轮不上，常受到秋纹、碧痕等丫头的挤压。小红头脑机敏，不安于现状，善于瞄准和创造机会，加之伶牙俐齿，凤姐要认她为干女儿，小红赶快申明，这是"乱了辈分"。

第十二集，在李纨房内，凤姐对小红道："你明儿服侍我去吧，我认你女儿，我一调理你就出息了。"因地位悬殊，小红巧妙地实施了人际交往中的谦卑文雅原则，不慌不忙地说："愿不愿意我也不好说，只是跟着奶奶，我们也学些眉眼高低，出入上下的，大事小事也有个见识。"小红首先表示自己能力有限，能否侍候好凤姐，现在还不能确定，但如果有机会在其跟前当差，不但能增加见识，还可以提升自己的能力。经过谨慎评估，小红先人后己，在赞扬了凤姐精明的同时，也赞扬了自己的才干，从而博得凤姐的欢心，后成为贾府最有权势的主子的仆人。剧中场景，是根据第二十七回改编的。

在儒家文化中，"礼"的精神内核是敬。孔子曰："居上不宽，为礼不敬，临丧不哀，吾何以观之哉？"① 意思是在有礼仪的场合，如果没有做到庄敬，就

---

① 孔泽人. 修身经典·孔子·孟子·上 [M]. 北京：北京燕山出版社，2007：23.

不值得一看。可见，"敬"是对施礼对象的尊敬，也是待人接物的正确态度。就人际交往而言，"礼"的实质在于恭敬谦让，低看自己，高看他人。这是一种以人为师的心理行为，在自我约束的同时，尽量避免自吹自擂或自高自大，真诚待人，才能建立良好的人际关系。

第三节　不偏不倚的中庸之道

中庸之道是儒家文化的精髓，也是为人处世的金科玉律。《论语·子路》云："不得中行而与之，必也狂狷乎！狂者进取，狷者，有所不为也。"① 意思是找不到奉行中庸之道的人交往，只能与狂者、狷者为伍。孔子的"中行"，指中庸之道，即圣人所行之道。"狂"者，虽志向高远，但疏于实行；"狷"者，指有所不为，缺乏进取心。总之，前者激进，后者保守。所谓"中行"，指坚守中道，取己之长，补己之短，进而达到平衡、适度和优化状态，以维护整体利益。所以，中庸的作用，就是不偏不倚，恰到好处，"过"和"不及"，都是不可取的。

为追求事物内在的和谐统一，孔子曾提出"君子和而不同"② 的著名论断。在孔子看来，中庸不是简单折中，与庸俗主义有本质区别，以"和"的方式，抛弃极端，减少对立差异，反对"过头"和"不及"，不偏不倚，这是中庸之道与折中主义的根本区别。虽然孔子对中庸之道未做过系统论述，《论语》中所载亦不多，但从孔子的一系列言行来看，其倡导的"中庸"思想，即从伦理道德着手，通过奉行中道，贵尚和，既肯定又否定、既克服又保留的"扬弃"，不断探求事物的普遍规律。在保持相对平衡和互动的状态下，使之成为至善、至仁、至诚、至道、至德、至圣之人，进而达到"天地位焉，万物育焉"③ 的理想状态。这是不偏不倚、过犹不及的应有之义。可见，中庸之道不只是为人处世之道，更是人类生存的智慧之道。

中庸注重对"度"的拿捏，以达到最为理想的状态。剧中，平儿既是凤姐的心腹丫鬟，也是贾琏的通房大丫头。从贾琏夫妇的性格来看，一个泼、辣、狠，一个毒、怯、荡。在两重积威之下，平儿恰到好处地平衡了与两人的关系，

---

① 民俗文化编写组．论语·儒家经典［M］．北京：中国致公出版社，2003：93.
② 志坚．天下第一儒术圣人说［M］．厦门：厦门大学出版社，2014：175.
③ 邓中好等．国学经典200句［M］．北京：中国铁道出版社，2015：47.

才有了自己的立锥之地。剧中的平儿，理性中庸，乐天知命，夹着尾巴做人，凡事不出风头，以和为贵，息事宁人。久之，成为夫妻俩的知己。

荷兰著名哲学家斯宾诺莎说："心不是靠武力征服，而是靠爱和宽容大度征服。"① 第十六集，李纨称赞平儿："你就是你奶奶的一把总钥匙。"作为凤姐的得力助手和贾琏的"通房大丫头"，平儿不矜才，不使气，不恃宠，不市恩，不辞劳怨，左右逢源，在夹缝中求生存。在对凤姐忠心耿耿的同时，也没有忘记维护贾琏的形象，彰显了生而为人的"佛性"。

第十集，平儿为贾琏整理房间时，发现了一缕女人的青丝，瞒着凤姐，将其悄悄藏在衣袖内。站在一旁的贾琏吓得不知所措。为了给贾琏解围，平儿对凤姐笑道："仔细搜了，竟一点破绽都没有，奶奶不信，您看看。"平儿揣着明白装糊涂，表面说得诚恳，其实含混不清。如果凤姐硬要来搜，她进可攻、退可守，留下了足够的回旋空间。巧妙地把贾琏偷情的事隐瞒起来，体现了平儿的成熟和睿智。

总之，中庸之道既要遵循"致中和""执两用中""和而不同"原则，又要追求"适度""忠恕""至诚"的辩证统一。这是化解矛盾、调和各种利益关系、促进和谐共生的不二法宝，在承认被动不和谐状态的同时，积极追求"主动、和谐、平衡"的要义，使中国传统文化独树一帜，孕育了中华民族和谐的博大情怀。

第四节　以礼待人的行为准则

孔子曰："不学礼，无以立。"② 意思为人不学礼，在社会无法立足。《曲礼·子夏问》中讲了一个故事，子路问孔子："鲁大夫练而杖，礼也?"孔子："吾不知也。"子路出，而谓子贡："吾以为夫子无所不知，夫子亦徒有所不知也。"子贡："子所问何哉?"子路："止，吾将为子问之。"遂趋而进曰："练而杖，礼与?"孔子："非礼也。"子贡出，谓子路："子谓夫子而弗知之乎? 夫子徒无所不知也。子问非也。礼，居是邦。"③ 意思是依礼的规矩，住在这个国家的人，不能在背后议论这个国家的大夫。

---

① 文思源. 有一种智慧叫包容［M］. 北京：中国华侨出版社，2016：212.

② 夏华. 论语［M］. 沈阳：万卷出版公司，2016：307.

③ 朱家晨. 孔子家语［M］. 长春：吉林人民出版社，2005：240.

礼的本质是对人尊重，这种宽以待人的胸襟，成就了中华民族礼仪之邦的美誉。《荀子》云："人无礼则不生，事无礼则不成，国无礼则不宁。"① 荀子看来，"礼"，是尊敬和关心他人，使之合乎情理；"节"，指言谈举止恰如其分，使之合乎事理。因此，大到国家之间，小到个人交往，都应遵守相应的礼仪。

中国人历来倡导谦虚谨慎、彬彬有礼、宽和容众和不伤害他人自尊的观念。孟子曰："爱人者，人恒爱之；敬人者，人恒敬之。"② 唯其如此，才能创造融洽、和谐的社会氛围。相反，在人际交往中，不懂得待人接物的礼仪，不懂得与他人的相处之道，也就失去了生存的本领。

人生活在现实世界中，离不开与他人的交往。因此，处理好各种人际关系，是亟须重视的问题。第一集，林黛玉初进荣国府，一干人嘘寒问暖。正闲谈着，在一大群媳妇、丫鬟的簇拥下，一阵清脆的笑语声从后院传来。凤姐出场，先伸出手来，亲热地牵着林黛玉，上下端详一番后，才送到贾母身边坐下。接着，开始恭维林黛玉是如何的金尊玉贵，"今天才算见识"，倒像是贾母的"嫡亲的孙女"似的，"怎么姑妈偏就去世了呢"？说着，一阵雨打梨花，泪水扑簌簌掉下来。对这位远道而来的表妹，按说初次见面，不应该哭哭啼啼，这恰好是凤姐的高明之处。

凤姐在贾母面前心巧嘴乖，处处抢风头，没有突兀之感，反给人一种亲切感。面对不幸失怙和体弱多病的外孙女，贾母百感交集，将其搂入怀中，眼眶开始泛红，一旁侍立之人无不落泪。受凤姐情绪感染，贾母转悲为喜，略为止住悲情后，诙谐地把凤姐介绍给了林黛玉，说她"是我们这里有名的泼皮破落户，南省叫辣子，你呀，就叫她凤辣子吧"。林黛玉忙赔笑还礼，以"嫂"称之。贾母以戏谑的口吻，可谓舌底生莲，折射出贾母对凤姐的偏爱。凤姐也会营造气氛，很懂得讨贾母的欢心，立刻把话锋一转："正是呢，我一见妹妹又是喜欢，又是伤心，就忘了老祖宗，该打该打。"足见这位大字不识的贵妇人，说话的艺术及语言天赋之高，非常人所能企及。

在人际交往中，以礼待人是缩短彼此距离的有效手段。第六集，净虚是水月庵师太。水月庵诨名馒头庵，因庵中馒头做得好而闻名。在协理宁国府期间，凤姐曾与贾宝玉下榻于此。受张财主委托，净虚请凤姐出面，让王夫人帮忙摆平一件官司。净虚先以"奶奶"称凤姐，以"太太"称王夫人。在巧妙实施了礼貌性策略后，才道出所托之事："当日我在长安县善才庵内出家的时节，有个

---

① 荀子. 荀子 [M]. 上海：上海古籍出版社，2014：9.
② 南怀瑾. 孟子与离娄 [M]. 北京：东方出版社，2013：227.

施主姓张，是个大财主。她有个女儿，小名金哥，每年都到我府里进香，不想遇见了长安府太爷的小舅子李衙内。那李衙内一眼看上了金哥，可是，这金哥已经聘给了原长安守备的公子，李家硬是要娶，守备家偏不退礼。不想守备家上门来作践辱骂，说一女儿家许几家呀！要打官司告状。"

俗话说：受人之托，必忠人之事。为办好此事，净虚做足了功课。她首先想到，凤姐出面找王夫人，但最后办事的人还是凤姐。于是，抓住这位荣国府当家少奶奶向来自负、喜欢听奉承话的心理，说了一大堆恭维话："这点子事在别人跟前就忙得不知道怎么样了，可在奶奶跟前，再添上些也不够奶奶一指甲弹的。"为了让凤姐感到被恭维的愉悦，净虚没有直奔主题，而是转弯抹角；反之，一来不礼貌，二来让凤姐觉得她有所图，自然不肯心甘情愿帮忙。净虚有礼有节，奉承得体，使凤姐的心理发生变化，没有直接拒绝，但也没有马上应承。不难想象，如果净虚的话题与凤姐的性格相悖，定然了无兴趣。

净虚抓住人性中的弱点，各个击破，继续实施面子维护策略："俗话说，'能者多劳'，太太见奶奶大小事都办得妥帖，干脆都推给奶奶了，奶奶也要保重金体才是呀！"通过对凤姐权势和能耐的夸大，使凤姐的虚荣心得到满足，顿时来了兴致，竟不顾疲劳与之攀谈起来。老尼姑虽身处佛门，然对人情世故的洞察和了解，不可小觑。

在人际交往中，赞美是送给对方的最好礼物。第十六集，贾母当着薛姨妈的面夸薛宝钗："不是我当着姨太太的面奉承，千真万确，从我们家四个女孩儿算起，全不如宝丫头。"通过对薛宝钗的称赞，使薛姨妈的面子得到了满足，从而拉近了与听话人的距离，达到了良好的交际效果。

剧中，贾母风趣诙谐，善于辞令和处理人际关系。第二十三集，贾宝玉因犯急痛迷心症，请来王太医诊治。太医说，不过一时壅蔽，实无大碍，就包在他身上好了。贾母："既如此，请到外面坐，开药方，我另外预备好谢礼，叫他亲自捧去送去磕头，若耽误了，打发人去拆了太医院大堂。"贾宝玉是贾母的命根子，庸医误诊导致死亡的事屡见不鲜。贾母内心的焦急，由此可想而知。但贾母没有用威胁的语言，而是将荣国府老太君的威慑力和对孙子病情的担忧，用平易近人的语言表达出来，获得了太医的好感。

在贾府，不管是主子还是仆人，说话都委婉得体，不犯忌讳。第一集，在贾母花厅内，林黛玉问外祖母几个表妹都读了些什么书。贾母："她们念书，只不过是认几个字，不当睁眼瞎了罢了。"黛玉通过试探贾母，想套出对孙女们读书的态度。从贾母的话里，林黛玉揣摩出老太太是不看重女孩子多读书的。所以在回答时，怕伤及外祖母面子，故意顺着贾母的意思，"只刚念了《四书》"。

林黛玉在家时，母亲曾告诫过外祖母家的规矩，与别人家的不同。初来乍到的林黛玉要尽快融入贾府这个大家庭，说话做事不能锋芒太露，须有礼有节，把握好分寸。

在1987版电视剧《红楼梦》贾府家礼中，有相当一部分是表敬的，包括尊人与自谦两类。礼貌是通过语言或行动表现出来的对他人的尊敬，是一个人的内在美。歌德说过："一个人的礼貌是一面照出他人肖像的镜子。"① 在贾府，年老的奴才比小主子们还体面，教训起主子来一点不嘴软。这是因贾府有服侍过父母的人比年轻主子还体面的习俗。第二十四集，林之孝家的告诉贾宝玉，不要直呼丫头们的名字。因侍候贾宝玉的丫头都是贾母打发来的，敬重这些丫头，无疑是敬重老太太。可见，敬重丫头，是为敬重丫头原来的主子。诚如林之孝家的所言："越自己谦逊，越尊重。这才是受过调教的公子行事。"第十集，袭人见贾宝玉和史湘云、林黛玉在一起，苦口婆心劝道："姊妹们和气，也有个分寸礼节，也没个黑家白日闹的，凭人怎么劝，都是耳旁风。"薛宝钗暗自忖度："倒别看错了这个丫头，听她说话，倒有些识见。"

在人际交往中，称谓无疑是给对方传递的第一个信息。不同的称谓，反映了不同的身份角色、社会地位和亲疏关系。同时，也表达了说话人对受话人的情感和态度。刘姥姥与贾府的渊源，还得从刘姥姥的女婿王狗儿说起。原著中王狗儿的祖上曾在京城做小官，与王夫人的父亲相识。因双方都姓王，借着"一处做官"的机缘，便"连了宗"，成了"本家"。后来王狗儿祖上家道中落，迁出城外，以务农为生，成了地地道道的农民。到了狗儿这一辈，家人终岁劳碌，仍不得温饱，日子过得颇为艰难。就在王狗儿一筹莫展之际，刘姥姥灵机一动，忽然想起女婿的祖上与如今显赫一时的贾府王夫人娘家曾有过那层关系，决定把这个关系用足用透，便抱着"谋事在人，成事在天"的想法，决计带着外孙到贾府攀亲。刘姥姥首先找到王夫人的陪房周瑞家的，得知贾府掌权的是"琏二奶奶"，再通过周瑞家的见到了凤姐房中的丫头平儿。打通了人脉关系，最后见到了凤姐。

第三集，在荣国府大门前，刘姥姥用"太爷们"称呼大门前的几个小厮，称管家周瑞为"周瑞大爷""他老"，这是刘姥姥基于自身地位和贫富悬殊的一种考量。为达到良好的交际目的，刘姥姥开口就是敬称。刘姥姥一进荣国府，旗开得胜，在没有丧失人格的情况下，不但得到了凤姐打发的二十两救命银子，同时还认下了天子脚下这门显赫亲戚，可谓一举两得。

---

① 马瑞占. 古今名人话人生［M］. 北京：金盾出版社，2015：60.

称谓语的选择，一般选带有感情色彩的，至于色彩的轻重，则视亲疏远近因人而异、因时而变。剧中，刘姥姥二进荣国府，知恩图报，带上自家种的新鲜蔬菜、瓜果等，前来答谢凤姐。第十五集，在凤姐房内，刘姥姥对平儿道："姑娘好，我早就应该来看看姑太太，看姑娘来的。因为庄稼活儿忙，好容易今年多打了两石粮食。这是头起儿摘来，送给姑太太姑娘们尝尝鲜的。"凤姐被刘姥姥的质朴语言感动得热泪盈眶。因凤姐的挽留，刘姥姥不仅见到了贾母这尊"真神"，还见到了荣国府其他重要人物，得到贾母的盛情款待。

在平儿和周瑞家的陪同下，刘姥姥来到贾母房中，上演了一连串精彩喜剧。刘姥姥刚一进屋，见满屋珠围翠绕，那些花枝招展的人也不知是何许人，显得手足无措、扭扭捏捏、怯生生地东张西望，忙赔笑着给贾母请安，称贾母为"老寿星"。剧中，贾母蔼然可亲，命周瑞家的搬椅子，欠身微笑道："老亲家好，老亲家坐。"不难想象，这两个老太太，一个是一品诰命夫人，一个是乡下老妪；一个居庙堂之高，一个处江湖之远。贾母本来可以跟大家一样叫"刘姥姥"的，却称其为"老亲家"。事实上，贾府与刘姥姥八竿子打不着，不过是看在王夫人的面子上。在刘姥姥看来，像贾母这样的老太太，什么都不图，唯一图的是吉祥富贵，最喜欢别人说她长寿。于是，专拣贾母最喜欢听的说，把老太太身上的缺点说成优点，从而博得贾母的欢心。贾母主动寻问刘姥姥的年龄，刘姥姥忙起身道："七十五，老了，不中用了！"说完，才慢慢坐下。事实上，刘姥姥的年龄比贾母还小几岁。贾母环顾一下众人，马上从老年人最感兴趣的话题入手，直夸刘姥姥的身体硬朗。

贾母平易近人，全然没有盛气凌人的样子。刘姥姥自我定位准确，选择了非常得体的表达方式："我们生来是受苦的，老太太您生来是享福的。我们身子要那么娇贵，庄稼就没人种了。"贾母问刘姥姥的眼睛和牙齿可否好使，刘姥姥："好着呢。"说着摸摸左腮，"就是今年这左边槽牙活动了"。刘姥姥的话，不仅符合其身份，也迎合了贾母的心理。贾母不矫不饰，态度诚恳，左右逢源，使刘姥姥有如坐春风之感。贾母："人老了，眼睛也花了，耳朵也聋了，这记性也没了。你们这些老亲戚们，我都记不得了。"对一个不知从哪儿冒出来的穷亲戚，贾母却佯装糊涂，只说老了，记不得了，其他则一概不说。可见，在人际交往中，交际双方不因地位高低和年龄差异，都自觉遵循了自卑而尊人的礼貌原则。

剧中，身在庙门却心系红尘的张道士，也是非常懂得待客之道的人。第十三集，贾母带着众女眷到清虚观打醮。刚与贾母见面，张道士先念了一句"无量寿佛"。这"无量寿佛"，不仅是佛号，更是对贾母的一种尊称，因贾母是一位虔诚的佛教徒。接着，张道士道："老祖宗一向福寿安康，一向没有到府里请安，老太太的气色是越发的好了，托老太太万福万寿，小道的身体倒也康健。"受礼制约束，作为一个普通道士，平时是没有资格进出贾府内宅的。若不是元妃端午节前让太监传话到清虚观打醮，或许不可能与贾母有近距离接触。再说张道士是荣国公的出家替身，与贾母同辈，也没有叔对嫂请安的礼数。话音一落，张道士马上提到贾母最感兴趣的两个人：一个是贾宝玉；一个是荣国公。张道士看着眼前的贾宝玉，对贾母道："我看哥哥这形容身段，言谈举止，怎么就同当日国公爷一个模子。"对早已不在人世的荣国公，张道士旧事重提，侃侃而谈："当年那国公爷的模样儿，爷们一辈是没有赶上，大约连大老爷、二老爷也记不清楚了。"张道士的话，不仅勾起了贾母对往事的回忆，也暗指自己与贾府还有不同寻常的关系，而且话是当着贾珍说的，言下之意是："国公爷的模样，你们不记得了吧？恐怕连你的叔叔们也未必记得。"其实，张道士话里有话，一是希望贾母、贾珍等人，隔三差五常到庙里逛逛，一则看看他这个"化身"，二则希望众人在菩萨面前上个香供，送些钱呀物的，顶不济一高兴，还能发点小财。其随机应变的能力，不容小觑。

美国心理学家威廉詹姆斯有句名言："人性最深刻的原则，就是希望别人对自己加以赏识。"① 以礼待人，还表现在说话人的语气上。第二十五集，薛蟠到江南一带贩卖货物，带回了当地产的自行人、酒令儿、砂子灯、泥塑等小礼物，让薛宝钗挨家挨户送去，就连贾环也有一份。在王夫人房中，赵姨娘站在一旁赔笑道："这是宝姑娘才刚给环哥儿的，难为宝姑娘这么年轻的人，想得周到，真是大户人家的姑娘，又展样，又大方，怎么叫人不敬服呢。怪不得老太太和太太成日家都夸她疼她。"赵姨娘是贾政的侍妾，王夫人是贾政的妻子，薛宝钗是王夫人妹妹的女儿。赵姨娘深知自己卑微的身份不可改变，故意把话说得温和、平静、亲密，在称赞薛宝钗"周到""展样""大方"的同时，也取悦了王夫人。

综上所述，1987版电视剧《红楼梦》贾府家礼是一种尚礼文化，主张明德至善，以礼待人，以敬处世，表现出一种和睦谦让、泰然自若的静态美，中国传统文化的最高境界便在于此。总之，用礼仪规范来约束言行，不仅是和睦相处的前提，同时对消除歧见、化解矛盾冲突和维护社会秩序，都具有积极的现实意义。

---

① 阳知行. 心理学与社交技巧［M］. 北京：中国商业出版社，2018：20.

参考文献

著作

郑樵．通志略·服器略［M］．北京：商务印书馆，1938.

郭沫若．十批判书选编［M］．北京：人民出版社，1954.

孙文光．坚持用阶级观点研究红楼梦［M］．成都：四川人民出版社，1973.

张毕来．漫说红楼［M］．北京：人民文学出版社，1978.

红楼梦研究集刊编委会．红楼梦研究集刊第一辑［M］．上海：上海古籍出版社，1979.

红楼梦研究集刊编委会．红楼梦研究集刊第三辑［M］．上海：上海古籍出版社，1980.

红楼梦研究集刊编委会．红楼梦研究集刊第四辑［M］．上海：上海古籍出版社，1980.

红楼梦研究集刊编委会．红楼梦研究集刊第五辑［M］．上海：上海古籍出版社，1980.

胡文彬，周雷．台湾红学论文选［M］．天津：百花文艺出版社，1981.

杨伯峻．孟子译著［M］．北京：中华书局，1981.

红楼梦研究集刊编委会．红楼梦研究集刊第十辑［M］．上海：上海古籍出版社，1983.

红楼梦研究集刊编委会．红楼梦研究集刊第十一辑［M］．上海：上海古籍出版社，1983.

杨殿奎等．古代文化常识［M］．济南：山东教育出版社，1983.

王昆仑．红楼梦人物论［M］．上海：三联书店出版，1983.

徐扶明．红楼梦与戏曲比较研究［M］．上海：上海古籍出版社，1984.

陈诏．红楼梦小考［M］．上海：上海书店出版社，1985.

李鉴堂．俗语考原［M］．上海：上海文艺出版社，1985.

郭豫适.《红楼梦》研究文选 [M]. 上海：华东师范大学出版社，1988.

张锦池等. 中外学者论红楼——哈尔滨国际红楼梦研讨会论文选 [M]. 哈尔滨：北方文艺出版社，1989.

冯其庸等. 红楼梦大辞典 [M]. 北京：文化艺术出版社，1990.

叶大兵等. 中国风俗辞典 [M]. 上海：上海辞书出版社，1990.

萧万源等. 中国少数民族哲学史 [M]. 合肥：安徽人民出版社，1992.

周文柏. 中国礼仪大辞典 [M]. 北京：中国人民大学出版社，1992.

王贵元等. 诗词曲小说语辞大典 [M]. 北京：群言出版社，1993.

钱穆. 中国文化史导论 [M]. 北京：商务印书馆，1994.

钟艺兵等. 中国电视艺术发展史 [M]. 杭州：浙江人民出版社，1994.

马学良. 中国少数民族民俗大辞典 [M]. 呼和浩特：内蒙古人民出版社，1995.

周汝昌. 红楼艺术 [M]. 北京：人民文学出版社，1995.

任寅虎. 中国古代的婚姻 [M]. 北京：商务印书馆，1996.

吴素玲. 王扶林电视导演艺术论 [M]. 北京：北京广播学院出版社，1996.

张茂华等. 中华传统文化粹典 [M]. 济南：山东人民出版社，1996.

郑孝胥. 辞源 [M]. 北京：商务印书馆，1996.

李思德. 中外艺术辞典 [M]. 济南：山东文艺出版社，1997.

费孝通. 乡土中国 [M]. 北京：北京大学出版社，1998.

颜品忠等. 中华文化制度辞典 [M]. 北京：中国国际广播出版社，1998.

夏先培. 左传交际称谓研究 [M]. 长沙：湖南师范大学出版社，1999.

黄钧等. 京剧文化词典 [M]. 上海：世纪出版集团，2001.

贾公彦. 仪礼 [M]. 彭林，注译. 长沙：岳麓书社，2001.

林成西，许蓉生. 语典 [M]. 成都：四川人民出版社，2001.

吕薇芬. 全元曲典故辞典 [M]. 武汉：湖北辞书出版社，2001.

王岳川. 中国镜像：90 年代文化研究 [M]. 北京：中央编译出版社，2001.

何本方等. 中国古代生活辞典 [M]. 沈阳：沈阳出版社，2003.

王齐洲，余兰兰，李晓晖. 绛珠还泪 [M]. 哈尔滨：黑龙江人民出版社，2003.

陈戍国. 礼记校注 [M]. 长沙：岳麓书社，2004.

孙聚友. 荀子与《荀子》[M]. 济南：山东文艺出版社，2004.

张剑光．图说古代丧葬文化 [M]．扬州：广陵书社, 2004.

赵化勇．中国中央电视台年鉴 [M]．北京：中国广播影视出版社, 2004.

安泽．礼仪与礼记之社会学的研究 [M]．上海：上海世纪集团, 2005.

胡文彬．红楼梦与中国文化论稿 [M]．北京：中国书店, 2005.

刘萍, 李灵．中国电视剧 [M]．武汉：湖北美术出版社, 2005.

刘心武．刘心武揭秘红楼梦 [M]．上海：东方出版社, 2005.

王珍珍．中国影片大典——故事片·戏曲片 1931 年-1949 年 [M]．北京：中国电影出版社, 2005.

曹雪芹．程甲本红楼梦 [M]．沈阳：沈阳出版社, 2006.

陈戍国．四书五经校注本 [M]．长沙：岳麓书社, 2006.

刘梦溪．陈寅恪与红楼梦 [M]．北京：中央编译出版社, 2006.

陈爱平．孝说 [M]．重庆：重庆大学出版社, 2007.

李根亮．红楼梦的传播与接受 [M]．沈阳：黑龙江人民出版社, 2007.

王国维, 蔡元培, 胡适．三大师谈《红楼梦》 [M]．上海：上海三联书店, 2007.

王新华．避讳研究 [M]．济南：齐鲁出版社, 2007.

张家林．隋·南史·北史全书 [M]．北京：中国戏剧出版社, 2007.

马瑞芳．趣话红楼梦 [M]．上海：上海文艺出版社, 2008.

胡湘闽．中国宗族史研究入门 [M]．上海：复旦大学出版社, 2009.

钱玉林等．中华传统文化辞典 [M]．上海：上海大学出版社, 2009.

刘心贞．红楼梦方言及难解词词典 [M]．北京：东方出版社, 2010.

贤才文化．诸子家训 [M]．长沙：湖南人民出版社, 2010.

中华文化大讲堂．国学常识大百科 [M]．北京：中国致公出版社, 2010.

陈宗懋等．中国茶经 [M]．上海：上海文化出版社, 2011.

戴圣．礼记 [M]．鲁同群, 注评．南京：凤凰出版社, 2011.

王国凤．《红楼梦》与"礼" [M]．杭州：浙江大学出版社, 2011.

王永健．但闻风流蕴藉：明清章回小说中的性情 [M]．苏州：苏州大学出版社, 2011.

陈才俊．礼记精粹 [M]．北京：海潮出版社, 2012.

江乐兴．交通常识 [M]．北京：朝华出版社, 2012.

吕亿环．农家民俗知识读本 [M]．沈阳：沈阳出版社, 2012.

辛述威．电视剧的实践之路 [M]．北京：中国工人出版社, 2012.

朱立元．艺术美学辞典 [M]．上海：上海辞书出版社, 2012.

秦芮. 中国瑞兽祥禽 [M]. 合肥：黄山书社，2013.

夏桂霞. 红楼梦镜像下的清朝礼制文化 [M]. 北京：中国经济出版社，2013.

陈顾远. 中国婚姻史 [M]. 北京：商务印书馆，2014.

单铭磊. 礼仪文化 [M]. 北京：中国经济出版社，2014.

丁武光.《红楼梦》与"红学"[M]. 贵阳：贵州教育出版社，2014.

任呈祥. 中国电视剧艺术发展史 [M]. 北京：中国电影出版社，2014.

司马迁. 史记 [M]. 北京：中国文联出版社，2014.

余从. 戏曲史志论集 [M]. 北京：文化艺术出版社，2014.

于潇. 死亡文化 [M]. 北京：中国经济出版社，2014.

赵振. 中国历代家训文献叙录 [M]. 济南：齐鲁书社，2014.

诸葛文. 五千年中华民俗 [M]. 北京：中国法制出版社，2014.

陈军. 仪礼 [M]. 合肥：黄山书社，2015.

陈文兵等. 戏曲鉴赏 [M]. 沈阳：辽宁大学出版社，2015.

陈薛俊怡. 中国古代典籍 [M]. 北京：中国商业出版社，2015.

芳园. 国学知识一本全 [M]. 天津：天津人民出版社，2015.

韩非子. 韩非子 [M]. 北京：北京联合出版公司，2015.

梅葆琛等. 京剧艺术大师梅兰芳研究丛书 [M]. 北京：文化艺术出版社，2015.

墨香斋. 山海经 [M]. 北京：中国纺织出版社，2015.

紫军等. 考证曹雪芹 [M]. 北京：东方出版社，2015.

侯敏. 现代新儒家文论点评 [M]. 广州：暨南大学出版社，2016.

李存山. 家风十章 [M]. 南宁：广西人民出版社，2016.

苏小白. 读红琐记——红楼梦艺术赏析 [M]. 香港：中华古籍出版社，2016.

谭春虹. 中华文化常识全典 [M].2 版. 北京：中国纺织出版社，2016.

徐健中. 汉字里的国学常识 [M]. 北京：中国商业出版社，2016.

许慎. 说文解字 [M]. 杭州：浙江古籍出版社，2016.

于洋. 红楼梦的教育世界 [M]. 武汉：华中科技大学出版社，2016.

张琪. 读尚红楼 [M]. 成都：四川大学出版社，2016.

郑一. 中国人应知道的民俗知识 [M]. 北京：中国纺织出版社，2016.

冯国超. 论语 [M]. 北京：商务印书馆出版，2017.

苟琳. 溯源中国传统文化之旅 [M]. 上海：上海社科院出版社，2017.

何卫国．红楼梦影视文化论稿［M］．北京：文化艺术出版社，2017.

李娟．中国传统文化精义［M］．西安：西安交通大学出版社，2017.

何天平．藏在中国电视里的 40 年［M］．杭州：浙江工商大学出版社，2018.

胡正荣等．时代之印：中国媒介三十年 1978-2008［M］．西安：陕西人民出版社，2018.

雷戈．家天下的家族世界［M］．北京：社会科学文献出版社，2018.

刘衍青．红楼梦戏剧研究［M］．北京：中国社会科学出版社，2018.

王卫平．中国电视剧 60 年大系［M］．北京：广播影视出版社，2018.

邢永勃．红楼夜话［M］．上海：生活·读书·新知三联书店，2018.

邹昌林．中国礼文化与儒学研究［M］．北京：社会科学文献出版社，2018.

徐中玉．中国古典文学精品普及读本——本元明清诗词文［M］．广州：广东人民出版，2019.

周中明．红楼梦的语言艺术 红楼梦的艺术创新［M］．北京：北京联合出版社，2019.

译著

马塞尔·马尔丹．电影语言［M］．何振淦，译．北京：中国电影出版社，2006.

苏珊·海沃德．电影研究关键词［M］．邹赞等，译．北京：北京大学出版社，2013.

期刊

戴不凡．曹雪芹"拆迁改建"大观园［J］．红楼梦学刊，1979（1）.

陈诏．略论《红楼梦》里对皇权的态度［J］．红楼梦学刊，1979（2）.

吴小如．根据《红楼梦》故事编写的京剧［J］．红楼梦学刊，1980，2（4）.

高国藩．红楼梦中的婚俗［J］．红楼梦学刊，1984（2）.

徐盛桓．会话含意理论的新发展［J］．现代外语，1993（2）.

何兆熊．Study of Politeness in Chinese and English Cultures［J］．外国语，1995（5）.

陈节．古代家训中的教育思想探析［J］．福建学刊，1996（2）.

郭松义. 清代的纳妾制度 [J]. 近代中国妇女史研究, 1996 (4).

段吉方. 红楼尴尬人: 论尤氏 [J]. 南宁师范高等专科学校学报, 2002 (6).

纪健生. 但愿真红不枯稿 [J]. 红楼学刊, 2006 (6).

雷文学等. 陪房考 [J]. 红楼梦学刊, 2008 (3).

丁伟. 新版《红楼梦》就是富二代的故事: "园主"冯仑对话导演李少红 [J]. 中国企业家, 2010 (14).

韩小龙. 新旧两版电视剧《红楼梦》美学风格之比较 [J]. 兰州学刊, 2011 (4).

温全军. 王昆仑昆剧晴雯的改编特色 [J]. 名作欣赏, 2016 (12).

何卫国. 试论《红楼梦》影视改编对红学研究之影响 [J]. 学术交流, 2017, 8 (8).

彭利芝. 新旧版四大名著改编电视剧的文化走势 [J]. 现代传播, 2017 (9).

报纸

王一. 有敬畏之心才有经典之作——专访著名导演王扶林 [N]. 解放日报, 2017-6-16 (9).

后 记

　　早在读硕期间，我就萌生了研究《红楼梦》家礼文化的想法。2015 年 10 月，我有幸成为西班牙著名学者、马德里康普顿斯大学信息科学学院华金（Joaquín Aquirre Romeo）教授的博士研究生，初步确定以中西两国礼仪文化对比作为我博士论文的研究方向，即以曹雪芹的小说《红楼梦》和西班牙剧作家莱昂德罗（Leandro Fernández de Moratín）的剧本 *El sí de las niñas* 为研究对象，探讨在跨文化交流中中西礼貌文化的差异。

　　在追随华金教授的日子里，我先后花了一年多的时间，潜心阅读了有关中国传统文化的著作，对礼仪的起源、形成和发展有了初步认识。在此基础上，又花了近一年的时间，借助小说《红楼梦》的几个不同版本，逐字通读，得以初窥红楼本末，进而厘清了小说中主要人物关系和重要事件的来龙去脉，在查阅和检索了大量文献后，做了详细的读书笔记。

　　随着研究的逐渐深入，我才真正体会到该课题难度之大，所涉内容之多和材料收集之不易，使我一度陷入苦恼和迷茫状态。在进退两难之际，出于对学生的真诚爱护和关心，华金教授设身处地为我着想，鼓励我另辟蹊径。经学校博士课题专家组研究同意，聘请在视听传播研究领域颇有建树的本校专家伊莎贝尔（Isabel Arquero Blanco）教授，作为我的第二导师。伊莎贝尔教授结合我在前期研究学习中打下的基础，建议我放弃对西班牙剧本的研究，从 1987 版电视剧《红楼梦》中的礼貌语角度切入，将其在剧中不同场景下，所表现的语用功能与中国传统文化相结合，揭示剧中不同人物的应答策略和由此表现的情感差异。这一提议，得到华金教授首肯，令我有如释重负之感。感谢命运的眷顾，让我有幸遇到两位提携后学的前辈，而今往事历历，已成追忆。

　　为了使我从无序状态中尽快解脱出来，伊莎贝尔教授为我拟定了较为详备的写作框架，无私提供了若干电视剧研究方面的文献和资料，供我研读和参考。并叮嘱我反复观看 1987 版电视剧《红楼梦》，要求对剧中表现人物思想情感的语汇、神态、腔调以及传情达意的声符、色彩、线条等，做到了如指掌，从中取精用宏，自寻机杼，真乃通人之见。

读博之前，我在本科和硕士阶段学的是西班牙语言文学专业，有关电视理论方面的知识近乎空白，心中的忐忑不安可想而知。在接下来的日子里，伊莎贝尔教授诲人不倦，每周定期为我安排两次学术指导课，结合剧中故事情节，对画面中的场景、镜头、解构、表述、场面调度、段落划分等进行逐集分析。有时一讲就是数小时，令我十分感动。我的博士论文用西班牙语写就，凝聚了两位导师的心血，寒来暑往，历经四载有余。稿毕，呈两位导师及校外多位专家评审，均获好评。在论文答辩中，我非常荣幸地获得了优秀博士毕业论文的最高荣誉。

博士论文答辩后，新冠疫情在欧洲爆发，西班牙首都马德里顿时陷入凛冽萧然的气氛中。新冠疫情虽阻止了我回国的脚步，但无法阻挡我对民族文化研究的热忱。其间，我躲在马德里市区出租屋内，心往下沉，三个多月足不出户，系统整理了读博期间的数十本笔记，独自享受写作的快乐。首先，我从中国礼教与传统儒学入手，以1987版电视剧《红楼梦》中的重要场景为依据，运用叙事学、语言学、接受美学，综合历史学、宗教学、民俗学以及现代心理学方面的知识，对1987版电视剧《红楼梦》贾府日常生活中所呈现的礼规习俗和各种家庭关系进行了重点考察，以期揭示影像后贾府家礼所蕴含的精神实质。同时，对曹雪芹的身世与红学研究现状及其改编的艺术媒介等，也进行了初步讨论，形成了初稿的大致轮廓。

2020年11月，我有幸入职贵州民族大学传媒学院，结束了长达十余年的海外留学生涯。工作之余，我花了一年多的时间，对初稿进行了反复修改，冠名为"红楼梦贾府家礼文化研究——以1987版电视连续剧《红楼梦》为例"。其间，得父亲挚友张世明、胡光生先生的审读和修改，并提出了很好的意见和建议；卢正涛教授对自序和第一章中的个别表述做了认真修改，这是我要特别感谢的。本书是我博士论文外，对两位博导厚馈于我的一点报答。作为一名刚进入高校的青年教师，我深知自己进境有限，拙著讹谬甚多，敬请赐教。

我出生在一个普通的知识分子家庭，良好的家教家风和长期的耳濡目染，使我养成了独立思考和解决问题的能力。在求学路上，我是比较幸运的。2009年9月，我被录取为古巴政府奖学金项目国家公派留学人员，赴古巴哈瓦那大学学习。大学毕业后，赴西班牙马德里康普顿斯大学攻读硕士及博士学位。借此机会，我真诚地感谢古巴哈瓦那大学语言学系的领导和老师们对我的关心、教育和帮助，感谢西班牙马德里康普顿斯大学语言学系和新闻学系教授过我的老师们；同时，特别感谢贵州民族大学传媒学院院长邹璇、党委书记吕映红、老院长兰东兴教授及研究生院院长杜薇对本书出版的倾力支持，感谢书法家郑继程先生为本书题笺。此外，感谢我的父母和家人，感谢曾经帮助过我的同学和朋友。

2022 年 6 月于贵阳

红楼梦贾府家礼文化研究

郑继程先生题字